Vorwort

Der demografische Wandel und seine Auswirkungen auf die zukünftige Versorgung betagter und pflegebedürftiger Menschen sind inzwischen in der öffentlichen Diskussion angekommen. Insbesondere in der Altenpflege geben der wachsende Bedarf an qualifiziertem Personal und die gleichzeitig sinkende Anzahl von Schulabsolventinnen und -absolventen genügend Anlass, um junge Menschen nach ihrem Schulabschluss oder Arbeitssuchende verstärkt für den Altenpflegeberuf zu motivieren. Dieser gilt als zukunftssicher.

Dabei gewinnen die Helfer- und Assistenzberufe immer mehr an Bedeutung. Die Ausbildung zum/r Altenpflegehelfer/in bietet den Einstieg in den Pflegeberuf und direkt im Anschluss oder nach den ersten Berufserfahrungen die Möglichkeit, sich weiter zu qualifizieren. Aber auch in der Praxis der Altenpflege ist der umfangreiche Einsatz der Helfer/innen in Ergänzung zur examinierten Pflegefachkraft unverzichtbar geworden. Dabei ist es den Autorinnen des vorliegenden Schulbuches wichtig, dass alle Mitglieder des Altenpflegeteams für ihre Aufgaben in der Praxis ausreichend qualifiziert sind, eng zusammenarbeiten und ihre jeweiligen Kompetenzen nicht überschreiten. Das Buch liefert Fachkenntnisse, die ein(e) Altenpflegehelfer/in für ihre oder seine Arbeit braucht, spart aber auch nicht mit Hinweisen, wann die Rücksprache mit der oder dem dreijährig examinierten Kollegen/in notwendig ist.

Das vorliegende Buch ist als leicht verständliches Lehrbuch unmittelbar zum Gebrauch für die Schüler konzipiert. Es kann als Vor- und Nachbereitung und ergänzend zum Unterricht eingesetzt werden. Damit wird dem Bedürfnis vieler Lehrender nachgekommen, ein Buch zur Seite zu haben, mit dem die Schüler selbstständig und motiviert arbeiten können – und das nicht ungenutzt im Regal verschwindet.

Vor allem die Übersichtlichkeit der Fachinhalte, die Klarheit der Sprache und die Konzentration auf die zentralen Themen sind von Bedeutung, wie:

- Wahrnehmung und Beobachtung
- Betreuung und Pflege
- Prävention

Die Kapitelstruktur ist didaktisch aufgebaut, um bestmögliche Lernvoraussetzungen zu schaffen:

- Die fast jedem Kapitel vorangestellten Erklärungen zur Anatomie und Physiologie sollen das Lernen erleichtern, indem sie Zusammenhänge herstellen und einen Überblick verschaffen.
- In den einzelnen Kapiteln wird durch handlungsorientierte Übungen und Bedenke-Hinweise eine Verbindung von Theorie und Praxis hergestellt.
- Illustrierende und erklärende Abbildungen erleichtern das Lernen und Verstehen.
- Handlungsabläufe werden praxisnah erklärt und ermöglichen eine leichte Umsetzung in die praktische Arbeit in der Einrichtung.
- Jedes Kapitel schließt mit einem Selbst-Check ab. Er dient der Selbstüberprüfung und Reflexion des Kapitels.
- Die Gliederung ist sehr handlungs- und praxisorientiert aufgebaut. Einleitend werden Grundlagen des Lernens und des Berufes dargestellt.

Die Autorinnen wünschen den Nutzern dieses Buches eine interessante Ausbildungszeit und viel Freude und Erfolg bei der Ausübung ihres Berufes.

Die Autorinnen

Inhaltsverzeichnis

1 Lernen lernen

1.1 Lernen gestalten

1.2 Lernstoff sammeln und sortieren

1.3 Mit Literatur umgehen

1.4 Wie funktioniert Lernen?

1.5 Ergebnisse finden und präsentieren

1.1 Lernen gestalten

Lernen kann man „lernen“. Wichtig ist, dafür Strategien zu entwickeln. Dazu hilft es, das eigene Lernverhalten zu beobachten und daraus die richtigen Schlüsse zu ziehen. So können auch aus Misserfolgen Erfolge entstehen. Wichtige Voraussetzungen für den Lernerfolg sind:

- optimale Rahmenbedingungen schaffen,
- Zeitpläne erstellen,
- realistische Ziele setzen und in Teilziele gliedern,
- Pausen regelmäßig einplanen; das bringt Belohnung durch Entspannung,
- abwechselnde **Lernkanäle** verwenden: Lesen, Schreiben, Hören, praktisches Üben.

1.1.1 Arbeitsplatz einrichten

Für positive Lernergebnisse ist die Gestaltung der Lernumgebung wichtig:

Ordnung ist die halbe Arbeit

Ein aufgeräumter Schreibtisch erleichtert konzentriertes Arbeiten. Liegen die benötigten Arbeitsmaterialien bereit, muss nichts mehr gesucht oder die Arbeit unterbrochen werden.

Geräusche lenken ab

Eine Geräuschkulisse lenkt vom Lernstoff ab, das gilt auch für Musik. Dann sinkt die Behaltensquote. Daher gilt: Erst lernen ohne Ablenkung – und dann die Auszeit danach genießen.

Gutes Licht muss sein

Die Lichtquelle sollte nicht blenden und so viel Licht geben, dass der Arbeitsplatz hell ist.

Behaltensquote

Anteil des gelernten Wissens, das langfristig im Gedächtnis bleibt.

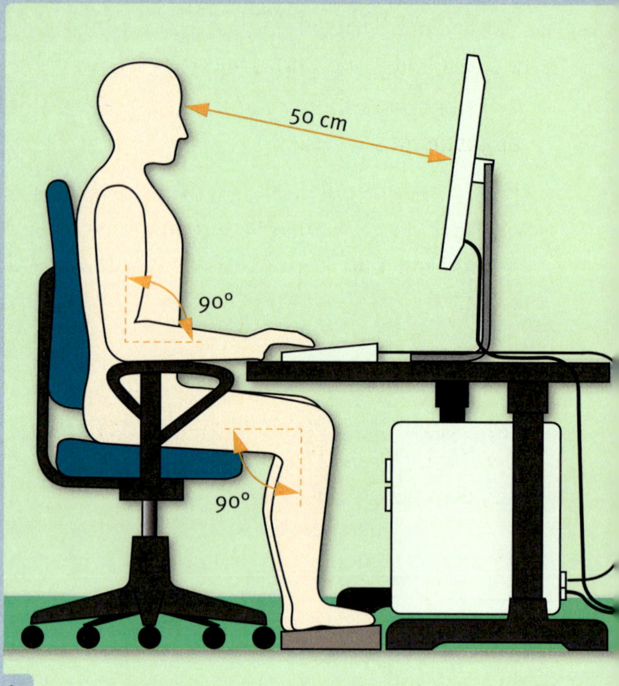

1
Gesunde Sitzposition

2
Alles griffbereit

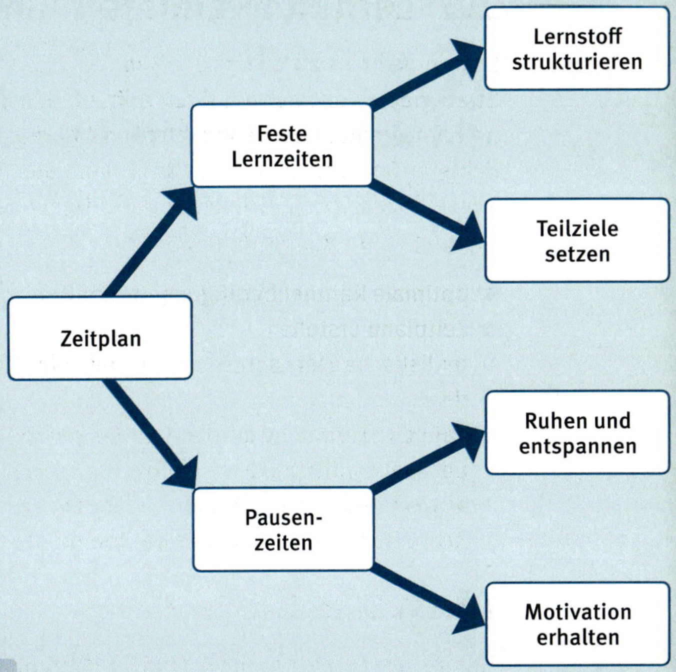

3
Zeitplanung

Die richtige Höhe ist wichtig

Der Schreibtisch sollte eine Arbeitshöhe von ca. 75 cm haben und der Stuhl auf den Schreibtisch abgestimmt sein 1.

Beim Schreibtischstuhl sollten die Sitzhöhe und die Rückenlehne verstellbar sein, damit er an die Körperform und Körpergröße angepasst werden kann.

Wärme macht müde

Die optimale Raumtemperatur liegt bei 20 bis 21 °C. Zu warme oder zu kalte Räume sind schlecht für die Konzentrationsfähigkeit.

Bedenke

Eine gute Gestaltung und Zugänglichkeit des Arbeitsplatzes erleichtert bequemes und konzentriertes Arbeiten.

Checkliste für einen gut organisierten Arbeitsplatz:

- Habe ich alles griffbereit auf dem Schreibtisch 2 (Papier, Stifte)?
- Sind alle Materialien, die ich benötige, in erreichbarer Nähe (PC, Papierkorb, Bücher)?
- Sind störende Gegenstände, die mich ablenken können, weggeräumt?
- Ist die Geräuschkulisse auf ein Minimum beschränkt?

1.1.2 Zeit planen

Eine gute Zeiteinteilung erleichtert erfolgreiches Lernen. Druck und Stress hemmen den Lernerfolg. Ein persönlicher **Zeitplan**, der auf die eigenen Bedürfnisse abgestimmt ist, dient dem Erfolg.

Bedenke

Lernzeiten so gliedern, dass neu zu lernender Stoff und die Wiederholung bereits erlernter Inhalte miteinander kombiniert sind.

Lernen vor einer Klausur oder Prüfung

- Zeitplan 3 erstellen: Welche Themen müssen gelernt werden? Wie viel Zeit wird für ein einzelnes Thema benötigt?
- regelmäßige Pausen einplanen: innerhalb einer Lernphase und insgesamt für den Zeitraum bis zur Prüfung immer wieder genügend freie Zeit einplanen,
- bei großen Themengebieten einzelne Bereiche zur Strukturierung sinnvoll unterteilen, z. B. mit einer Mindmap,
- am Tag vor der Prüfung den Lernstoff kurz wiederholen, keine neuen Inhalte lernen.

Übung

Erstellen Sie für Ihre nächste Klausur einen Arbeits- und Zeitplan. Gliedern Sie den Lernstoff in einzelne Kapitel und Themengebiete. Setzen Sie sich dabei Teilziele.

1.2 Lernstoff sammeln und sortieren

1.2.1 Mitschriften im Unterricht

Es empfiehlt sich, Blätter in **DIN-A4-Größe** zu verwenden und sie nur auf einer Seite zu beschriften. So können später Ergänzungen notiert oder Schaubilder eingeklebt werden. Auch ist das Lesen dadurch leichter.

Die Verwendung von Farben für Überschriften oder in Schaubildern macht den Lernstoff übersichtlicher. Dadurch ist er leichter zu erfassen.

Mitschriften und Arbeitsblätter werden mit Datum, Seitenzahl und Thema gekennzeichnet. Auch der Name des Dozenten kann hilfreich sein, um später bei der Vorbereitung auf Prüfungen leichter auf den Lernstoff zugreifen zu können.

Ein **Inhaltsverzeichnis** für die Unterlagen jedes Fachgebietes gibt eine gute Übersicht.

1.2.2 Unterlagen ordnen

Mitschriften aus dem Unterricht und Skripte der Lehrkräfte sollten nach Fachgebieten geordnet abgeheftet werden. Farbige Trennblätter 4 eignen sich, um die verschiedenen Fachgebiete voneinander abzugrenzen.

Hierzu sind folgende Materialien geeignet:

- Ordner DIN A4, Schnellhefter,
- farbige Register zur Unterteilung,
- evtl. Klarsichthüllen für Merkblätter.

Bedenke

Gute Organisation und Struktur der Unterrichtsmaterialien erleichtern das Lernen und verschaffen bessere Übersicht. Sie verhindern, dass Informationen verloren gehen.

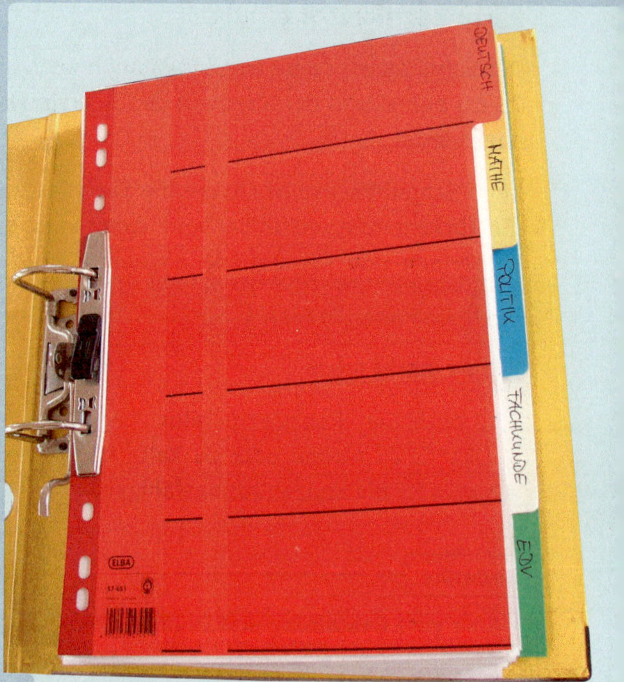

4
Trennblätter

5
Karteikarten

1.2.3 Lernkartei

Bei der Aufteilung von Lernstoff kann die Verwendung einer Lernkartei hilfreich sein. Dazu wird der Lernstoff auf **Karteikarten** 5 geschrieben. Auf der Vorderseite der Karte wird ein Stichwort notiert, auf der Rückseite die Informationen, die gelernt werden sollen. Die Karten kommen in einen Karteikasten mit drei Fächern. Zuerst befinden sich alle Karteikarten in Fach 1.

System der Lernkartei

- Man beginnt mit den Karten in Fach 1 und wiederholt so lange, bis die Inhalte beherrscht werden.
- Diese Karten kommen dann in Fach 2.
- Werden weitere Karten in Fach 2 eingeordnet, überprüft man die bisherigen Karten von Fach 2. Sind Inhalte noch bekannt, kommen die Karten in Fach 3. Wurden sie vergessen, so kehren sie zurück in Fach 1.

Das Prinzip lässt sich auf mehr Fächer erweitern. Die Vorgehensweise ist immer gleich: Gelerntes wandert ein Fach weiter, Vergessenes wird wieder in Fach 1 einsortiert.

Vorteile der Lernkartei:

- Sie ermöglicht regelmäßiges Wiederholen.
- Sie fördert die Motivation durch den Behalteseffekt.
- Der Lernvorgang kann überall erfolgen – Lernkarteien können unterwegs mitgenommen werden.
- Das Lerntempo lässt sich individuell gestalten.

Übung

Erstellen Sie für ein Fachgebiet eine Lernkartei. Bauen Sie einen Karteikasten oder kaufen Sie einen fertigen Karteikasten. Teilen Sie ihn in drei Fächer auf. Gehen Sie wie beschrieben vor.

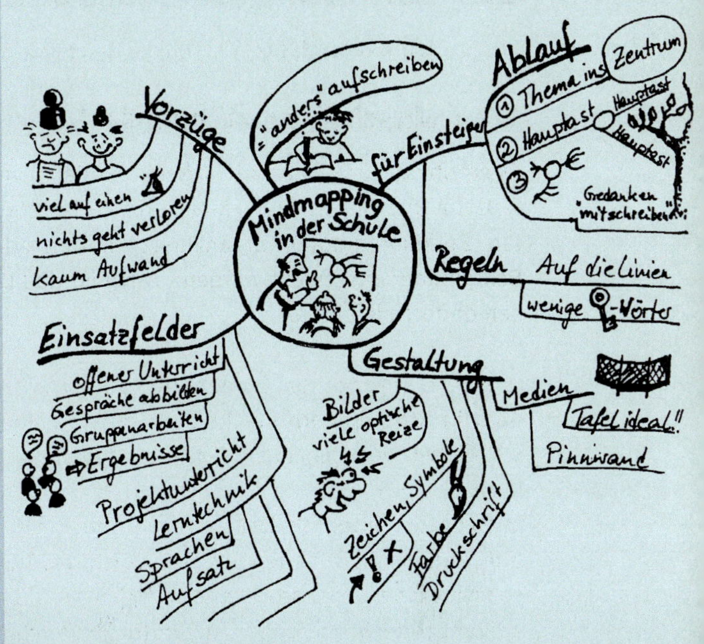

6
Mindmap

1.2.4 Mindmap

Mindmap (auch Wissenskarte)

Methode, mit der Wissen sortiert und nach Wichtigkeit gegliedert werden kann.

Folgende Vorgehensweise bietet sich bei der Erstellung einer Mindmap 6 an:

- Schreiben Sie in die Mitte eines Blattes ein zentrales Wort eines Themas, das Sie bearbeiten bzw. darstellen wollen. Statt eines Wortes können Sie auch ein Bild in die Mitte setzen.
- Zeichnen Sie Linien, die vom Zentralwort wie Äste ausgehen, und notieren Sie am Ende Stichworte, die Ihnen zum Zentralwort einfallen.
- Verwenden Sie für jede Linie nur einen Begriff.
- Erweitern Sie Ihre Anfangsmindmap, in dem Sie den ursprünglichen Ästen weitere Zweige hinzufügen.

1.3 Mit Literatur umgehen

Die Auswahl der richtigen Medien erleichtert das Lernen. Das Nachschlagen von Informationen ist über elektronische Medien im Internet oder über Bücher, z. B. in Bibliotheken, möglich.

Die Kenntnis der Fachsprache ist im Gesundheitswesen unumgänglich. Hierzu ist das Anlegen eines „Vokabelheftes" zu Beginn der Ausbildung oder das Anlegen einer Lernkartei sinnvoll.

1.3.1 Arten von Fachliteratur

Im Fachbereich Gesundheit gibt es vielfältige Literatur:

- **Fachzeitschriften** bieten den aktuellen Erkenntnisstand zu einzelnen Themen.
- **Fachbücher** dienen als Nachschlagewerke und zur Ergänzung der Mitschrift im Unterricht.

Große Bibliotheken verfügen über elektronische Suchsysteme, um anhand von Themen, Schlagwörtern oder Autoren Fachliteratur zu finden 7.

Elektronische Medien ermöglichen das Nachschlagen von Begriffen und Themen im **Internet**. Die große Datenmenge im Internet macht eine möglichst gezielte Suche notwendig.

1.3.2 Literaturrecherche

Bei der Auswahl geeigneter Literatur für die Vorbereitung auf Prüfungen oder Referate ist eine strukturierte Vorgehensweise nützlich:

- Überblick über die Literatur verschaffen,
- Inhaltsverzeichnisse lesen,
- Fachbegriffe anhand des Stichwortverzeichnisses suchen.

Bedenke

Bei der Recherche im Internet ist es wichtig, auf die Zuverlässigkeit der Quelle zu achten.

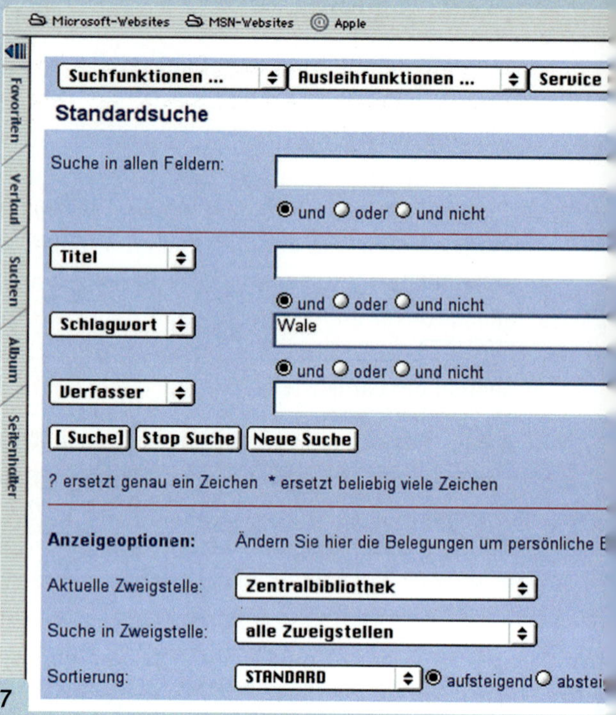

7
Elektronisches Suchsystem

Die umfangreichsten Möglichkeiten der Recherche bietet das World-wide-web (www). Liegt keine spezielle Internet-Adresse (URL) vor, auf der die gesuchten Informationen zu erwarten sind, ist der Einstieg über eine **Suchmaschine** hilfreich.

In die Suchmaschine, z. B. Google, Bing, Yahoo oder Lycos, wird ein möglichst spezielles Stichwort aus dem gewünschten Themenbereich eingegeben, am besten ein Fachbegriff, der nur für diesen Themenbereich wichtig ist. Geklärt sein vor jeder Internetrecherche sollte also:

- Warum soll die Information gesucht werden?
- Welche Information soll genau gesucht werden?
- Welche Stichworte gibt es zum Themenbereich?
- Ist die Website mit der gewünschten Information aktuell, seriös und glaubwürdig? Wie viel Zeit soll in die Internetrecherche investiert werden?

1.3.3 Lesetechnik

Lesefertigkeit ist erlernbar. Die Lesegeschwindigkeit kann durch eine Verbesserung der Lesetechnik erhöht werden.

Das Lesen von Fachliteratur erfordert eine andere Vorgehensweise als das Lesen von Romanen und Zeitungen.

Übung

Lesen Sie einen Artikel oder ein Kapitel zu einem Thema mit folgenden Fragen: Welches Ziel hat der Verfasser? Ist der Text verständlich? Welche Informationen sind enthalten?

Die Fünf-Schritt-Methode

Die Fünf-Schritt-Methode 8 dient dem erfolgreichen Lesen: Die Behaltensquote steigt und die Aufmerksamkeit beim Lesen wird verbessert.

- **Schritt 1:** Überblick verschaffen
  Zur Orientierung das Inhaltsverzeichnis lesen und den Text überfliegen. Kapitelüberschriften und Zusammenfassungen ermöglichen Rückschlüsse auf den Inhalt.
- **Schritt 2:** eigene Fragen stellen
  Dies verhilft zum bewussteren Lesen: worüber will der Verfasser informieren, welche Argumente dienen zur Begründung der Aussagen, wie lässt sich das Gelesene mit bereits vorhandenem Wissen verknüpfen oder ergänzen?
- **Schritt 3:** genaues Lesen
  Mit Markierungen – aber nur in eigenen Büchern und Materialien – wird Wichtiges hervorgehoben. Der Sinn liegt darin, den Text durch zusätzliches Strukturieren zu gliedern und merkfähiger zu gestalten.

Bedenke

Zu viele Markierungen verwirren mehr, als dass sie helfen.

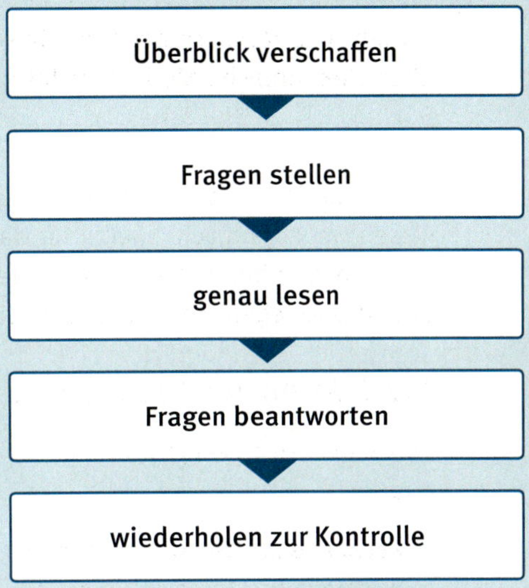

8
Fünf-Schritt-Methode

- **Schritt 4:** Fragen beantworten
  Hier werden die Fragen aus Schritt 2 beantwortet. Durch Wiedergeben mit eigenen Worten und Anfertigen von Notizen wird das Gelesene verstanden und gefestigt. Das Unterstreichen von bedeutsamen Schlüsselwörtern oder -sätzen kann dabei helfen. Der Lernende kann Überschriften für Absätze entwickeln.
- **Schritt 5:** Kontrolle
  Eine zusammenfassende Wiederholung – mündlich oder schriftlich – dient der Zusammenführung der einzelnen Abschnitte. Notizen und Stichpunkte werden ergänzt und dienen der Ergebnissicherung.

Die zeitintensive Fünf-Schritt-Methode kann bei einfachen Texten auf die **Drei-Schritt-Methode** verkürzt werden:

- Überblick verschaffen,
- Lesen,
- Kontrolle.

1.4 Wie funktioniert Lernen?

Erfolgreiches Lernen ist von vielen Faktoren abhängig. Um diese zu beeinflussen, ist es wichtig, einige Grundlagen zur Funktion von Gehirn und Gedächtnis zu kennen und ihre Auswirkungen zu verstehen.

Bedenke

**Gesagt ist nicht gehört.
Gehört ist noch nicht verstanden.
Verstanden ist noch nicht einverstanden.
Einverstanden ist noch lange nicht angewendet.
Einmal angewendet ist noch lange nicht Gewohnheit.**

1.4.1 Behalten und Vergessen

Gedächtnisformen 9

Das **Ultrakurzzeitgedächtnis** speichert nur für extrem kurze Zeit Informationen. Dabei werden Sinneseindrücke verarbeitet und Informationen gefiltert. Was unnötig erscheint, wird erst gar nicht gespeichert.

Wichtige Informationen werden dann ans **Kurzzeitgedächtnis** weitergeleitet. Was hierbei als wichtig aufgefasst wird, hängt davon ab, ob:

- Neugierde und Interesse bestehen,
- eine Verknüpfung mit vertrauten Inhalten möglich ist,
- der Inhalt verständlich ist,
- häufige Wiederholungen erfolgen.

Das **Langzeitgedächtnis** ist das Wissensgedächtnis. Es formt unser Verhalten und ermöglicht, dass wir erlernte Fähigkeiten anwenden können, z. B. Fahrrad fahren. Auch Erlerntes, das durch Gefühle gesteuert ist, wird hier gespeichert.

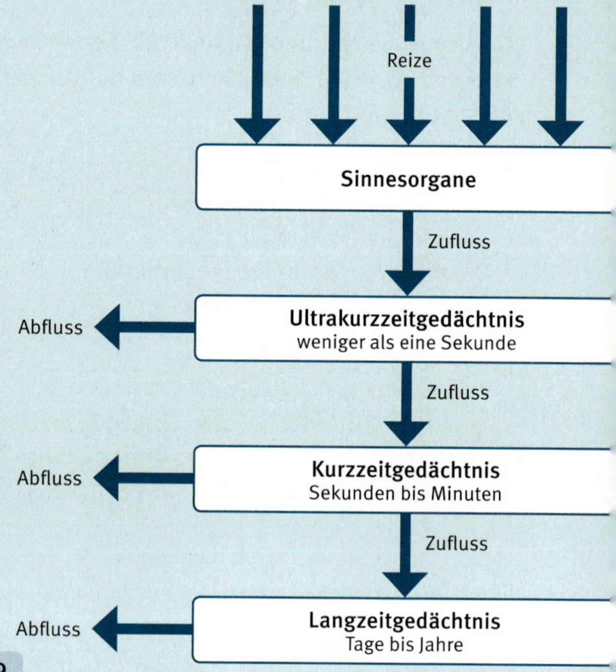

9
Gedächtnisformen

Was passiert beim Vergessen?

Der Prozess des Vergessens wird durch neue Reize beeinflusst. Sie benötigen Platz und verdrängen somit zuvor Gelerntes. Dies trifft vor allem dann zu, wenn neuer und alter Lernstoff sich ähneln und es zu einer „Überlagerung" im Gehirn kommt. Dadurch ist die richtige Zuordnung gestört.

Lernvorgänge sind nicht beendet, wenn man seinen Arbeitsplatz verlässt. Der Speicherprozess dauert weiter an. Wenn zu viele neue Reize und Eindrücke kurz nach der aktiven Lernphase folgen, so beeinflusst dies den Lernerfolg negativ. Bei 90 Minuten Lernen dauert die nachträgliche Speicherphase ca. 20 bis 30 Minuten.

Bedenke

Die Speicherphase sollte bei der Planung der Lernzeiten berücksichtigt werden.

1.4.2 Gehirnhälften

Das Lernverhalten wird im Wesentlichen von den **Gehirnhälften** und deren Funktionen 10 beeinflusst.

- In der linken Gehirnhälfte sitzt das Sprachzentrum. Es steuert das rationale Denken sowie analytische und mathematische Prozesse.
- Die rechte Gehirnhälfte steuert Intuition, Kreativität, Symbole und Gefühle.

1 Arbeitsweise der Gehirnhälften

linke Gehirnhälfte	rechte Gehirnhälfte
verbal	nonverbal
Sprache	Phantasie
lesen, schreiben	erinnert Formen, Gesichter
mathematisch	intuitiv
detailliert	räumlich
kontrolliert	emotional
vermeidet Risiko	liebt Risiko
ordnend	musikalisch
logisch	erfasst das Ganze
analysiert	bildhaft
verarbeitet Informationen linear	verarbeitet Informationen zirkulär

1.4.3 Motivation

Für den Lernerfolg ist die Lernmotivation ein wichtiger Faktor. Es gibt einige Strategien, den „inneren Schweinehund" zu überwinden.

Von einer **Belohnung**, die in einem entsprechenden Verhältnis zur Leistung steht, geht die stärkste Motivation aus. Auch der **Wettbewerb**, z. B. mit den Mitschülerinnen, kann Motivation auslösen oder verstärken.

Ein bedeutsamer „Killer" der Lernmotivation ist der **Leistungsdruck**. Werden die Lernziele und die Leistung nicht zu hoch gesetzt, lässt es sich leichter lernen.

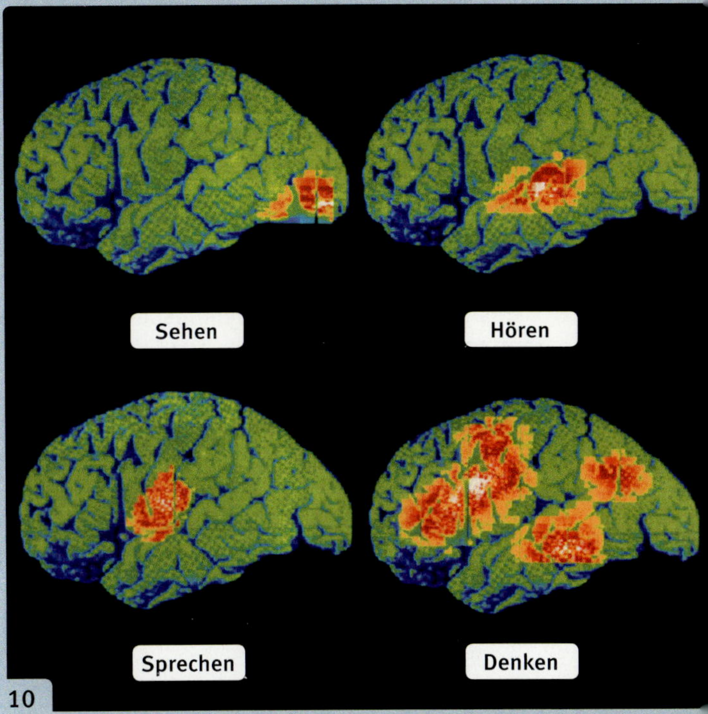

10
Gehirnaktivität

Hilfreiche Fragestellungen zur Stärkung von Motivation und Leistung sind:

- Welche Lernziele will ich in welchem Zeitraum erreichen – Lernplan erstellen
- Was passiert, wenn ich nicht lerne – welche negativen Folgen hat es für mich?
- Wann gönne ich mir eine Pause und wie belohne ich meine Etappenziele beim Lernen?
- Wie kann ich mich darauf einstimmen, dass ich bei der Klausur, der Prüfung erfolgreich bin – was kann ich bereits, was fällt mir leicht?
- Mit wem kann ich zusammen erfolgreich lernen und eine Lerngruppe gründen? Wie können wir uns gegenseitig motivieren?

Übung

Erstellen Sie eine Liste mit Motivationshilfen und Störfaktoren, die Sie beim Lernen beeinflussen.

1.4.4 Lernstrategien

Lernprozesse finden auf vielfältige Weise **11** statt. Lernen kann das Aneignen von Wissen sein durch das Lernen von Formeln, Fakten und Vokabeln. Ebenso bedeutet Lernen auch das Aneignen von Fähigkeiten wie Schwimmen, Fahrradfahren und vieles mehr.

Das Lernverhalten wird beeinflusst durch bisherige Lernerlebnisse und Lernstrategien. Diese waren entweder erfolgreich oder weniger erfolgreich und haben dadurch die Lernmotivation stark beeinflusst.

Neugierde und **Interesse** am Lernstoff beeinflussen die Konzentration und wirken sich auf den Lernerfolg und somit auf das Leistungsergebnis positiv aus.

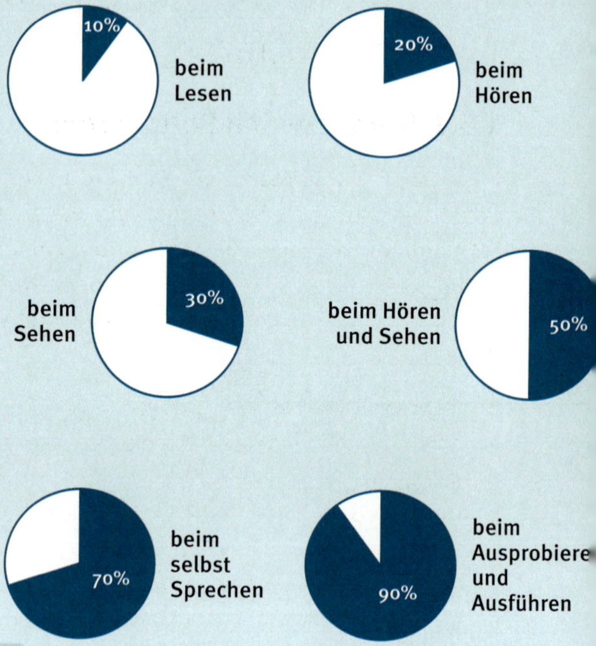

11
Im Gedächtnis gespeicherte Informationen

Übung

Lesen Sie folgende Geschichte und wiederholen Sie diese aus dem Gedächtnis nach einer kurzen Pause:

Ein Zweibein sitzt auf einem Dreibein und isst ein Einbein. Da nimmt ein Vierbein dem Zweibein das Einbein weg. Nun nimmt das Zweibein das Dreibein und wirft es nach dem Vierbein.

Was konnten Sie sich merken?
Was haben Sie vergessen?
Haben Sie dabei eine Strategie angewandt?

2 Lernstrategien

Lernen im Zusammenhang	Lerninhalte strukturieren und übersichtlich gestalten. Die Behaltensquote wird erhöht.
Lernen mit Einsicht	Lerninhalte müssen verstanden sein. Auswendig gelernte, aber nicht verstandene Inhalte werden im Gehirn weniger verankert.
Lernen mit Bedeutung	Wenn der Lernstoff für den Lernenden eine Bedeutung hat, wird er besser behalten. Dazu kann es hilfreich sein, eigene Beispiele oder Bilder zum Lernstoff zu überlegen. Dies erleichtert das Behalten des Lernstoffes.

Die Lernbiografie und die Erkenntnis des eigenen Lernstils wirkt sich wiederum auf unser weiteres Lernverhalten aus. Die Selbstreflexion ermöglicht, Konsequenzen aus bisherigen Erfolgen oder Misserfolgen zu ziehen, und ist entscheidend für die weitere Motivation zum Lernen.

Je nach Persönlichkeit gibt es unterschiedliche Lernstrategien, die zum Erfolg führen.

1.5 Ergebnisse finden und präsentieren

1.5.1 Gruppen- und Partnerarbeit

Partner- oder Gruppenarbeit 12 sind in der beruflichen Bildung als Alternative zum klassischen Frontalunterricht eine häufige Unterrichtsform. Damit sie erfolgreich ist und jeder einen Nutzen davon hat, müssen einige Regeln beachtet werden:

- gegenseitiges Zuhören ermöglichen,
- Offenheit und einzelne Beiträge gegenseitig akzeptieren,
- Arbeitsbedingungen festlegen – Arbeitsplan erstellen, Aufgaben verteilen,
- „Zeitmesser" bestimmen, das bedeutet, jemanden aus der Gruppe auswählen, der die vorgegebene Zeit im Auge behält,
- im Vorfeld absprechen, wer die Ergebnisse präsentieren soll und wer protokolliert.

Im Vergleich zur Einzelarbeit kann bei der Gruppenarbeit eine Vertiefung der Lerninhalte durch gegenseitige Erklärungen und Diskussionen erreicht werden.

Arbeitsteilung:

- Aufgaben verteilen,
- gemeinsam Zeit planen,
- Kommunikation und Kooperation üben.

Lernkontrolle und Korrektur:

- Förderung von Kritikfähigkeit,
- Überprüfung des Wissensstands,
- Lernmotivation steigern.

Unterstützung eigener Erkenntnisse:

- Kenntnisstand ergänzen,
- Meinungen austauschen,
- Informationssammlung erweitern.

12
Gruppenarbeit

1.5.2 Protokolle verfassen

Protokolle dienen dem schriftlichen Festhalten von Unterrichtsstunden, Seminaren oder Besprechungen. Es werden Ergebnis- und Verlaufsprotokolle unterschieden.

3 Protokollformen

Verlaufsprotokoll	Ergebnisprotokoll
Ort, Datum, Zeit	Ort, Datum, Zeit
Anwesende/fehlende Personen	Anwesende/fehlende Personen
Verlauf z. B. des Unterrichts, Themen, Medien, Gesprächsinhalte	Tagesordnung, Ergebnisse, Beschlüsse
Unterschrift Protokollant	Unterschrift Protokollant

1.5.3 Präsentationen erstellen

Bei der Erstellung von **Referaten** oder Präsentationen gibt es einige Grundregeln zu beachten.

- Grenzen Sie in Absprache mit dem Pädagogen bzw. Dozenten den Themenbereich ein.
- Legen Sie den zeitlichen Rahmen für den Vortrag fest.
- Legen Sie die vorgesehene Form der Darstellung fest 13, z. B. Bilder, Skizzen, Fotos oder eine Power-Point-Präsentation. Erstellen Sie für die Medien eine sinnvolle Gliederung.
- Folien werden nicht mit Text überladen, bei Aufzählungen nicht mehr als 6 Stichpunkte.
- Erläutern Sie alle Inhalte auf der Folie, sonst Folie lieber weglassen.

Bevor Sie ein Referat vortragen, üben Sie es ein. Sie können es vor dem Spiegel oder einem Freund oder Partner vortragen. Achten Sie dabei auf Mimik, Gestik und Körperhaltung und die Dauer des Vortrags.

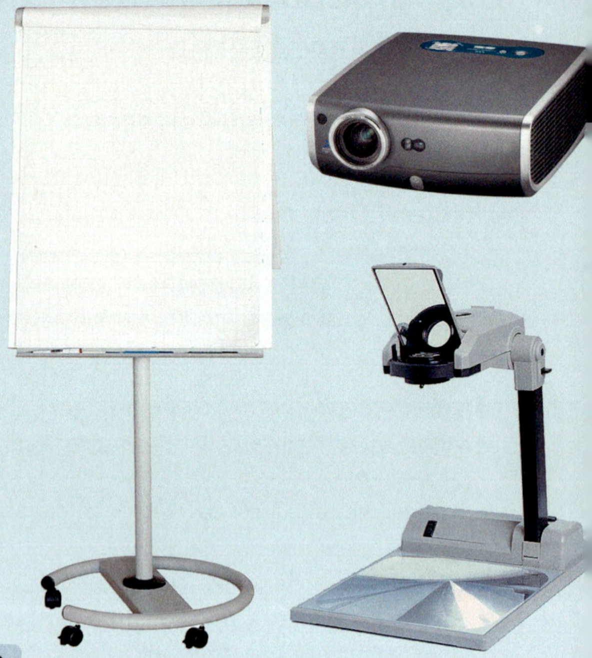

13
Präsentationsmedien

✔ Selbst-Check

Fallbeispiel: Eine Gruppe Auszubildender der Altenpflegehilfe steht zusammen und überlegt, wie sie sich gemeinsam für die nächste Prüfung vorbereiten.

Sie sollen in einer Gruppe mit fünf Personen einen Vortrag ausarbeiten. Die Bewertung umfasst den Vortrag und die schriftliche Ausarbeitung. Die Gruppe erhält eine gemeinsame Note.

Zuerst greifen sie auf ihre Unterlagen aus dem Unterricht zurück, um sich einen Überblick zu verschaffen.

Dann recherchieren sie im Internet und in der Bibliothek. Dabei stoßen sie auf einen interessanten aktuellen Aufsatz zu ihrem Thema, der allerdings auch ziemlich umfangreich ist.

Jetzt geht es an die Ausarbeitung ...

Was muss mit der betreuenden Lehrkraft abgeklärt werden?

Welche Vorgehensweise in der Gruppe ist sinnvoll?

Wie sehen gut brauchbare Mitschriften aus?

Wie erarbeiten sich die Gruppenmitglieder den Inhalt des Aufsatzes?

Was hilft jedem einzelnen in der Gruppe, sich zu motivieren?

2

Organisation und Recht

2.1 Helfer- und Assistenzberufe in der Altenpflege

Altenpfleger/in

Beruf im Gesundheitswesen, der Hilfe leistet zur Erhaltung, Anpassung und Wiederherstellung der Fähigkeiten und Aktivitäten von gesunden und kranken alten Menschen.

Menschen, die in der Altenpflege in dieser Weise tätig sind, tragen eine große Verantwortung und müssen für die Aufgaben, die sie übernehmen, über eine Ausbildung mit einem entsprechenden **Berufsabschluss** verfügen. Anschließend sind sie als Pflegehilfskraft tätig.

Ausbildung Altenpflegerin oder Altenpfleger

Die Ausbildung zur examinierten Altenpflegerin bzw. zum examinierten Altenpfleger wird durch das **Bundesaltenpflegegesetz** geregelt.

Danach umfasst die dreijährige Ausbildung mindestens 2.100 Unterrichtsstunden 1 und eine Ausbildungszeit in der Praxis von mindestens 2.500 Stunden. Sie findet an Berufsfachschulen mit unterschiedlicher Trägerschaft und in ambulanten, z. B. häusliche Pflegediensten, oder stationären, z. B. Pflegeheimen, Einrichtungen statt.

Anschließend sind die Absolventinnen in der Lage, alte Menschen umfassend zu beraten, zu pflegen und zu betreuen. Dabei können sie unter Anwendung ihres Fachwissens die Pflege des Einzelnen selbstständig planen, durchführen und bewerten **(Fachkompetenz)**. Gleichzeitig haben sie die Fähigkeit erlernt, selbstkritisch und nach bestimmten Werten zu handeln **(Selbstkompetenz)**, sich in andere Menschen einzufühlen und angemessen mit ihnen in Kontakt zu treten oder mit ihnen zusammenzuarbeiten **(Sozialkompetenz)**.

1
Unterricht in der Berufsfachschule

Abgrenzung Helfer- und Assistenzberufe

Altenpflegehelfer/in

Berufsgruppe, die alte Menschen in stabilen Pflegesituationen unter Aufsicht einer Pflegefachkraft qualifiziert betreut.

In der Altenpflege arbeiten ebenfalls **Pflegehilfskräfte oder -assistenten** mit unterschiedlichen Berufsbezeichnungen, z. B.:

- Altenpflegehelfer/in bzw. Gesundheits- und Krankenpflegehelfer/in,
- Pflegefachhelfer/in (Altenpflege),
- Gesundheits- und Pflegeassistent/in.

Diese Berufsgruppen arbeiten mit zu Pflegenden, bei deren Gesundheitszustand bzw. Pflegebedarf längerfristig keine Änderungen zu erwarten sind. Ansonsten handeln sie nach Absprache mit einer examinierten **Altenpflegefachkraft**.

2.1.1 Ausbildung Altenpflegehilfe

Die Hilfs- und Assistenzausbildungen in der Pflege sind nicht einheitlich nach dem Alten- oder Krankenpflegegesetz, sondern in den einzelnen Bundesländern unterschiedlich geregelt.

Helfer oder Assistenten?

Altenpflegehelfer und -helferinnen, z. B. in Nordrhein-Westfalen, Baden-Württemberg oder Hessen, sowie der Pflegefachhelfer (Altenpflege) in Bayern werden ein Jahr ausgebildet, während die Ausbildung zum Pflegeassistenten bzw. Gesundheits- und Pflegeassistenten, z. B. in Niedersachsen, zwei Jahre andauert.

Der Unterricht wird an staatlich anerkannten **Berufsfachschulen** erteilt. Diese tragen die Gesamtverantwortung für die Ausbildung.

Aufgabenbereiche

Auszubildende in der Altenpflegehilfe erlangen Kenntnisse und Fertigkeiten, die es ihnen ermöglichen, bei der Betreuung, Versorgung und Pflege gesunder und kranker älterer Menschen qualifiziert mitzuwirken. Nach Abschluss ihrer Ausbildung sind sie befähigt, pflegerische und soziale Aufgaben unter **Anleitung einer Pflegefachkraft** wahrzunehmen, z. B.:

- alte Menschen bei ihrer Lebensführung unterstützen,
- fachkundige umfassende Grundpflege leisten,
- bei der Haushaltsführung helfen,
- bei Erhalt und Wiedergewinnung von Fähigkeiten und sozialen Kontakten unterstützen,
- Familien- und Nachbarschaftshilfe.

Übung

Informieren Sie sich im Internet mithilfe von „BERUFENET" unter www.arbeitsagentur.de über die Weiterbildungsmöglichkeiten von Altenpflegehelfern und Pflegeassistenten 2.

2
Berufsinformationszentrum im Arbeitsamt

2.1.2 Tätigkeitfelder

Altenpflegehelferinnen bzw. -assistenten können in verschiedenen **Einrichtungen** tätig sein, z. B. in:

- Krankenhausabteilungen speziell für alte und kranke Menschen, z. B. Geriatrie und Gerontopsychiatrie,
- stationären Pflegeeinrichtungen, z. B. Pflegeheime,
- Seniorenwohngemeinschaften, z. B. WGs für Menschen mit Demenz,
- ambulanten Pflegeeinrichtungen, die die Pflege und Betreuung in Privathaushalten gewährleisten,
- Wohnheimen für Menschen mit Beeinträchtigungen,
- Tagespflegeeinrichtungen, in denen alte Menschen nur während des Tages gepflegt und betreut werden,
- Rehabilitationseinrichtungen.

Die Einrichtungen, in denen alte Menschen gepflegt und betreut werden, lassen sich in drei Formen der Altenhilfe unterscheiden:

- ambulante Altenpflege,
- teilstationäre Altenpflege,
- stationäre Altenpflege.

Ambulante Pflege

Angebot für zu Pflegende, die in ihrer häuslichen Umgebung leben und dort versorgt werden wollen.

Durch ambulante Pflegedienste (auch Sozialstationen) wird die Pflegeleistung nur vorübergehend erbracht. Sie ist in der Regel eine Ergänzung zur privaten Pflege durch Angehörige.

Teilstationäre Pflege

Angebot für zu Pflegende, die in ihrer häuslichen Umgebung leben und vorübergehend in einer stationären Einrichtung betreut werden.

Die teilstationäre Pflege dient in erster Linie der Entlastung von pflegenden Angehörigen. Dazu gehören die Tagespflegeeinrichtungen und vorübergehende Aufenthalte in Pflegeheimen, z. B. zur Nachtpflege oder Kurzzeitpflege.

Stationäre Pflege

Angebot für zu Pflegende, die nicht mehr in ihrer häuslichen Umgebung versorgt werden können und daher dauerhaft in einer Einrichtung leben.

Zu den stationären Einrichtungen gehören die Pflegeheime. Zu den Leistungen der Pflegeheime gehören neben der pflegerischen und sozialen Versorgung die Unterkunft und Verpflegung der Bewohner. Ein häufiger Grund für den Umzug in ein Pflegeheim ist eine fortgeschrittene Demenzerkrankung.

3
Speisesaal einer Pflegeeinrichtung

1 Arbeitsorte von Pflegenden

Bewohnerzimmer, z. B. im Pflegeheim	meistens Einzel- oder Doppelzimmer mit Privatbett oder Pflegebett, individuell möbliert
Gemeinschaftsräume, z. B. im Pflegeheim	gemeinsame Aktivitäten und sozialer Austausch, z. B. Speisesaal 3, Beschäftigungsraum
Patientenzimmer, z. B. im Krankenhaus	meistens Einzel- oder Doppelzimmer, Pflegebett, nicht individuell möbliert
Privatwohnungen	individuell ausgestattet und möbliert, häufig wechselnde Arbeitsorte

2.2 Organisation in Altenpflegeeinrichtungen

Arbeitsorganisation

Regelungen in Bezug auf die Verteilung der Aufgaben und die Zusammenarbeit der Mitarbeiter in einer Einrichtung.

Die Arbeitsorganisation wird unterschieden in die:

- **Aufbauorganisation:** Aufgabenverteilung und Zuweisung von Verantwortung,
- **Ablauforganisation:** räumliche und zeitliche Gestaltung der Arbeitsinhalte.

In einer Altenpflegeeinrichtung werden zu pflegende Menschen in der Regel täglich und rund um die Uhr versorgt und betreut. Diese umfassende und vielfältige Aufgabe kann nur bewerkstelligt werden, wenn die Mitarbeiter sich die einzelnen Tätigkeiten sinnvoll untereinander aufteilen, ihre Zusammenarbeit organisieren und dabei miteinander Absprachen treffen 4.

Deshalb gibt es in jeder Einrichtung, in der Helfer und Assistenten in der Altenpflege tätig sind, eine vorgegebene **Arbeitsorganisation**, die für alle dort Tätigen und Pflegenden verbindlich ist. Dazu gehören z. B.:

- Aufgabenverteilung: wer macht was?
- Hierarchie: wer hat wem was zu sagen?
- Schichtdienst: wer arbeitet wann?
- Art der Pflege: nach welchem Leitbild und Pflegesystem wird gearbeitet?
- Pflege nach Standards: wie gut soll die Pflege sein?

Bedenke

Die Kenntnis der Arbeitsorganisation in der eigenen Einrichtung vermittelt Orientierung und Sicherheit.

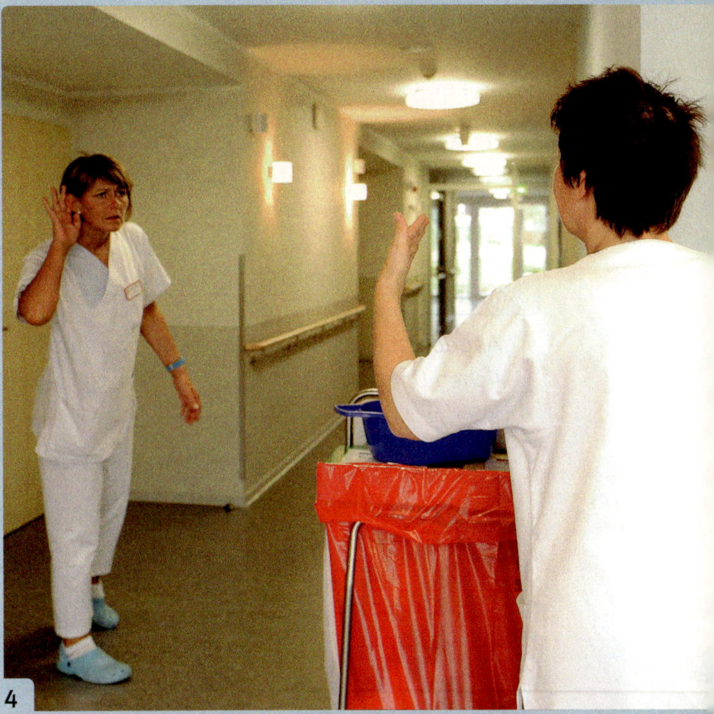

4
Besser viele als zu wenige Absprachen

2.2.1 Aufgabenverteilung und Hierarchie

Hierarchie

Über- bzw. Unterordnungsverhältnis von Menschen in einer Gruppe.

Pflegende übernehmen pflegerische und soziale Aufgaben und arbeiten mit anderen Berufsgruppen zusammen. Darüber hinaus müssen sie im Umgang mit den alten Menschen auch deren soziales Umfeld berücksichtigen und die Angehörigen mit einbeziehen. Entsprechend dieser Vielfalt werden die Aufgaben und die Verantwortung für die Arbeitsergebnisse verteilt.

Am Beispiel einer stationären Altenpflegeeinrichtung lassen sich die Stufen einer Organisation und der Arbeitsbeziehungen untereinander aufzeigen.

Linienorganisation

In der Regel sind stationäre Altenpflegeeinrichtungen in einer **Linienorganisation** (→3.5.4) aufgebaut. In einer solchen sind die Aufgaben hierarchisch (vergleichbar mit einer Pyramide) und funktionsbezogen geregelt. Eine Linienorganisation ist davon gekennzeichnet, dass jeder Mitarbeiter einen direkten Vorgesetzten hat. Dieser trägt die Verantwortung für seine untergeordneten Mitarbeiter und ist befugt, ihnen Anweisungen zu geben.

Heimleitung bzw. Geschäftsleitung

Die oberste Organisationsebene eines Pflegeheims ist die Heimleitung (HL). Sie trägt die Gesamtverantwortung der Einrichtung und ist unter anderem für die vertraglichen, wirtschaftlichen und rechtlichen Aufgaben verantwortlich, die in einem Heim anfallen, z. B. Kontrolle der wirtschaftlichen Ergebnisse, Kontrolle der Leistungsqualität und Investitionen.

Mittlere Führungsebene

Folgende Personen sind der Heimleitung direkt unterstellt:

- Leitung der Heimverwaltung,
- Leitung des Pflegedienstes,
- Leitung der Hauswirtschaft.

Die **Heimverwaltung** trägt die Verantwortung für den kaufmännischen Bereich, die Abrechnungen für Personalkosten und den Unterhalt einer Einrichtung. Sie ist verantwortlich für Einnahmen und Ausgaben und ist Vorgesetzte der Verwaltungsfachkräfte.

Die **Pflegedienstleitung** (PDL) organisiert den Pflegedienst in der Einrichtung. Sie trägt die Verantwortung für das Pflegepersonal und die Qualität der Pflegeleistungen. Zudem ist sie Vorgesetzte der Wohnbereichsleitungen, die wiederum den Pflegefach- und hilfskräften übergeordnet sind.

5
Mitarbeiter in der Hauswirtschaft

Die **Hauswirtschaftsleitung** (HWL) ist für die Unterkunft und Verpflegung zuständig. Sie trägt die Verantwortung im Bereich Reinigung, Instandhaltung der Einrichtung und für die Küche einschließlich der Beschäftigten 5 in dem Gesamtbereich.

Vorgesetzte in der Pflege

Weisungsbefugt gegenüber Pflegehilfskräften und -assistenten sind die Leitungs- und Fachkräfte im Pflegebereich und die Einrichtungsleitung. Wichtige Ansprechpartner für die Pflegehilfskräfte und -assistenten sind die Pflegefachkräfte. Unter ihnen gibt es in der Regel in der laufenden Arbeitsschicht eine **Schichtleitung**.

Bedenke

Bei jeder Unsicherheit in der Durchführung einer Pflegemaßnahme lieber die Pflegefachkraft um Unterstützung bitten.

2.2.2 Arbeit im Schichtdienst

Schichtdienst

Aufteilung der betrieblichen Arbeitszeit in mehrere Zeitabschnitte, um die anfallende Arbeit über einen normalen Arbeitstag hinaus von vielen Personen erbringen zu können.

In einer stationären Einrichtung muss die pflegerische Betreuung rund um die Uhr stattfinden. Um dies zu gewährleisten, wird in der Regel im **Drei-Schicht-System** gearbeitet:

- Frühdienst,
- Spätdienst,
- Nachtdienst.

Auch muss die Arbeit an den Wochenenden und Feiertagen gewährleistet werden. Dafür arbeiten die Pflegenden häufig länger als fünf Tage am Stück und haben anschließend mehrere Tage frei.

Dienstplan

Auf einem Dienstplan 6 wird die **Arbeitszeit** so koordiniert, dass zu jeder Tages- und Nachtzeit ausreichend Personal zur Verfügung steht. Jede Mitarbeiterin kann auf dem Dienstplan einsehen, zu welchen Zeiten ihre Arbeitszeit beginnt bzw. endet oder wann sie Urlaub oder freie Tage hat. In der Regel hängt dieser vier Wochen im Voraus aus.

Verantwortlich für die Erstellung des Dienstplanes ist in der Regel die Wohnbereichsleitung; die Pflegedienstleitung genehmigt die Ausarbeitung.

2 Beispiel für Dreischichtdienst

Frühschicht	6:30 bis 14:00 Uhr
Spätschicht	13:30 bis 21:00 Uhr
Nachtschicht	20:45 bis 6:45 Uhr

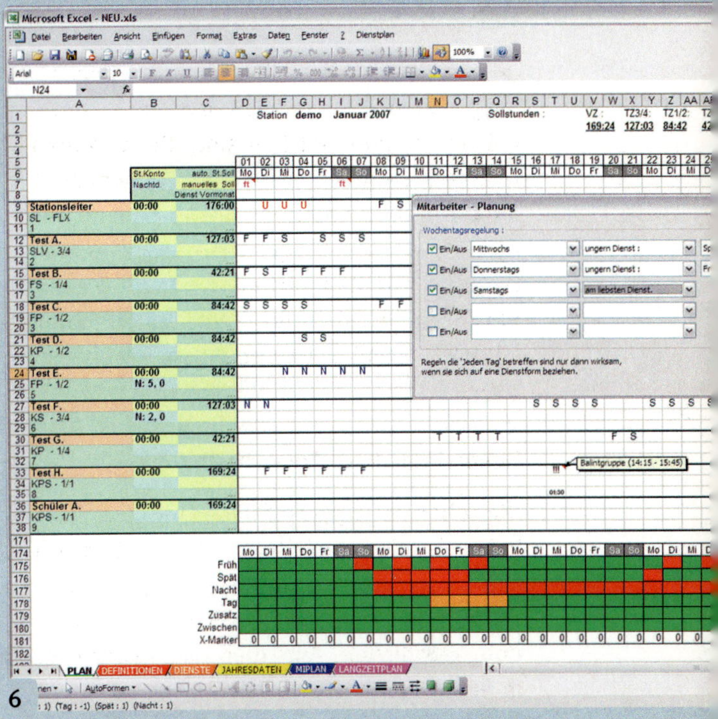

6
Dienstplan am Computer

Regeln für den Dienstplan

Der Wechsel zwischen den Schichten wird von den Pflegenden häufig als Belastung empfunden. Bei der Planung sollten deshalb folgende **Regeln** eingehalten werden, z. B.:

- Regelungen des Arbeitszeitgesetzes (max. Arbeitszeit, Freizeit, Wochenende, Pausenregelungen) einhalten,
- Ausbildung der Pflegenden berücksichtigen, z. B. Pflegefachkräfte pro Schicht,
- individuelle Wünsche der Mitarbeiter berücksichtigen und kurzfristige Änderungen mit ihnen absprechen,
- Schichttypen nicht zu häufig wechseln, z. B. von früh auf spät und umgekehrt.

Übung

Listen Sie die Vorteile und Nachteile auf, die der Schichtdienst persönlich für Sie hätte.

2.2.3 Pflegesysteme

Pflegesystem

Beschreibung einer vorgegebenen Struktur, nach der die Pflegeabläufe in einer Einrichtung gestaltet werden können.

Die Wahl des Pflegesystems bestimmt die Art und Weise, wie die Pflegeleistung erbracht wird und wie die Pflegenden untereinander und mit den Bewohnern kommunizieren. Auch die **Entscheidungs- und Handlungsspielräume** von Pflegenden werden durch das Pflegesystem festgelegt. Somit hat es einen bedeutenden Einfluss auf die Zufriedenheit von Pflegenden und Bewohnern sowie die Qualität der Arbeitsleistung. In der Altenpflege gibt es folgende Pflegesysteme:

- Funktionspflege,
- Bereichspflege,
- Bezugspflege.

7
Persönlicher Kontakt in der Bereichspflege

Funktionspflege

Bei der Funktionspflege trägt die Wohnbereichsleitung die Gesamtverantwortung und vergibt die Aufgaben. Die pflegerischen Arbeitsschritte werden in einzelne Tätigkeiten zerlegt und jeweils von der am besten dafür qualifizierten Pflegenden ausgeführt. Die Bewohner haben keinen direkten Ansprechpartner, da z. B. eine Mitarbeiterin Medikamente verteilt, eine andere lagert und eine Dritte die Wunden versorgt.

Bereichs- oder Gruppenpflege

Pflegende übernehmen die Verantwortung für eine Gruppe von Bewohnern 7. Dieselben Pflegenden führen dort alle Tätigkeiten durch und sind dauerhafte Ansprechpartner für die Bewohner. Bereichspflege bringt für die Mitarbeiter und Bewohner ein höheres Maß an **Arbeitszufriedenheit** mit sich. Die Bewohner haben die Möglichkeit, sich an die Pflegenden zu gewöhnen.

Bezugspflege

Die Bezugspflege geht in Bezug auf die Beziehung zwischen Pflegenden und Bewohnern noch einen Schritt weiter. Nach diesem System ist eine Bezugspflegende für eine bestimmte Anzahl von Bewohnern dauerhaft zuständig. Sie organisiert die komplette Pflege und trägt die Verantwortung für die Planung und Dokumentation.

Dieses Pflegesystem kann nur schwer umgesetzt werden, da z. B. Pflegehelfer und -assistenten keine Bezugspflegenden sein dürfen und damit die gesamte Arbeit von Pflegefachkräften ausgeführt werden müsste.

Bedenke

Häufig ist es einfacher, die zu pflegenden Bewohner auch mal zu wechseln. Nicht immer stimmt die Sympathie.

2.2.4 Pflegestandards und Expertenstandards

Pflegestandard

Normen und Regeln, wie eine Pflegeleistung durchgeführt werden soll, mit dem Ziel, die Qualität dieser Leistung zu erhalten.

Wenn eine Pflegeleistung durchgeführt werden soll, z. B. eine Art der Lagerung oder Prophylaxe, müssen dabei viele **Teilschritte** berücksichtigt werden. Damit keiner von ihnen vergessen oder falsch durchgeführt wird, können sich die Pflegenden an einem Pflegestandard orientieren.

Pflegestandards ermöglichen, dass Pflege einheitlich durchgeführt und dokumentiert wird. Nur wenn alle Pflegenden die Arbeit der anderen fortsetzen, kann z. B. eine Wunde schnell heilen.

Was muss der Pflegestandard bieten?

Ein Pflegestandard:

- liegt in schriftlicher Form vor,
- ist leicht verständlich und eindeutig formuliert, für alle Pflegenden einsehbar,
- entspricht den aktuellsten Erkenntnissen der professionellen Pflege.

Pflegestandards sind nicht in allen Einrichtungen identisch. Aufgrund der unterschiedlichen Arbeitsorganisation oder räumlichen Bedingungen kann z. B. ein Vollbad bei der Körperpflege auch unterschiedlich umgesetzt werden. Wichtig ist aber, dass die **Mindestqualität** der Pflegeleistung erhalten bleibt. Diese wird regelmäßig durch den **Medizinischen Dienst der Krankenkassen** überprüft.

Übung

Formulieren Sie Schritt für Schritt einen Pflegestandard für die Ganzkörperwaschung **8**: Vorbereitung, Durchführung, Nachbereitung.

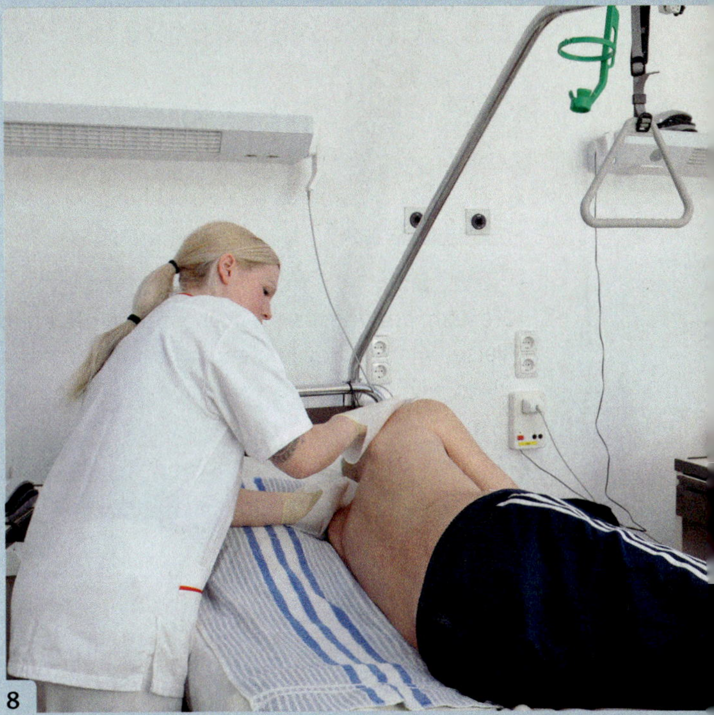

8
Ganzkörperwaschung nach Standard

Nationale Expertenstandards

Expertenstandards

Richtlinien darüber, in welcher Qualität bestimmte Pflegeleistungen in Deutschland zu erbringen sind.

Expertenstandards werden nicht von einem Pflegeteam vor Ort, sondern von Experten erarbeitet und geben damit eine verlässliche **Orientierung** für die Arbeit in den Einrichtungen. Zurzeit gibt es Standards z. B. für die Dekubitusprophylaxe, Sturzprophylaxe, Kontinenzförderung, Schmerz, chronische Wunden, Ernährung und Entlassung.

Bedenke

Standards nicht ohne Rücksicht auf den Bewohner anwenden. Sind Abweichungen nötig, sollten diese dokumentiert werden.

2.3 Alles, was Recht ist

Recht

allgemein gültige Regeln und Normen, die das Zusammenleben von Menschen ordnen sollen. Sie werden durch gesetzgebende Institutionen geschaffen und von Organen der Rechtspflege durchgesetzt.

Die Arbeit einer Pflegenden ist sehr komplex. Dabei füllt sie zahlreiche Rollen aus, übernimmt große Verantwortung und steht in Beziehung zu Menschen mit unterschiedlichen Interessen, z. B. Arbeitgeber, Kollegen, Bewohner und Angehörige.

Um sicher handeln zu können und sich seiner eigenen Verantwortung bewusst zu sein, ist es hilfreich, sich mit gesetzlichen Regelungen 9 auseinanderzusetzen, z. B. die Grundrechte, das Arbeitsrecht, Strafrecht oder das Haftungsrecht. Das Recht spricht nicht nur Verbote aus, sondern bietet auch jedem **Schutz** und **Handlungssicherheit**.

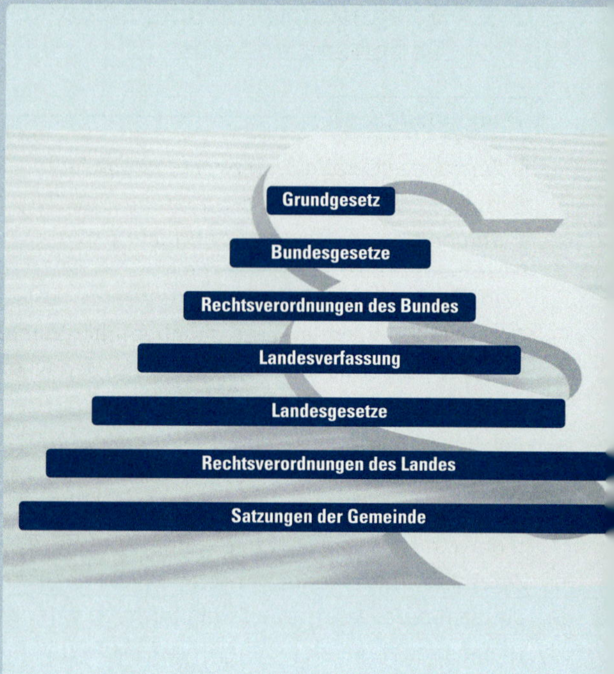

9
Hierarchie der Gesetze

3 Wichtige Altersstufen und ihre rechtliche Bedeutung

Geburt	Beginn der Rechtsfähigkeit: Rechte und Pflichten haben
6 Jahre	Schulpflicht
7 Jahre	• eingeschränkte Deliktfähigkeit: für sein eigenes Handeln haften, z. B. durch Schadensersatzleistungen • eingeschränkte Geschäftsfähigkeit: eigenständig am Rechtsleben teilnehmen, z. B. durch eigene Willenserklärung einen Kaufvertrag tätigen
14 Jahre	beschränkte Strafmündigkeit: strafrechtlich zur Verantwortung herangezogen werden bei Durchführung einer unrechten Handlung, z. B. Körperverletzung
16 Jahre	beschränkte Ehe- und Testierfähigkeit, Beginn der Eidesfähigkeit, z. T. aktives Wahlrecht
18 Jahre	Volljährigkeit: volle Delikt- und Geschäftsfähigkeit, Ehemündigkeit, aktives und passives Wahlrecht, Ende der Schulpflicht

2.3.1 Grundrechte – das Recht des Einzelnen

Grundrechte

Rechte des Einzelnen, die im Grundgesetz (Verfassung) formuliert und für den Staat und einzelnen Bürger verbindlich sind.

Alle demokratischen Staaten haben als oberstes Gesetz eine **Verfassung**, in der z. B. die Menschenrechte festgeschrieben sind. In Deutschland heißt die Verfassung Grundgesetz (GG), das bindend für alle drei Staatsgewalten **10** ist.

Jeder Mensch ist unverwechselbar und einzigartig. Seine **Würde** verliert er auch dann nicht, wenn er krank oder in seiner Lebensführung z. B. von Pflegenden abhängig ist (vgl. Artikel 1 GG).

Zur Würde des Menschen gehört, dass dieser so weit wie möglich frei und selbstbestimmt entscheiden und handeln kann. Der Erhalt oder die Wiederherstellung der Selbstständigkeit ist eine der Kernaufgaben der Pflege (vgl. Artikel 2 GG).

Übung

Überlegen Sie, welche Bedeutung Sicherheit und Freiheit für Sie persönlich in Ihrem Alltag haben.

Die Grundrechte gelten ohne Ausnahme für alle Menschen. Niemand darf dabei benachteiligt oder diskriminiert werden (vgl. Artikel 3 GG). Im organisatorischen Teil des Grundgesetzes finden sich die Aufgaben und Funktionen wichtiger Staatsorgane, z. B. Bundestag und Bundesrat.

Übung

Recherchieren Sie die 19 Artikel zu den Grundrechten im Grundgesetz.

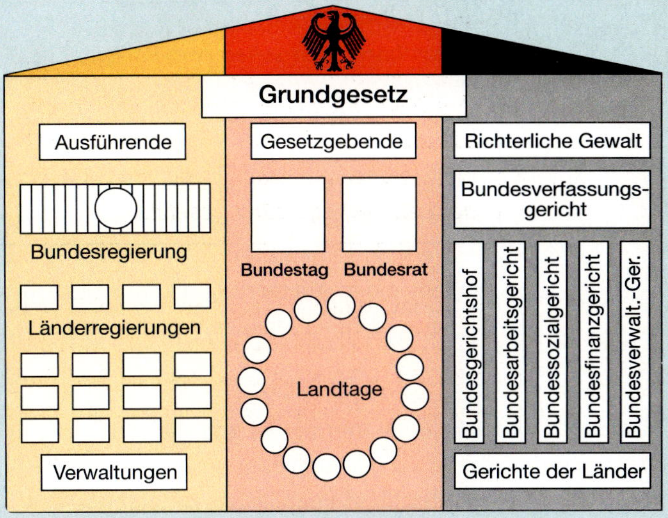

10
Gewaltenteilung in Deutschland

2.3.2 Arbeitsrechtliche Grundlagen

Arbeitsrecht

Gesetze und Bestimmungen zur unselbstständigen und abhängigen Erwerbsarbeit.

Ursprünglich war das Arbeitsrecht als **Schutzrecht** gedacht, um Arbeitnehmer, die Tätigkeiten in Abhängigkeit und Unselbstständigkeit ausführen, abzusichern.

Die gegenseitigen Rechte und Pflichten von Arbeitnehmern und Arbeitgebern sind durch den **Arbeitsvertrag** (Vertragsrecht im Bürgerlichen Gesetzbuch) festgelegt. Weitere wichtige arbeitsrechtliche Bestimmungen gelten z. B. für die Beendigung des Arbeitsverhältnisses, die Beschäftigung von Jugendlichen und schwangeren Arbeitnehmerinnen sowie die Mitbestimmung in Unternehmen (kollektives Arbeitsrecht).

Arbeitsvertrag

Arbeitsvertrag

Vereinbarung zwischen zwei Parteien, dem Arbeitgeber und dem Arbeitnehmer.

Überall und ständig werden heute Verträge geschlossen. Der Kauf einer Kinokarte ist ein Kaufvertrag. Jemand, der eine Wohnung mietet, schließt einen Mietvertrag ab. Der Besuch beim Friseur wird zum Dienstleistungsvertrag.

Auch das Antreten einer neuen Arbeitsstelle geht nicht ohne Vertrag. Es gibt keine Vorschriften in Bezug auf die Form oder den Inhalt des Vertrages. Der Abschluss kann also mündlich und bzw. oder schriftlich erfolgen 11.

Bedenke

Der Arbeitsvertrag in Schriftform ist empfehlenswert. Nach vier Wochen muss der Arbeitgeber die Vertragsinhalte auflisten.

Folgende **Inhalte** stehen in einem Arbeitsvertrag:

- Name und Anschrift der Vertragspartner,
- Beginn und Dauer der Beschäftigung,
- Arbeitsort bzw. Wechsel der Arbeitsorte,
- Tätigkeitsbeschreibung,
- Höhe des Arbeitsentgelts einschließlich Zuschläge,
- Vereinbarte Arbeitszeit, Probezeit,
- Urlaubstage,
- Kündigungsfristen,
- Hinweis auf evtl. geltende Tarifverträge oder Betriebsvereinbarungen.

Bedenke

Vor Unterzeichnung sollte der Vertrag sorgfältig gelesen und verstanden werden.

11 Arbeitsvertrag sorgfältig prüfen

Es gibt **befristete** und **unbefristete** Arbeitsverträge. Befristete Arbeitsverträge dürfen maximal zwei Jahre andauern und nur 2-mal verlängert werden. Danach werden sie automatisch in unbefristete Verträge umgewandelt.

4 Arbeitgeber- und Arbeitnehmerpflichten

Arbeitgeber	Arbeitnehmer
• Pflicht zur pünktlichen Lohnzahlung bzw. Vergütung • Fürsorgepflicht, z. B. Anspruch auf Erholung, beschränkte Arbeitszeiten • Gleichbehandlungspflicht • Beschäftigungspflicht	• Pflicht zur Arbeitsleistung gemäß ihren Kräften und Fähigkeiten • Pflicht zur Pünktlichkeit • Treuepflicht • Verschwiegenheitspflicht • Pflicht zu Erholung

Beendigung des Arbeitsverhältnisses

Arbeitnehmer und Arbeitgeber haben die Möglichkeit, das Arbeitsverhältnis durch Kündigung (schriftliche Willenserklärung von Arbeitnehmer oder Arbeitgeber) zu beenden. Folgende Arten der Kündigung gibt es:

- **ordentliche Kündigung:** ohne Grund unter Einhaltung von (Kündigungs-)Fristen 12,
- **außerordentliche Kündigung:** fristlose Kündigung aufgrund von Unzumutbarkeit für weitere Beschäftigung, z. B. Diebstahl.

Wird das Arbeitsverhältnis in gegenseitigem Einvernehmen ohne Einhaltung von Fristen durch beide Vertragspartner aufgehoben, so spricht man von einem **Aufhebungsvertrag**.

Bedenke

Unabhängig von der Art der Kündigung hat jeder Arbeitnehmer einen Anspruch auf ein Arbeitszeugnis.

Kündigungsschutzgesetz

Einem Arbeitnehmer darf nicht einfach willkürlich gekündigt werden. Folgende **Kündigungsgründe** müssen gegeben sein und vom Arbeitgeber nachgewiesen werden:

- personenbedingte Gründe, z. B. langfristige Erkrankungen, Abnahme der Leistungsfähigkeit,
- verhaltensbedingte Gründe, z. B. Unpünktlichkeit, mangelnde Sorgfalt,
- betriebsbedingte Gründe, z. B. Umstrukturierung oder Verkleinerung des Betriebes, Umsatzrückgang.

Bedenke

Arbeitnehmer haben bis zu vier Monate Kündigungsschutz.

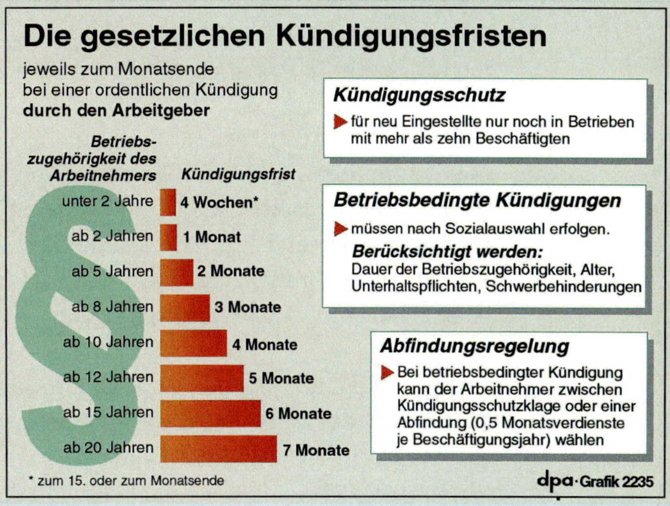

12
Fristen bei ordentlicher Kündigung

Jugendarbeitsschutzgesetz

Das Gesetz dient dem Schutz von Kindern und Jugendlichen im Arbeitsleben. Diese sollen durch das Gesetz vor Überforderung, Überbeanspruchung und weiteren Gefahren am Arbeitsplatz geschützt werden. Das Gesetz gilt auch für die Berufsausbildung.

Die Arbeitnehmer und die Jugendlichen müssen darauf achten, dass die Arbeit:

- nicht zu früh beginnt oder zu lange andauert,
- nicht zu schwer ist oder sie psychisch oder physisch gefährdet,
- geeignet ist.

Bedenke

Auch die Jugendlichen müssen bei einem Verstoß mit einer Strafe rechnen.

Mutterschutzgesetz

Das Mutterschutzgesetz enthält Schutzbestimmungen für Frauen in einem Arbeitsverhältnis. Dazu gehören auch Auszubildende, Praktikantinnen und Teilzeitbeschäftigte.

Werdende Mütter dürfen nicht beschäftigt werden, soweit nach ärztlichem Zeugnis Leben oder Gesundheit von Mutter oder Kind bei Fortdauer der Beschäftigung gefährdet ist. Außerdem dürfen sie keine körperlich schwere oder gesundheitsschädigende Arbeit durchführen.

Die **Schutzfrist** für werdende Mütter beträgt sechs Wochen vor der Entbindung und normalerweise acht Wochen danach. Während der Schwangerschaft bis vier Monate nach der Entbindung besteht Kündigungsschutz.

Übung

Prüfen Sie in Ihrem Praxiseinsatz, ob das Jugendarbeitsschutzgesetz und Mutterschutzgesetz aushängen. Sind diese Regelungen für alle einsehbar?

Interessenvertretung von Arbeitnehmern

Betriebsrat

gesetzliche Vertretung der Mitarbeiter eines Betriebes gegenüber der Betriebsleitung.

Der Gegensatz der Interessen von Arbeitnehmern und Arbeitgebern führt manchmal zu Konflikten. Der Betriebsrat **13** vertritt dabei die Interessen des Arbeitnehmers. Dabei gibt es Regeln des Umgangs und Bereiche der Mitbestimmung, die im **Betriebsverfassungsgesetz** festgelegt sind. Der Betriebsrat bietet Sprechstunden während der Arbeitszeit an, organisiert Betriebsversammlungen und führt Gespräche mit der Einrichtungsleitung. Jeder Mitarbeiter kann sich direkt an ihn wenden.

13
Wahl des Betriebsrats

2.3.3 Haftungs- und Strafrecht

Im Arbeitsalltag von Pflegehilfskräften und -assistentinnen kommt es immer wieder zu Unsicherheiten in Bezug auf die Frage, welche Aufgabe sie unter welchen Voraussetzungen übernehmen dürfen. Handelt eine Pflegende grob fahrlässig oder absichtlich zum Schaden eines zu Pflegenden, muss sie für den Schaden aufkommen **(Haftungsrecht)** oder begeht sogar eine Straftat **(Strafrecht)**.

Grundsätzlich sollte sich also jede Pflegende bei jeder Übernahme einer Aufgabe, z. B. von der Pflegefachkraft oder dem Arzt, überlegen, ob sie die **Fachkenntnisse** oder nötige **Erfahrung** dafür aufbringen kann. Auch sollte sie die Durchführung ihrer Tätigkeiten dokumentieren, damit bei einem Problem jeder Arbeitsschritt nachvollzogen werden kann. Nur, was in der **Dokumentation** aufgeführt ist, gilt auch als tatsächlich durchgeführt.

Delegation

Form der Arbeitsteilung, bei der die Zuständigkeit und Handlungskompetenz auf eine hierarchisch untergeordnete Stelle übergeben wird.

Bei der Delegation von z.B. ärztlichen Tätigkeiten 14 wie Injektionen oder Verabreichung von Medikamenten wird im Sinne der Haftung unterschieden in die:

- Anordnungsverantwortung,
- Durchführungsverantwortung.

Die **Anordnungsverantwortung** bedeutet, dass der „Deligierer" sich von der Zustimmung und der Qualifikation desjenigen überzeugen muss, an den er die Aufgabe delegiert – dies sollte immer schriftlich geschehen. Die **Durchführungsverantwortung** bedeutet, dass der „Deligierte" fachlich dazu in der Lage ist, die Aufgabe auszuführen und es sich zutraut. Dieser trägt dann die Verantwortung für die korrekte Vorbereitung und Durchführung der Tätigkeit.

Bedenke

Die Anordnungs- und Durchführungsverantwortung gilt auch bei der Delegation von Aufgaben der Pflegefachkraft auf eine Pflegehilfskraft.

So sollte z.B. eine subkutane Injektion (häufig bei an Diabetes erkrankten Bewohnern) oder die Verabreichung von Medikamenten nur unter zuvor erfolgter Anleitung einer Pflegefachkraft übernommen werden. Andere Injektionen oder das Stellen von Medikamenten sind zur Delegation nicht zu empfehlen. Wenn eine Pflegehilfskraft oder -assistentin sich eine Aufgabe nicht zutraut, muss sie die Durchführungsverantwortung ablehnen und die Deligierende über das Unterlassen der Aufgabe informieren.

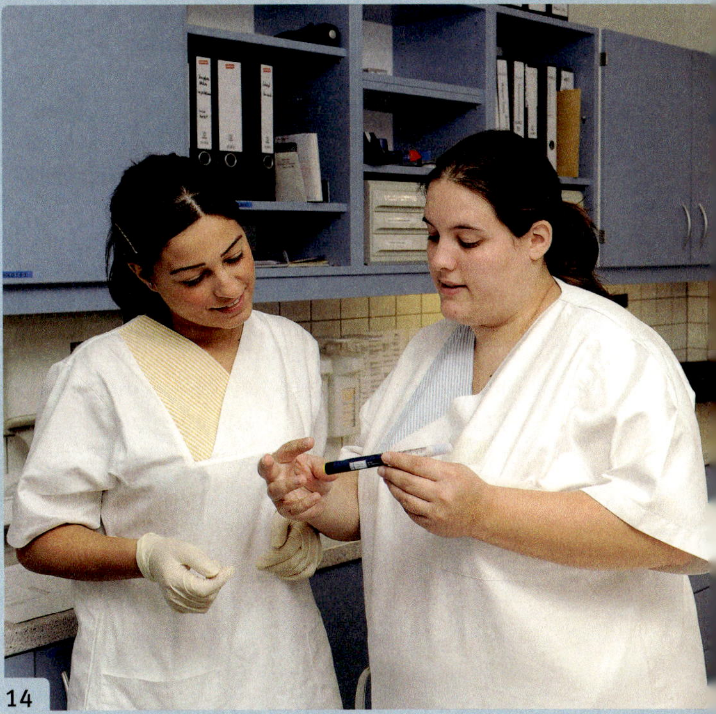

14
Delegation von Injektionen

Strafrechtliche Handlungen

Beispiele für strafrechtliche Handlungen sind z.B. **Körperverletzungen** durch:

- Zwang eines Bewohners zur Einnahme von Medikamenten trotz vorhandener Einwilligungsfähigkeit,
- sämtliche freiheitsbeschränkende Maßnahmen ohne ausreichende rechtliche Grundlage,
- Gewaltanwendung jeglicher Art,
- Pflegemaßnahmen z.B. der Körperpflege gegen den Willen des Bewohners.

Diese Maßnahmen können sowohl zu einer strafrechtlichen Haftung als auch zu zivilrechtlichen Ansprüchen führen, sofern keine ausreichenden Rechtfertigungsgründe bestehen, z.B. der ausschließliche Wunsch des Betroffenen (schriftlich) oder der Schutz Dritter. Strafbare Handlungen werden dabei unterschieden in: vorsätzlich, fahrlässig und durch Unterlassen.

2.3.4 Arzneimittelgesetz – Betäubungsmittelrecht

Arzneimittel

Stoffe und Stoffzusammensetzungen, die krankhafte Beschwerden und Krankheiten verhüten, erkennen, lindern oder heilen.

Bewohner und Patienten in stationären oder ambulanten Einrichtungen müssen häufig mehrere Medikamente zur gleichen Zeit einnehmen 15. In Absprache mit dem Arzt sorgen die Pflegefachkräfte in Eigenverantwortung für die regelmäßige und sachgemäße Einnahme der Medikamente und beobachten den Bewohner auf mögliche Unverträglichkeiten. Dazu ist ein umfangreiches Wissen über richtige **Handhabung** und eventuelle **Risiken** bei der Vergabe notwendig. Auch gibt es dazu gesetzliche Vorschriften.

Arzneimittelgesetz (AMG)

Gesetz zur Sicherstellung der Qualität und Wirksamkeit der Versorgung mit Medikamenten. Es enthält Regeln zu den Anforderungen an Arzneimittel und deren Herstellung, Zulassung, Registrierung sowie Abgabe.

Bei den Arzneimitteln lässt sich zwischen apothekenpflichtigen und verschreibungspflichtigen Medikamenten unterscheiden.

Verschreibungspflichtige Medikamente unterliegen der ärztlichen Überwachung. Diese gesetzliche Vorgabe soll vor **Missbrauch** schützen. Das Gleiche gilt auch für die Abgabe von Betäubungsmitteln. Hierzu gibt es besondere Rechtsvorschriften.

Betäubungsmittel

Stoffe, die z. B. zur Behandlung schwerer Schmerzzustände geeignet sind und zur Abhängigkeit führen können.

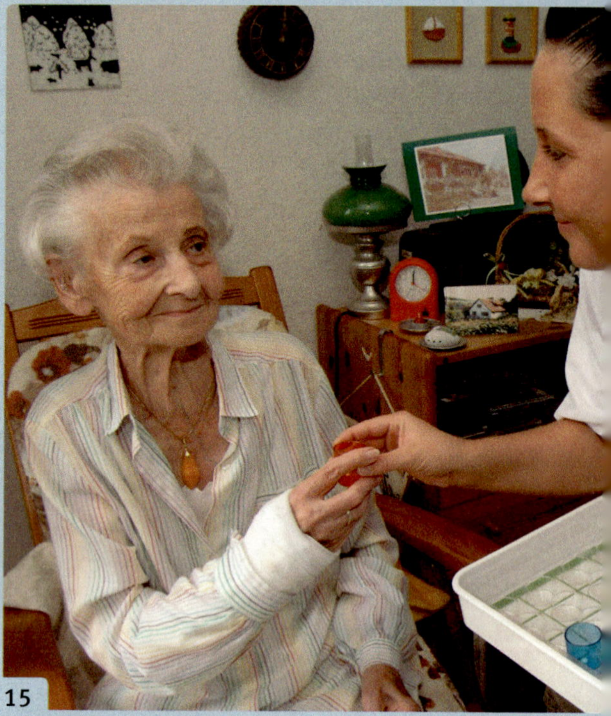

15
Den Überblick behalten

Das **Betäubungsmittelgesetz** dient dazu, den rechtmäßigen Umgang mit Betäubungsmitteln zu sichern. Es enthält z. B. Regelungen dazu, wer überhaupt mit Betäubungsmitteln umgehen darf, wie der Umgang überwacht werden soll und welche Konsequenzen der Missbrauch nach sich ziehen könnte.

Betäubungsmittel (BtM) müssen getrennt von anderen Medikamenten in einem abschließbaren Teil des Medikamentenschranks aufbewahrt werden. Der Schlüssel dazu befindet sich stets bei der verantwortlichen Schichtleitung.

Bedenke

Pflegehilfskräfte und -assistenten sollten sich gut informieren und sicher anleiten lassen, wenn sie die Verabreichung von Medikamenten übernehmen.

2.4 Soziale Sicherung

Sozialversicherung

gesetzliche Pflichtversicherung zum Schutz von Arbeitnehmern bei Krankheit und Pflegebedürftigkeit, Arbeitslosigkeit, Unfall und Alter.

Die soziale Sicherung ist für den Staat im Laufe seiner Geschichte zu einer seiner bedeutendsten Aufgaben geworden. Durch sie soll das Risiko, krank und pflegebedürftig zu werden, auf viele Schultern verteilt werden. Jeder gesetzlich versicherte Arbeitnehmer zahlt nach seinen Möglichkeiten in die Sozialkasse ein, damit der einzelne im Schadensfall mit ausreichenden Leistungen rechnen kann. Es gibt fünf Säulen der Sozialversicherung 16. Die rechtlichen Rahmenbedingungen für die Altenpflege sind überwiegend im elften Sozialgesetzbuch: Pflegeversicherung (SGB XI) zu finden.

2.4.1 Leistungen der Pflegeversicherung

Pflegeversicherung

Absicherung bei Pflegebedürftigkeit. Die Versicherungsträger sind Pflegekassen unter dem Dach der Krankenkassen.

Pflegebedürftige Personen erhalten entsprechend verschiedene **Stufen** ein Pflegegeld. Damit können sie von Familienangehörigen und ambulanten bzw. teilstationären Pflegeeinrichtungen betreut werden. Auch die Kosten für die Pflege in einer stationären Einrichtung werden anteilig übernommen. Unterbringung und Verpflegung müssen die Bewohner dort jedoch selbst bezahlen.

Weitere Leistungen sind z. B. Pflegehilfsmittel wie Pflegebetten, Inkontinenzmaterial oder die so genannte Verhinderungspflege, wenn die pflegende Angehörige z. B. krank ist oder in den Urlaub geht.

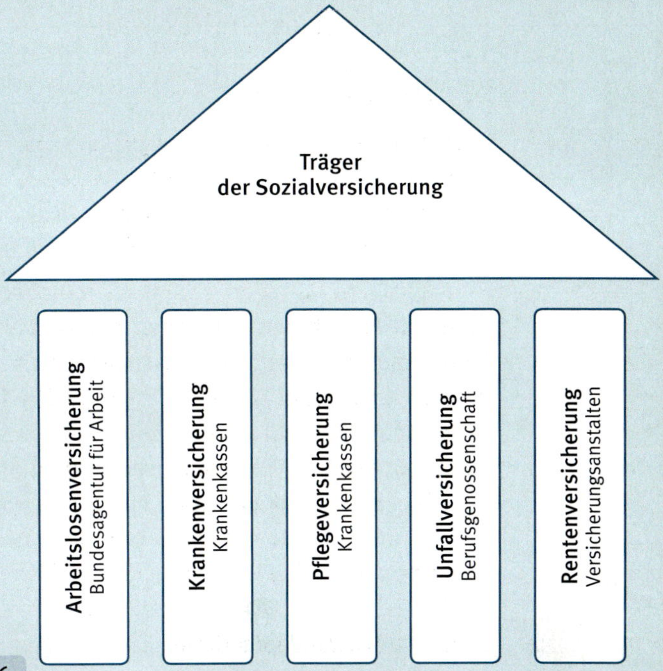

16
Soziales Netz

Die Pflegeversicherung erbringt Leistungen als Geld- oder Sachleistungen, mit denen die **Grundpflege** und **hauswirtschaftliche Versorgung** finanziert wird. Eine Kombination von Pflegegeld- und Pflegesachleistung ist ebenfalls möglich.

5 Pflegestufen nach SGB XI

Pflegestufe I	erheblich pflegebedürftig: mind. 90 Minuten pro Tag, davon mehr als 45 Minuten Grundpflege
Pflegestufe II	schwerpflegebedürftig: mind. drei Stunden, davon mind. zwei Stunden Grundpflege
Pflegestufe III	schwerstpflegebedürftig: mind. fünf Stunden, davon mind. vier Stunden Grundpflege

2.4.2 Der Medizinische Dienst (MDK)

Medizinische und pflegerische Leistungen müssen ausreichend, wirtschaftlich und zweckmäßig sein. Dafür sorgt der Medizinische Dienst der Krankenversicherung. Er berät die Kranken- und Pflegekassen und führt Gutachten für sie durch, ob z.B. eine bestimmte Leistung für einen Beitragszahler notwendig ist.

Der MDK ist demnach auch dafür zuständig, den Bedarf an Pflege für einen Menschen einzustufen, wenn dieser einen Antrag auf Pflegeleistungen gestellt hat. Darüber hinaus führt der MDK zum Schutz für die zu Pflegenden **Qualitätsprüfungen** von Pflegeeinrichtungen durch. Dabei hat er nicht nur kontrollierende, sondern auch beratende Funktion.

Die **Qualitätsstandards** für Pflegeleistungen werden ebenfalls im SGB XI festgelegt. Qualitätsprüfungen vom MDK finden mindestens 1-mal im Jahr unangekündigt statt 17.

17 Einsicht des MDK in die Dokumentation

✔ Selbst-Check

Fallbeispiel: Sylvia M. absolviert eine Ausbildung zur Altenpflegehelferin. Bisher hat sie im Unterricht viel über ihren Beruf gelernt und möchte endlich wissen, wie es in der Praxis vor sich geht. Heute ist ihr erster Arbeitstag. Sie hofft, möglichst schnell selbstständig arbeiten zu können.

Sie wird ihrer Praxisanleiterin vorgestellt und gebeten, diese am ersten Tag zu begleiten. Dabei begegnen ihr auch andere Mitarbeiter der Einrichtung. Mit einigen Kollegen wird Sylvia mehr zu tun haben als mit anderen. Sie möchte sich die wichtigsten Ansprechpartner merken.

Mit Beginn der praktischen Ausbildung beginnt auch ein Arbeitsverhältnis zwischen Sylvia und der Altenpflegeeinrichtung. Sie soll einen Arbeitsvertrag unterschreiben, Rechte und Pflichten übernehmen. Auch sind mit ihrer Arbeit in der Einrichtung einige Risiken verbunden, für die sie die Verantwortung übernehmen muss.

In welchen Einrichtungen arbeiten Altenpflegehelferinnen? Welche Aufgaben übernehmen sie dort?

Welche Berufsgruppen arbeiten in einer Altenpflegeeinrichtung? Welche davon sind Sylvias Vorgesetze?

Welche rechtlichen Grundlagen sollte Sylvia kennen, bevor sie den Arbeitsvertrag mit einem guten Gefühl unterschreiben kann?

Was sollte Sylvia über die Delegation wissen?

3 Kommunikation

3.1 Was ist Kommunikation?

Kommunikation

Verständigung zwischen zwei oder mehreren Menschen mithilfe von Sprache und bzw. oder Körpersprache, Bildern oder Zeichen.

Kommunikation ist die Voraussetzung für die Teilnahme am gesellschaftlichen Leben. Sie ermöglicht es, sich mitzuteilen und gemeinsam mit anderen etwas zu erleben und zu unternehmen.

Kommunikation ist ein Prozess der **Wahrnehmung** (Sinnesorgane), des **Denkens** (Verarbeitung der Information im Gehirn) und der **Motivation** und ist stark von Emotionen abhängig. Der Austausch von Informationen verläuft deshalb immer anders, je nachdem, was der eine Kommunikationspartner meint und der andere versteht.

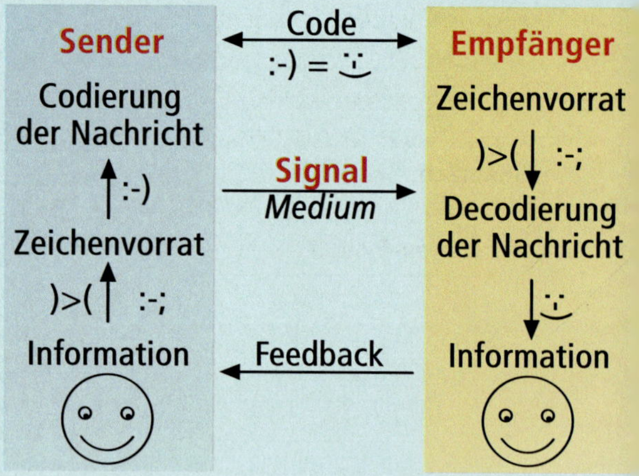

1
Sender-Empfänger-Modell

3.1.1 Formen der Kommunikation

Kommunikation findet immer statt, egal ob ein Mensch dies möchte oder nicht. Mit der Aussage des Wissenschaftlers Paul Watzlawick „Man kann nicht nicht kommunizieren" wird deutlich, dass es neben der verbalen Kommunikation auch andere Bereiche gibt, die Informationen vermitteln, z. B. Mimik oder Gestik. Kommunikation wird unterschieden in z. B.:

- **verbale Kommunikation:** Kommunikation, die durch Worte ausgedrückt wird,
- **nonverbale Kommunikation:** Kommunikation, die nicht durch Sprache ausgedrückt wird, z. B. Mimik, Gestik, Blick, Körperhaltung, Körperberührungen und räumliches Verhalten,
- **paraverbale Kommunikation:** Redefluss, Sprechgeschwindigkeit und -rhythmus, aber auch Pausenlänge und Stimmlage,
- **extraverbale Kommunikation:** Kleidungsstil, Make-up, Geruch und andere Äußerlichkeiten.

3.1.2 Kommunikationsmodelle

Kommunikation gelingt nicht immer und kann zu **Missverständnissen** führen. Die zwei folgenden Kommunikationsmodelle veranschaulichen die komplexen Verständigungsabläufe.

Sender-Empfänger-Modell

Dieses Modell versteht Kommunikation als verschlüsselte Nachricht, die von einem Sender an einen Empfänger transportiert wird 1. Der Weg, den die **codierte Nachricht** vom Sender zum Empfänger zurücklegt, ist anfällig für Störfaktoren, was zu fehlerhaften Entschlüsselungen führen kann.

Bei verschlüsselten Nachrichten handelt es sich um Gedanken und Gefühle, die der Sender über einen **Code** (die Sprache) zum Empfänger transportiert. Damit Nachrichten vom Sender und Empfänger gleich verstanden werden können, müssen sie die gleiche Decodierung verwenden.

Die Art der Decodierung ist abhängig von z.B. sprachlichen Fähigkeiten, kulturellen Prägungen und persönlichen Erfahrungen. Wenn die Nachricht richtig decodiert wurde, kann der Empfänger eine passende Antwort codieren und dem ursprünglichen Sender zurückschicken, der wiederum die gesendete Nachricht decodieren muss, um korrekt antworten zu können. So entsteht ein **Gespräch**.

Vier-Ohren-Modell

Friedemann Schulz von Thun unterscheidet eine Nachrichtenübertragung in vier Aspekte 2 oder Ebenen.

1 Ebenen des Vier-Ohren-Modells

Sachinhalt	• Sender vermittelt Daten, Fakten und Sachverhalte • Empfänger prüft die Inhalte nach Wahrheit und Relevanz
Selbstoffenbarung	• Sender übermittelt Informationen über seine Persönlichkeit • Empfänger erkennt unbewusste Selbstdarstellungen des Senders
Appell	• Sender versucht, Einfluss auf den Empfänger zu nehmen • Empfänger fühlt sich aufgefordert, Dinge zu tun oder zu lassen
Beziehungsaspekt	• Sender bringt zum Ausdruck, wie er persönlich zum Empfänger steht • Empfänger nimmt z.B. wertschätzende oder verachtende Äußerungen des Senders wahr

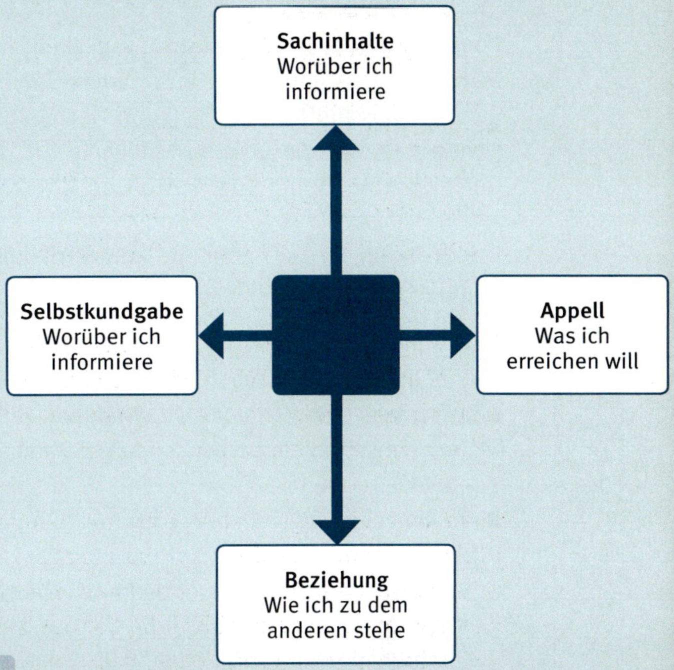

2
Vier Seiten einer Botschaft

Die Ebenen des Sachinhaltes, der Selbstoffenbarung, des Appells und Beziehungsaspekts bilden die vier Seiten einer Nachricht. Ziel dieses Modells ist es, **Kommunikationsstörungen** aufzudecken und zu beheben. Dieses Modell gibt eine Erklärung, warum Menschen häufig etwas anderes verstehen, als es vom Sender beabsichtigt wird.

In diesen Ebenen wird deutlich, dass die jeweilige Nachricht, die gesendet wird, nicht immer so decodiert wird, wie es sich der Sender vorstellt. Je nachdem, wie sich der Empfänger gerade fühlt oder in welcher Beziehung er zum Sender steht, wird die Nachricht unterschiedlich verstanden.

Übung

Drücken Sie den Satz „Ich habe immer noch Schmerzen" mithilfe von Tonfall und Mimik über die vier genannten Kanäle aus.

3.1.3 Kommunikation in der Pflege

Kommunikation in der Pflege und die Pflege selbst gehören untrennbar zusammen. Die Pflegenden kommunizieren mit häufig wechselnden Partnern 3 auf die unterschiedlichste Art, z. B. durch Sprache, Berührung, Gestik und Mimik.

Das Erreichen von sozialen und kommunikativen **Kompetenzen** in der Pflege ist ein wesentlicher Bestandteil der Ausbildung. Dazu gehören z. B. das:

- Ausbalancieren von Nähe und Distanz,
- Trennen der Inhalts-, Sach- und Beziehungsebenen,
- Erkennen der eigenen Interpretationen und Gefühle,
- Beherrschen verschiedener Gesprächssituationen.

Belastende Situationen, die häufig mit kritischen Bemerkungen von Bewohnern oder Angehörigen im Zusammenhang stehen, müssen von den Pflegenden bewältigt werden. Oft ist die Kommunikation dabei mit negativen Gefühlen wie Angst oder Unsicherheit verbunden.

Herausforderungen für die Pflege

Die Herausforderungen für die Pflegenden im Bereich der Kommunikation sind z. B.:

- physische oder psychische Einschränkungen in der Kommunikationsfähigkeit der Bewohner,
- Umgang mit verunsicherten Angehörigen,
- Zeitdruck hinsichtlich des Tagesablaufes und der Versorgung der Bewohner,
- nur eingeschränkt mögliche Wahrung der Intimsphäre der zu Pflegenden,
- Trauer- und Sterbeprozesse, die eine besonders sensible Kommunikation erfordern,
- Schichtwechsel, bei denen Pflegende auf die Informationsweitergabe der Kollegen angewiesen sind.

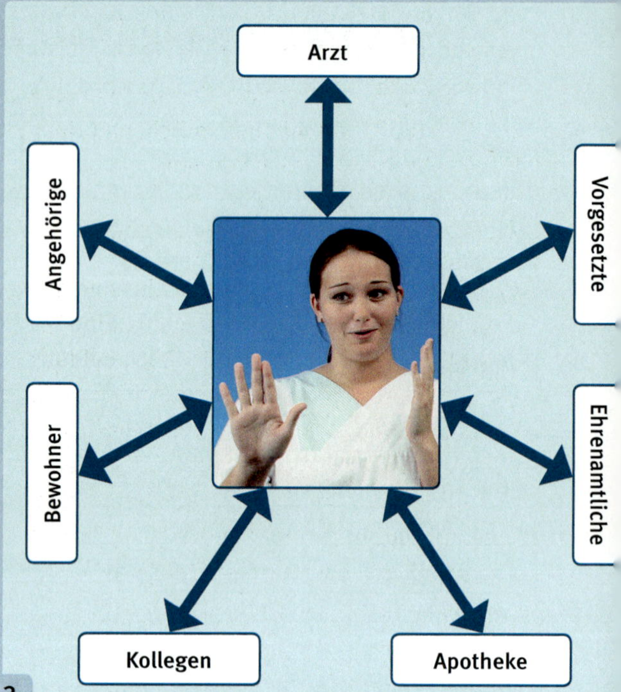

3
Kommunikationspartner in der Pflege

Grundpfeiler der Kommunikation

Ein großer Teil der Kommunikation ergibt sich während der Pflegetätigkeit selbst, z. B. der Körperpflege oder beim Essenanreichen. Unabhängig von der Situation, in der miteinander gesprochen wird, sind die folgenden drei **Grundeinstellungen** der Pflegenden wichtig:

- **Klarheit:** Botschaften so eindeutig und verständlich wie möglich vermitteln,
- **Echtheit:** immer nur ehrliche und offene Botschaften weitergeben,
- **Empathie:** bei jeder Botschaft Einfühlungsvermögen und Interesse zeigen.

Bedenke

Wenn Sie einer Bewohnerin ankündigen, gleich wiederzukommen, dann sollten Sie es tun – auch wenn die Zeit eng wird.

3.2 Gesprächstechniken

Es gibt Regeln, mit denen die Ziele von Gesprächen leichter und schneller erreicht und Unsicherheiten abgebaut werden können.

Aktiv zuhören und Rückmeldung geben

Um Informationen richtig entschlüsseln zu können, ist das **aktive Zuhören** wichtig. Eine Technik des aktiven Zuhörens ist die Rückmeldung, ob das Erzählte sachlich und emotional korrekt verstanden wurde. Möglich ist eine Wiedergabe des Gesprächsinhaltes vonseiten des Zuhörers. Wiederholt der Zuhörer nur die Inhalte, wird dieser Vorgang **Paraphrasieren** genannt. Versucht der Zuhörer dabei die emotionale Ebene zusätzlich widerzuspiegeln, entsteht eine **Reflexion**.

Wertschätzung

Die gegenseitige **Wertschätzung** kommt dem Bewohner und der Pflegenden zugute:

- ausreden lassen,
- Blickkontakt auf Augenhöhe halten,
- den Gegenüber mit Namen ansprechen,
- aufrichtiges Interesse und Geduld zeigen,
- Lächeln und Körperkontakt.

Feedback geben

Feedback

Rückmeldung an eine andere Person, wie deren Verhalten wahrgenommen wurde.

Ein gelungenes Feedback 4 sollte nach folgenden Regeln ablaufen:

- beschreiben, nicht bewerten,
- konkret, nicht allgemein formulieren,
- angemessen, nicht zerstörend bewerten,
- sinnvoll, unmittelbar, konstruktiv sein,
- in Ich- Botschaften, z. B. Ich nehme wahr, dass ..., formulieren.

4
Feedback geben

Fragen stellen

Fragen sind Türöffner. Sie helfen, mit einem anderen Menschen in Kontakt zu treten und Informationen zu erhalten. Es gibt:

- **geschlossene** Fragen, z. B. Haben Sie heute gut geschlafen? Dazu gibt es nur ein ja oder nein,
- **offene** Fragen, z. B. Wie haben Sie heute geschlafen? Dabei kann der Befragte knapp oder ausführlich seine Meinung sagen.

Offene Fragen helfen, möglichst viel über den Bewohner zu erfahren und ein Gespräch zu beginnen.

Bedenke

Eine ruhige Umgebung und Zeit geben dem Gesprächspartner das Gefühl, ernst genommen zu werden und wichtig zu sein.

3.2.1 Vier „Verständlichmacher“

Nach dem Psychologen Friedemann Schulz von Thun gibt es vier Aspekte für eine erfolgreiche Kommunikation:

- Einfachheit,
- Gliederung und Ordnung,
- Kürze und Prägnanz,
- Stimulanz und Anregung.

Einfachheit bedeutet, dass ungewohnte Fremdwörter und Fachausdrücke vermieden werden. Kurze und verständliche Sätze tragen zur Klarheit bei 5.

Bei der **Gliederung und Ordnung** sind das Strukturieren des Gespräches und das Zusammenfassen des Wesentlichen wichtig. Dabei ist darauf zu achten, dass Fakten und Meinungen voneinander getrennt behandelt werden.

Kurze, klare und knappe Formulierungen sowie die Konzentration auf das Wesentliche stehen im Bereich **Kürze und Prägnanz** im Vordergrund.

Stimulanz und Anregung erfolgt über konkrete und anschauliche Formulierungen. Besonders wirkungsvoll sind dabei Anschauungsmaterialien und Informationsblätter.

3.2.2 Gesprächskiller

Folgende **Verhaltensweisen** 6 führen zur Frustration des Gesprächspartners und hemmen das Gespräch:

- den Gesprächspartner unterbrechen,
- Du-Botschaften geben, z. B. Du bist nicht so, wie ich es möchte,
- überwiegend eigene Erfahrungen mitteilen und Ratschläge geben,
- eigene Vorstellungen aufzwingen,
- unkonzentriert und ungeduldig sein,
- Schicksale herunterspielen,
- direkte oder indirekte Vorwürfe machen.

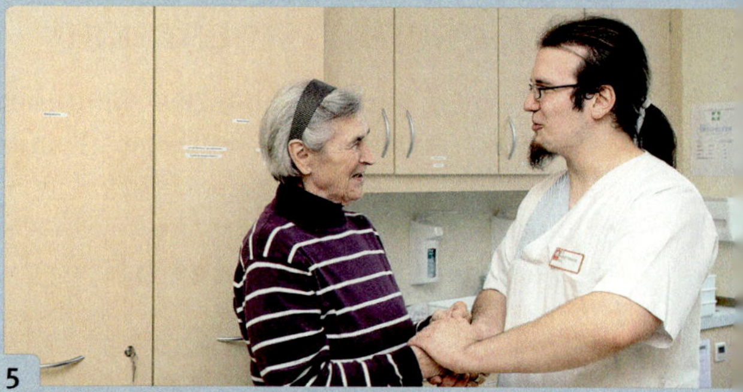

5
Gespräch mit Verständnis

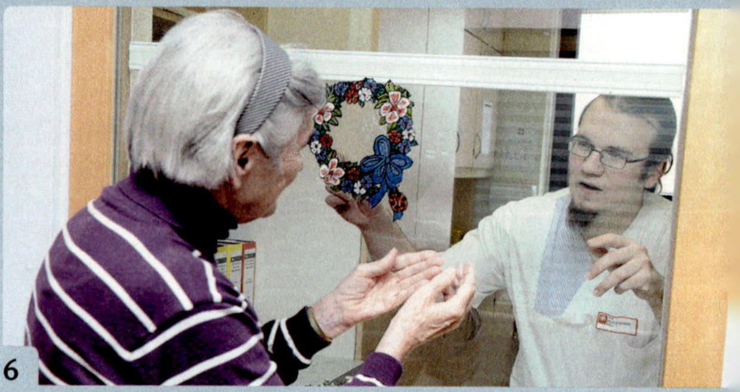

6
Gespräch auf Distanz

Häufiger Gesprächskiller ist die Angewohnheit, nur von sich selbst und den eigenen Erfahrungen und Bedürfnissen zu sprechen, ohne auf das Gesagte des Partners einzugehen oder zu reagieren. „Ach ja, mir geht es ja noch viel schlechter ...“ vermittelt dem Zuhörer das Gefühl, selbst gar nicht anwesend oder wichtig zu sein.

Hilfreiche Gespräche zu führen, kann man lernen. Gelingt es, die Gesprächskiller weitestgehend zu vermeiden, ist man schon ein guter Gesprächspartner.

Übung

Sprechen Sie mit Ihrem Nachbarn über ein Erlebnis aus dem Pflegealltag. Beachten Sie die Regeln des aktiven Zuhörens. Geben Sie dem Zuhörer ein Feedback. Haben Sie sich verstanden und wertgeschätzt gefühlt?

3.3 Beraten und anleiten

Die Beratung, Anleitung und Schulung von alten und kranken Menschen gewinnt in der Pflege immer mehr an Bedeutung. Sie wird mit dem Ziel eingesetzt, die Betroffenen so weit wie möglich in die Bewältigung ihres Alltag trotz ihrer Einschränkungen mit einzubeziehen und nicht zu passiven „Pflegeempfängern" werden zu lassen.

Maßnahmen wie Informationsweitergabe, Vermittlung von Wissen, Beratung, Begleitung, aber auch Anleiten oder Schulung erfordern zum Teil unterschiedliche Vorgehensweisen.

7
Beratungsgespräch

3.3.1 Beraten

Beratung

helfendes Gespräch, in dem der Ratsuchende in die Lage versetzt wird, seine Probleme besser zu lösen.

Ziel eines Beratungsgesprächs ist die Unterstützung eines Menschen bei der Bewältigung seiner derzeitigen Lebenssituation bzw. Probleme, z. B.:

- **direktive** Beratung 7, z. B. Hinweise oder Ratschläge, die der Ratsuchende direkt umsetzen kann,
- **nicht-direktive** Beratung: Hilfe zur Selbsthilfe, z. B. Angebot von Entscheidungshilfen und Begleitung,
- **informative** Beratung: Angebot von Informationen oder Handlungsalternativen,
- **situative** Beratung: konkrete Hinweise zur Bewältigung der momentanen Lebenssituation,
- **biografieorientierte** Beratung: Anregung zu persönlichen Zukunftsperspektiven.

Bedenke

Nicht der Berater, sondern der Ratsuchende gibt die Art der Beratung vor.

Fähigkeiten des Beraters

Beratung ist häufig nicht planbar. Meist ergibt sich der Bedarf während der laufenden Pflegearbeit. Damit ist die Beratung in der Pflege eine besondere Herausforderung.

Eine Beratende in der Pflege sollte:

- Übung im Umgang mit Problemen und deren Lösungen haben,
- die Fähigkeit haben, sich Informationen zu beschaffen,
- offen für Probleme anderer sein,
- über fundiertes Fachwissen verfügen.

Übung

Führen Sie ein Rollenspiel durch, in dem Sie eine Mitschülerin zum Umgang mit einem Bluthochdruck beraten.

3.3.2 Anleiten

Anleiten

einer Person Anweisungen geben, wie eine Handlung umgesetzt wird.

Ziel der Anleitung ist das Erlernen praktischer Handlungen, z. B. der Umgang mit dem Handy mithilfe der Bedienungsanleitung. Während der praktischen Vorführung werden Informationen bzw. das nötige Fachwissen vermittelt.

Anleitungssituationen in der Pflege

Gerade in der Grundpflege können Bewohner lernen, sich wieder selbst zu waschen oder anzuziehen und alles zu tun, um ihre **Selbstständigkeit** zu erhalten. Auch bei Bewegungsübungen oder der täglichen Mobilisation sind Anleitungen seitens der Pflegenden von großer Bedeutung.

Auch Angehörige können dazu angeleitet werden, die Bewohner zu unterstützen und leichte Pflegeaufgaben zu übernehmen. Eine häufige Anleitungssituation ist natürlich die **Praxisanleitung**, bei der die Pflegeschülerin von einer erfahrenen und geschulten Mitarbeiterin begleitet wird.

Voraussetzung für die Anleitung

Für eine Anleitung müssen ein **Anleitungsbedarf** und die **Bereitschaft**, angeleitet zu werden, vorhanden sein. Ohne Motivation und Einsicht in die Notwendigkeit der Handlung kann eine Anleitung nicht auf Dauer erfolgreich sein. In der Regel wächst die Motivation, sobald die Handlung selbstständig umgesetzt werden kann.

Übung

Leiten Sie einen Kurskollegen bei der Pulsmessung an. Erklären Sie ihm die Vorgehensweise und führen Sie die Handlung vor. Hat er die Messung korrekt durchführt?

8
Anleitung bei der Händedesinfektion

Anleitungsprozess

2 Vier-Stufen-Methode der Anleitung

Vorbereiten	Ziele, Vorgehensweise und Vorkenntnisse besprechen
Erklären und vormachen	Fachwissen vortragen und Handlung vorführen, evtl. wiederholen und auf mögliche Fehlerquellen hinweisen
Ausführen lassen	Handlung ausführen und kommentieren lassen, dabei korrigierend eingreifen und Anerkennung zeigen
Abschließen und dokumentieren	Handlung selbstständig durchführen lassen und bewerten, bei Bedarf Anleitung wiederholen

3.4 Informationen weitergeben

Pflege ist **Teamarbeit** und wird rund um die Uhr geleistet. Damit alle an der Pflege beteiligten Mitarbeiter immer auf dem aktuellen Stand der Befindlichkeit der Bewohner sind, ist eine lückenlose Weitergabe von Informationen unverzichtbar. Nur so kann qualitativ hochwertige Pflege gewährleistet werden.

3.4.1 Der Pflegeprozess

Pflegeprozess

Ablaufplan, nach dem professionelle Pflege systematisch in eine vorgegebene Richtung mit allen Beteiligten umgesetzt wird.

Damit Pflege ohne Umwege zu einem guten **Ergebnis**, z. B. das Wohlbefinden des Bewohners, führen kann, muss sie nach einem für alle Beteiligten gültigen und bekannten Ablauf 9 geplant, umgesetzt und dokumentiert werden. So kann jeder zu jedem Zeitpunkt erkennen, wie es dem Bewohner geht und ob die Pflegemaßnahmen zu dem gewünschten **Ergebnis** führen. Ist der Plan aufgestellt, füllen ihn die Pflegenden durch ihr Handeln mit konkreten Inhalten.

Informationen sammeln

Am Anfang steht die Informationssammlung. Dabei werden alle Informationen über den Bewohner erfragt und dokumentiert, die für dessen Pflege notwendig sind. Diese können laufend ergänzt und aktualisiert werden.

Probleme und Ressourcen erkennen

Probleme des Bewohners sind alle Einschränkungen, die ihn an einem selbstständigen Leben hindern. Ressourcen sind die noch vorhandenen Fähigkeiten des Bewohners, die er für eine möglichst weitgehende **Selbstständigkeit** noch nutzen kann.

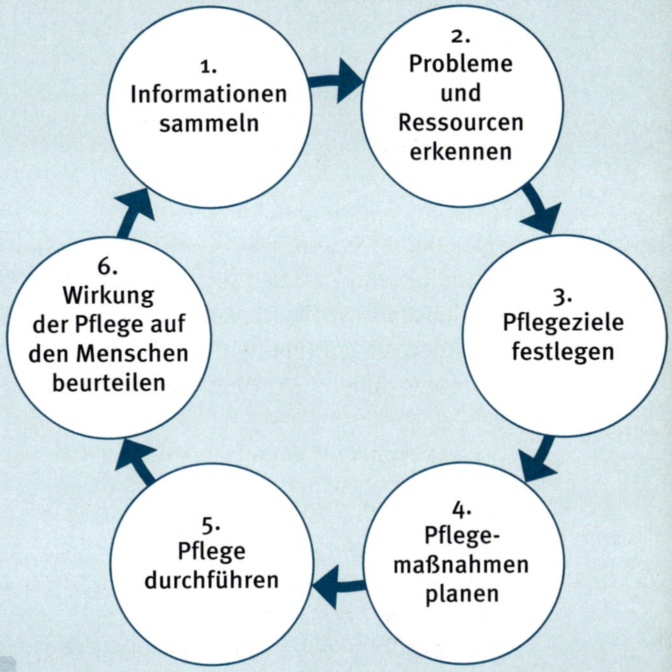

9
Pflegeprozess

Pflegeziele festlegen

In der Pflege wird der Gesundheitszustand eines Menschen erhalten und verbessert. Ein Pflegeziel beschreibt den **Soll-Zustand**, in dem sich der zu Pflegende bei der Anwendung bestimmter Maßnahmen in einem vorgegebenen Zeitraum befinden sollte. Sie geben die Richtung der Pflegemaßnahmen an und dienen der Erfolgskontrolle.

Maßnahmen planen, durchführen und prüfen

In Anlehnung an die Ziele werden die Maßnahmen festgelegt und nach diesen Vorgaben durchgeführt. Das Ergebnis wird mit den Pflegezielen verglichen und es werden wieder neue Informationen gesammelt. Abweichungen und Übereinstimmungen mit dem **Pflegeplan** müssen lückenlos und exakt dokumentiert werden. Pflege ist ein ganzheitlicher Prozess. Er ist von vielen unvorhersehbaren Einflüssen abhängig und verläuft in der Regel nicht genau nach Plan.

3.4.2 Mündliche Informationsweitergabe

Dienstübergabe

mündlicher Informationsaustausch unter den Pflegenden an der Schnittstelle zwischen Früh-, Spät- und Nachtdienst.

Eine zentrale Aufgabe in der Pflege ist die Weitergabe von Informationen. In der Regel verläuft diese in schriftlicher Form, damit keine Informationen verloren gehen. Eine Ausnahme bildet jedoch die **Dienst- oder Schichtübergabe** 10. Vor jeder Arbeitsschicht erhält jede Pflegende von den Kolleginnen der vorhergehenden Schicht alle Informationen, die sie für die Fortsetzung der Pflegetätigkeit in der Folgeschicht benötigt, z. B.:

- aktueller Zustand und Wünsche des Bewohners,
- Abweichungen vom Pflegeplan oder noch nicht erledigte Pflegemaßnahmen,
- neue Medikamente und ärztliche Anordnungen,
- Besonderheiten im Verhalten von Bewohnern oder Angehörigen.

Die Weitergabe von Informationen sollte möglichst umfassend und objektiv sein. Der fachliche Informationsaustausch hilft bei der Vermeidung von Fehlern. Eine Übergabe erfolgt nach jeder Schicht und dauert etwa 15 bis 30 Minuten.

3.4.3 Schriftliche Informationsweitergabe

Pflegedokumentation

Aufzeichnung aller für die Pflege relevanten Informationen in einem standardisierten System.

Um Veränderungen am Bewohner festzuhalten und Informationen lückenlos weiterzugeben, ist die schriftliche Informationsweitergabe notwendig.

10
Dienstübergabe

Die Dokumentation spiegelt den gegenwärtigen Gesundheitszustand des Bewohners wider und dient dem Nachweis der erbrachten Pflegetätigkeiten und somit der **Qualitätssicherung**. Auf der Basis der Dokumentation können Zustandsveränderungen, pflegerische Leistungen und Heilungsverläufe beurteilt werden. Im Rechtsstreit dient das **Dokumentationssystem** als gültiger Beleg der geleisteten Arbeit. Nur Pflegeleistungen und Abläufe, die dokumentiert wurden, gelten als erbracht.

Das Dokumentationssystem besteht aus:

- Stammblatt bzw. dem Anamnesebogen,
- Kurve (Fieberkurve) 11,
- Pflegeplanungsbogen,
- Durchführungsnachweis,
- Pflegebericht,
- Anordnungsbogen,
- weitere Bögen, z. B. Diabetikerkurve, Wundbeobachtungsbögen, Bewegungspläne.

Anamnesebogen

Auf dem Anamnesebogen (Stammblatt) befinden sich Informationen zum Bewohner, z. B. persönliche Daten, ärztliche Untersuchungsergebnisse (Diagnosen) und eine Übersicht der pflegerelevanten Einschränkungen im Alltag.

Kurve

In die Kurve werden die individuellen Messergebnisse eingetragen, z. B.:

- Blutdruck,
- Ausscheidungsmengen,
- Körpertemperatur, Gewicht und Größe,
- ärztliche Anordnungen und Medikamente.

Pflegeplanung und Durchführungsnachweis

In der Pflegeplanung werden Pflegeprobleme, Ziele und deren Maßnahmen für jeden Bewohner individuell festgelegt und eingetragen. Nach dieser Planung wird der Bewohner täglich gepflegt. Der Durchführungsnachweis ist ein Dokument, in dem die durchgeführten Pflegemaßnahmen mit dem **Namenskürzel**, also dem Handzeichen, abgezeichnet werden.

Pflegebericht

Im Pflegebericht werden Besonderheiten, Informationen oder Veränderungen aufgeschrieben, die von therapeutischer oder pflegerischer Wichtigkeit sind. Gerade Beobachtungen zum Ess- oder Trinkverhalten der Bewohner oder mögliche Schmerzzustände sind hier von besonderer Bedeutung. Außerdem dient der Pflegebericht der **Auswertung** bzw. der **Überprüfung** der Wirkung durchgeführter Maßnahmen.

Bedenke

Die Erstellung der Pflegeplanung und der Gebrauch des Anordnungsbogens ist Aufgabe der Pflegefachkräfte.

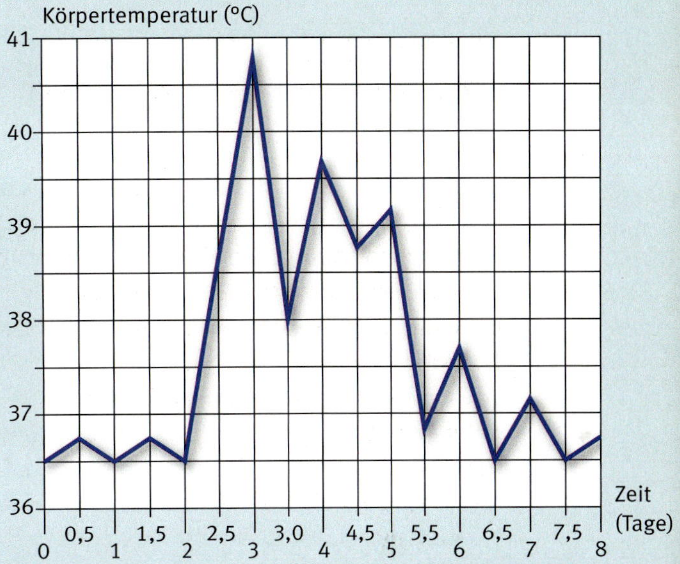

11
Fieberkurve

Weitere Bögen

Der **Anordnungsbogen** wird von dem zuständigen Hausarzt geführt. In ihm sind alle Medikamente oder Verordnungen, z. B. Krankengymnastik, hinterlegt. Die Anordnungen berücksichtigen die Pflegenden in den täglichen Pflegemaßnahmen. Weitere Kurven bzw. Bögen dienen ebenfalls dem **Nachweis** der durchgeführten Tätigkeiten und der Überprüfung der Wirksamkeit der Maßnahmen.

Bewegungspläne oder **Wundbeobachtungsbögen** sind so wie der Durchführungsnachweis mit einem Handzeichen abzuzeichnen.

Übung

Dokumentieren Sie im Beisein Ihrer Anleiterin die Vitalzeichen einer Bewohnerin und Ihre Beobachtungen zu deren Ess- und Trinkverhalten.

3.4.4 Regeln beim Dokumentieren

Für die Dokumentation werden Formulare genutzt, die den Überblick über die Daten erleichtern und durch vorgegebene Formulierungen die Pflegenden unterstützen. Folgende Regeln sind bei der Dokumentation einzuhalten:

- vollständig und fortlaufend dokumentieren,
- knapp und genau formulieren, keine Romane,
- nicht doppelt dokumentieren, z. B. Inhalte auf verschiedenen Bögen wiederholen,
- lesbar schreiben und Fachsprache benutzen,
- Eintragungen immer mit Datum, Uhrzeit und vor allem Handzeichen versehen,
- mit einem dokumentenechten Stift schreiben (kein Bleistift),
- Fehleintragungen sauber durchstreichen und mit Handzeichen kennzeichnen, dabei lesbar bleiben.

Bedenke

Nicht gut: Bewohner hat Fieber. Besser: Bewohner hat eine Temperatur von 38 °C.

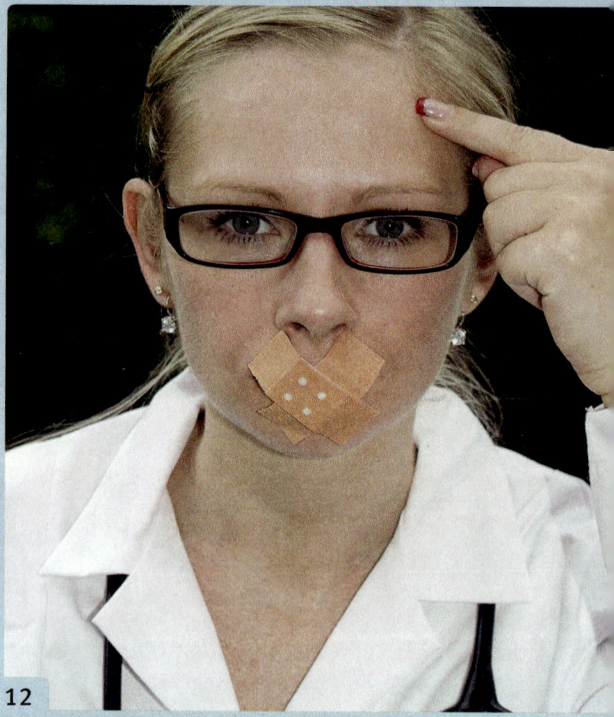

12
Vorsicht bei Informationen nach außen

Datenschutz

In der Pflege ist der Datenschutz besonders zu beachten. Auskünfte am Telefon sind nicht erlaubt. Ebenfalls ist darauf zu achten, dass nicht jeder, der zu Besuch kommt, die Möglichkeit erhält, in das Dokumentationssystem zu sehen. Nur Personen, die an der Pflege beteiligt sind, also das multiprofessionelle Team, und natürlich der Bewohner selbst haben ein Recht auf Einsicht in die persönlichen Daten. Damit wird die **Privatsphäre** des Einzelnen geschützt.

Bedenke

Der Bewohner bestimmt, wem er persönliche Informationen gibt und wem nicht. Ausnahmen gibt es nur, wenn der Bewohner durch einen Betreuer vertreten wird.

EDV-unterstützte Dokumentation

In den meisten Pflegeeinrichtungen wird die Pflegedokumentation nicht mehr in den so genannten „Hängeordnern“, sondern in der **Elektronischen Datenverarbeitung (EDV)** vorgenommen. Alle Daten werden über spezielle Programme in den Computer eingegeben. Ein „Abzeichnen“ der Eintragungen ist dann nicht mehr notwendig.

EDV-Programme enthalten zahlreiche vorgegebene Formulierungen, die die Pflegenden unterstützen sollen. Diese müssen individuell geprüft und bei Bedarf ergänzt oder abgeändert werden. Grundkenntnisse der EDV sollten vorhanden sein.

Übung

Machen Sie sich noch während der Ausbildung exemplarisch mit einem Pflegedokumentationsprogramm vertraut.

3.5 Besondere Gespräche führen

In der Pflege geht die Kommunikation weit über die bloße Weitergabe von Informationen hinaus. Pflege wird deshalb auch als **Beziehungsarbeit** bezeichnet. Die intensivsten Beziehungen werden geführt zu:

- Bewohnern,
- Angehörigen,
- Kollegen und Vorgesetzten.

Diese Gruppen erfordern ein unterschiedliches Gesprächsverhalten. Genauso haben verschiedene Gesprächssituationen ihre eigenen Regeln, z.B. Konflikt- oder Telefongespräche.

3.5.1 Mit alten Menschen kommunizieren

Jeder Mensch wird anders alt. Einige sind mit 76 Jahren noch aktiv und rege, andere haben bereits Einschränkungen beim Hören und Sehen oder beim Gedächtnis. Manchmal besteht bei alten Menschen ein erhöhtes **Schamgefühl**, das aus einer früher strengeren Erziehung entstanden ist.

Im Gespräch mit alten Menschen wird deshalb Folgendes beachtet:

- Information mehrfach anbieten,
- nicht zu viele Informationen in einem Satz geben,
- dem Bewohner Zeit beim Sprechen lassen,
- dem Bewohner häufiger Gelegenheit zum Sprechen anbieten, z. B. nach seiner Vergangenheit, Familie fragen. Hilfreich ist dabei die Kenntnis der Biografie des Bewohners.

Bedenke

Nicht jeder Bewohner ist schwerhörig, so sollte auch nicht jeder automatisch laut angesprochen oder -geschrien werden.

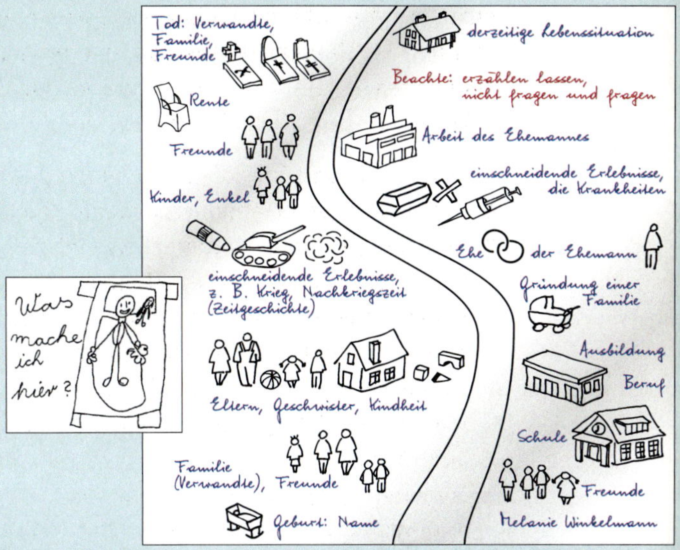

13
Lebensweg eines Menschen

Biografiearbeit

Biografiearbeit

Informationssammlung zur Lebensgeschichte eines alten Menschen mit dem Ziel, die Verständigung mit ihm zu verbessern.

Je mehr Pflegende über die **Lebensgeschichte** (→ 11.3.12) eines Bewohners **13** wissen, desto besser können sie sein Verhalten und seine Äußerungen verstehen. Auch die Pflegemaßnahmen können mithilfe lebensgeschichtlicher Informationen individueller gestaltet werden. Dazu gehören z. B.:

- Geburtsort und- zeit,
- Kindheit, Schulzeit,
- Ausbildung und Beruf,
- familiäre Situation im Erwachsenenalter,
- Krisensituationen.

3.5.2 Mit Angehörigen umgehen

Angehörige sind die wichtigsten **Bezugspersonen** der Bewohner. Sie können den Pflegenden viele Aufgaben abnehmen, z. B. Spaziergänge, Anreichen von Essen, aber auch die Arbeit der Pflegenden „stören" und den Pflegezielen entgegenwirken, z. B.:

- Vorschriften machen, alles besser wissen,
- den Bewohner über- bzw. unterfordern,
- nur nach Äußerlichkeiten, z. B. Ordnung, urteilen.

Angehörige messen die **Qualität** der Einrichtung häufig am Umgang der Pflegenden mit dem pflegebedürftigen Angehörigen, sodass es zu Konflikten kommen kann.

Trotzdem sollte das Wohlbefinden des Bewohners an oberster Stelle stehen. Dazu ist eine Zusammenarbeit mit gegenseitiger Achtung, Wertschätzung und Akzeptanz notwendig.

Folgende Grundregeln im Umgang mit Angehörigen können helfen:

- verlässlich und verbindlich verhalten,
- Angehörige informieren und Pflegemaßnahmen begründen,
- Kompetenzen und Ressourcen der Angehörigen nutzen und loben,
- keine Gegenangriffe starten und sich möglichst nicht verteidigen.

3.5.3 Gespräche am Telefon

Gespräche am Telefon, z. B. mit Angehörigen, stellen eine besondere Situation dar. Da der Gesprächspartner nicht gesehen wird, können Informationen wie Mimik und Körpersprache nicht genutzt werden 14. Deshalb wird verstärkt auf die Wortwahl, Lautstärke und Sprechgeschwindigkeit geachtet. Es wird sich mit Angabe des Namens und Aufgabenbereichs gemeldet. Wünsche der Angehörigen werden weitergeleitet.

14
Lächeln beim Telefonieren

Um Schwierigkeiten am Telefon zu umgehen, sind folgende Tipps hilfreich:

- klar und deutlich sprechen,
- aktiv zuhören, z. B. wichtige Informationen wiederholen,
- Freundlichkeit und höfliche Umgangsformen beachten,
- auf andere Tätigkeiten neben dem Telefonat verzichten,
- Informationen notieren.

Beim Telefonieren muss der **Datenschutz** eingehalten werden. Informationen, die am Telefon preisgegeben werden dürfen, richten sich nach dem Gesprächspartner, z. B. dürfen an den jeweiligen Hausarzt Informationen über den Gesundheitszustand des Bewohners weitergegeben werden, da dieser an der Pflege direkt beteiligt ist. Informationen, die Angehörige per Telefon erfahren dürfen, bestimmt der Bewohner vorher selbst.

3.5.4 Teambesprechungen

Teambesprechung

Besprechung zwischen allen an der Pflege beteiligten Mitarbeitern einer Abteilung, z. B. Wohnbereich, um die Zusammenarbeit zu erleichtern und Probleme zu lösen.

Genauso wichtig und umfangreich wie das Gespräch mit den Bewohnern ist die Kommunikation mit Mitarbeitern, Kollegen des therapeutischen Teams und Vorgesetzten.

Da das tägliche Miteinander zu intensiven Beziehungen führt, umfasst die Kommunikation nicht nur die interprofessionelle Zusammenarbeit, sondern auch persönliche Wahrnehmungen, Diskussionen und Bewertungen untereinander.

Mögliche Inhalte solcher Teambesprechungen sind z. B.:

- Belange von Bewohnern, z. B. Änderungen des Therapie- oder Pflegeplans,
- Anschaffungen und Umgestaltungen,
- Wünsche und Absprachen zur Dienstplangestaltung,
- Schwierigkeiten in der Zusammenarbeit.

Teamgespräche finden in regelmäßigen Abständen, z. B. einmal im Monat, statt und sind Arbeitszeit. Geht es dabei um die Belange eines Bewohners, müssen alle an dessen Pflege beteiligten Personen anwesend sein. Werden allgemeine Informationen oder z. B. der Dienst- bzw. Urlaubsplan besprochen, sind alle Pflegekräfte eines Wohnbereiches mit den Vorgesetzten anwesend.

Bedenke

Nach jeder Teambesprechung gibt es ein Protokoll, das von jedem gelesen und abgezeichnet werden muss.

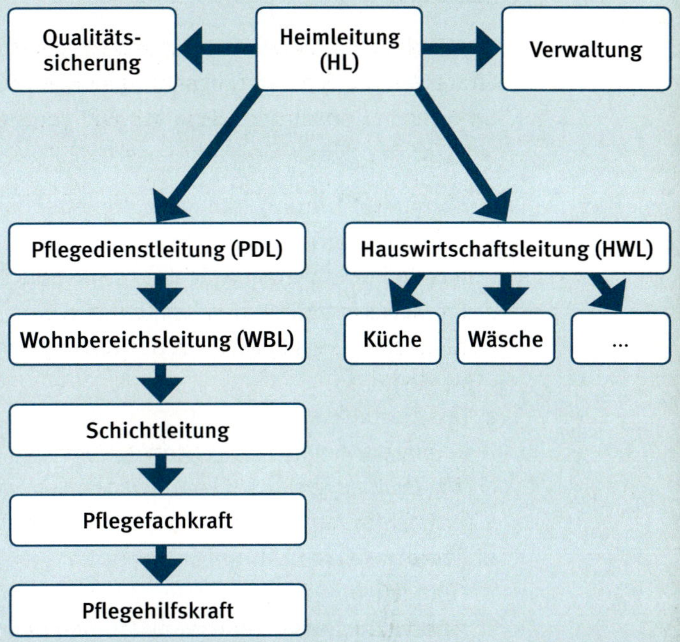

15
Organigramm Altenpflegeeinrichtung

3.5.5 Kommunikation mit Vorgesetzten

Ein respektvoller Umgang mit den Vorgesetzten ist Grundbedingung für eine erfolgreiche Mitarbeit. Vorgesetzte in der Pflege sind z. B.:

- Heimleitung bzw. Geschäftsführung,
- Pflegedienstleitung,
- Wohnbereichsleitung,
- Schichtleitung.

Fachliche Fragen bespricht die Pflegehilfskraft in der Regel mit der Schichtleitung, personelle eher mit der Wohnbereichsleitung. Ein **Organigramm** 15 ist die Darstellung der Organisationsstruktur (→ 2.2.1) einer Pflegeeinrichtung. Daraus ist erkennbar, wer welchem Mitarbeiter vorgesetzt ist, wer mit wem spricht und wer die Verantwortung für welchen Arbeitsbereich trägt. Das Organigramm sieht in jeder Einrichtung anders aus und sollte allen bekannt sein.

Führungsstile

Der Umgang mit den Vorgesetzten 16 ist je nach Charaktertyp und Führungsstil unterschiedlich. Oft können Auftritt und Verhalten von Vorgesetzten grob drei Typen zugeordnet werden:

- **autoritärer Führungsstil:** wenig Spielraum für eigene Entscheidungen, klare Verteilung der anfallenden Aufgaben und strenge Ergebniskontrolle. Gehorsamkeit und eine bedingungslose Erledigung der Arbeit steht im Vordergrund.
- **Laissez-faire-Führungsstil:** Zurückhaltung, kaum Lob, Anerkennung, Kritik oder Informationsweitergabe. Jeder kann so arbeiten, wie er möchte.
- **demokratischer Führungsstil:** bevorzugter Führungsstil, Einbindung der Mitarbeiter in Entscheidungsprozesse, selbstständiges Arbeiten mit Begleitung und Feedback durch die Vorgesetzte.

16
Gespräch mit Vorgesetze

Übung

Stellen Sie in einem Rollenspiel die drei Führungstypen an einem Beispiel nach. Notieren Sie die jeweiligen Vor- und Nachteile für Sie als Mitarbeiter.

Umgangsregeln

Grundsätzlich gilt im Umgang mit Vorgesetzten:

- Umgangsformen wahren,
- verlässlich sein,
- kontinuierliche Leistungen bringen,
- Probleme direkt ansprechen,
- nicht immer dem Vorgesetzten die Schuld an einer Situation geben,
- Fehler direkt rückmelden.

Es werden selten Probleme mit einem Vorgesetzten auftreten, wenn Arbeiten nach den gewünschten Vorgaben mit Respekt, Toleranz, Hilfsbereitschaft und Loyalität ausgeführt werden.

3.5.6 Konflikte lösen

Konflikt

gefühlsmäßige Reaktion auf unvereinbare Bedürfnisse und Interessen, die das Erreichen eines gemeinsamen Ziels erschweren bzw. unmöglich machen.

Konflikte sind etwas ganz Selbstverständliches und lassen sich vor allem dort nicht vermeiden, wo die unterschiedlichsten Absichten, Meinungen, Ziele, Handlungen und Gefühle so geballt aufeinandertreffen wie in der Pflege. Meist bieten Konflikte reichlich Zündstoff, lassen sich aber in der Regel durch geschicktes Verhalten und geübtes Teamverhalten auflösen.

Problematisch sind **schwelende** und **unbearbeitete** Konflikte, die auf Dauer die Beteiligten unzufrieden machen und sehr belastend sind.

Ursachen von Konflikten

Folgende Ursachen sind häufig der Grund für die Entstehung von Konflikten:

- Zeitdruck, Stress, Müdigkeit,
- unterschiedliche Grundeinstellungen,
- grobe Umgangsformen,
- nicht gehaltene Versprechen,
- Wutausbrüche, schlechte Laune,
- Rücksichtslosigkeit,
- Mangel an Informationen.

Übung

Nennen Sie jeweils ein Beispiel für einen Beziehungskonflikt, Sachkonflikt oder Verteilungskonflikt. Um was geht es dabei?

Konfliktentstehung

Bei verschiedenen Handlungsmöglichkeiten gibt es nie die einzig richtige. Jeder Mensch hat eine einzigartige Überzeugung davon, was in einer bestimmten Situation richtig oder falsch ist.

Daraus entstehen Meinungsverschiedenheiten bis hin zu Gereiztheit und Spannungen. Diese wiederum führen dazu, dass die Meinung des anderen gar nicht mehr gesehen werden will und jeder Beteiligte auf seinem Standpunkt beharrt. Der Konflikt verschärft sich.

Konfliktausgänge

Es gibt gute und schlechte Lösungen für einen Konflikt. Folgende Konfliktausgänge sind nach dem Konfliktforscher Friedrich Glasl möglich:

- **„win-win"-Ergebnis:** beide Streitparteien gehen als Gewinner aus dem Konflikt hervor 17.
- **„win-lose"-Ergebnis:** eine Streitpartei steht als Gewinner und eine Partei als Verlierer 18 da.
- **„lose-lose"-Ergebnis:** beide Parteien gehen als Verlierer aus dem Konflikt hervor.

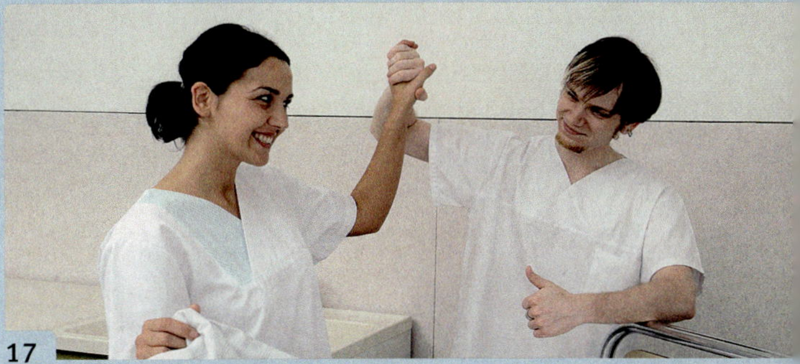

17
Gelungener Konfliktausgang

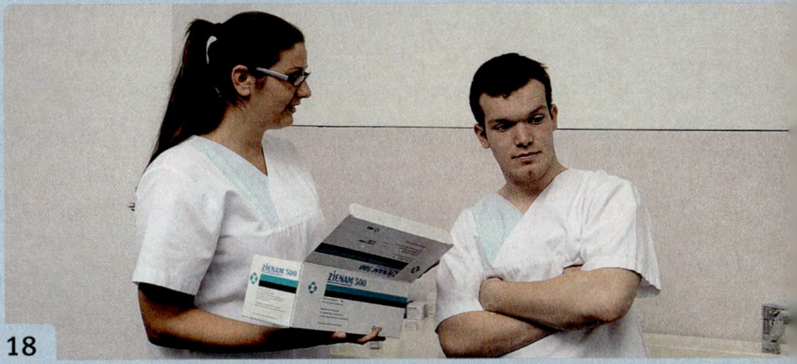

18
Nicht gelungener Konfliktausgang

Gesprächsregeln bei Konflikten

Bei Konflikten sind folgende Kommunikationsregeln hilfreich:

- nicht vor Publikum, besser unter vier Augen streiten,
- beziehungsfreundlich einleiten statt überfallen,
- klar sein, nicht nur etwas andeuten,
- beschreiben statt vorwerfen,
- Lösungen statt Ursachenforschung betreiben,
- zuhören statt reden,
- Einwände zulassen statt sie gleich abzutun,
- Rechtfertigungen vermeiden,
- Worte des Widerspruchs vermeiden.

Bedenke

Die richtige Wortwahl ist entscheidend. Persönliche Angriffe, Drohgebärden oder Unterstellungen unbedingt vermeiden.

3.5.7 Die ersten Tage im Heim

Für einen Menschen ist der Einzug in eine stationäre Alteneinrichtung ein einschneidendes Erlebnis. Er benötigt Zeit und die Unterstützung von Angehörigen und Pflegenden, um sich an die existentielle Veränderung in seiner Lebenssituation zu gewöhnen.

Für den Einzug entscheiden

Am Anfang steht immer die Bereitschaft des alten Menschen, sich mit der Entscheidung, in ein Pflegeheim zu ziehen, auseinanderzusetzen, statt diese zu verdrängen. Gab es vorher ausreichend Überlegungen und ist die Entscheidung selbstständig und über einen längeren Zeitraum getroffen worden, ist das Einleben in der Einrichtung schon sehr viel einfacher.

Bei der Eingewöhnung unterstützen

Darüber hinaus können Pflegende den neuen Bewohner unterstützen, indem sie:

- vom ersten Tag an dem Bewohner als feste Bezugsperson zur Seite stehen,
- ihm den Wohnbereich, das Zimmer und die Gemeinschaftsräume ausführlich zeigen und beim Einräumen des Zimmers unterstützen,
- Mitbewohner und Mitarbeiter vorstellen 20,
- mit ihm den Tagesablauf, mögliche Aktivitäten, Essenszeiten sowie das Essensangebot besprechen und letzteres in der Küche anmelden.

Häufig reagieren die neuen Bewohner mit **Unsicherheit** und **Rückzug**. Um diesen Zustand aufzufangen, sollten die Pflegenden:

- Wünsche und Besonderheiten erfragen,
- das Gespräch mit dem Bewohner suchen,
- den Bewohner nicht mit zu vielen Informationen oder neuen Situationen überfordern,
- erste Informationen über den Gesundheitszustand und die Biografie in Erfahrung bringen.

19
Begrüßung beim Einzug einer Bewohnerin

20
Namensschild

Pflegeanamnese

Pflegeanamnese

Erstgespräch mit einen Bewohner, in dem alle Informationen gesammelt werden, die für die weitere Pflege wichtig sind.

Pflegeanamnesen werden von examinierten Pflegepersonen geführt, können aber von allen Mitarbeitern ergänzt werden. Nach einigen Wochen ist eine Bearbeitung der Pflegeanamnese notwendig. Die Ergebnisse werden dokumentiert. Dazu gehören z. B.:

- Größe und Gewicht,
- Vitalwerte wie Puls und Blutdruck,
- Medikamente und Krankenhausaufenthalte,
- Beschwerden und Schmerzen,
- Gewohnheiten und Einstellungen.

3.5.8 Sich in Notfallsituationen verhalten

Notfall

akuter, lebensbedrohlicher Zustand, bei dem der Ausfall einer Vitalfunktion oder die dauerhafte Schädigung eines Organs droht.

Notfälle sind eine besondere Herausforderung an das gesamte Team und auch für den Betroffenen aus psychologischer Sicht eine absolute Ausnahmesituation.

In einem Notfall werden Pflegende aus ihren täglichen Arbeiten und Planungen herausgerissen. Sie müssen sich innerhalb kürzester Zeit einen Überblick über die Situation verschaffen.

Bedenke

Ruhe bewahren bedeutet für alle Beteiligten Sicherheit und das Vermeiden von Panik.

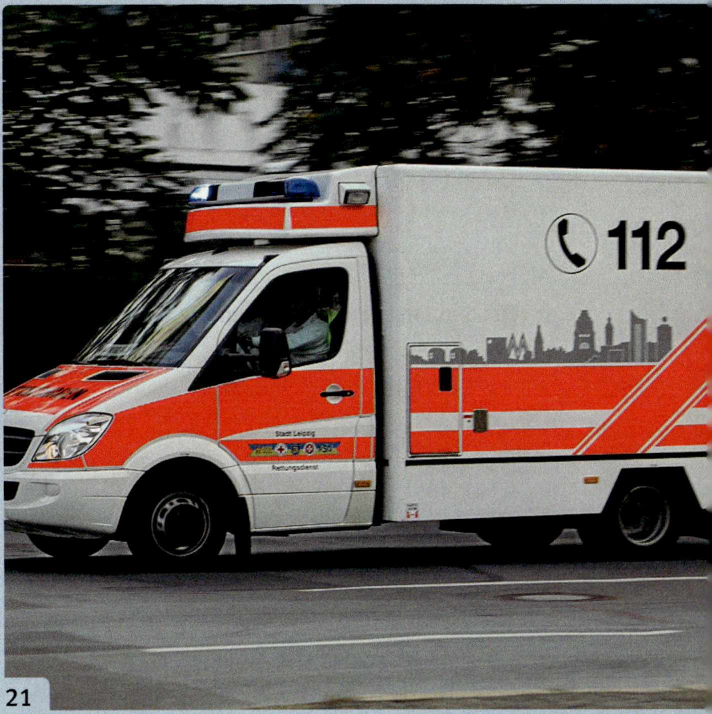

21
Im Notfall 112 anrufen

Nicht diskutieren

Notfallsituationen 20 in Altenpflegeeinrichtungen entstehen z. B. durch:

- Stürze,
- Atemnot,
- Schwindel und Kollapsgefahr,
- starke Schmerzen,
- Bewusstlosigkeit.

Die examinierten Pflegekräfte benötigen im Notfall sämtliche Informationen und Beobachtungen bis hin zu den kleinsten Auffälligkeiten.

Während einer Notfallversorgung sollten keine Diskussionen erfolgen. Es könnten dabei lebensbedrohliche Verzögerungen entstehen. Die examinierte Pflegekraft gibt klare Anweisungen, die alle anderen auszuführen haben. Pflegende sollten alle eine Ersthelferausbildung absolviert haben.

Kontakt aufbauen und Bedürfnisse erfragen

Zunächst ist es wichtig, aktiv Kontakt zu dem betroffenen Menschen aufzunehmen, z. B. sich mit ihm auf Augenhöhe begeben und mit Namen und Funktion vorstellen. Auch Körperkontakt, z. B. Handhalten, kann beruhigend und vertrauensbildend auf den Verletzten wirken.

Der Zustand und die Bedürfnisse des Betroffenen können am besten durch gezielte Fragen ermittelt werden, z. B.:

- Wie geht es Ihnen? Tut Ihnen etwas weh?
- Ist Ihnen kalt?
- Sollen Angehörige verständigt werden?

Bedenke

Oft versammeln sich Schaulustige um die Notfallsituation. Schirmen Sie den Betroffenen ab, z. B. durch einen Sichtschutz.

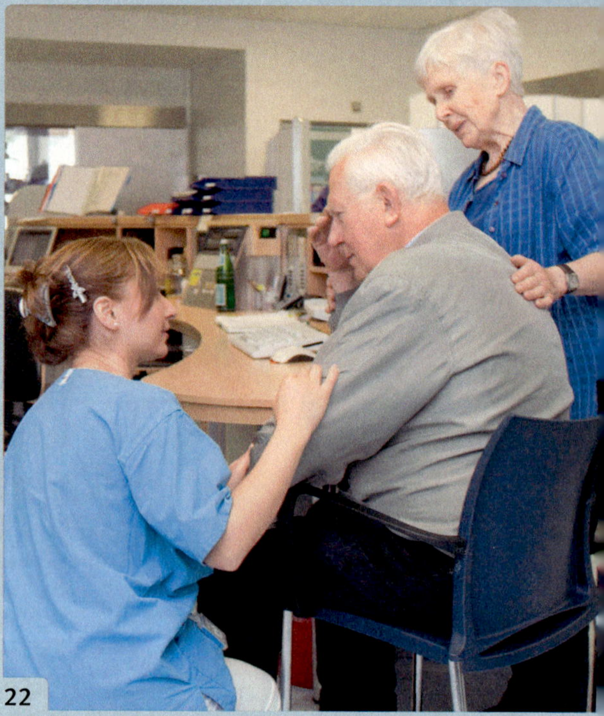

22
Ruhige Kontaktaufnahme

✔ Selbst-Check

Fallbeispiel: Herr Adam ist 82 Jahre alt, pensionierter Konditormeister und seit mehreren Jahren Diabetiker. Gern bäckt er auf dem Wohnbereich die größten Sahnetorten, die er natürlich auch gern isst. Seinen Diabetes hat er nie wirklich ernst genommen, da er bisher auch noch kein Insulin spritzen musste. Als allerdings gehäuft durch die Pflegekräfte ein hoher Blutzuckerwert gemessen wurde, bestellen sie den Hausarzt ein.

Dieser fragt Herrn Adam nach seinen Essgewohnheiten und schlägt die Hände über dem Kopf zusammen. Der Hausarzt ordnet an, dass er ab jetzt nur noch Diätkost erhält und mit Insulin eingestellt werden soll. Da er noch so rüstig ist, könne er das Spritzen schließlich noch selbst übernehmen.

Herrn Adam ist das alles zu viel und er sieht die Maßnahmen überhaupt nicht ein. Er zieht sich zurück und schreit jeden an, der nur über Essen redet.

Welche Informationen müssen Sie an die nachfolgende Schicht weitergeben?

Welche Eintragungen nehmen Sie im Pflegebericht vor?

Auch nach Wochen hat Herr Adam den Sinn und Zweck der eingeleiteten Maßnahmen nicht verstanden. Welche Maßnahmen können Sie einleiten, um Herrn Adam zu überzeugen?

4

Wahrnehmen und beobachten

4.1 Was ist Wahrnehmung und Beobachtung?

Wahrnehmungen und Beobachtungen bilden die Grundlage für pflegerische Handlungen. Sie geben die Richtung an, in die Pflegende handeln und entscheiden.

Schon aus dem ersten Eindruck eines Bewohners lassen sich Schlüsse auf zukünftige Pflegehandlungen ziehen. Welche Bedürfnisse oder Probleme äußert der Bewohner verbal und nonverbal oder welcher Allgemeinzustand lässt sich aus seinen Verhaltensweisen erschließen?

Dieser Eindruck kommt zunächst durch Wahrnehmung zu Stande. Durch gezielte Beobachtung lässt er sich entweder bestätigen oder verändern.

4.1.1 Wahrnehmung

Wahrnehmung

zufällige Aufnahme und Weiterleitung von Sinneseindrücken, die bewusst oder unbewusst verarbeitet werden, z. B. vergleichen, zuordnen und bewerten.

Wahrnehmungsmöglichkeiten

Für die Wahrnehmung nutzt der Mensch unterschiedliche **Sinne**. Mit ihnen werden Informationen gewonnen, die durch äußere **Reize** auf die Sinnesorgane einwirken, z. B. Geräusche, Bilder, Gegenstände und Gerüche. Tabelle 1 zeigt die wichtigsten Sinnesorgane und die jeweilige Wahrnehmung.

Übung

Stellen Sie sich ein Bewohnerzimmer vor. Was können Sie wahrnehmen? Schreiben Sie sich Stichpunkte zu allen Sinnen auf und vergleichen Sie diese mit Ihrem Nachbarn.

1
Was sehen Sie?

1 Die wichtigsten Sinne des Menschen

Sinnesorgan	Wahrnehmung
Auge	Sehsinn 1: visuelles System
Ohr	Hörsinn: auditives System
Gleichgewichtsorgan	Gleichgewichtssinn: vestibuläres System
Riechschleimhaut der Nase	Geruchssinn: olfaktorisches System
Zunge	Geschmackssinn: gustatorisches System
Haut	Berührungssinn: haptisch-taktiles System

Wahrnehmungsprozess

Der Wahrnehmungsprozess 2 lässt sich in unterschiedliche Phasen einteilen. Sinneswahrnehmungen werden zunächst unspezifisch aufgenommen. Sie werden unsortiert über Sinneszellen zum Gehirn weitergeleitet und lösen dort eine bestimmte **Reaktion** aus.

Nicht alle Sinneswahrnehmungen sind dem Menschen bewusst. Die bewussten Wahrnehmungen werden im Gehirn zu einem Gesamteindruck verarbeitet. Das Gehirn übernimmt damit einen **Schutzmechanismus**, der den Menschen vor Reizüberflutung und Desorientierung bewahrt.

Phasen des Wahrnehmungsprozesses

Phase 1: Die Reize werden mit unterschiedlichen **Sinneszellen** (Rezeptoren) aufgenommen und über verschiedene Nervenbahnen zum Gehirn weitergeleitet, z.B. Gerüche über den Riechnerv an das Riechzentrum. In dieser Phase sind die Reize nicht mehr als bloße Empfindungen.

Phase 2: Das **Gehirn** kann nur eine begrenzte Menge von Reizen verarbeiten. So sortiert es Reize aus, die dem Gehirn unwichtig oder uninteressant erscheinen. Ein wichtiger Reiz ist in der Regel der Hinweis auf Gefahr, auf den schnell reagiert werden muss.

Phase 3: Im Gehirn werden die ankommenden Reize mit den schon bekannten Reizen verglichen. Hier wird z.B. ein spezifischer Geruch mit den im Riechzentrum bereits gespeicherten Gerüchen verglichen und entschieden, ob dieser Geruch als angenehm oder abstoßend empfunden wird.

Phase 4: Auf die Wahrnehmung können unterschiedliche Reaktionen folgen. Diese reichen von Empfindungen wie Ekel, Freude oder Angst bis hin zu konkreten Handlungen, z.B. bei Gefahr wie Feuer wird die Flucht ergriffen, aber auch einfache alltägliche Handlungen.

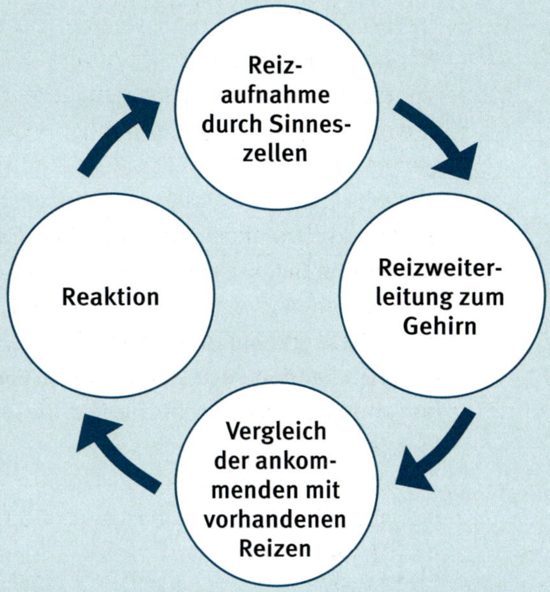

2
Wahrnehmungsprozess

Wahrnehmungsfehler

Von der Aufmerksamkeit und Aufnahmefähigkeit der Pflegenden ist oft das körperliche und seelische Wohl der Bewohner abhängig. So sollten Pflegende ausgeruht, motiviert und interessiert an ihrer Arbeit sein, ansonsten wird ihre Fähigkeit zur Wahrnehmung eingeschränkt. Auch gibt es zahlreiche **Wahrnehmungsfehler**, die die Ergebnisse der Wahrnehmung verfälschen können. Pflegende sollten sich dieser Fehler bewusst sein.

Bedenke

Für eine optimale Wahrnehmung müssen die Sinnesorgane intakt und funktionsfähig sein. Bei Menschen mit Einschränkungen der Sehfähigkeit verschiebt sich die Sinneswahrnehmung in Richtung anderer Sinnesorgane, z.B. vom visuellen zum haptisch-taktilen System.

Durch den so genannten **Halo-Effekt** wird das Gesamtbild eines Mensch oder einer Situation durch die betonte Wahrnehmung weniger markanter Eigenschaften verfälscht.

Beispiel: In der Dokumentation ist immer wieder zu lesen, dass Herr Müller gut gelaunt wirke und kontaktfreudig sei. Dabei wird ausgeschlossen, dass er sich bei der Trauer um seine Frau durchaus Beistand wünschen würde.

Bei den so genannten **Logikfehlern** nimmt der Wahrnehmende an, dass bestimmte Eigenschaften immer zusammen auftreten. Diese Vorstellung basiert häufig auf Erfahrungen.

Beispiel: Alle adipösen Menschen sind langsam.

Übung

Suchen Sie nach weiteren oft gemeinsam auftretenden Eigenschaften. Kombinieren Sie diese neu. Wie wirkt die neue Kombination?

Bei **Korrekturfehlern** orientiert sich der Beurteiler an früheren Beurteilungen. Er verlässt sich mit seinem Urteil auf andere und korrigiert nicht gern ein feststehendes Urteil.

Beispiel: Frau Kessel ist nie nach draußen gegangen. Sie gilt als sehr häuslich. Ihr Wunsch, an Ausflügen teilzunehmen, wird ignoriert.

Der **Andorra-Effekt** ist eine sich selbst erfüllende Prophezeiung. Vorgefertigte Meinungen und Bilder von einem Menschen werden von diesem nach und nach erfüllt, indem er sich den Erwartungen des Beurteilers anpasst.

Beispiel: Heimbewohner sind immer hilfsbedürftig. Wenn ihnen auf Dauer die meisten Verrichtungen abgenommen werden, empfinden sich die Heimbewohner tatsächlich als abhängig und hilfsbedürftig und verhalten sich auch so.

3
Der erste Eindruck

Der erste Eindruck

Der erste Eindruck 3 liefert häufig ein festes Urteil und kann leicht zum Vorurteil werden. Für die Pflegenden ist der erste Eindruck von einem Bewohner wichtig, denn er gibt die Richtung vor, in die weiter gezielt wahrgenommen wird (Beobachtung). Er gibt vor, welche zusätzlichen Informationen wichtig sind.

Problematisch ist der erste Eindruck nur, wenn an alten Wahrnehmungen festgehalten und keine anderen zugelassen werden (Korrekturfehler).

Übung

Überlegen Sie, ob Sie schon einmal einen Wahrnehmungsfehler gemacht haben. Wodurch ist er Ihnen aufgefallen und wie wollen Sie ihn zukünftig vermeiden? Schreiben Sie Ihre Strategie auf.

4.1.2 Beobachtung

Beobachtung

bewusste und zielgerichtete Informationssammlung innerhalb festgelegter Bereiche zum Zweck der Beurteilung und Entscheidungsfindung.

Die Beobachtung ist eine **systematische** und **geplante** Form der Wahrnehmung. Sie verfolgt das Ziel, neue Erkenntnisse zu gewinnen und Entscheidungen zu treffen.

Durch Beobachtungen können Pflegende:

- Probleme und Ressourcen der Bewohner erkennen und ihren Pflegebedarf einschätzen,
- drohende Erkrankungen oder Gefahren für den Bewohner sowie Fortschritte erkennen,
- Veränderungen am Gesundheitszustand oder Verhalten deuten und den Pflegebedarf anpassen.

Um zielgerichtet Informationen sammeln und damit nahezu objektive Ergebnisse erhalten zu können, müssen bestimmte Kriterien der Beobachtung formuliert und eingehalten werden. Diese Kriterien sind meist in **Erhebungsinstrumenten** (Assessmentinstrument) festgehalten.

Pflegeassessment

Einschätzung pflegebezogener Zustände und Ereignisse mit dem Ziel, den Pflegebedarf zu beurteilen und ggf. anzupassen.

Assessmentinstrumente sind z. B.:

- Gesichter-Skala zur Erhebung der Schmerzintensität,
- Risikoskalen für die Entstehung eines Dekubitus, z. B. Norton-Skala 4,
- Nahrungsprotokolle zur Feststellung des Nahrungszustandes.

Punkte	4 Punkte	3 Punkte
Bereitschaft zur Kooperation/ Motivation	voll	wenig
Alter	<10	<30
Hautzustand	in Ordnung	schuppig, trocken
Zusatzerkrankungen	keine	Abwehrschwäche, Fieber, Diabetes
Körperlicher Zustand	gut	leidlich
Geistiger Zustand	klar	apatisch, teilnahmslos
Aktivität	geht ohne Hilfe	geht mit Hilfe
Beweglichkeit	voll	kaum eingeschränkt
Inkontinenz	keine	manchmal

4
Assessmentinstrument

Die Beobachtungskriterien der Assessmentinstrumente sollten in regelmäßigen Abständen überprüft werden. Besonders wichtig ist diese Überprüfung (Evaluation) für die weitere Planung der Pflegemaßnahmen.

Beobachtungsarten

Informationen, die die Pflegende über den Bewohner sammeln muss, können z. B. durch Gespräche, Messungen oder subjektive Beobachtungen eingeholt werden:

- **objektive Einschätzung:** Beobachtungen, die durch Messungen bestätigt oder verworfen werden können, z. B. Puls oder Temperatur,
- **subjektive Einschätzung:** Beobachtungen, die ausschließlich auf dem Urteilsvermögen der Pflegenden beruhen und nicht gemessen werden können, z. B. der Gemütszustand, Verhalten des Bewohners oder Empfindungen wie Schmerz,

- **Selbsteinschätzung:** Auskünfte, die der zu Pflegende über sich selbst gibt, z. B. mithilfe gezielter Fragen der Pflegenden oder im Gespräch,
- **Fremdeinschätzung:** Daten über den zu Pflegenden, die z. B. von Angehörigen oder anderen an der Pflege beteiligten Personen weitergegeben werden.

Beobachtungsprozess

Die Beobachtung ist kein starrer Vorgang, sondern **dynamisch** und **prozesshaft**. Ähnlich wie der Wahrnehmungsprozess ist der Beobachtungsprozess in unterschiedliche Phasen unterteilt:

Phase 1: Aus vielen unterschiedlichen Wahrnehmungsreizen werden einzelne Wahrnehmungsreize herausgefiltert, die genauer betrachtet werden sollen.

Phase 2: Suche nach vergleichbaren, schon bekannten Merkmalen. Je breiter das Fachwissen ist, desto größer sind die Vergleichsmöglichkeiten.

Phase 3: Sind die Beobachtungen strukturiert und zugeordnet, werden Fragestellungen entwickelt und die Richtung für weitere Beobachtungen festgelegt.

Beispiel: Die Bewohnerin reagiert oft nicht auf Fragen, die an sie gerichtet sind. Ist ihre Hörfähigkeit eingeschränkt? Weiter beobachten.

Phase 4: Fragestellungen werden durch spezielle Beobachtungen beantwortet, z. B. die Hörfähigkeit ist eingeschränkt.

Phase 5: Bewertung der Ergebnisse, z. B. die Bewohnerin benötigt ein Hörgerät.

Phase 6: Planung von pflegerischen und therapeutischen Maßnahmen. Diese werden danach durchgeführt und auf ihre Wirkungsweise hin überprüft.

5
Was ist anders als gewohnt?

Beobachtungsfehler

Auch bei der Beobachtung können Fehler auftreten. Ursachen für diese Fehleinschätzungen sind z. B.:

- körperliche Einschränkungen, z.B. durch einen durch Schnupfen hervorgerufenen schlechten Geruchssinn,
- Gewöhnung 5, z. B. an Geräusche oder Gerüche, die nicht mehr wahrgenommen werden,
- starke psychische Belastung, z. B. Unsicherheit oder Stress,
- veränderte Lichtverhältnisse oder eine veränderte Umgebung,
- Müdigkeit.

Übung

Übertragen Sie die Phasen des Beobachtungsprozesses auf ein Beispiel: Sie beobachten einen Bewohner mit rotem Kopf.

4.2 Sehfähigkeit beobachten

Das Auge ist eines der wichtigsten Sinnesorgane. Der Mensch nimmt mehr als die Hälfte aller Sinneseindrücke über die Augen auf.

4.2.1 Anatomie und Physiologie

Die Augen liegen geschützt in einer knöchernen Höhle, der **Augenhöhle** (Orbita). Für die Bewegung der Augen sind sechs Muskeln zuständig. Eine Schaltzentrale im Mittelhirn sorgt dafür, dass die Augen sich synchron bewegen.

Aufbau des Auges

Der Augapfel 6 ist im Durchmesser ca. 24 mm groß. Die Wand des Augapfels ist zwiebelartig und in drei Schichten aufgebaut: äußere, mittlere und innere Augenhaut.

Die **äußere Augenhaut** besteht aus der:

- **Lederhaut** (Sklera): größter Teil der äußeren Augenhaut, bildet die Bindegewebshülle, die dem Augapfel Festigkeit und Schutz verleiht,
- **Hornhaut** (Cornea): gehört zum Hauptteil des lichtbrechenden Apparates, ist gefäßlos und lichtdurchlässig.

Die **mittlere Augenhaut** besteht aus:

- der Regenbogenhaut (Iris),
- dem Strahlenkörper (Ziliarkörper),
- der Aderhaut (Choroidea).

Die **Iris** ist der sichtbare, farbige Teil des Auges. Sie besteht aus ring- und strahlenförmig angeordneten glatten Muskelfasern und hat in der Mitte ein Loch, die **Pupille**. Die Iris wirkt wie die Blende eines Fotoapparates und passt die Pupille den unterschiedlichen Lichtverhältnissen an. Bei starkem Lichteinfall verengt sich die Pupille 7, bei schwachem Licht weitet sie sich 8.

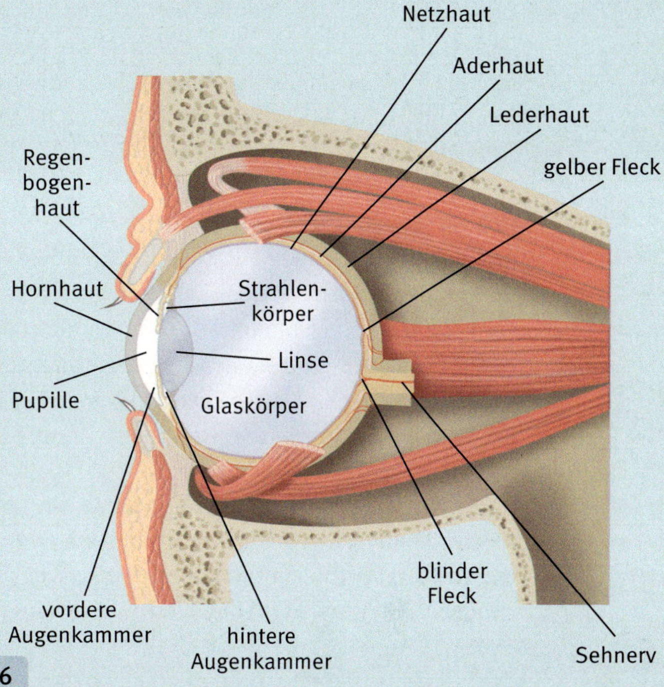

6
Aufbau des Auges

Der **Strahlenkörper** enthält vor allem den Muskel- und Halteapparat (Ziliarmuskel) für die Verformung der Linse. Das Anspannen und Erschlaffen des Muskels wirkt sich auf die Krümmung der Linse aus und reguliert damit die Nah- und Fernsicht.

Eine weitere Aufgabe des Strahlenkörpers ist die Bildung von Kammerwasser.

Die **Aderhaut** enthält zahlreiche Blutgefäße und ist die Versorgungsschicht für die nach innen aufliegende Netzhaut. Die schwarzbraunen Pigmente verhindern, dass die Lichtstrahlen außerhalb der Pupillenöffnung in den Augapfel einfallen können.

Weitere Strukturen im mittleren Bereich des Augapfels sind:

- die Linse,
- der Glaskörper,
- das Kammerwasser.

Die **Linse** ist ein gefäßloser, transparenter und elastischer Körper, der durch feine Fasern (Zonulafasern) am Ziliarkörper aufgehängt ist. Der Raum vor der Linse wird durch die Iris in zwei Teile geteilt.

Die vordere und die hintere Augenkammer werden von einer klaren Flüssigkeit durchflossen, dem Kammerwasser. Das **Kammerwasser** wird vom Ziliarkörper gebildet. Die Funktionen des Kammerwassers sind die Aufrechterhaltung des Augeninnendrucks (ca. 15 mm/Hg) sowie die Ernährung der Linse und der Hornhaut.

Im Kammerwinkel liegen feine Spalträume, über die das Kammerwasser in einen größeren, ringförmigen Kanal (Schlemm-Kanal) und später in das venöse Blutsystem abfließen kann.

Der gesamte Raum hinter der Linse wird vom **Glaskörper** ausgefüllt. Er besteht aus einer durchsichtigen, gallertigen Masse, ist klar und enthält keine Blutgefäße.

Zur **inneren Augenhaut** gehören:

- das Pigmentepithel,
- die Netzhaut (Retina) mit den Photorezeptoren.

Das **Pigmentepithel** verhindert Lichtreflexionen im Augapfel und ernährt die äußeren Anteile der Netzhaut. Nur im Eintrittsbereich der Sehnerven (blinder Fleck) und am Ziliarkörper ist das Pigmentepithel fest mit der darüber liegenden Schicht verbunden. Der notwendige enge Kontakt zwischen beidem wird durch den Augeninnendruck hergestellt.

Übung

Überprüfen Sie die Pupillenreaktion Ihres Tischnachbarn, indem Sie mit einer kleinen Lampe vorsichtig Licht in das Auge scheinen lassen und wieder wegnehmen.

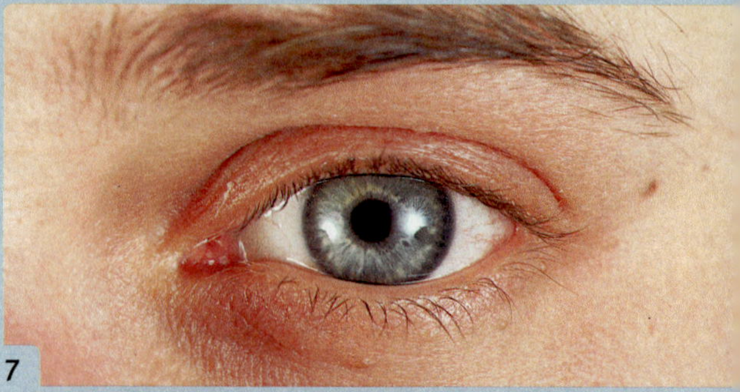

7
Verengte Pupille

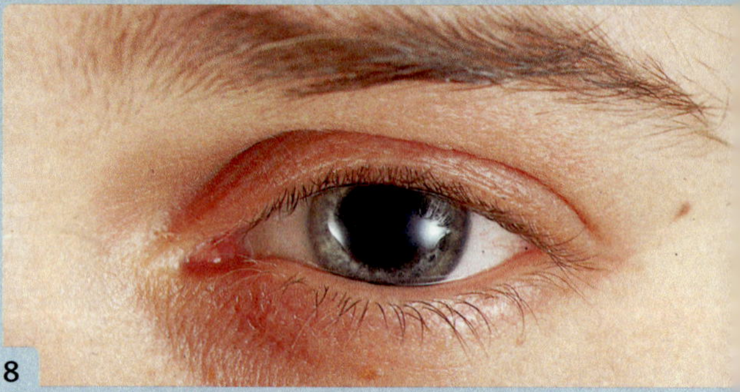

8
Erweiterte Pupille

Schutzeinrichtungen des Auges

Zu den Schutz- und Hilfseinrichtungen des Auges gehören:

- Die **Augenhöhle**: schützt das Auge vor zu starkem Druck und Erschütterungen,
- das **Augenlid**: schützt das Auge vor zu starkem Lichteinfall und Blendung, indem es sich willkürlich schließt,
- die **Augenbrauen**, Wimpern: „Vorfühlsystem", falls ein Fremdkörper in die Nähe des Auges kommt,
- die **Tränendrüse**: produziert Tränenflüssigkeit, die durch ihre antibakterielle Wirkung das Auge reinigt und gleichzeitig feucht hält,
- der **Tränen-Nasen-Gang**: ermöglicht das Abfließen der Tränenflüssigkeit in den Nasengang,
- die **Bindehaut** (Schleimhaut an der Innenseite der Augenlider): erleichtert das Gleiten der Augen bei Blickwechseln und -bewegungen.

Das Sehen

Eine uneingeschränkte Sehfähigkeit bedeutet, dass die Regulierung der Lichtverhältnisse und die stufenlose Nah- und Ferneinstellung des Auges funktioniert.

Lichtstrahlen, die über die Hornhaut, Linse und Glaskörper auf die **Netzhaut** treffen 9, werden in elektrische Nervenimpulse umgewandelt und über den Sehnerv zum Gehirn geleitet. Dort entsteht ein räumliches Bild.

Auf einem Quadratmillimeter der Netzhaut gibt es über 400.000 **Photorezeptoren**, die für die Umwandlung von Lichtwellen in Nervenimpulse verantwortlich sind. Unterschieden werden dabei zwei Gruppen:

- Stäbchen,
- Zapfen.

Die **Stäbchen** sind über die gesamte Fläche der Netzhaut verstreut und für das Dämmerungssehen verantwortlich. Sie nehmen Grautöne sowie Bewegungseindrücke wahr.

Die **Zapfen** sind für das Farbensehen und eine möglichst hohe Auflösung verantwortlich und nur bei Helligkeit aktiv. Sie haben ihre größte Dichte im **gelben Fleck** (Macula lutea). Ist ein Gegenstand von besonderem Interesse, richtet sich der Blick automatisch so aus, dass dieser auf dem gelben Fleck abgebildet wird.

Der so genannte „blinde Fleck“ befindet sich dort, wo der Sehnerv aus der Netzhaut austritt. Dort gibt es keine Photorezeptoren.

Bedenke

Nur wenn ein Gegenstand mit zwei Augen aus unterschiedlichen Blickwinkeln wahrgenommen wird, entsteht ein räumliches Bild im Gehirn.

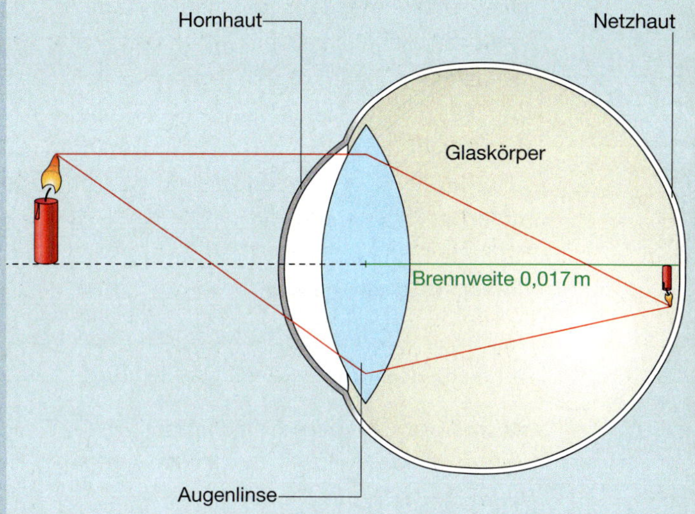

9
Bild auf der Netzhaut

Gesichts- und Blickfeld

Gesichtsfeld

Raum, der mit beiden Augen gleichzeitig wahrgenommen wird, ohne die Augen zu bewegen. Das Blickfeld ist der überschaubare Bereich mit Bewegung der Augen.

Gegenstände am Rand des Gesichtsfeldes liegen außerhalb des gelben Flecks. Sie werden nur noch unscharf wahrgenommen, z. B. ein herannahendes Auto. Ist das Gesichtsfeld eingeschränkt, sind häufig Erkrankungen der Netzhaut, des Sehnervs oder des Gehirns, z. B. Schlaganfall, verantwortlich.

Bedenke

Im Alter wird das Gesichtsfeld erheblich kleiner, dadurch wächst z.B. die Sturzgefahr.

4.2.2 Beobachten und handeln

Einschränkungen der Sehtüchtigkeit führen bei den betroffenen Menschen häufig zu Beeinträchtigungen der Wahrnehmung und vor allem der Selbstständigkeit. Folgen können neben Angst und Verunsicherungen auch eine verminderte **Lebensqualität** und ein Anstieg der **Gefahren**, z. B. Unfälle, sein. Letztere führen häufig zu einem vermehrten Pflegebedarf.

Sehschwäche erkennen

Folgende Beobachtungen können Hinweise auf eine eingeschränkte Sehfähigkeit geben:

- an Gegenständen vorbeigreifen,
- besonders nah an Schriftliches, z. B. Buch, herangehen,
- Tasten bei der Vorwärtsbewegung **10**,
- sich an Stühlen oder Tischen festhalten,
- nahe an Gesprächspartner herangehen,
- Lesegewohnheiten aufgeben,
- Bekannte nicht mehr erkennen,
- Grüße ignorieren,
- sozialer Rückzug.

Physiologische Altersveränderungen

Physiologische Altersveränderungen wie schlaffe und faltige Augenlider, ein zurückgesunkenes oder leicht gerötetes Auge zeigen sich häufig in den täglichen Beobachtungen.

Weiterhin kann beobachtet werden, dass sich mit zunehmendem Alter die Elastizität der Linse verringert. Somit sind besonders die Naheinstellung und das Nahsehen erschwert. Folge dieser Veränderung ist die **Altersweitsichtigkeit**, die sich mit einer Lesebrille korrigieren lässt.

Ein weiteres Problem kann die **Lähmung** der Augenmuskeln betreffen. Beobachtet werden können Situationen, in denen die Bewohner sich „ungeschickt" verhalten oder ihre Alltagskompetenz eingeschränkt ist.

10
Anzeichen von Sehschwäche

Das Danebengreifen bei Gegenständen liegt allerdings an den Veränderungen der Muskeln, die Doppelbilder hervorrufen oder räumliches Sehen einschränken.

Bei folgenden **Notfällen** muss die Pflegefachkraft unmittelbar informiert werden:

- Verletzung des Auges durch äußere Einwirkung,
- Schmerzen im Augenbereich,
- plötzliche Einschränkung der Sehfähigkeit oder kompletter Sehverlust, z. B. Nebel, Farben oder Ringe sehen.

Bedenke

Je nachdem, wie schwerwiegend das Ausmaß einer Sehstörung ist, kann die räumliche Orientierung oder die Bewegung des Betroffenen beeinträchtigt sein.

2 Häufige Sehbeeinträchtigungen im Alter

Altersweitsichtigkeit	• Verlust an Elastizität der Linse • kleine Motive in der Nähe unscharf, z. B. Zeitunglesen mit ausgestreckten Armen • beginnt ab dem 40. Lebensjahr
Grauer Star 12	• Sehstörungen in Form von unscharfem Sehen oder vermehrte Blendbarkeit • Trübung der Linse • im fortgeschrittenen Stadium verschleierte Bilder
Grüner Star 13	• zunehmende Gesichtsfeldausfälle • farbige Höfe um Lichtquellen • messbar erhöhter Augeninnendruck
Makuladegeneration 14	• Verzerrungen der wahrgenommenen Bilder • Nachlassen der Farbintensität • zunehmende Lücken im wahrgenommenen Bild • Verlust des zentralen Sehens: weißer Fleck in der Mitte
Augenliderkrankungen	• Hängelid mit häufig gereizter und geröteter Bindehaut und tränendem Auge • Lideinwärtskehrung mit Entzündungen der Bindehaut und der Hornhaut und dem Gefühl, einen Fremdkörper im Auge zu haben

11 Normalsichtigkeit

12 Grauer Star

13 Grüner Star

14 Makuladegeneration

4.2.3 Pflegepraxis

Pflegende haben vielfältige Möglichkeiten, Menschen mit Einschränkungen der Sehfähigkeit zu unterstützen. Besonders wichtig ist die Bereitstellung von vorhandenen und funktionsfähigen **Hilfsmitteln**. Darüber hinaus sollten die Betroffenen dazu motiviert und angeleitet werden, andere **Fähigkeiten** und **Ressourcen** zur Bewältigung ihres Alltags zu entdecken und einzusetzen, z. B. die Anwendung von Hilfsmitteln oder bewusstes Vertrautmachen mit der Umgebung.

15
Vergrößerungsgläser

16
Augenprothese

Hilfsmittel einsetzen

Vergrößernde Sehhilfen 15 sind z. B.:

- Brillen,
- Lupen,
- Lupenbrillen,
- Bildschirmlesegeräte.

Die **Reinigung einer Brille** erfolgt unter fließendem Wasser oder mit einem feuchten Tuch. Anschließend sollte sie mit einem fusselfreien Tuch abgetrocknet werden.

Die Hilfsmittel sind beim Optiker erhältlich und werden dort auch gewartet. Die Umstellung auf den Einsatz von Hilfsmitteln ist nicht immer einfach. Häufig werden sie bald wieder weggelassen. Die Bewohner sollten deshalb zum Gebrauch der Hilfsmittel motiviert und angeleitet werden.

Augenprothese reinigen

Augenprothesen 16 müssen regelmäßig gereinigt werden. Ansonsten kann die Augenhöhle gereizt werden oder sich entzünden:

- Glasauge einmal täglich herausnehmen und säubern,
- unter handwarmem Wasser abspülen,
- bei starken Verschmutzungen die Augenprothese für einige Minuten in Kochsalzlösung einlegen.

Herausnehmen der Augenprothese

- Betroffenen nach oben sehen lassen und das Unterlid vorsichtig von der Prothese abziehen,
- Finger oder Spatel seitlich unter die Prothese legen und heraushebeln.

Einsetzen der Augenprothese

- Hände reinigen bzw. desinfizieren,
- Betroffene nach oben blicken lassen und das Oberlid sanft nach oben ziehen,
- Augenprothese in die Augenhöhle einsetzen und Unterlid sanft nach unten ziehen,
- Sitz der Prothese kontrollieren.

Bedenke

Eine Augenprothese kann leicht zerbrechen. Deshalb sollte sie im Bett eingesetzt und herausgenommen werden.

Hilfsmittel für blinde Bewohner

Ein „**Blindenstock**" 17 hilft dem Bewohner, sich im Raum und auf der Straße zu orientieren. Sie fühlen damit den Boden ab und erkennen kleine Unebenheiten, z. B. Bordsteinkanten.

Blinde Menschen tragen eine **Armbinde** 18 mit drei schwarzen Punkten. Dieses äußerliche Kennzeichen hilft der Umwelt, z.B. den Autofahrern oder Fußgängern, seheingeschränkte Menschen zu erkennen und Rücksicht zu nehmen.

Sicherheit und Orientierung vermitteln

Insbesondere beim Einzug und der Eingewöhnung des Bewohners mit Sehbeeinträchtigung sollten Pflegende unterstützend eingreifen:

- Wohnraum und Wohneinrichtung beschreiben,
- Bewohner durch den Wohnraum führen und Gegenstände betasten lassen,
- beim Führen den Bewohner berühren, z. B. einhaken,
- beim Hinsetzen die Hand des Bewohners zur Stuhllehne führen,
- auf mögliche Gefahrenquellen und Stolperfallen hinweisen, z. B. Stufen,
- auf Haltegriffe, Geländer aufmerksam machen,
- persönliches Ordnungssystem des Bewohners aufrechterhalten, z. B. Zahnbürste immer auf der Ablage im Badezimmer,
- Bewohner über Veränderungen im Wohnbereich informieren,
- Schrank- und Zimmertüren geschlossen halten,
- leichte, aber deutliche Berührungen, um Aufmerksamkeit auf die Pflegetätigkeit zu lenken und diese eindeutig beginnen und enden zu lassen.

Bedenke

Die Ressourcen des Betroffenen sowie Details im alltäglichen Verhalten dokumentieren.

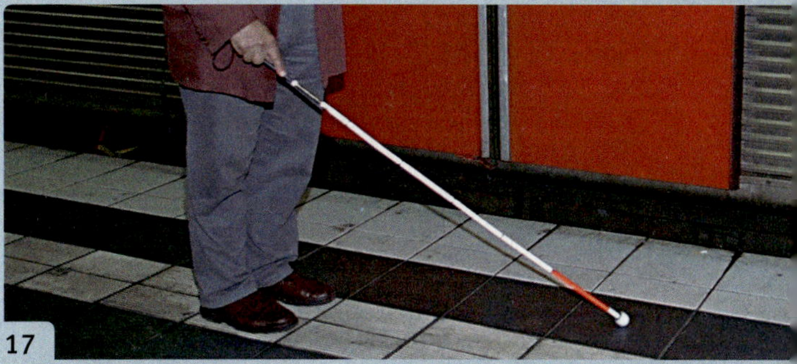

17
Blindenstock

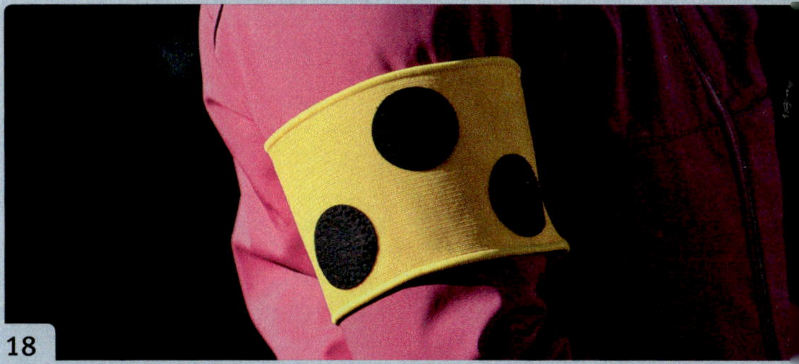

18
Armbinde

Mit seheingeschränkten Menschen sprechen

Im Gespräch mit sehbeeinträchtigten Menschen hilft es, sich bewusst zu machen, dass diese nicht das sehen können, was gesunde Menschen sehen. Jede **Gestik** und **Mimik** und alle äußeren Erscheinungen müssen beschrieben werden.

Sehbeeinträchtigte Menschen wollen weiterhin am gesellschaftlichen Leben teilnehmen. Sie brauchen die Möglichkeit, soziale Kontakte zu schließen. Mobilität ermöglichen sowie das Vorlesen der Tageszeitung oder die Bereitstellung von Radiosendungen oder Hörbüchern gehören dabei zu den Aufgaben einer Pflegehilfskraft.

Übung

Bilden Sie Zweiergruppen. Einer lässt sich die Augen verbinden, der andere führt. Beschreiben Sie beide Ihre Gefühle dabei.

4.3 Hörfähigkeit beobachten

Eine Einschränkung der **Hörfähigkeit** hat vor allem zur Folge, dass die Betroffenen sich nicht oder nur schwer mit ihrer Umwelt verständigen können. Häufig führen Missverständnisse zu einer Isolation. Im Umgang mit Hörbeeinträchtigten können Pflegende viel zu deren Wohlbefinden beitragen.

4.3.1 Anatomie und Physiologie

Das Ohr 19 besteht aus drei Anteilen:

- äußeres Ohr,
- Mittelohr,
- Innenohr.

Das Ohr ist der Sitz zweier wichtiger Sinne des Menschen: Hören und Gleichgewicht.

Das äußere Ohr

Dieser Anteil des Ohres besteht aus der Ohrmuschel, dem Gehörgang und dem Trommelfell.

Die Ohrmuschel:

- besteht zum großen Teil aus Knorpelgewebe,
- nimmt Schallwellen auf und leitet diese in den Gehörgang bis zum Trommelfell weiter.

Der Gehörgang:

- ist ca. 3 bis 4 cm lang,
- hat im äußeren Teil Haarzellen, Talg- und Schmalzdrüsen,
- schützt mit dem Ohrenschmalz vor Schmutz, Austrocknung und Keimen.

Das Trommelfell:

- ist eine dünne Platte aus Bindegewebe,
- hat ca. 1 cm Durchmesser,
- schließt das äußere Ohr vom Mittelohr ab,
- leitet Schallwellen an das Mittelohr weiter.

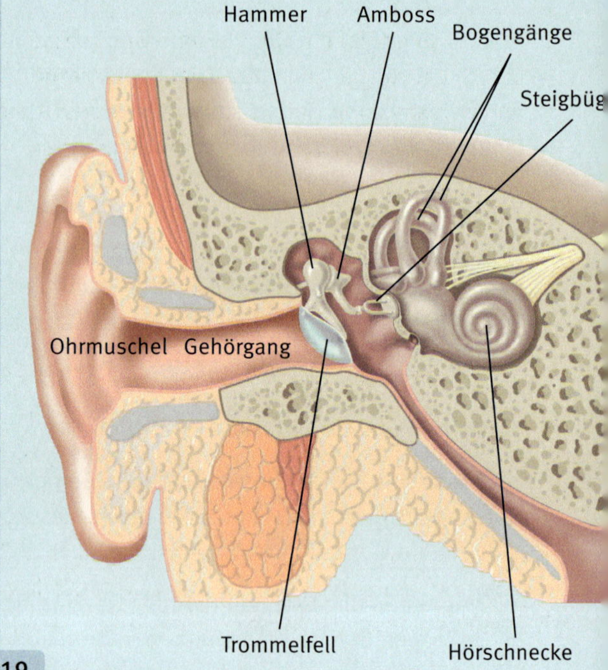

19
Aufbau des Ohrs

Das Mittelohr

Das Mittelohr besteht aus der Paukenhöhle und den drei miteinander verwachsenen **Gehörknöchelchen**. Sie sind die kleinsten Knochen des Menschen und wurden nach ihrem Aussehen benannt: Amboss, Hammer, Steigbügel.

Der **Hammer** ist mit dem Trommelfell verwachsen. Dadurch nimmt er den Schall unmittelbar auf und überträgt ihn auf die Gehörknöchelchen. Der **Steigbügel** ist mit der Membran des ovalen Fensters verbunden. Dieses befindet sich zwischen dem Mittelohr und dem Innenohr.

Zwischen dem Mittelohr und dem Innenohr befindet sich die **Eustachische Röhre** bzw. Ohrtrompete. Über sie wird ein Druckausgleich zwischen dem Mittelohr und dem Äußeren hergestellt, der eine optimale Schallweiterleitung gewährleistet.

Das Innenohr

Das Innenohr ist ein Gang- und Hohlraumsystem, auch **Labyrinth** genannt. Dieses Labyrinth ist mit Flüssigkeit gefüllt. Das Innenohr erfüllt zwei Funktionen und lässt sich in zwei funktionale Abschnitte unterteilen:

- Hörschnecke,
- Bogengänge.

Die **Hörschnecke** enthält das eigentliche Hörorgan und dient der Schallaufnahme, mit deren Hilfe das Gehirn ankommende Schallwellen verarbeiten kann.

Bogengänge bilden das Gleichgewichtsorgan (Vestibularapparat) und können die Lage und Bewegung des Kopfes wahrnehmen und somit Veränderungen der Position feststellen.

Das menschliche Ohr kann Schallwellen in einem **Frequenzbereich** von 16 bis 16.000 Hertz wahrnehmen. Schallwellen, deren Frequenzen darüber (Ultraschall) oder darunter (Infraschall) liegen, sind für den Menschen nicht hörbar.

Die **Tonhöhe** 20 wird durch die Anzahl der Schwingungen pro Sekunde (Frequenz) bestimmt. Je höher die Frequenz, desto höher ist der Ton und umgekehrt.

Am empfindlichsten ist das Hörorgan für Frequenzen zwischen 1.000 und 4.000 Hertz. Dieser Frequenzbereich entspricht in etwa der menschlichen Sprache.

Bedenke

Mit zunehmendem Alter nimmt die Empfindlichkeit für höhere Frequenzen ab. Bewohner mit eingeschränkter Hörfähigkeit nicht lauter, sondern in einer tieferen Stimmlage ansprechen.

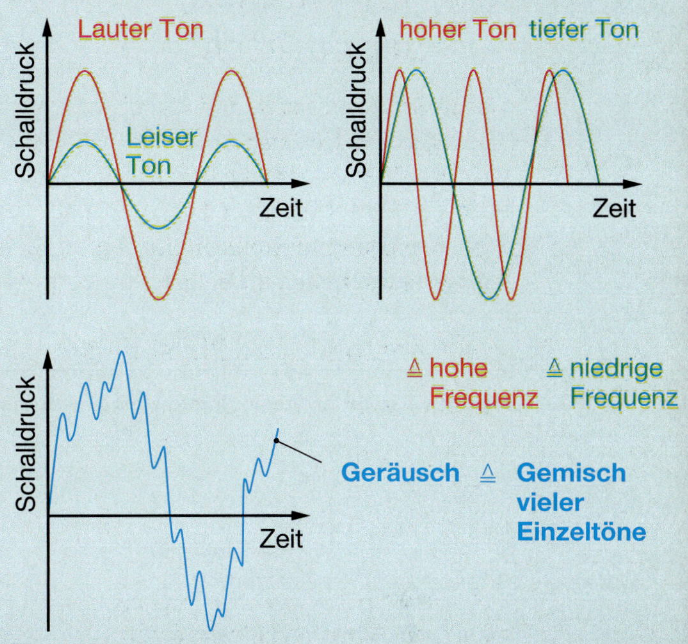

20
Schallbewegungen

4.3.2 Beobachten und handeln

Schwerhörigkeit

Minderung des Hörvermögens. Kann eines oder beide Ohren betreffen.

Taubheit

weitgehendes oder vollständiges Fehlen des Gehörs.

Das Hörvermögen nimmt ab dem 30. Lebensjahr kontinuierlich ab. Hauptursache für die physiologische Abnahme des Hörvermögens ist das Alter.

Weitere Ursachen sind z. B.:

- angeborene Schwerhörigkeit (chronisch),
- vermehrte Bildung von Ohrenschmalz (akut),
- chronische Mittelohrentzündung,
- anhaltender Lärm.

Schwerhörigkeit erkennen

Selbst bei intensiver Wahrnehmung und Beobachtung ist eine Schwerhörigkeit beim Bewohner nicht leicht zu erkennen. Schwerhörigkeit wird oft als Makel des Alters empfunden und verheimlicht. Außerdem tritt diese in der Regel schleichend auf.

Folgende Verhaltensweisen lassen auf eine Schwerhörigkeit schließen:

- Missverständnisse bei Gesprächen,
- auffällig lautes oder undeutliches Sprechen,
- häufiges Bitten, das Gesagte zu wiederholen,
- bei Ansprache nicht reagieren,
- Gefahrensignale, z. B. Schreie oder Klingeln überhören,
- lautes Fernsehen oder Radiohören,
- angestrengtes Zuhören.

Höreingeschränkte Menschen können in einem Gespräch nicht alle Informationen aufnehmen. Auch Stimmungen und Gefühlslagen, die in einem Gespräch mitschwingen, werden von ihnen nicht wahrgenommen.

So ziehen sich die Betroffenen aufgrund von Unsicherheiten, Ängstlichkeit oder Unverständnis durch die anderen zurück. Häufig leiden sie an dem Gefühl des Ausgeschlossenseins 21.

3 Stadien der Schwerhörigkeit

geringgradige Schwerhörigkeit	Uhrenticken wird nicht mehr gehört (ca. 30 % Hörverlust)
mittelgradige Schwerhörigkeit	Grundgeräusche werden nicht gehört, z.B. Verkehr bei geschlossenem Fenster (ca 50 % Hörverlust)
hochgradige Schwerhörigkeit	Gespräch wird trotz Blickkontaktes nicht mehr gehört (ca. 70 % Hörverlust)

21
Ausgeschlossen oder integriert sein

Schwindel

Schwindelgefühle, Gangunsicherheiten oder auch Erbrechen und „Schwarzwerden vor den Augen“ können durch eine Störung des Gleichgewichtsorgans hervorgerufen werden. Die Wahrnehmung der Bewegung stimmt dabei nicht mehr mit der eigentlichen Bewegung überein.

Bei **akutem Schwindel** sollte unmittelbar die Pflegefachkraft benachrichtigt werden. Bis zu ihrem Eintreffen sollte die Bewohnerin vor Stößen und Stürzen bewahrt werden.

Übung

Stecken Sie sich in beide Ohren Ohrenstöpsel und versuchen Sie, mit Ihrem Nachbarn in einem für Sie normalen Geräuschpegel ein Gespräch zu führen. Beobachten Sie Ihre Verhaltensänderungen.

4.3.3 Pflegepraxis

Ähnlich wie bei Menschen mit Seheinschränkungen sollen auch Bewohner mit Höreinschränkungen in das soziale Umfeld eingebunden werden. Der Umgang mit Hilfsmitteln und eine angepasste Kommunikation sind dabei die wichtigsten pflegerischen Aufgaben.

Umgang mit Hörgeräten

Hilfsmittel zur Alltagsbewältigung sind z. B.:

- Hörgeräte, z. B. Im-Ohr-Geräte oder Hörbrillen,
- Lichtklingeln und -wecker,
- Schreibgeräte, z. B. PC,
- Kopfhörer für Fernseher und Radio.

Unterschieden werden:

- **„Im-Ohr-Geräte“ (IO)** 22 : von außen kaum sichtbar, besitzen oft einen Faden zum Herausnehmen und sind technisch aufwendiger,
- **„Hinter-dem-Ohr-Geräte“ (HdO)** 23 : gerin-ger Batterieverbrauch, piepen in der hohlen Hand und zeigen damit ihre Funktionstüchtigkeit an. Ausstattung: Mikrofon, Verbindungsschlauch, Batterieschublade, Ein- und Ausschalter und Lautstärkeregler.

Meist ist das rechte Gerät mit einem roten, das linke mit einem blauen Punkt versehen, sodass Verwechslungen der Seiten nicht möglich sind. Das Gerät sollte regelmäßig gereinigt werden. Bei längerer Aufbewahrung ist es notwendig, die Batterien zu entfernen.

4 Einstellungsvarianten

0	aus
M	Mikrophon an (Normalstellung)
T	Telefonspule zum Telefonieren
MT	T und M kombiniert

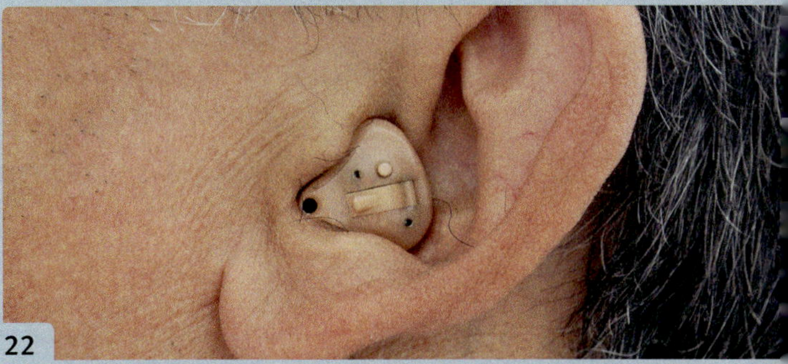

22
Im-Ohr-Gerät

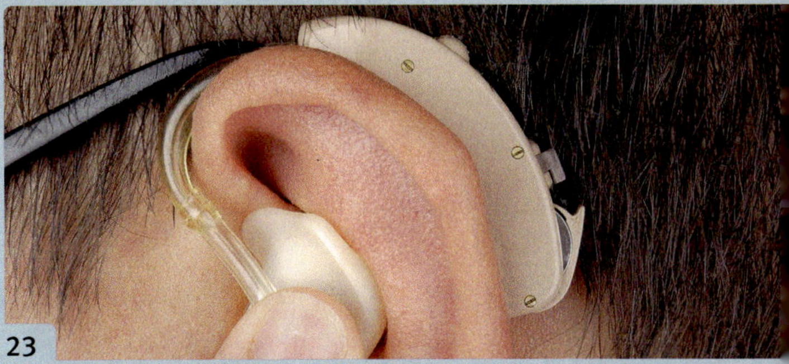

23
Hinter-dem-Ohr-Gerät

Einsetzen des Hörgeräts:

- Hörgerät auf Funktionsfähigkeit überprüfen (Batterie noch voll?),
- Hörgerät möglichst im Sitzen vor einem Spiegel einsetzen,
- um die lästigen Pfeiftöne zu vermeiden, die Lautstärke des Gerätes vor dem Einsetzen und Anschalten (und vor dem Absetzen und Ausschalten) minimieren,
- Ohrform passend und abschließend in die Ohrmuschel einfügen, dazu das Ohrläppchen nach unten ziehen,
- Feuchtigkeit und Nässe beim Umgang mit dem Hörgerät vermeiden.

Bedenke

Den Bewohner wiederholt zu selbstständigem Umgang mit dem Hörgerät motivieren. Immer wieder ausprobieren lassen.

Kommunizieren

Folgende Verhaltensweisen erleichtern die Kommunikation mit höreingeschränkten Bewohnern:

- ruhig und deutlich sprechen, nicht schreien,
- Hintergrundgeräusche ausschalten,
- Blickkontakt halten, um das Lippenablesen zu ermöglichen,
- von vorn auf die Bewohner zugehen, damit sie sich nicht erschrecken,
- wichtige Informationen schriftlich mitteilen,
- Betroffene ermutigen, sich mitzuteilen, auch wenn sie nicht alles verstanden haben,
- bei tauben Bewohnern Grundformen der Gebärdensprache 24 (bestimmte Handbewegungen in Kombination mit Gesichtsmimik und Körperhaltung) erlernen.

Bedenke

Im Hörvermögen eingeschränkte Diabetiker hören morgens besser als abends.

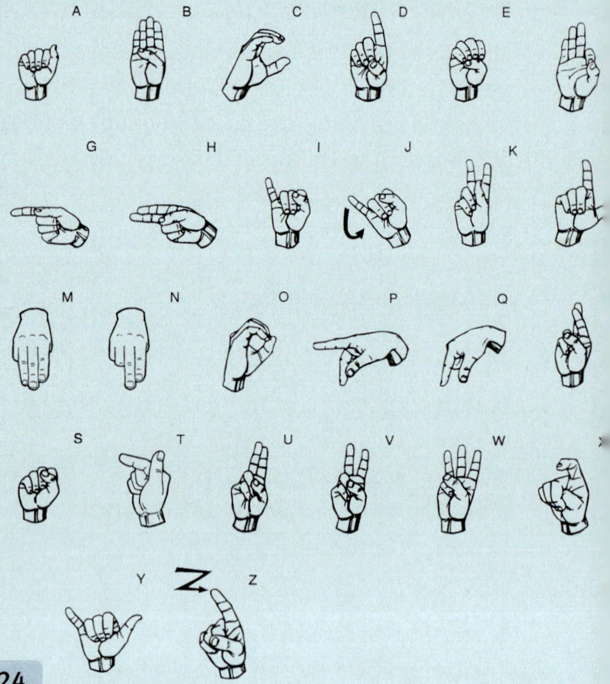

24
Gebärdensprache

✔ Selbst-Check

Fallbeispiel: Frau Reimann ist eine 89-jährige Dame, die seit längerer Zeit im Altenheim lebt. Bis vor einigen Wochen nahm sie gern an geselligen Runden teil, sang gern und unterhielt sich viel mit ihrer langjährigen Zimmergenossin, Frau Beimar.

Seit etwa vier Wochen zieht sich Frau Reimann mehr und mehr zurück. Sie stellt den Fernseher lauter und reagiert nicht mehr so häufig auf die Gesprächsversuche von Frau Beimar. Andere Bewohner, die sie ansprechen, versteht sie nicht und geht nach kurzem Nachfragen häufig an ihnen vorbei. Wenn Pflegekräfte ins Zimmer kommen, erschreckt sie sich meist und empfindet dies als unangenehm.

Insgesamt isoliert sich Frau Reimann sehr stark, sodass selbst die sonst so geliebten gemeinsamen Mahlzeiten im Speisesaal ausgelassen werden.

Welche Ursachen kann das veränderte Verhalten von Frau Reimann haben?

Welche Einschränkung vermuten Sie?

Wie kann das Pflegepersonal besser auf Frau Reimann eingehen?

Was würden Sie Frau Reimann empfehlen, um einer Isolation vorzubeugen?

5 Gefühlsarbeit

5.1 Sympathie und Antipathie

5.2 Ekel und Scham

5.3 Helfersyndrom und Burnout

5.4 Aggression und Gewalt

5.5 Stress und Selbstpflege

5.1 Sympathie und Antipathie

Menschen wissen manchmal nicht, warum sie einen anderen Menschen mögen oder nicht. Dies hängt von den Gefühlen des Einzelnen ab. Gefühle wie **Sympathie**, **Antipathie**, aber auch **Ekel** und **Scham** sind eng miteinander verknüpft. Wenn sie sehr stark sind, können sie Menschen an die Grenzen ihrer Handlungsfähigkeit führen.

5.1.1 Sympathie

Sympathie

Gefühl, jemanden gern zu haben und Zuneigung für ihn zu empfinden.

Sympathie kann auch für eine Idee oder Weltanschauung empfunden werden. Häufig lassen persönliche Erfahrungen oder Erinnerungen mit jemandem oder etwas eine Sache oder eine Person sympathisch erscheinen. Wird eine Pflegende durch eine Bewohnerin an ihre liebe Tante erinnert, wirkt diese automatisch sympathisch. Eine Kollegin dagegen kann das ganz anders empfinden 1.

5.1.2 Mit Antipathie umgehen

Das Gegenteil von Sympathie ist Antipathie. Dieses Gefühl kann auch als **Abneigung** oder **Widerwille** bezeichnet werden.

Antipathie kann entstehen, wenn Merkmale, Eigenschaften oder Verhaltensweisen eines anderen Menschen als abwertend, ablehnend oder bedrohend erlebt werden. Auch die Erinnerung an schlechte Erfahrungen mit anderen Personen kann Antipathie auslösen.

Häufig wirkt eine Eigenschaft, die eine Person bei sich selbst nicht mag, bei anderen besonders unsympathisch.

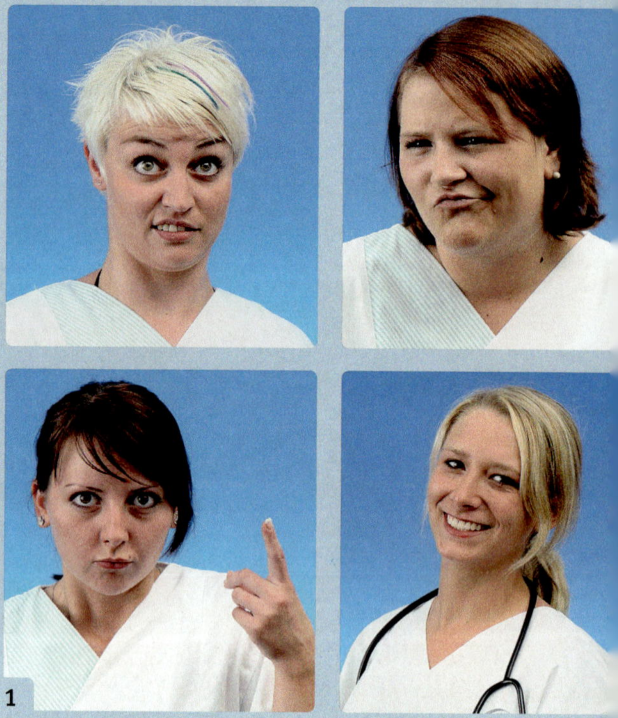

1
Welches Gefühl hat die Person?

Auswirkungen auf den Pflegeberuf

In der Pflege muss jeder Bewohner mit Respekt und Würde behandelt werden. Von den Pflegenden wird erwartet, dass sie mit Antipathie **professionell** umgehen können. Das bedeutet, dass sie Strategien entwickeln müssen, z. B.:

- auf die positiven Eigenschaften des Gegenübers konzentrieren,
- Urteil über den anderen immer wieder überprüfen,
- genau untersuchen, was an dem anderen störend ist,
- Verständnis für den anderen entwickeln (Er darf so sein, wie er ist.).

Bedenke

Jeder Mensch muss gleich behandelt werden, egal ob er einem sympathisch oder unsympathisch erscheint.

Hilfreich ist es auch, darüber nachzudenken, welche Erinnerungen und Erfahrungen der andere bei einem selbst hervorruft. Vielleicht kann er gar nichts dafür, dass er unsympathisch wirkt.

5.1.3 Der erste Eindruck

Um selbst einen sympathischen Eindruck bei anderen Menschen zu hinterlassen, sollten folgende Dinge beachtet werden.

Wege zur Sympathie

Beim Reden immer **Blickkontakt** 2 halten: Das zeigt eine wertschätzende Haltung. Auch wird mit dem Augenkontakt ein Interesse am Gegenüber deutlich.

Ein echtes **Lächeln** zeigen: Häufig entmachtet ein Lächeln Misstrauen oder Angstgefühle. Es wirkt freundlich und zeigt seinem Gegenüber Zuneigung.

Bei der Begrüßung die **Hände** schütteln: Dies ist ein Zeichen für Vertrauen und Zuspruch, signalisiert aber auch die Bereitschaft für ein Gespräch.

Den Gegenüber mit **Namen** ansprechen: Hiermit wird Interesse am Gegenüber gezeigt. Mit Namen angesprochen zu werden, ist für jeden Menschen eine Form der Wertschätzung.

Eine angenehme, freundliche **Sprechweise** wählen: Sie signalisiert eine friedliche und aufgeschlossene Haltung der anderen Person gegenüber. Eine ruhige Art zu sprechen empfinden die meisten Menschen als sehr angenehm.

Saubere Kleidung und ein gepflegtes **Erscheinungsbild** entscheiden über den ersten Eindruck und damit über Sympathie und Antipathie.

Zuhören und Interesse zeigen: Die Aufmerksamkeit, die dem Gegenüber entgegengebracht wird, gibt ihm das Gefühl, wichtig zu sein.

2
Gespräch mit Blickkontakt

Distanzzonen

Unterschiedliche zwischenmenschliche Beziehungen erlauben verschieden große Entfernungen. Die Entfernung ist abhängig von der Sympathie und dem Bekanntschaftsgrad. Es gibt kulturelle Unterschiede bei den Distanzzonen. In Südamerika sind sie geringer ausgeprägt als hier.

Distanzzonen

intime Zone (bis 40 cm)	enger Körperkontakt, z. B. mit eigenen Kindern oder dem Sexualpartner
persönliche Zone (bis 120 cm)	Gesprächsebene, z. B. Kontakt zu Freunden
soziale Zone (bis 180 cm)	Bekanntschaft, schließt körperliche Berührung aus
öffentliche Zone (bis 4 m)	unpersönliche Beziehungen

5.2 Ekel und Scham

Ekel und Scham sind sehr starke Gefühle, die sich in Pflegesituationen nicht vermeiden lassen. Damit sie nicht zu Handlungsunsicherheiten führen, ist ein gezielter Umgang mit ihnen notwendig.

5.2.1 Ekel

Ekel

Gefühl von starker Abneigung und Angewidertsein.

Das Gefühl des Ekels kann als sehr bedrohlich empfunden werden und auch starke physiologische Reaktionen auslösen. Ekel kann durch alle Sinne ausgelöst werden, z.B. Anblick, Geruch bzw. Gestank oder Anfassen.

Entstehung des Ekelgefühls

Durch ein **Reiz-Reaktions-Schema** 3 kann die Entstehung des Ekelgefühls dargestellt werden. Dabei wird deutlich, dass unsere eigene Vorstellung Ekel erregende Reaktionen auslöst und nicht die Sache selbst. Je nach Kultur können Ekel erregende Situationen unterschiedlich bewertet werden und somit unterschiedliche Reaktionen auslösen.

Typische Ekelreaktionen

Typische Ekelreaktionen sind z.B.:

- erhöhte Speichelproduktion,
- Würge- und Brechreiz,
- erhöhte Durchblutung des Kopfes,
- Veränderung der Herzfrequenz,
- Hochziehen der Oberlippe und Rümpfen der Nase,
- Zusammenziehen der Gaumen- und Rachenmuskulatur,
- Bedürfnis, die Ekel erregende Situation zu verlassen.

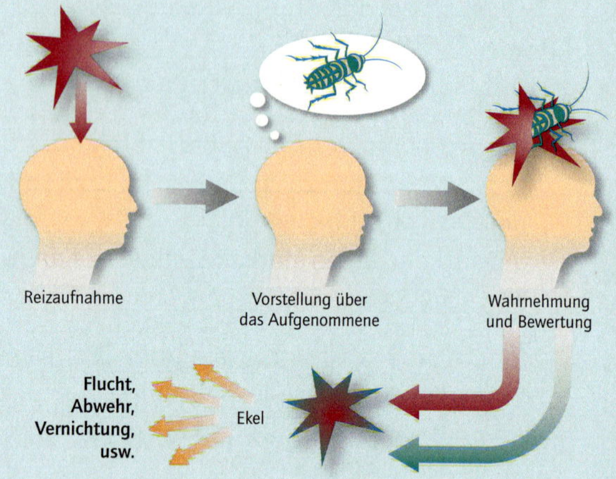

3
Reiz-Reaktions-Schema

Umgang mit Ekelgefühlen

Folgende Maßnahmen können im Umgang mit Ekelgefühlen nützlich sein:

- Ekel erregende Situationen reduzieren oder vermeiden,
- größtmöglichen Schutz gewährleisten, z.B. Handschuhe oder Schutzkleidung tragen,
- Details ausblenden und sich auf die durchzuführende Maßnahme konzentrieren,
- eine Auszeit nach einer Ekel erregenden Situation einräumen,
- sich nach einer „ekligen“ Maßnahme waschen.

Übung

Denken Sie an eine Situation, in der Sie sich geekelt haben. Mit welchen Strategien haben Sie den Ekel überwunden?

5.2.2 Scham

Scham

Gefühl, etwas peinlich zu finden oder bei einer Schwäche „ertappt“ worden zu sein. Scham kann gleichgesetzt werden mit dem Begriff Verlegenheit.

Scham kann einen starken Einfluss auf das Selbstwertgefühl eines Menschen haben. Sie ist nicht zwangsläufig ein negatives Gefühl, sondern zeigt auch **Empfindsamkeit** und **Sensibilität**. Schamgefühle sind Empfindungen, die jeder Mensch kennt. Sie zeigen uns Grenzbereiche, die nicht überschritten werden sollten.

Unterschieden werden die **intime Scham**, z. B. das nicht gewollte Bloßstellen der Intimsphäre, und die **soziale Scham**, das Gefühl der Geringschätzung durch andere, z. B. aufgrund des Berufs, der Wohn- oder Familienverhältnisse.

Schamgefühle erkennen

Der Umgang mit Schamgefühlen ist bei den Betroffenen sehr individuell. Die meisten von ihnen reagieren mit Kontaktscheuheit und Isolation. Wenn Schamgefühle nicht beachtet und geachtet werden, können sie sogar Angst, Wut und Aggressionen auslösen.

Erste Reaktionen sind z. B.:

- Herzrasen,
- Schamröte,
- Blick senken.

Menschen, die dauerhaft Scham empfinden, zeigen oft auffälliges Verhalten, z. B.:

- können schwer „Nein“ sagen,
- wollen es allen „recht“ machen,
- sind misstrauisch und kontaktscheu,
- fühlen sich minderwertig.

4
Eintritt in das Bewohnerzimmer

Schamgefühle können sowohl bei den Bewohnern als auch bei den Pflegenden entstehen. Bei einer guten **Teamatmosphäre** kann es für die Pflegenden hilfreich sein, mit den Kolleginnen über ihre Gefühle zu sprechen.

Mit Schamgefühlen umgehen

Durch folgende Maßnahmen können Pflegende die Intimsphäre eines Menschen wahren:

- Informationen vertraulich behandeln,
- Anklopfen, bevor das Zimmer betreten wird 4,
- bei möglichem Einblick in ein Zimmer von außen Gardinen schließen,
- intime Pflegehandlungen vorher ankündigen und erläutern,
- eine Trennwand zum Mitbewohner aufstellen,
- bei Pflegehandlungen Angehörige und Besucher hinausschicken,
- den Bewohner wertschätzen,

- beim Verlassen des Zimmers darauf achten, dass der Bewohner angekleidet ist,
- den Bewohner nur so weit aufdecken, wie es für die Pflegehandlung nötig ist,
- Kommunikation in der „Wir-Form“ vermeiden,
- individuelle Wünsche berücksichtigen.

5.2.3 Intimsphäre

Intimsphäre

privater und innigster Bereich eines Menschen im körperlichen und geistigen Sinne.

Pflegende greifen durch ihr berufliches Handeln, insbesondere bei der Körperpflege, oft in die Privat- und Intimsphäre eines Menschen ein, wobei diese für jeden Menschen unterschiedlich ausgeprägt sein kann.

Die Intimsphäre ist der persönliche Lebensbereich, über den ein Mensch nicht oder nur mit den engsten Vertrauten spricht. Was genau zum Intimbereich eines Menschen gehört, hängt von persönlichen und gesellschaftlichen **Wertvorstellungen** ab (Distanzzonen) 5.

Bedenke

Die Intimsphäre ist durch das Persönlichkeitsrecht geschützt und damit zu respektieren. Dies gilt für Pflegende auch dann, wenn sie z. B. unter Zeitdruck arbeiten müssen.

Bereiche der Intimsphäre

Die Intimsphäre lässt sich in folgende vier Bereiche gliedern:

- **psychische** Faktoren, z. B. Minderwertigkeitsgefühle, aber auch Scham-, Schuld- und Angstgefühle,
- **biologische** Faktoren, z. B. Geschlecht und Alter,

5
Bis hierher und nicht weiter

- **Umgebungsfaktoren**, z. B. Rollenklischees und Vorurteile anderen Menschen gegenüber,
- **soziokulturelle** Faktoren, z. B. Toleranz gesellschaftlichen Normen und Traditionen gegenüber.

Menschen reagieren häufig empfindlich in Bezug auf Nacktheit, Sexualität oder auffällige körperliche Merkmale. Pflegen heißt auch immer „berühren“. Berührungen sollten deshalb bewusst und mit Vorsicht durchgeführt werden.

Übung

Streichen Sie sich mit der flachen Hand gegenseitig mit Ihrem Nachbarn erst über den Rücken, dann über den Kopf, die Arme und die Oberschenkel. Zeichnen Sie ein Strichmännchen und malen Sie die Bereiche, die eher unangenehm für Sie waren, rot an.

5.3 Helfersyndrom und Burnout

Hilflosigkeit empfinden Menschen, wenn sie sich aus einer unangenehmen Situation nicht befreien können. Es ist ein Gefühl, nichts tun oder verändern zu können. Meistens liegt diesem Gefühl die Erfahrung zugrunde, schon einmal gescheitert zu sein, sodass es auch in Zukunft keinen Sinn macht, etwas gegen ein Leid zu unternehmen.

Ursache für so ein Gefühl sind in der Pflege oft das so genannte Helfersyndrom oder ein Burnout.

5.3.1 Helfersyndrom

Helfersyndrom

zwanghafte Hilfsbereitschaft, um Schwäche zu verbergen und das eigene Selbstwertgefühl zu steigern.

Personen, die unter einem solchen Syndrom leiden, fühlen sich nur dann wertvoll, wenn sie andere Menschen unterstützen können bzw. diese ihre Hilfe benötigen.

Helfersyndrom erkennen

Merkmale von Personen, die an einem Helfersyndrom leiden, sind z. B.:

- fehlende Rücksicht auf die Wünsche des Hilfesuchenden,
- Aufdrängen von Hilfe,
- Ablehnen der Hilfe durch andere,
- Vernachlässigung eigener Bedürfnisse, Ziele und Wünsche,
- Erwartung von Dankbarkeit und Anerkennung.

Bedenke

Nicht jeder, der anderen hilft oder sie pflegt, leidet an einem Helfersyndrom.

6
Mach mal eine Pause

Helfersyndrom vorbeugen

Folgende Maßnahmen können helfen, einem Helfersyndrom vorzubeugen. Je früher sie ergriffen werden, desto besser:

- auf Wünsche und Erwartungen der zu Pflegenden angemessen reagieren und ihre Selbstständigkeit fördern,
- Unterstützung im Team einfordern oder zulassen (Arbeitsteilung),
- körperliche Grenzen einschätzen können und somit Überforderungen vermeiden,
- mit den Kollegen sprechen, um Schwierigkeiten und Grenzen rechtzeitig erkennen zu können,
- häufiger zu zweit arbeiten,
- eine klare Vorstellung von der eigenen Leistungsfähigkeit entwickeln 6,
- Selbstwertgefühl stärken, z. B. mit Hilfe einer Psychotherapie,
- Freizeitausgleich zur Arbeit schaffen.

5.3.2 Burnout oder Ausgebranntsein

Burnout

Ausgebranntsein. Zustand psychischer Erschöpfung in Folge einer andauernden Arbeitsbelastung.

Das Burnoutsyndrom wurde zunächst nur mit der Arbeit in helfenden Berufen wie der Pflege in Zusammenhang gebracht. Inzwischen wird auch in anderen Arbeitsbereichen oder im Privatleben, z. B. bei belastenden Familienverhältnissen, davon gesprochen.

Vor dem Ausbruch eines **Burnoutsyndroms** steht häufig ein langer Prozess, den es rechtzeitig zu erkennen und zu unterbrechen gilt.

Ursachen

Ursachen für ein Burnout im Bereich der Pflege sind z. B.:

- zu hohe Erwartungen an sich selbst,
- zwischenmenschliche Konflikte, z. B. im Pflegeteam,
- wiederholte belastende Situationen, z. B. einen sterbenden Menschen pflegen,
- kaum Handlungsalternativen aufgrund enger organisatorischer Rahmenbedingungen, z. B. Zeitmangel in der Pflege 7.

Burnout erkennen

Burnout hat körperliche, emotionale und kognitive Symptome.

Körperliche Symptome, z. B.:

- Schwächung des Immunsystems,
- chronische Müdigkeit,
- Kopfschmerzen,
- Schlafstörungen,
- die Unfähigkeit, sich in Pausen zu erholen,
- Konzentrationsprobleme.

7
Dienstplan

Emotionale Symptome könnten z. B. folgende sein:

- Wunsch in Ruhe gelassen zu werden, sich zurückzuziehen,
- Gefühle des Versagens und der Unzulänglichkeit,
- Niedergeschlagenheit und Resignation,
- innere Leere, manchmal Verzweiflung.

Anfängliche Wünsche, Ziele und Ideale, die mit dem Beruf verbunden waren, gehen verloren. Es entstehen Unzufriedenheit und Frustration. Die Frustration erstreckt sich nicht nur auf den Beruf, sondern hat auch Auswirkungen auf das soziale Umfeld und die Lebenseinstellung eines Menschen.

Bedenke

Burnout ist keine eigenständige Krankheit. Eine naheliegende psychische Erkrankung ist die Depression.

Abwertende und zynische Haltungen anderen Menschen gegenüber werden zu Strategien des Selbstschutzes. Hier werden Menschen nur noch als Fall angesehen wie „Die Niere aus ...“.

Mechanismen, die gesunde Menschen zur Stressregulierung einsetzen, z. B. Verpflichtungen delegieren oder eigene Ansprüche senken, versagen.

Übung

Recherchieren Sie im Internet nach den am häufigsten betroffenen Berufsgruppen.

Burnoutverlauf

Burnout verläuft in der Regel in vier Phasen:

Enthusiastische Phase: große Begeisterung für den Beruf. Überengagement 8 und zu hohe Erwartungen an die eigene Person führen vereinzelt zu Erschöpfungszuständen.

Stagnations- und Frustrationsphase: Erwartungen werden häufig nicht erfüllt. Erste Unzufriedenheit entsteht. Engagement wechselt in Gleichgültigkeit. Die Arbeit wird als notwendiges Übel angesehen.

Apathie: Phase der absoluten Gleichgültigkeit. Ursprüngliche Ideale weichen einer Pflege, die sich auf rein technische Verrichtungen konzentriert. Depressive, manchmal aggressive Reaktionen schränken die Leistungsfähigkeit ein und haben negativen Einfluss auf das Arbeitsklima.

Zusammenbruch: körperlicher und psychischer Zusammenbruch. Die Folgen sind längere Fehlzeiten und psychosomatische Erkrankungen.

Bedenke

Je früher diese Phasen erkannt werden, desto wirksamer sind Hilfsmaßnahmen.

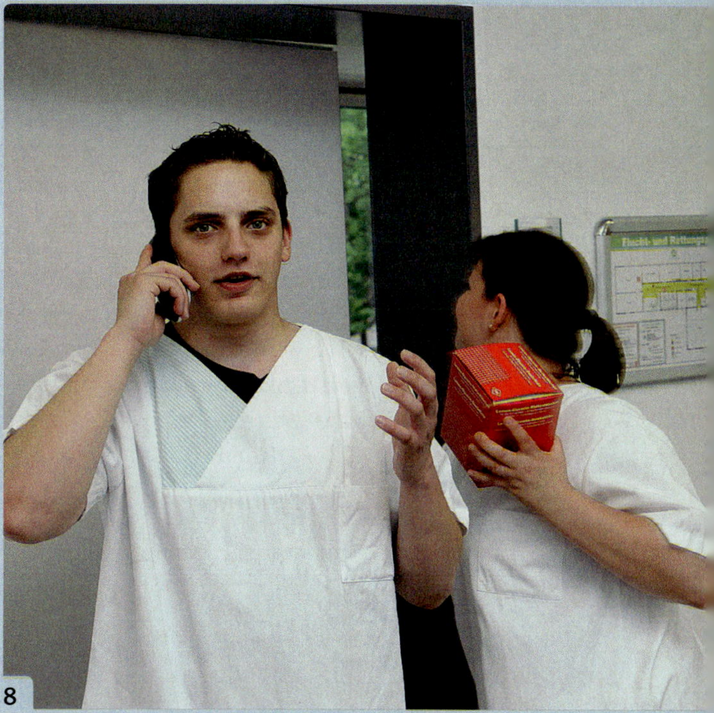

8
Schneller geht es nicht

Mit Burnout umgehen

Zu wissen, was einem selbst gut tut, ist das wirksamste Mittel gegen ein Burnout. Darüber nachzudenken ist also der erste Schritt in der **Prävention**. Viele Menschen entspannen bei einer ausgefüllten Freizeitgestaltung, die mit Bewegung und sozialen Kontakten verbunden ist.

Gespräche über belastende Situationen mit Kollegen sind ebenfalls hilfreich. In vielen Pflegeeinrichtungen werden solche Gespräche in Form von **Supervisionen** angeboten, die von speziell geschultem Personal begleitet werden. Auch das regelmäßige Gespräch mit dem Partner ist wichtig.

Übung

Überlegen Sie, womit Sie Ihre Arbeit erleichtern können. Fragen Sie auch Ihre Mitschülerinnen nach deren Entspannungsideen.

Gegen Frust und Unlust hilft weiterhin:

- „Nein“ sagen lernen,
- Konflikte direkt austragen und nicht mit sich „herumschleppen“,
- Hilfe annehmen,
- Ziele und Arbeitsschritte realistisch planen,
- Leistungsgrenzen erkennen,
- Entspannungstechniken anwenden, z. B. Yoga 9 oder progressive Muskelentspannung,
- realistische Erwartungen an den Beruf stellen: „Ich kann nicht jeden Bewohner zu jedem Zeitpunkt zufriedenstellen“.

9
Yoga-Übung

Bedenke

Nicht jede Aufgabe muss sofort erledigt werden.

Nicht nur die einzelne Pflegende muss etwas gegen ein Burnout unternehmen. Auch die **Vorgesetzten** oder die **Arbeitsbedingungen** einer Pflegeeinrichtung können das „Ausbrennen“ ihrer Mitarbeiter verhindern, z. B. durch:

- Lob und Anerkennung der geleisteten Arbeit geben,
- ausreichend Hilfsmittel bei schweren Pflegemaßnahmen anbieten,
- ausreichend Personal einplanen,
- angenehme Teamatmosphäre schaffen,
- Fort- und Weiterbildung anbieten.

Übung

Recherchieren Sie in Ihrer Einrichtung, welche Präventionsmaßnahmen Ihr Arbeitgeber anbietet.

Hinweise zur Burnoutprävention gibt es unter folgenden Adressen:

- www.swissburnout.ch
- www.psychosoziale-gesundheit.net
- www.burnoutsyndrom.biz

Coolout in der Pflege

Neben dem Burnout wird aktuell auch von einem Coolout gesprochen. Es ist eine Art Vorstadium des Burnouts und wird mit den gleichen präventiven Maßnahmen möglichst verhindert.

Als Coolout wird eine Art **Gefühlskälte** der betroffenen Pflegenden bezeichnet, die diese gegenüber alten und kranken Menschen zeigen. Es entsteht aus der **Ohnmacht** heraus, sowieso nichts gegen das Leid der Menschen unternehmen zu können. Zeitnot und Personalmangel verstärken diese Ohnmacht.

Gerade wenn der Anspruch der Pflegenden an die eigene Hilfsbereitschaft besonders hoch ist, besteht die Gefahr des Coolouts als vermeintlicher Selbstschutz.

Sich selbst Gutes zu tun, hilft vor allem den Bewohnern.

5.4 Aggression und Gewalt

Aggression ist etwas ganz Selbstverständliches. Jeder Mensch hat sie in sich, wobei die Intensität und die Ausdrucksweise von Aggressionen individuell verschieden sein können.

5.4.1 Was ist Gewalt?

Aggression

Annäherung oder Angriff. Gefühl von Zorn und Wut, das zerstörerisches Verhalten gegenüber anderen nach sich ziehen kann.

Aggression ist weder gut noch böse. Sie kann positiv als aktive und zielgerichtete Kraft betrachtet werden, die etwas gegen den Widerstand anderer durchsetzt. Oder sie wird negativ als Gewalt wahrgenommen, die grenzverletzende und zerstörende Handlungen oder missachtende Verhaltensweisen aufzeigt.

Aggression kann gegen andere (Fremdaggression) oder gegen sich selbst (Autoaggression) gerichtet sein. Letztere ist z. B. die Nahrungsverweigerung bis zum Suizid.

Gewalt

Einfluss auf einen anderen Menschen, wodurch dieser vorübergehend oder dauernd daran gehindert wird, seinen Zielen, Wünschen oder Bedürfnissen nachzugehen.

Von Gewalt in der Pflege wird häufig gesprochen, wenn Pflegende **körperliche Gewalt** oder Zwang gegenüber zu Pflegenden ausüben. Aber Gewalt kann auch von den Bewohnern ausgehen, z. B. wenn sie sich von einem Bewohner bedroht oder missverstanden fühlen. Gewalt passiert in der Pflege, weil dort nicht genug über die Ursachen gesprochen wird.

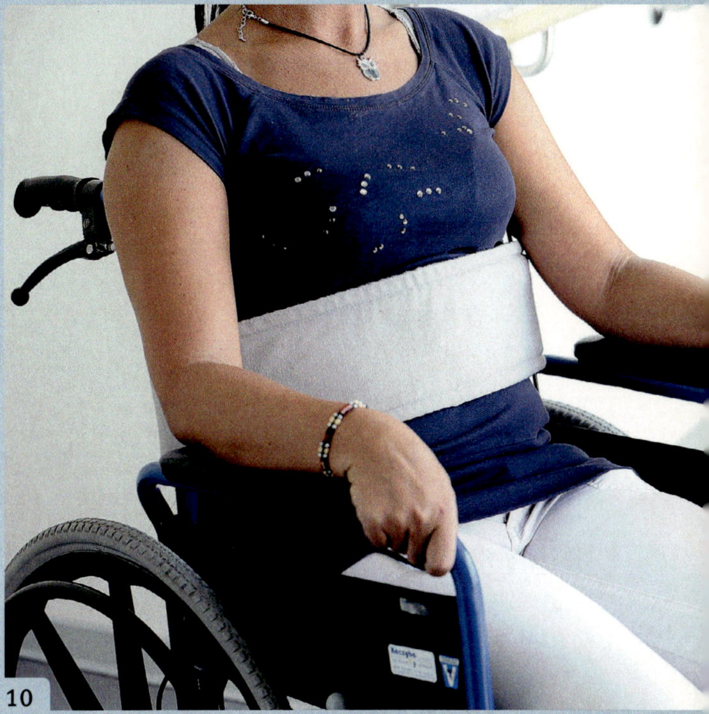

10
Nur mit richterlicher Genehmigung

Ursachen für Gewalt und Aggressionen **von Bewohnern** sind z. B.:

- krankheitsbedingter Kontrollverlust über die Gefühle, z. B. bei Demenz,
- fehlende Selbstbestimmung, Freiheitsentzug durch unfreiwillige Fixierung **10**,
- fehlende Verarbeitung von Erkrankungen,
- Gefühl innerer Leere und Langeweile,
- Verlust der sozialen Anerkennung,
- Gewinn von Aufmerksamkeit.

Ursachen für Gewalt und Aggressionen **von Pflegenden** sind z. B.:

- Streit und ungelöste Konflikte,
- Ohnmacht,
- Zeit- und Personalmangel,
- Überbelastung,
- Missverständnisse,
- fehlende Empathie,
- zu hohe gegenseitige Erwartungen.

5.4.2 Gewalt erkennen

Gewalt gibt es in den unterschiedlichsten Formen und Erscheinungen. Sie kommt nicht nur durch körperliche Übergriffe, sondern auch verbal oder emotional zum Ausdruck. Es ist auch nicht sofort erkennbar, von wem die Gewalt ausgeht. Oft sind die Gewalttätigen selbst Opfer von Gewalt.

Gewalt gegen zu Pflegende

Gewalt von Pflegenden gegen zu pflegende Personen in verbaler Form ist z. B.:

- im Gespräch mit erwachsenen Personen eine kindliche Sprache anwenden, z. B. Lätzchen, Schühchen,
- im Gespräch abwertende Äußerungen, z. B. „jemand fertig machen", „Windeln" verwenden,
- Distanz aufbauen durch „duzen" von erwachsenen Personen,
- im Beisein des Bewohners schweigen, nicht mit ihm sprechen,
- Probleme und Ressourcen des Bewohners ignorieren,
- „Vergessen" von Hilfeleistungen, z. B. Reinigung des Bettes.

Misshandlung in Form von körperlicher Gewalt geht noch einen Schritt weiter. Dabei kommt es z. B. zu Geschrei, Drohungen, Beschimpfungen, Einschüchterungen, Nichtbeachten der Intim- und Privatsphäre des Bewohners.

Gewalttaten dieser Form sind z. B.:

- Brille oder Zahnersatz entfernen,
- zu pflegenden Person in Exkrementen liegen lassen,
- fixieren, sedieren oder einsperren,
- auf die Klingel nicht reagieren oder die Klingel unerreichbar für den Bewohner legen **11**,
- bei Pflegemaßnahmen „härter zufassen",
- Bedürfnisse ignorieren, z. B. „Sie müssen nicht auf die Toilette, Sie waren doch gerade da".

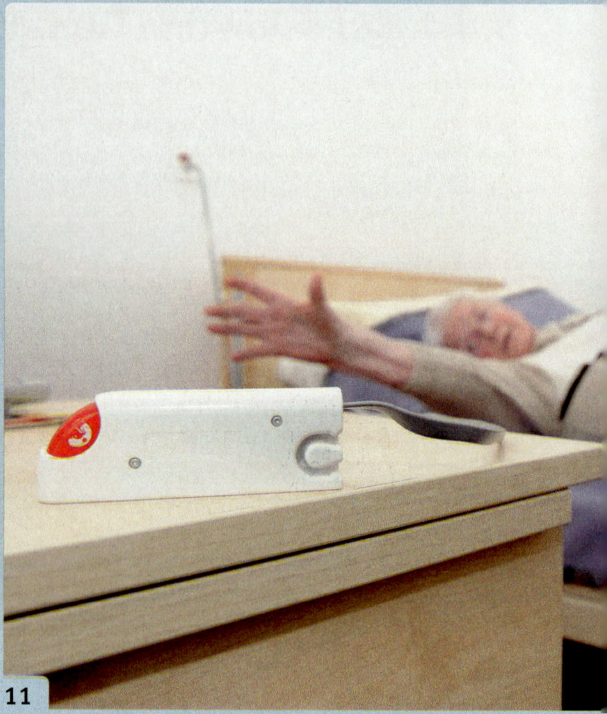

11
Klingel immer in Reichweite

Gewalt gegen Pflegende

Gewalt gegen Pflegende macht sich unterschiedlich im Pflegealltag bemerkbar. Neben der körperlichen Gewalt, z. B. kratzen, beißen und schlagen, kann sich Gewalt gegenüber Pflegenden auch anders äußern, z. B.:

- Gewalttaten androhen, beleidigen,
- absichtlich einnässen oder einkoten,
- dauerhaft nörgeln und klagen,
- Pflegekräfte gegeneinander ausspielen,
- unnötig Hilfe einfordern, häufig klingeln.

Übung

Eine Fixierung, z. B. Festbinden am Bett oder Stuhl, ist eine Form der Gewalt. Informieren Sie sich über die Rechtslage einer Fixierung und wägen Sie das Für und Wider einer Fixierung ab.

5.4.3 Mit Gewalt umgehen

Ein allgemeingültiges Rezept für den Umgang mit aggressiven oder gewalttätigen Menschen gibt es nicht. Wichtig ist es, die Ursachen für ein solches Verhalten zu erkennen und vorbeugende Maßnahmen zu ergreifen.

Möglichkeiten der **Gewaltprävention** sind z. B.:

- auf Anzeichen von Gewaltanwendung achten z. B. blaue Flecken, Kratz-, Brandwunden, erhöhte Ängstlichkeit, sich verstecken wollen,
- Überlastungen und Frustrationen bei sich und anderen erkennen und reduzieren,
- Gespräche anbieten, aufmerksam sein,
- Gewaltanwendung nicht dulden oder tolerieren,
- Gewaltanwendung und Lösungen im Pflegeteam thematisieren.

Gewalt entsteht in der Regel nicht, wenn die Bewohner so weit wie möglich ihre **Selbstständigkeit** behalten und die Pflege mitgestalten können und damit die Pflegenden entlastet werden. Dabei hilft z. B.:

- Angehörige in die Pflege einbeziehen,
- aktivierend (den Bewohner so weit wie möglich mitmachen lassen) pflegen,
- individuelle Bedürfnisse der zu Pflegenden respektieren,
- Teamgeist ausbauen, sich gegenseitig unterstützen.

Kommt es im Ernstfall zur Gewaltanwendung, können sich Pflegende mit folgenden Maßnahmen schützen:

- klar und ruhig sprechen,
- zuhören und Interesse zeigen,
- Gegenstände aus dem Weg räumen, die zu Verletzungen führen können 12,
- keine Schuldzuweisungen vornehmen,
- nicht provozieren,
- gewaltauslösende Situation verlassen.

12
Vorsicht Verletzungen

Ist das aggressive Verhalten bei einem Bewohner bekannt, sollte die Pflegende nicht allein in seiner unmittelbaren Nähe sein. Besser ist es, sich Unterstützung von einer Kollegin zu holen. Eine zu große „Übermacht“ an Pflegenden kann den Bewohner wiederum verunsichern und Gewalt provozieren.

Zwangsmaßnahmen, wie Einsperren, Medikamente oder Gegenstände wegnehmen, können rechtlich und ethisch problematisch sein. Es ist wichtig, dass Pflegehilfskräfte nie ohne Rücksprache mit den Vorgesetzten zu solchen Maßnahmen greifen.

Bedenke

Pflegehilfskräfte gehören zum Pflegeteam. Bei Teambesprechungen, Fortbildungen oder Supervision sollte jeder dabei sein.

5.4.4 Mobbing

Mobbing ist eine Form der Gewalt und kann in allen Lebens- und Arbeitsbereichen vorkommen. Meistens wird von Mobbing am **Arbeitsplatz** gesprochen. Es gibt weder typische Mobbingopfer noch Mobbingtäter. Im Laufe des Berufslebens kann Mobbing jeden treffen.

Mobbing

negative, meist verbale Handlungen, die von einer oder mehreren Personen über einen längeren Zeitraum gegen eine andere Person gerichtet sind.

Mobbing hat etwas mit **sozialer Ausgrenzung** zu tun, die systematisch von Kollegen oder Vorgesetzten betrieben wird **13**. Ein Streit oder vorübergehend schlechtes Betriebsklima hat noch nichts mit Mobbing zu tun.

Eine höhere Wahrscheinlichkeit, gemobbt zu werden, haben Personen mit einer schwachen oder einer besonders guten Leistung in einem Betrieb. Aber auch Personen mit Auffälligkeiten wie Behinderungen, Makel oder Verhaltensbesonderheiten sind gefährdet. Berufsanfänger oder neue Mitarbeiter können ebenfalls betroffen sein.

Ursachen

Neben ungelösten Konflikten können folgende Ursachen Auslöser von Mobbinghandlungen sein:

- Konkurrenzverhalten der Mitarbeiter durch hohen Leistungsdruck,
- mangelhafte Kommunikations- und Konfliktfähigkeit,
- minimale Anerkennung bzw. Bestätigung der Leistungen von Mitarbeitern durch eine Führungsschwäche,
- Über- oder Unterforderung der Mitarbeiter, also entweder Stress oder Mobbing als „Ersatzbeschäftigung".

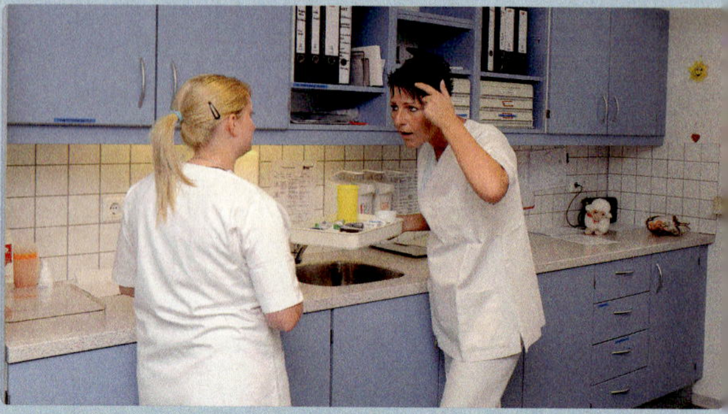

Phase 1: Persönliche Angriffe

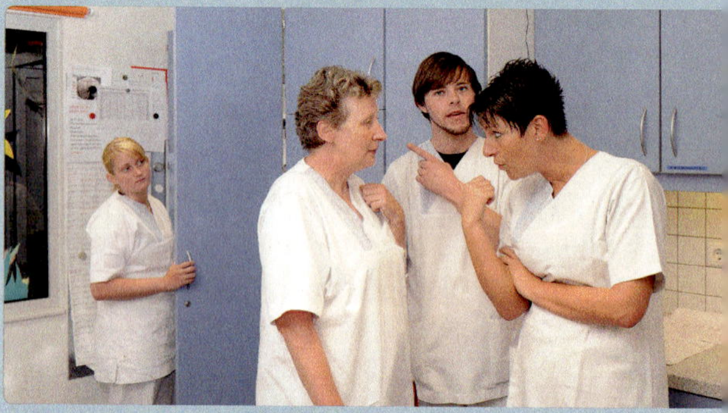

Phase 2: Zunehmende Isolierung

Phase 3: Eskalation

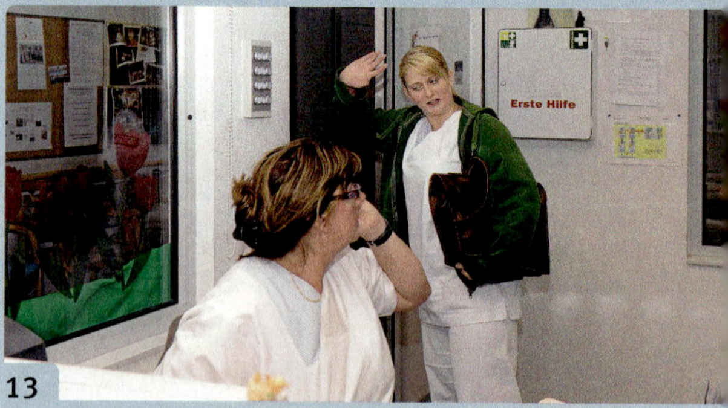

13
Phase 4: Kündigung des Betroffenen

Mobbing erkennen

Mobbing reicht vom bloßen Ignorieren bis hin zu körperlichen und verbalen Angriffen. Wenn Mobbing über Monate anhält, verschlechtert sich der Gesundheitszustand des Betroffenen. Er zeigt physische und psychische Symptome, die sich im Laufe der Zeit verschlechtern, z. B.:

- Lustlosigkeit,
- Konzentrationsschwäche,
- Ängste,
- Schlafstörungen,
- Gefühl der Isolation.

Mit Mobbing umgehen

Maßnahmen gegen Mobbing können vom Opfer selbst, vom Arbeitsteam oder von den Vorgesetzten unternommen werden.

Es ist wichtig, dass die „Mobber" so früh wie möglich mit ihrem Verhalten konfrontiert werden. Die betroffene Person sollte die Angriffe direkt gegenüber der „mobbenden" Kollegin oder im Pflegeteam ansprechen. Dabei hilft ein so genanntes **Mobbing-Tagebuch**, das als Grundlage für das Gespräch dienen kann. Darin kann die angegriffene Person die Vorfälle dokumentieren.

Bei einem funktionierenden Team würde Mobbing unter den Kollegen sofort auffallen. Maßnahmen zur Stärkung des Teamgefühls ist eine wirksame Maßnahme gegen Mobbing.

14
Supervision

Auf der Seite der Führungskräfte bzw. des Arbeitgebers kann auf Folgendes besonders geachtet werden:

- Gesprächsangebote, z. B. Supervisionen **14** schaffen,
- unterstützen bei der Suche nach Lösungen,
- Betriebsvereinbarungen mit Verhaltensregeln veranlassen.
- sich über Mobbing informieren.

Mobbinghandlungen

Kommunikation	Soziales Ansehen	Qualität der Arbeit	Gesundheit
• ständiges Unterbrechen • ständige Kritik an der Arbeit • Verweigerung des Kontaktes	• Gespräche hinter dem Rücken der betreffenden Person • lächerlich machen • Imitation von Gang, Stimme oder Gesten	• keine Arbeit oder sinnlose Aufgaben • kränkende Arbeitsaufgaben • Aufgaben weit unter oder über dem Niveau	• Androhung von körperlicher Gewalt • sexuelle Handgreiflichkeiten • gesundheitsschädigende Arbeiten

5.5 Stress und Selbstpflege

„Ich bin total gestresst!“ Diesen Gedanken verbinden die meisten Menschen mit viel Arbeit oder Hektik und weniger mit guten Gefühlen. Dabei kann Stress für den Menschen auch positiv sein, z. B. kann er Kräfte mobilisieren, um ein wichtiges persönliches Ziel zu erreichen.

Stress

Reaktion des Körpers auf erhöhte Anforderungen sowie Belastungen und Gefahr. Umstellung auf erhöhte Leistungsbereitschaft.

Jeder Mensch hat im Laufe seines Lebens Stress. Arbeitsstress, Schulstress, aber auch Freizeitstress sind den meisten Menschen nicht unbekannt.

Insbesondere der Pflegeberuf stellt hohe physische und psychische Anforderungen, z. B. unregelmäßige Arbeits- und Schlafzeiten. Stresssituationen lassen sich nicht vermeiden.

5.5.1 Stressoren

Als Stressoren werden die **Ursachen** für Stress bezeichnet. Folgende Faktoren können Stress auslösen:

- Schlafentzug,
- Krankheiten, Operationen,
- Hunger und Durst,
- Über- oder Unterforderung,
- Ungeduld,
- Konkurrenzdenken,
- Zeit- und Leistungsdruck.

Menschen können in ähnlichen Stresssituationen unterschiedlich reagieren. Das individuelle Stressmodell 15 verdeutlicht den Zusammenhang zwischen einströmenden Stressoren und der Entstehung von Stress.

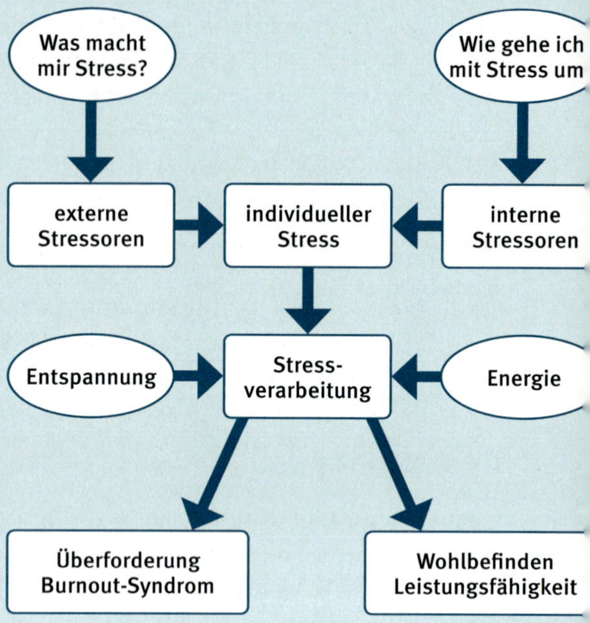

15
Individuelles Stressmodell

Ursprünglich waren Stressreaktionen in einer Bedrohungssituation vor einem Feind wichtig, um schnell reagieren und entweder kämpfen oder weglaufen zu können.

Folgende Auswirkungen von Stress lassen sich beschreiben:

- Der Herzschlag steigt, das Herz wird besser durchblutet.
- Der Blutdruck steigt an.
- Die Atmung wird schneller und flacher.
- Die Muskulatur wird stärker durchblutet und angespannt.
- Die Verdauung und der Appetit sind gestört bzw. lassen nach.

Bedenke

Stress kann Ansporn geben, aber auf Dauer krank machen.

5.5.2 Eustress und Disstress

Eustress ist der so genannte **„gute"** Stress. Er wird nicht als Belastung, sondern als Herausforderung wahrgenommen, z. B. eine bevorstehende Prüfung und der damit verbundene Leistungsdruck. Wenn die Prüfung erfolgreich ist, werden Glückshormone freigesetzt und der bisher wahrgenommene Stress wird als positiv bewertet 16.

Als Disstress wird der **negative** Stress bezeichnet. Er kann weitreichende körperliche, geistige und seelische Folgen für die betroffene Person haben und über einen längeren Zeitraum sogar zum Burnout führen.

Verursacht wird diese Form von Stress vor allem durch sich wiederholende **Misserfolgserlebnisse**. Die Arbeit wird als sinnlos erlebt, da sie „ins Leere" führt und trotz des ganzen Engagements zu keinen Ergebnissen führt. Fehlende Anerkennung von außen kann dieses Stresserleben noch verstärken. Möglichkeiten, den Stress zu lindern, werden nicht erkannt und genutzt.

Die **Symptome** können sich von Mensch zu Mensch unterschiedlich äußern, z. B.:

- Ein- und Durchschlafstörungen,
- Herz-Kreislaufstörungen, z. B. Bluthochdruck, Schwindel oder Herzrasen,
- Allergien oder Hautirritationen,
- Schmerzen, vor allem Rückenschmerzen und Kopfschmerzen,
- Störungen des Magen-Darm-Traktes, z. B. Reizdarm, Durchfälle oder Sodbrennen,
- Nervosität, Nägelkauen und Zähneknirschen,
- Hautirritationen.

Übung

Überlegen Sie, bei welchen Gelegenheiten Sie Stress empfinden. Welche persönlichen Stresssymptome treten bei Ihnen auf?

16
Erfolg als positives Erleben von Stress

5.5.3 Selbstpflege

Insbesondere Pflegende sollten Mittel und Wege kennen und anwenden, sich selbst zu pflegen und als Ausgleich für die Arbeit etwas „Gutes" zu tun.

Selbstpflege

persönliches Für-sich-Sorgen, um die Anforderungen des Alltags bewältigen und sich weiterentwickeln zu können.

Stress bewältigen

Stress und seine Folgen für die Gesundheit sind kein Schicksal, aus dem es kein Entrinnen gibt. Es kann etwas dagegen getan werden. Eine Möglichkeit ist es z. B., den Stress als Herausforderung anzusehen. Das jedoch setzt eine Auseinandersetzung mit dem **Selbstwertgefühl** voraus.

Je höher das Selbstwertgefühl eines Menschen, desto besser kann er seine Stärken erkennen und einsetzen.

Werden die Aufgaben zu viel oder sind sie schlecht organisiert, ist ein **Gespräch** mit den Kolleginnen und Vorgesetzten hilfreich. Mit **Bewegung** und **Sport** sowie Entspannungsübungen können angestaute Energien abgebaut werden. Auch Freundschaften geben Halt.

Weitere „Tricks" im Umgang mit Stress sind:

- nicht alles alleine machen 17,
- auch mal „nein" sagen,
- einen Schritt nach dem anderen machen.

Freizeit bewusst erleben

Eine **Distanz** zum Beruf bzw. zu beruflichen Belastungen aufzubauen, gehört zu der Selbstpflege eines Menschen dazu. Berufliche Konflikte mit in die Freizeit zu nehmen, ist auf Dauer nicht gesund. Sich klar zu machen, dass nicht jedes Problem sofort gelöst werden oder nicht jeder Mensch ewig gesund bleiben kann, ist besonders wichtig.

Sich fortbilden

Selbstpflege ist auch die regelmäßige Teilnahme an **Fort- und Weiterbildungen**. Das Erlernen neuer Techniken, die die Pflegemaßnahmen erleichtern, oder kommunikativer Fähigkeiten können den beruflichen Alltag erleichtern. Neues Fachwissen ermöglicht immer wieder einen neuen Blick auf das Vertraute und eröffnet Alternativen.

Erleben von Stress als ...

negativ	**positiv**
Bedrohung	Ermutigung
Belastung	Pflicht
Problem	Herausforderung

17
Zu zweit arbeiten

Angebote der Pflegeeinrichtung

Konflikte oder schwierige Situationen innerhalb eines Teams, aber auch mit Angehörigen oder Bewohnern sollten im Team besprochen werden. Hierzu eignen sich z. B. die Fallbesprechung, die Supervision oder die kollegiale Beratung.

Bei einer **Fallbesprechung** werden pflegerische, aber auch kommunikative Schwierigkeiten bei einem speziellen Bewohner besprochen. Dabei geht es um den Austausch mit anderen an der Pflege beteiligten Personen, um einen besseren Umgang mit oder ein besseres Verständnis für den Bewohner.

Supervisionen behandeln meist ein aktuelles Problem im Pflegeteam oder mit einem Bewohner und verstehen sich als eine Beratung und psychische Entlastung der Pflegekräfte. Sie werden in der Regel von der Pflegeeinrichtung angeboten.

Eine Supervision (Blick von oben) wird von einer geschulten Person (Supervisor) außerhalb des Pflegeteams angeleitet. Diese sollte keine Leitungsfunktion in der Einrichtung einnehmen.

5.5.4 Den Rücken schonen

Bei jedem Heben, Stützen oder Tragen ist der Rücken in Gefahr. Wenn Pflegende andere Menschen in der Bewegung unterstützen, sollten sie selbst sich vor **Rückenleiden** schützen.

Besonders beansprucht wird der Rücken beim:

- Transfer eines Bewohners, z. B. vom Bett in den Rollstuhl,
- Verharren in unbequemen oder starren Positionen, z. B. bücken,
- Heben und Tragen von schweren Lasten, z. B. Wäsche oder Getränkekästen.

Bedenke

Bei der Bewegung schwerer Lasten sollten Pflegende immer zu zweit arbeiten.

Regeln für gesundes Arbeiten

Die Beachtung folgender Regeln kann die Wirbelsäule langfristig vor Schmerzen und Schäden bewahren:

- bei jeder Belastung den Rücken gerade halten 18 und nicht krümmen 19,
- mit dem ganzen Fuß schulterbreit aufstellen und die Knie leicht beugen,
- drehen und beugen nur aus dem Becken heraus,
- Lasten möglichst nah vor dem Körper tragen,
- bei jeder Belastung des Rückens die Rumpfmuskulatur anspannen
- körpernah arbeiten, z. B. die Pflegebetten auf Arbeitshöhe stellen,
- Hilfsmittel nutzen wie Lifter, Aufstehhilfen oder Haltegriffe.

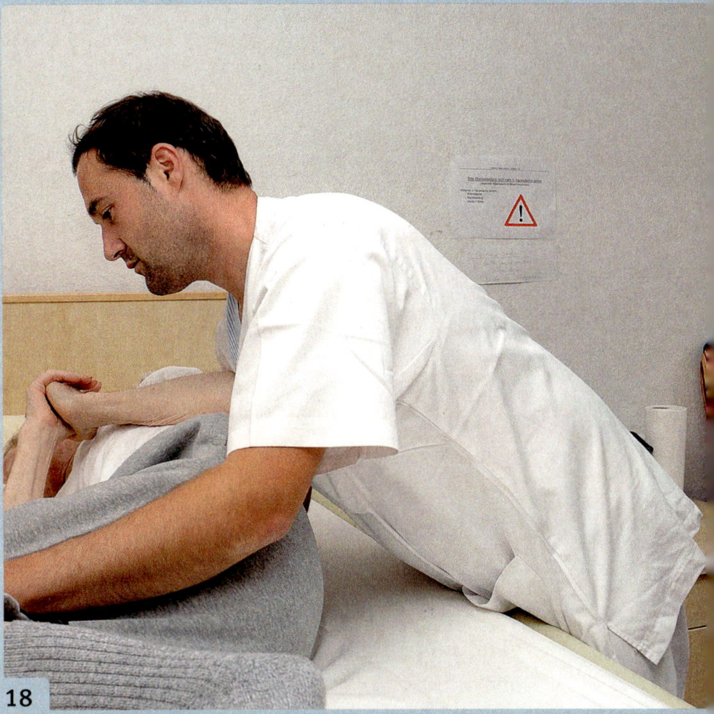

18
Richtige Rückenhaltung

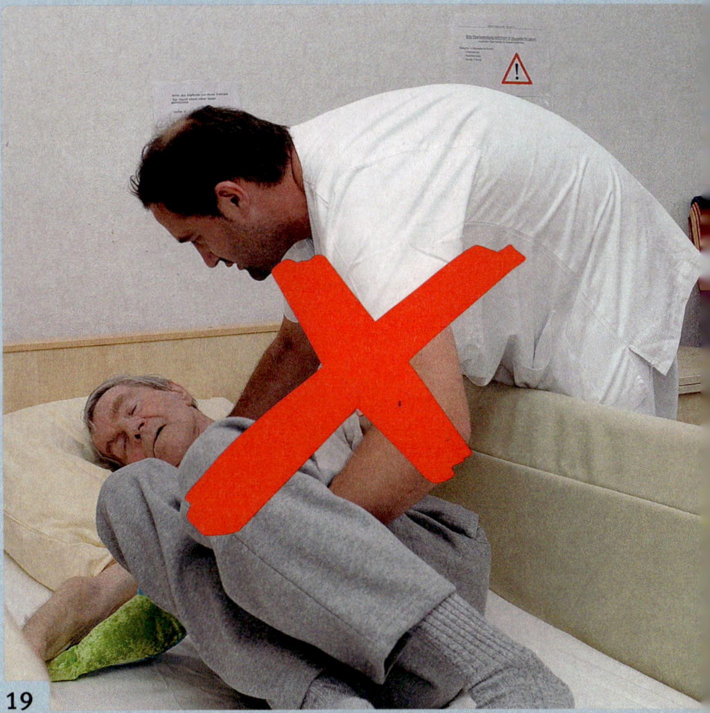

19
Falsche Rückenhaltung

Den Rücken trainieren

Neben der Schonung hilft auch das gezielte Training des Rückens. Ein Baustein dieses Trainings ist die Dehnung aller Muskeln 20, die für die Bewegung des Rückens wichtig sind, z. B. Bein- oder Hüftmuskulatur.

Die Übungen werden immer so ausgeführt, dass ein leichtes Ziehen in den Muskeln spürbar ist. Die Dehnung darf jedoch keine Schmerzen in der Muskulatur verursachen. Jede Übung wird mindestens zehn Sekunden gehalten.

Gesund bewegen

Die häufigste Ursache für Rückenleiden ist jedoch immer noch die **Bewegungslosigkeit**. Auch wenn das Arbeiten in der Pflege körperlich anstrengend sein kann, sollten Pflegende regelmäßig einer sportlichen Aktivität nachgehen. Öfter mal ein Kurzprogramm einzulegen, ist dabei sinnvoller, als sich seltener zu verausgaben.

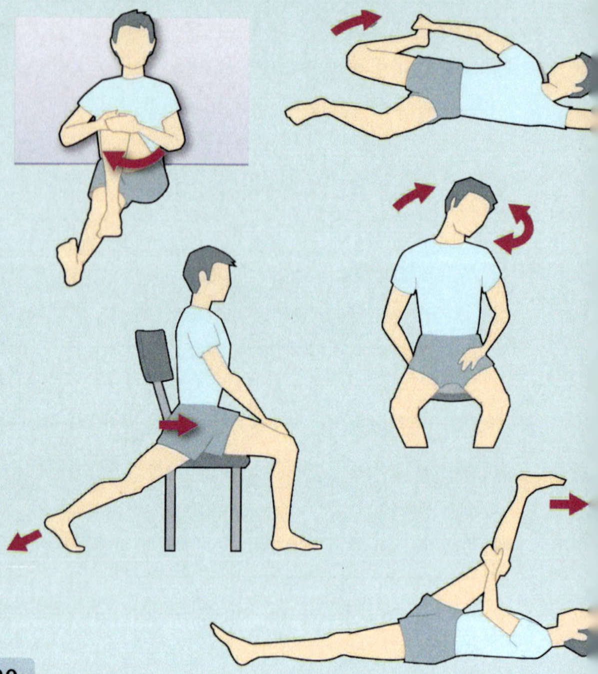

20
Übungen für den Rücken

✔ Selbst-Check

Fallbeispiel: Herr Nowak, 78 Jahre alt, lebt mit seiner Frau in einem kleinen Zimmer im Altenheim am Rande der Stadt. Vor ungefähr drei Jahren wurde bei Herrn Nowak Morbus Parkinson diagnostiziert.

Seit einigen Wochen zittert seine Hand so stark, dass er seine Tasse nicht greifen und selbstständig essen und trinken kann. Als ihm an einem Morgen auch nach mehrmaligen Versuchen das Greifen der Kaffeetasse nicht gelingt, wird er aggressiv und wirft alles, was auf dem Frühstückstisch steht, herunter. Dabei beschimpft er jeden, der in seine Nähe kommt.

Als Sie am nächsten Morgen Herrn Nowak bei der Grundpflege unterstützen, fallen Ihnen sofort blaue Flecke an seinem Körper auf. Außerdem wirkt er sehr verängstigt. Als Sie ihn darauf ansprechen, vertraut er Ihnen an, dass er von einer anderen „Schwester“ sehr fest angefasst wurde.

Welche pflegerischen Maßnahmen treffen Sie, um mit der Aggressivität von Herrn Nowak umzugehen?

Welche Maßnahmen ergreifen Sie, um eine erneute Gewalt durch eine Pflegekraft zu verhindern?

Welche Möglichkeiten haben Sie im Team, über den Fall Herr Nowak zu sprechen?

6 Hygiene

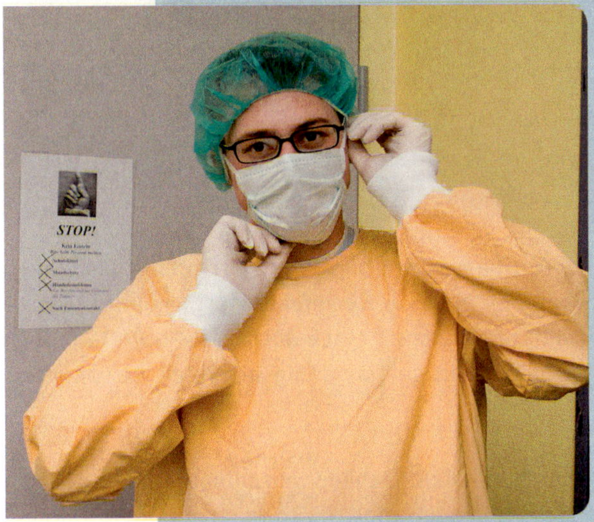

6.1 Was ist Hygiene?

Hygiene

Lehre von der Verhütung von Krankheiten und Erhaltung, Förderung und Festigung der Gesundheit. (Deutsche Gesellschaft für Hygiene und Mikrobiologie)

Maßnahmen der Hygiene sollen neben der Verhütung auch die **Ausbreitung** von Krankheiten verhindern und alle **Umwelteinflüsse** auf die Gesundheit des Menschen überprüfen.

Der Begriff Hygiene stammt aus dem Griechischen. Hygieia, Tochter des Asklepios (Gott der Heilkunst) mit ihrer Hauptweihstätte in Athen, galt als „göttliche Krankheitsvorbeugerin".

So haben schon die Griechen und Römer auf die Hygiene geachtet. Sie beugten mit viel Sport, Bewegung und Bädern Erkrankungen vor. In ihren Häusern hatten sie Duschen und Abwasserkanäle, mit denen sie ihre Fäkalien entsorgen konnten 1. Und so bedeutet Hygiene auch heute noch, sich im Wesentlichen mit Saubermachen, Putzen, Reinigen, Desinfizieren und Sterilisieren zu beschäftigen.

6.1.1 Hygiene in der Altenpflege

In Altenpflegeeinrichtungen ist die Einhaltung von Hygienevorschriften besonders wichtig, da hier geschwächte und kranke Menschen auf engem Raum versorgt werden und Krankheiten sich schnell ausbreiten können.

Ursachen für ein herabgesetztes **Immunsystem** bei alten Menschen sind z. B.:

- chronische Erkrankungen, z. B. Diabetes,
- Folgen der Bettlägerigkeit, z. B. Wunden,
- Folgen der Bewusstsseinstörung, z. B. Schluckstörungen.

1
Gemeinschaftstoilette im alten Rom

Bewohner in Altenpflegeeinrichtungen werden zunehmend mit so genannten **invasiven** (in den Körper eindringenden) **Maßnahmen** behandelt, z. B. Blasenkathetern und Ernährungssonden. Dadurch sind sie für **Infektionen** besonders anfällig und können diese auch leicht auf die Mitarbeiter und selbstständig lebenden Bewohner übertragen.

Durch häufige **Krankenhausaufenthalte** der Bewohner besteht das Risiko, dass sie Keime von dort aus in die Pflegeeinrichtung mit einbringen bzw. dort hinführen. Auch diese Gefahr lässt sich nahezu durch konsequentes hygienisches Handeln der Pflegenden vermeiden.

Bedenke

Das Nichtbeachten von Hygienemaßnahmen gefährdet Bewohner und Mitarbeiter.

6.1.2 Aufgabenbereiche der Hygiene

Die Aufgaben der Hygiene werden in folgende Bereiche eingeteilt.

Personalhygiene

Die persönliche Hygiene beinhaltet die **Körperpflegemaßnahmen** wie Hautpflege, Kleidung, Ernährung, Umgang mit Drogen.

Umwelthygiene

Umwelteinflüsse beeinflussen die Gesundheit des Menschen, z. B. Klima, Elektrosmog, Luftverschmutzung und Lärm. Bei der Umwelthygiene wird die Wirkung von Veränderungen in Boden, Wasser, Nahrung auf die Gesundheit untersucht.

Arbeitshygiene

Die Arbeitshygiene beinhaltet die **Gesundheitsförderung** am Arbeitsplatz, arbeitsmedizinische Betreuung sowie das Erkennen 2 und Beurteilen von Risiken aus Gesundheitsgefahren am Arbeitsplatz.

Sozialhygiene

In der Sozialhygiene geht es um das **menschliche Zusammenleben**, Wohn- und Siedlungsverhalten, Gestaltung des Umfeldes, Fürsorge von Jung bis Alt und die Gleichstellung aller Personen beim Erhalt und der Wiederherstellung der Gesundheit.

Krankenhaushygiene

Die Krankenhaushygiene befasst sich mit der Verhütung, Vermeidung, Eingrenzung und Bekämpfung von Infektionskrankheiten durch gezielte Maßnahmen in allen Einrichtungen des Gesundheitswesens.

Bedenke

Die Händehygiene gilt als wichtigste pflegerische Maßnahme der Krankenhaushygiene.

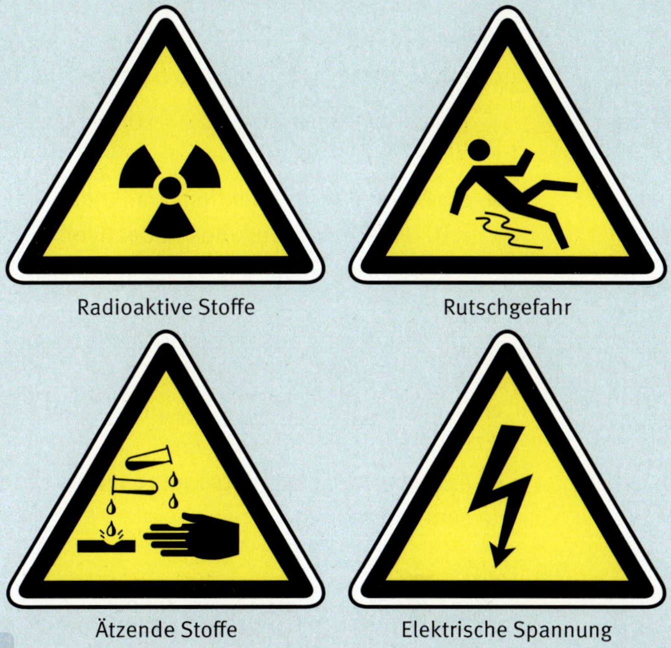

2
Warnschilder für den Arbeitsschutz

6.1.3 Rechtsvorschriften

Infektionserkrankungen können sich schnell ausbreiten und damit zu einem Problem sogar für ein ganzes Land werden. Deshalb gibt es Gesetze, mit denen die Vorbeugung, Entstehung und Ausbreitung von Infektionskrankheiten überwacht und kontrolliert werden, z. B.:

- Infektionsschutzgesetz (IfSG),
- Heimgesetz (HeimG). Es soll „einen ausreichenden Schutz der Bewohner und Bewohnerinnen vor Infektionen gewährleisten und sicherstellen, dass von den Beschäftigten die für ihren Aufgabenbereich einschlägigen Anforderungen der Hygiene eingehalten werden“,
- Pflegequalitätssicherungsgesetz (PQSG),
- Unfallverhütungsvorschriften der Berufsgenossenschaft,
- Lebensmittel- und Arzneimittelgesetz,
- Medizinproduktegesetz.

Das deutsche **Infektionsschutzgesetz** schreibt den Umgang mit Infektionskrankheiten beim Menschen vor mit dem Ziel, diese zu verhüten und eine Weiterverbreitung zu bekämpfen.

Dazu regelt es z. B.:

- die Meldepflicht: Infektionskrankheiten wie z. B. Hepatitis, Tuberkulose oder Syphillis müssen dem Gesundheitsamt gemeldet werden,
- die Verhütung von Infektionskrankheiten, z. B. durch Impfungen,
- Hygienemaßnahmen in Gesundheitseinrichtungen, z. B. Händehygiene,
- Aufbewahrung und Entsorgung von infektiösem Material.

Des Weiteren regelt das Infektionsschutzgesetz den Umgang mit **nosokomialen Infektionen**. Nosokomiale Infektionen verursachen schwere Schäden bei Betroffenen und führen zu vermehrter medizinischer Behandlung, woraus wiederum hohe Behandlungskosten entstehen.

Nosokomiale Infektion

aus dem bzw. im Krankenhaus erworbene Infektionen. (§ 2 Infektionsschutzgesetz)

Die drei häufigsten nosokomialen Infektionen in Gesundheitseinrichtungen sind:

- Harnwegsinfektionen,
- Wundinfektionen,
- Infektionen der unteren Atemwege.

Sie werden durch Erreger wie Bakterien oder Pilze verursacht und meist durch so genannte „lebende Quellen" übertragen. Damit sind z. B. Mitarbeiter, Bewohner, Angehörige oder andere Besucher der Einrichtung gemeint. Aber auch auf Türklinken, Betten, Waschbecken, Pflegehilfsmitteln oder Zimmerpflanzen können sich ansteckende Erreger befinden.

Was?	Wann?	Womit?	Wie?	Wer?
Hände desinfizieren	Bei Tätigkeiten mit Infektionsrisiko	Händedesinfektionsmittel aus Spender	Desinfektionsmittel in den Händen verreiben und 30 Sekunden einwirken lassen	Pflegepersonal
Hände waschen	Nach Toilettengängen, vor dem Essen und bei Verschmutzungen	ph-neutrale Seife	Einseifen, abspülen und gründlich abtrocknen	Gesamtes Personal
...	...	...	...	...
Arbeitskleidung (nicht kontaminiert)	Sammeln bis Transport in Wäscherei	Geschlossene Einwegsäcke	Innerhalb der Einrichtung in geschlossenen Behältern	Gesamtes Personal
Arbeitsanweisung in Kraft am:	Unterschrift:			

3
Hygieneplan (Auszug)

6.1.4 Hygieneplan

Hygieneplan

Anleitung, wie das Verfahren zur Infektionshygiene in Gemeinschaftseinrichtungen, z. B. Pflegeheim, umzusetzen ist.

Das Infektionsschutzgesetz schreibt Einrichtungen des Gesundheitswesens das Erstellen und Führen eines Hygieneplans 3 vor.

Der Hygieneplan legt z. B. fest,

- was, z. B. Gegenstand, Gerät,
- wann, zu welchem Zeitpunkt?
- womit, z. B. Reinigungsmittel,
- von wem, z. B. Pflegende,
- wie, z. B. Wischdesinfektion.

gereinigt, desinfiziert oder sterilisiert werden muss.

Im Beispiel eines Pflegeheims ist die Heimleitung für die Einhaltung der Hygiene verantwortlich. Sie muss Mitarbeiter diesbezüglich anleiten und kontrollieren oder diese Verantwortung auf eine **Hygienebeauftragte** übertragen.

Der Hygieneplan ist auf die Besonderheiten jeder Einrichtung abgestimmt und wird regelmäßig geprüft und aktualisiert nach folgender Vorgehensweise:

- Infektionsgefahren werden analysiert: Wer verursacht was? Wie sehen die Verteilungswege aus?
- Risiken werden bewertet: Welche Maßnahmen werden notwendig?
- Risiko wird verringert: Welche Maßnahmen wurden durchgeführt?

Bedenke

Der Hygieneplan ist eine Verfahrensanweisung! Pflegende müssen ihn befolgen und die Maßnahmen dokumentieren.

6.1.5 Grundbegriffe der Hygiene

Folgende Fachbegriffe der Hygiene dienen den Pflegekräften als einheitliche Fachsprache und sind aus der täglichen Arbeit nicht mehr wegzudenken.

Infektion

Infektion

Übertragen oder Eindringen von Keimen (Mikroorganismen) in den Körper (Makroporganismus). Die Keime vermehren sich dort und lösen Entzündungsreaktionen aus.

Die Entstehung einer Infektionskrankheit setzt eine Infektion durch Viren oder Bakterien voraus. Ihr Verlauf ist abhängig von der Abwehrkraft des jeweiligen Menschen.

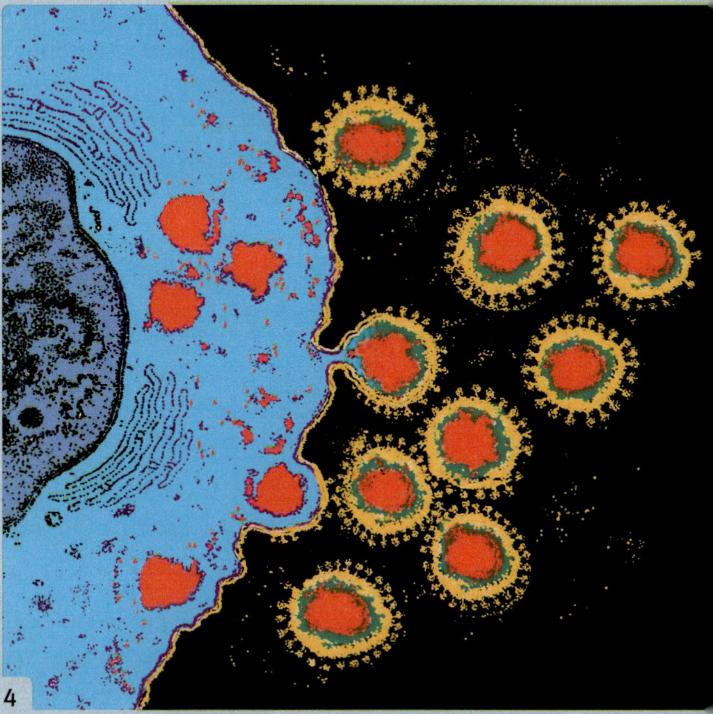
4
Kampf der Abwehrkräfte gegen Erreger

Der Körper bemerkt die Eigenschaften des „Eindringlings“ und die Krankheitssymptome erst, wenn sich die **Abwehrkräfte** 4 ergeben haben und der Keim sich im Umfeld festgesetzt hat. Zuvor hat er sich „still“ vermehrt. Für diesen Vorgang benötigen die Keime Zeit, die **Inkubationszeit**.

Keime können eintreten (Eintrittspforten) über:

- Haut (perkutan),
- Atemwege bzw. Schleimhaut (permukös),
- Darm (enteral),
- Wunden,
- Blut (hämalgen).

Bedenke

Eine Infektion ist örtlich (lokal) begrenzt. Bei einer Sepsis wird die Infektion über das Blut im ganzen Körper verstreut und sie kann lebensbedrohlich sein.

Es gibt endogene und exogene Infektionen. Als **endogene Infektion** ist die Keimverschleppung im Rahmen der Körperpflege typisch. Darmkeime gelangen in die Harnröhre oder werden in Wunden verschleppt, z. B. Dekubitus am Gesäß (→ 8.4.3).

1 Infektionsarten

Exogene Infektion	Endogene Infektion
Erreger kommt von außen und dringt nach innen ein.	Körpereigene Keime wandern an andere Stellen und entwickeln sich dort zu krankmachenden Keimen.

Bedenke

Intimpflege sauber und korrekt ausführen, um endogenen Infektionen vorzubeugen.

Übertragungswege

Keime können auf unterschiedliche Weise in den menschlichen Körper gelangen. Exogene Infektionen werden übertragen z. B. durch:

- Kontakt- oder Schmierinfektion: blut- oder stuhlverschmierte Gegenstände,
- Tröpfcheninfektion: Anhusten,
- Allimentäre Infektion: Verzehr von Wasser oder Lebensmitteln.

Es wird in direkte und indirekte Übertragungswege 5 unterschieden:

2 Übertragungswege

Direkter Übertragungsweg	Indirekter Übertragungsweg
von Mensch zu Mensch ohne Zwischenschritt (exogen)	von einem Wirt über verschiedene Überträger, z. B. Gegenstände, Nahrung oder Insekten

5
Übertragungswege

Entzündungszeichen

Entzündungszeichen

Merkmale, an denen eine Infektion an der Körperoberfläche erkannt werden kann. An inneren Organen sind sie nicht sichtbar.

Die klassischen Entzündungszeichen sind:

- **Schmerz:** Druck von Flüssigkeit auf die Nerven,
- **Schwellung:** Austritt von Flüssigkeit in umliegendes Gewebe,
- **Rötung:** Gefäßerweiterung im begrenzten Bereich,
- **Wärme:** Wärmebildung als Folge der Gefäßerweiterung,
- eingeschränkte **Beweglichkeit:** Schädigung des Gewebes vor allem in den Gelenken,
- körperliche **Schwäche**, manchmal Fieber.

Epidemien

Epidemie

stark gehäuftes, örtlich und zeitlich begrenztes Auftreten einer Erkrankung, vor allem einer Infektionserkrankung.

Wenn sich Grippeinfekte im Winter häufen, wird von einer Epidemie gesprochen, von der oft auch alte Menschen betroffen sind. Der **Influenza-Virus** hat viele Todesfälle verursacht. Zum Schutz gibt es die Möglichkeit, sich impfen zu lassen.

3 Auftreten von Erkrankungen

Epidemie	Pandemie	Endemie
örtlich, zeitlich begrenzt, z. B. Lebensmittelinfektion wie Salmonellen	örtlich unbegrenzt, zeitlich begrenzt, z. B. Grippe	örtlich begrenzt, zeitlich unbegrenzt, z. B. Malaria

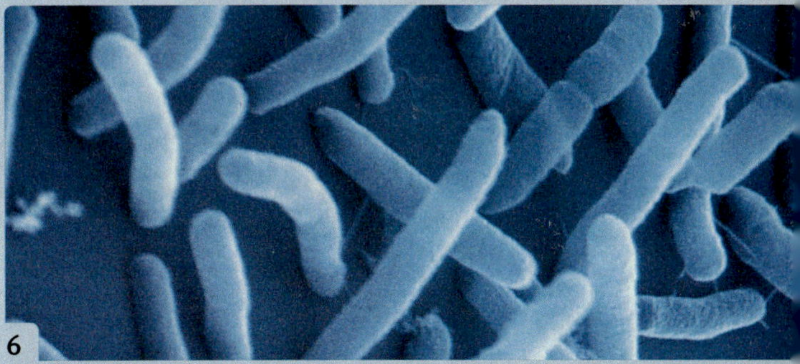

6
Bakterien

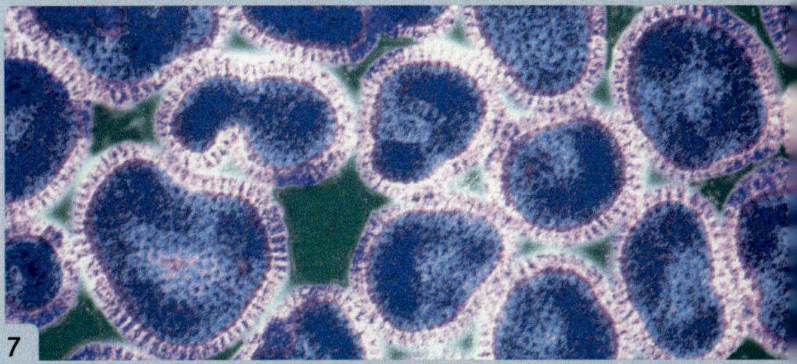

7
Viren

Erreger bzw. Keime

Zu den krankmachenden Erregern bzw. Keimen gehören:

- Bakterien,
- Viren,
- Parasiten,
- Pilze.

Bakterien 6 befinden sich in unterschiedlichen Körperregionen wie Mund, Atemwege, Verdauungs-, Harn- und Genitaltrakt und auf der Haut. Unter normalen Bedingungen leben sie an diesen Orten, ohne Schaden anzurichten.

In der Pflege häufig vorkommende Bakterien sind die so genannten **Staphylokokken** (Krankenhauskeime), die nosokomiale Infektionen, z. B. Wundheilungsstörungen, auslösen können.

Sind Staphylokokken gegen Antibiotika resistent, handelt es sich um **MRSA** (multiresistente Erreger), die sich oft im Nasen-Rachen-Raum befinden und Infektionen in Wunden auslösen können.

Viren 7 sind kleinste Erreger, die keinen eigenen Stoffwechsel haben und somit immer einen „Wirt" benötigen, der diese Aufgaben erledigt. Der Wirt ist der Mensch mit seinen Zellen. Viren können nicht mit Antibiotika behandelt werden.

Parasiten sind tierische Schmarotzer, die sich auf Kosten von anderen Lebewesen vermehren. Sie können deren Organfunktion stören oder ihnen Nährstoffe entziehen.

Pilzerkrankungen werden auch Mykosen genannt. Pilze befallen oft abwehrgeschwächte Menschen, z. B. alte Menschen oder Menschen mit Stoffwechselerkrankungen wie Diabetes mellitus.

6.2 Personalhygiene

Es liegt in der Verantwortung der Pflegenden und anderer Mitarbeiter der Einrichtung, ob Heimbewohner und zu Pflegende von zusätzlichen Keimen „heimgesucht“ werden 8.

Pflegende, die die vorgeschriebenen Hygienemaßnahmen korrekt umsetzen, vermindern und verhindern Infektionen. Hygiene beginnt bei jedem selbst, nämlich mit der persönlichen Hygiene.

Bedenke

Personalhygiene ist Pflege von Kopf bis Fuß: Haare, Körper, Haut, Hände, Fingernägel, Kleidung, (kein) Schmuck, Schuhe.

6.2.1 Persönliche Hygiene

Maßnahmen der persönlichen Hygiene sollen die Keimansiedlung am Körper und an der Kleidung der Pflegenden so gering wie möglich halten.

8
Mangelnde Hygiene

4 Vorschriften für die persönliche Hygiene

Bereich	**Maßnahme**
Körper- und Hautpflege	sauber und gepflegt sein als tägliche Routine, z. B. vor und nach der Arbeit duschen
Händehygiene	Hände als häufigste Überträger von Keimen mehrfach täglich desinfizieren, dabei die Haut-und Handpflege beachten
Fingernägel	sauber, kurz und unlackiert, um Verletzungen und Keimübertragung auf Bewohnern oder sich selbst zu vermeiden
Hautverletzungen	abdecken, Schutzmaßnahmen berücksichtigen
Kopfhaar, Barthaar bzw. Bartzöpfe	im Nacken zusammenbinden, ggf. Haarschutz tragen, Unfallverhütung
Kleidung, Schuhe, Schmuck	sauber und ordentlich, bei mindestens 60 °C waschbar, Schuhe intakt, desinfizierbar und sicherer Halt durch Riemen, auf Schmuck verzichten

6.2.2 Händehygiene

Die Händehygiene erfolgt mit dem Ziel, die Verbreitung von Keimen auf der Hautoberfläche der Hände zu verringern und die Infektionsquelle „Hand“ auszuschalten. Hände berühren nahezu alles und gelten als häufigster Überträger von Keimen und Infektionen.

Hände waschen

Sind die Hände sichtbar verschmutzt, werden sie vor oder nach der Händedesinfektion gewaschen:

- am Beginn und Ende der Arbeitsschicht,
- bei der Nahrungszubereitung und -anreichung,
- nach Kontakt mit infektiösem Material, aber erst nachdem die Hände desinfiziert wurden,
- nach den Toilettengängen.

Bedenke

Nach Toilette, vor dem Essen Händewaschen nicht vergessen!

Die Hände von Pflegenden werden stark beansprucht und es besteht die Gefahr von Hautirritationen oder chronischen Hauterkrankungen. Auch führen Hautschäden zu einer verstärkten Keimbesiedlung. Damit die Händereinigung schonend verläuft, sollten folgende Regeln beachtet werden:

- Haut nicht bürsten, Hände nur kurz waschen,
- kein heißes Wasser und pH-neutrale Waschlotionen verwenden,
- gründlich abtrocken, auch in den Fingerzwischenräumen,
- Pflegecreme 9 verwenden.

Bedenke

Zum Schutz der Haut ist das Desinfizieren dem Waschen der Hände vorzuziehen.

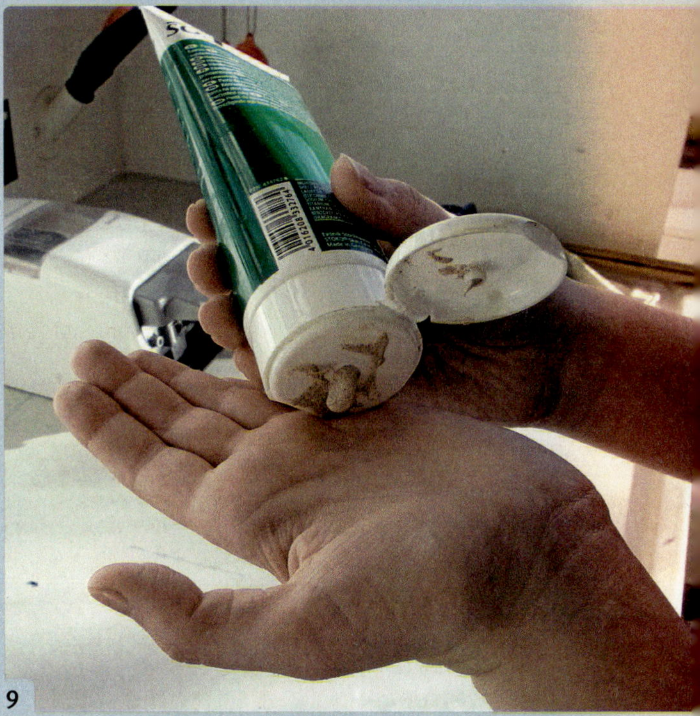

9
Regelmäßig Hände eincremen

Hände desinfizieren

Im Gegensatz zum Händewaschen führt die hygienische Händedesinfektion zu einem annährend keimfreien Zustand der Hände. Der Ablauf der Händedesinfektion sollte sich automatisieren und bei folgenden Handlungen umgesetzt werden:

- vor Arbeitsbeginn,
- vor und nach jedem Kontakt mit zu Pflegenden,
- vor und nach Kontakt mit Wunden,
- vor Tätigkeiten, bei denen eine Infektionsgefahr gegeben ist, z. B. bei immungeschwächten Personen,
- nach Kontakt mit infektiösem Material, z. B. Körperflüssigkeiten, Wäsche, Abfall,
- vor und nach Versorgung an z. B. Harnableitungen,
- nach Ablegen der persönlichen Schutzausrüstung,
- nach dem Toilettengang und Arbeitsende.

Der Ablauf der Händedesinfektion **10**:

- Hände mit Desinfektionsmittel einreiben ①,
- Handfläche auf Handrücken beidseitig aufeinander reiben ②,
- Handfläche auf Handfläche mit verschränkten und gespreizten Fingern reiben ③,
- Außenseite der Finger auf gegenüberliegender Handfläche mit verschränkten Fingern massieren ④,
- rechten Daumen in der geschlossenen linken Hand kreisend reiben und umgekehrt ⑤,
- mit geschlossenen Fingerkuppen der rechten Hand in der linken Handfläche kreisend reiben und umgekehrt ⑥,
- Desinfektionsmittel mindestens 30 Sekunden einwirken lassen.

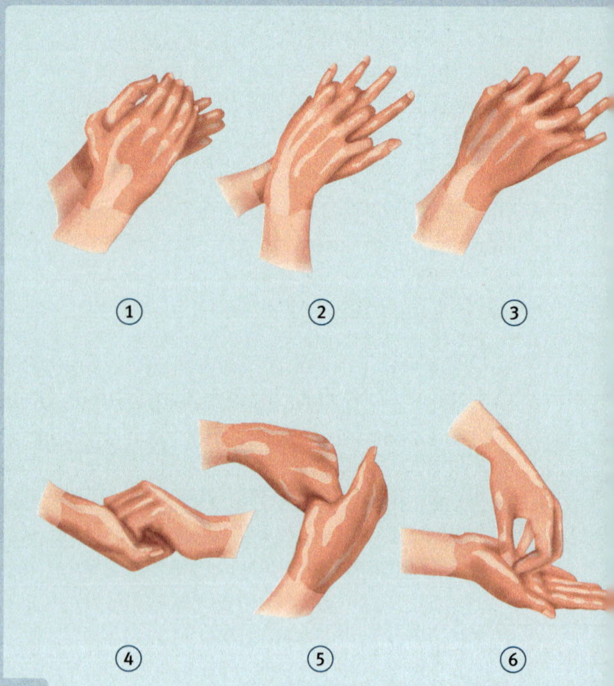

10
Ablauf der Händedesinfektion

Übung

Üben Sie die Händedesinfektion mit Wasser oder Handcreme, bis sie automatisch abläuft.

Mit Handschuhen arbeiten

Der Einsatz von Handschuhen ist bei vielen pflegerischen Tätigkeiten als Schutzmaßnahme notwendig. **Einmalhandschuhe** werden von den Pflegenden, z.B. beim Umgang mit Ausscheidungen wie Urin, Stuhl, Sputum, Erbrochem benutzt.

Es gibt dünnwandige und dickwandige Handschuhe, z.B. Plastik-, Latex-, Vinyl-Handschuhe, unsterile und sterile Handschuhe und Haushaltshandschuhe (dickwandig).

Die Handschuhgröße soll der Handgröße der Pflegekraft angepasst sein, denn schlecht sitzende oder zu große Handschuhe:

- verlieren ihren Schutz, sie können reißen,
- schränken die Bewegung der Hand ein, wenn sie zu eng sitzen oder
- vermindern die Griffsicherheit.

Weiterhin gilt:

- Tragezeiten der Handschuhe zum Schutz der Haut gering halten, z.B. gleich nach Gebrauch abziehen,
- vor der Handschuhnutzung die Hände reinigen und desinfizieren,
- Handschuhe mit trockenen Händen anziehen, funktioniert besser,
- bei der Versorgung wechsender Bewohner auch die Handschuhe wechseln,
- Handschuhe nach Gebrauch entsorgen,
- beim Assistieren bei invasiven Maßnahmen sterile Handschuhe benutzen.

Bedenke

Einmalhandschuhe sind zum einmaligen Gebrauch bestimmt und nicht mehrfach verwendbar! Sie müssen stets vorhanden und immer an der richtigen Stelle sein.

6.2.3 Schutzkleidung

Schutzkleidung

persönliche Schutzausrüstung (PSA), die in gefahrvollen Situationen während der Pflegetätigkeit getragen werden soll, um den Bewohner und die eigene Person z. B. vor Infektionen zu schützen.

Der Einsatz von Schutzkleidung 11 kann die **Infektionskette** durchbrechen und eine Keimverschleppung verhindern. Die Pflegenden werden mit Material ausgerüstet, mit dem sie Körper, Kopf, Arme und Beine vor einer Infektion schützen.

Nach Benutzen der Schutzkleidung wird diese in die Reinigung gegeben und es erfolgt die hygienische Händedesinfektion.

Bedenke

Pflegende müssen in der Anwendung der persönlichen Schutzausrüstung nachweislich unterwiesen werden. Fragen Sie nach.

Zur Schutzkleidung gehören neben den Handschuhen:

5 Schutzkleidung und Funktion

Material	Funktion
Schutzbrille	Spritzschutz für Augen
flüssigkeitsdichte Ein- oder Mehrwegkittel	Schutz für Kleidung und Körper
Maske	Schutz für Mund und Nase
Kopfhaube	zur Keimvermeidung über Haar
Schuhüberzieher	Schutz für Schuhe

11
Schutzkleidung

Berufskleidung

dient dazu, Pflegende als solche kenntlich zu machen und die Privatkleidung bei der Pflege vor Verschmutzung zu schützen.

Als Berufskleidung eignen sich Kleidungsstücke aus Baumwolle, die kochbar, luftdurchlässig und nicht langärmelig sind. Berufsbekleidung wird nur während der Arbeit getragen und getrennt von der Straßenkleidung aufbewahrt.

Wichtig sind die Schuhe, die flach, geschlossen und abwaschbar sein müssen. Sie brauchen ein tiefes Fußbett, um ein Wegrutschen zu verhindern, und dürfen keinen Lärm machen.

Hygiene ist wichtig, aber die Maßnahmen sollten die Distanz zwischen Bewohner und Pflegenden nicht allzu groß erscheinen lassen.

6.3 Hygiene im Arbeitsalltag

Im Unterschied zum Krankenhaus ist die stationäre Altenpflegeeinrichtung das **Zuhause** der zu pflegenden Menschen. Maßnahmen der Hygiene müssen in den Alltag der Bewohner integriert werden, ohne diesen allzu sehr zu beeinträchtigen, z. B. durch den Auftritt mit Arbeitsschutzkleidung oder Berührungen mit Handschuhen.

Trotzdem ist der Keimbefall von Flächen, Materialien, Gegenständen oder Instrumenten nach Gebrauch am Bewohner ähnlich hoch wie im Krankenhaus.

Neben der Personalhygiene sind in Pflegeeinrichtungen weitere hygienische Maßnahmen notwendig, z. B.:

- in der Umgebung des zu Pflegenden, z. B. Zimmer, Badezimmer, Möbel,
- bei der Wäsche,
- bei der Abfallentsorgung,
- im Umgang mit Lebensmitteln.

6.3.1 Hygieneverfahren: Reinigung, Desinfektion, Sterilisation

Für alle Hygienemaßnahmen sind unterschiedliche **Standards** vorgeschrieben. So ist z. B. bei Fußböden eine Reinigung 12 ausreichend. Für Tische, Betten und Ablagen ist bereits eine Desinfektion notwendig. Medizinische Instrumente oder Verbandsmaterial müssen zum Teil sterilisiert werden.

Reinigung

Reinigung

Entfernung unerwünschter Substanzen von Oberflächen oder aus Stoffen mit geringer Keimreduktion.

12
Nassreinigung des Bodens

Die Reinigung bietet eine optische **Sauberkeit** und wird routinemäßig z. B. mit Wasser und Allzweckreiniger durchgeführt und wiederholt, z. B. bei Türen, in Büros, Fluren oder Eingangsbereichen.

Desinfektion

Desinfektion

Reduzierung von Keimen (Bakterien, Viren, Pilze) auf ein Maß, in dem sie keine Infektionsgefahr mehr darstellen.

Eine Desinfektion soll die Infektionskette unterbrechen, wenn eine Übertragungsmöglichkeit durch krankmachende Keime gegeben ist. In diesem Fall würde eine normale Reinigung nicht mehr ausreichen. Bei Kontakt mit Blut oder anderen **Körperflüssigkeiten** sollte sofort desinfiziert werden.

Zur Desinfektion gibt es unterschiedliche Methoden, z. B.:

- Einwirkung von Hitze als strörmender Dampf,
- mit Desinfektionsmitteln: Einreiben, Abwischen, Einlegen, Verdampfen, Vernebeln oder Versprühen.

Am häufigsten wird die **Wischdesinfektion** angewendet. Dabei sind die entsprechende Menge und die Einwirkzeit des Präparates zu beachten, um eine entsprechende Wirkung zu erzielen.

Es dürfen nur gelistete **Desinfektionsmittel** 13 angewendet werden, z. B. Liste der Deutschen Gesellschaft für Hygiene und Mikrobiologie (DGHM). Diese Produkte sind geprüft und anerkannt.

Desinfektionsmittel haben verschiedene Wirkungen und müssen zielgerichtet eingesetzt werden. Ein aushängender **Desinfektionsplan** schreibt vor, was (Gegenstand), wann (Zeitpunkt), womit (Produkte, Konzentration, Einwirkzeit) und wie oft (Häufigkeit) und wie desinfiziert werden soll.

So wird z. B. bei der **Schlussdesinfektion** nach der Gesundung, Verlegung oder dem Versterben eines infektiösen Bewohners durch eine umfassende Desinfektion das Zimmer für den neuen Bewohner von Keimen befreit.

Desinfektionsmittel bestehen meist aus Chemikalien. Daher sind folgende Regeln im Umgang mit Desinfektionsmitteln wichtig:

- flüssigkeitsdichte Handschuhe tragen,
- beim Zubereiten eine Schutzbrille tragen,
- Gebrauchsanweisung lesen,
- erst kaltes Wasser, dann DIM geben.

Übung

Setzen Sie unter Aufsicht aus einem Konzentrat eine 3 %ige Desinfektionslösung an.

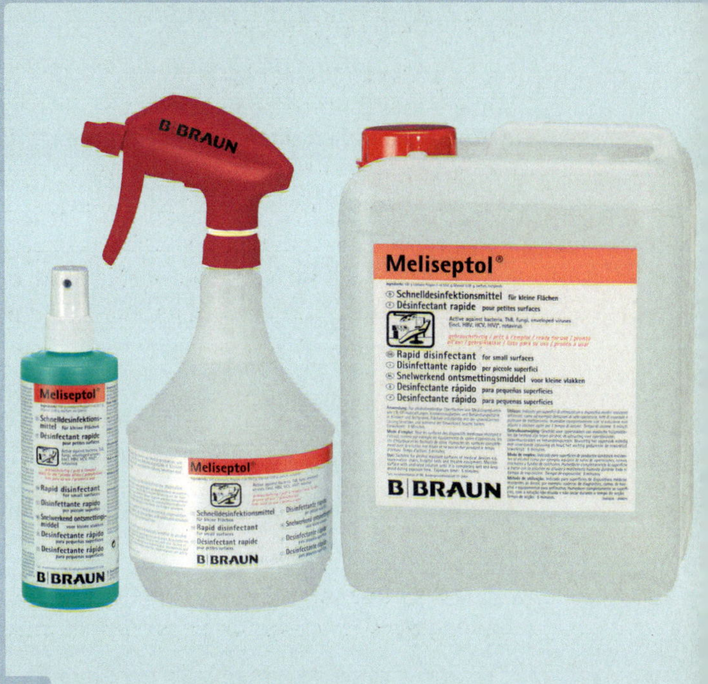

13
Desinfektionsmittel (DIM)

Sterilisation

Sterilisation

Keimfreiheit durch die Beseitigung und Vernichtung aller krankmachenden Mikroorganismen.

Keime können in Wunden gefährliche Infektionen verursachen. Deshalb müssen Instrumente oder Verbandsmaterial für Eingriffe in den Körper absolut keimfrei sein. Es gibt die Sterilisation mit feuchter oder trockener Hitze oder mit Chemie.

Bedenke

Sterilgut staubfrei, trocken und in Schränken lagern. Defekte Packungen oder Packungen mit abgelaufenem Mindesthaltbarkeitsdatum nicht mehr verwenden.

6.3.2 Hygiene der Umgebung

Auch in der direkten Umgebung und im Wohnumfeld des Bewohners können sich Keime ansiedeln und zu einer indirekten Ansteckung führen, z. B.:

- Möbel im Bewohnerzimmer, vor allem Bett und Nachttisch,
- Sanitäranlagen,
- Türen und Türklinken, Fenstergriffe und Schränke,
- Fußböden in den Zimmern und Fluren,
- Funktionsräume des Personals,
- Steckbecken und Urinflaschen,
- Toiletten- und Duschstühle,
- Lagerungshilfsmittel wie Nacken- und Knierollen.

Bedenke

Ein geschulter „Rundumblick" der Pflegenden erkennt automatisch häufig genutzte Gegenstände und Flächen.

Bewohnerzimmer, Möbel und Fußböden werden täglich vom Reinigungspersonal nass gereinigt. Eine **Nassreinigung** verhindert, dass Keime aufgewirbelt und verschleppt werden. Sanitärräume, -anlagen und -hilfsmittel oder Arbeitsflächen werden regelmäßig und überwiegend mit der Wischmethode desinfiziert. Bei nicht verschmutzten Lagerungshilfsmitteln reicht es, wenn sie bei Benutzerwechsel desinfiziert werden.

Sämtliche Maßnahmen von Pflegenden oder Reinigungspersonal müssen täglich dokumentiert werden. In der Regel geschieht dies mit Datum und Namenskürzel auf dem **Reinigungs- und Desinfektionsplan**.

Eine funktionierende Kommunikation, z. B. Informationsweitergabe und Absprachen zwischen der Berufsgruppe Pflege und Reinigung, sollte selbstverständlich sein, um die Hygiene im Wohnbereich sichern zu können.

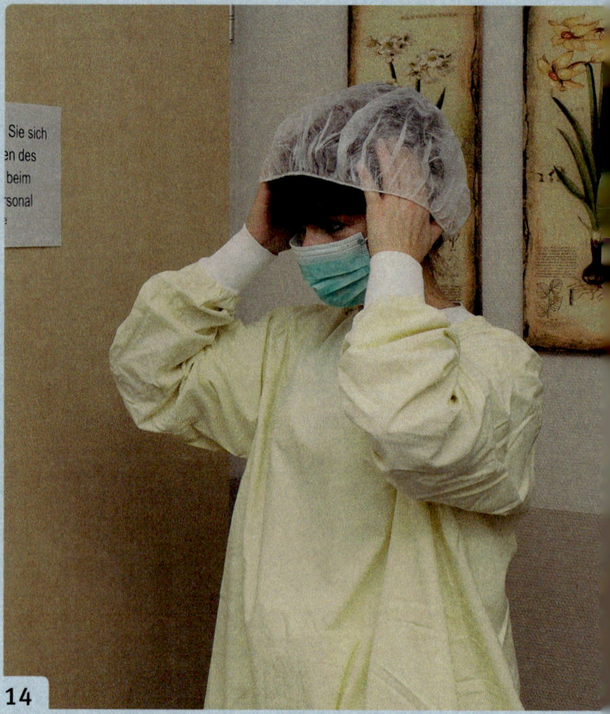

14
Isolierungsmaßnahme

6.3.3 Maßnahmen der Isolierung

Isolierung

Aufenthalt eines Bewohners in räumlicher Trennung zu Mitbewohnern, Angehörigen und Besuchern zum Zweck des Infektionsschutzes.

In eine **Standard-Isolierung** kommen Bewohner, die durch infektiöse Körperflüssigkeiten (**Sekrete**) eine meldepflichtige Erkrankung, z. B. Meningitis oder Hepatitis A und B, übertragen können **14**.

Dazu müssen alle an der Versorgung des Erkrankten Beteiligten informiert werden. Die Pflegenden sind verpflichtet, die getroffenen Maßnahmen einzuhalten und an der Umsetzung mitzuwirken. Auch Angehörige sollten die Notwendigkeit der Maßnahme verstehen und um Unterstützung gebeten werden.

Zu den Maßnahmen einer Isolation gehören z. B.:

- Bewohnerzimmer mit Schild kennzeichnen,
- Tür geschlossen halten,
- bei Kontakt mit Bewohner Schutzkleidung 15 tragen, diese vor dem Zimmer bereitstellen und täglich austauschen, vorher und nachher Händedesinfektion.

Die Isolierung wirkt sich auf das psychische Wohlbefinden der Betroffenen aus. Reaktionen wie Trauer, Wut oder Aggressionen können auftreten. Bewohner benötigen deshalb in dieser Situation viel **Verständnis** und **Ansprache**.

Übung

Tragen Sie für längere Zeit einen Mundschutz. Beschreiben Sie Ihre Erfahrung.

6.3.4 Abfall entsorgen

Die Abfallentsorgung in Pflegeeinrichtungen erfolgt über die **Trennung** nach Wertstoffen 16, so wie es auch im häuslichen Umfeld üblich ist, z. B. nach:

- Papier,
- Glas,
- Bio- und Restmüll.

Infektiöser Abfall, z. B. Wundverbände oder Inkontinenzmaterial, wird gesondert gesammelt, gekennzeichnet und entsorgt:

- kein Recyceln des Materials,
- in geschlossenen Plastikbeuteln zwischenlagern,
- Gegenstände mit Verletzungsgefahr 17 in durchstichsicheren Behältern verwahren.

Bedenke

Arzneien, die nicht mehr haltbar oder zuzuordnen sind 18, gehören in die Apotheke.

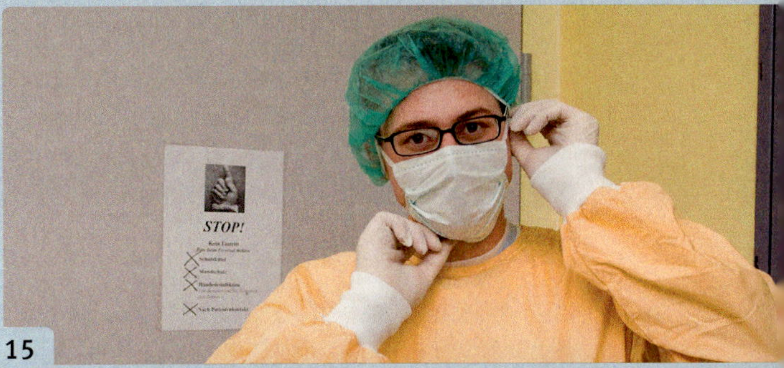

15
Mitarbeiter mit Schutzkleidung

16
Abfalltrennung

17
Spritzenabwurfbox

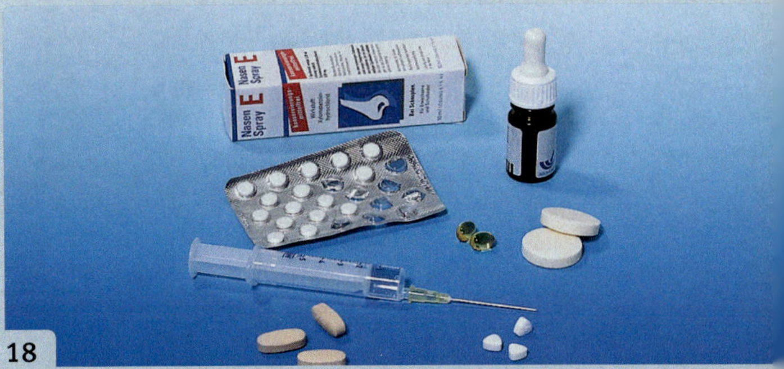

18
Geöffnete Arzneimittel

6.3.5 Schmutzwäsche entsorgen

Auf der Wäsche der Bewohner oder der Bettwäsche befinden sich häufig Körperflüssigkeiten wie Blut, Urin oder Wundsekret. So können Krankheitserreger auch über die Kleidung bzw. Wäsche übertragen werden.

Zum **Wäschekreislauf** in einer Pflegeeinrichtung gehören:

- Schmutzwäsche sammeln,
- Schmutzwäsche transportieren,
- Wäsche waschen,
- Wäsche desinfizieren,
- saubere Wäsche transportieren und benutzen.

Dabei werden von Pflegenden folgende Regeln eingehalten:

- Bewohnerwäsche getrennt von der Bettwäsche sammeln,
- infektiöse Wäsche in Säcken, die keine Flüssigkeit durchlassen, sammeln,
- Farbsortiersystem der Wäschesäcke in der Einrichtung beachten, z. B. Säcke für Dienstkleidung, Bettwäsche und Matratzenschutz, Bewohnerkleidung und infektiöse Wäsche,
- Schmutzwäsche nicht nachsortieren,
- beim Umgang mit Schmutzwäsche Einmalhandschuhe tragen,
- defekte Wäsche erst waschen lassen und dann zum Flicken aussortieren,
- Wäsche beim Transport vom Körper weghalten,
- frische Wäsche mit desinfizierten Händen transportieren,
- Angehörigen empfehlen, Wäschestücke zu kaufen, die dauerhaft bei 60 °C gewaschen werden können.

Bedenke

Schmutzwäsche nicht auf den Boden werfen 19 oder auf Möbelstücken ablegen.

19
(Keine) Wäsche auf den Fußboden

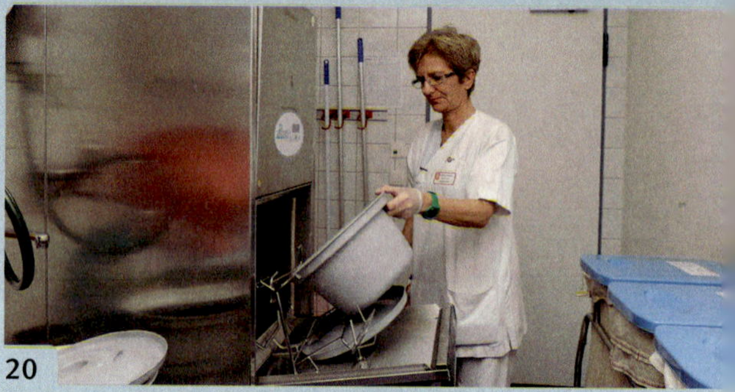

20
Schieber-Spülanlage

6.3.6 Stuhl und Urin entsorgen

Die Entsorgung von Stuhl und Urin gehört zu den alltäglichen Tätigkeiten einer Pflegekraft, z. B. nach der Benutzung:

- eines Toilettenstuhls,
- eines Steckbeckens,
- einer Urinflasche.

Bei der Entsorgung von Fäkalien werden grundsätzlich Handschuhe getragen. Im Anschluss daran erfolgt eine hygienische Händedesinfektion. In stationären Einrichtungen gibt es **Schieberspülanlagen**, in denen die Fäkalien entsorgt und die Hilfsmittel desinfiziert werden können.

Bedenke

Fäkalien in der Schieber-Spülanlage entsorgen 20.

6.4 Lebensmittelhygiene

Für Mitarbeiter in Pflegeeinrichtungen schreibt das Infektionsschutzgesetz eine Belehrung des Gesundheitsamtes im Umgang mit Lebensmitteln vor. Nachfolgend werden die wichtigsten Grundregeln aufgeführt.

Die Lebensmittel- bzw. Küchenhygiene muss eingehalten werden, um **Lebensmittelvergiftungen** zu verhindern. Dabei handelt es sich um **Magen- und Darmerkrankungen**, die besonders bei alten Menschen schwer oder gar lebensbedrohlich verlaufen können.

Lebensmittel in der Pflege

In der Pflege haben die Mitarbeiter oft Kontakt zu Lebensmitteln, z. B. beim:

- Zubereiten der Mahlzeiten in der Wohnung des zu Pflegenden,
- Austeilen der Mahlzeiten in stationären Einrichtungen,
- gemeinsamen Kochen und Backen im Wohnbereich.

Lebensmittel verarbeiten

Wichtige Regeln bei der Verarbeitung von Lebensmitteln sind z. B.:

- persönliche Hygiene einhalten,
- vor und nach dem Kontakt mit Lebensmitteln die Hände waschen, bei Hauterkrankungen Handschuhe tragen,
- nicht über Lebensmittel sprechen, husten oder niesen,
- Obst und Gemüse waschen und trocknen, Salat schleudern 21,
- Fisch und Fleisch gleichmäßig und ausreichend lange erhitzen (70 °C bei mind. zehn Minuten),
- Suppen umrühren 22,
- Bewohner mit Infektionserkrankungen erst zuletzt mit Lebensmitteln versorgen.

21
Salatschleuder

22
Erhitzen

Frisches Fleisch, Fisch, Einer und Geflügel werden getrennt von anderen Lebensmitteln verarbeitet und grundsätzlich durchgegart.

Das benutzte Geschirr wird in **Spülmaschinen** gewaschen. Die Temperatur sollte mindestens auf 65 °C eingestellt sein, damit eine desinfizierende Wirkung erfolgen kann.

Benutzte **Arbeitsflächen** sind nach der Reinigung mit für Lebensmittel tauglichen Desinfektionsmitteln zu desinfizieren. **Wischlappen** müssen von Speiseresten befreit und regelmäßig gewechselt werden.

Bedenke

Bei Übelkeit, Durchfall und Erbrechen den Kontakt zu Lebensmitteln meiden und besser nach Hause gehen.

Lebensmittel lagern

Für Bewohner z. B. von Angehörigen mitgebrachte Speisen werden mit Namen gekennzeichnet und im dafür vorgesehenen **Kühlschrank** gelagert. Tiefkühlware gehört nicht in den Kühlschrank. Grundsätzlich erfolgt keine Lebensmittellagerung in den Wohnbereichen.

Lebensmittel werden täglich frisch aus der Großküche zum sofortigen Gebrauch geliefert. **Essenreste** werden zur Entsorgung der Großküche zurückgegeben.

Im Kühlschrank werden nur Lebensmittel gelagert, dabei gilt:

- Ordnung und Sauberkeit im Kühlschrank 23,
- Mindesthaltbarkeitsdatum berücksichtigen, abgelaufene Ware nicht mehr verteilen,
- Temperatur 7 °C nicht überschreiten lassen,
- Lebensmittel regelmäßig aussortieren,
- Dokumentation der Maßnahmen.

23
Korrekte Lagerung im Kühlschrank

✔ Selbst-Check

Fallbeispiel: Die Altenpflegehelferin Beate arbeitet heute in der Frühschicht in einer stationären Altenpflegeeinrichtung. Ein langer Arbeitstag steht ihr bevor. Während sie noch in ihrem Bett liegt und langsam aufwacht, denkt sie darüber nach, welche Tätigkeiten heute auf ihrem Tagesplan stehen.

Zunächst wird sie einige Bewohner aus dem Bett mobilisieren und bei der Morgentoilette unterstützen. Danach muss sie für die mobilen Bewohner das Frühstück im Wohnbereich anrichten. Die Nahrungsmittel stehen dort schon aus der Großküche bereit.

Dann stehen heute das wöchentliche Vollbad von Herrn Roter und die Ganzkörperwaschung von Frau Dietrich auf dem Plan. Zwischendurch wird Beate der Pflegefachkraft Manuela bei der Wundversorgung von Frau Mayer assistieren. Puh, eine Menge Arbeit, aber auch bunt und abwechslungsreich. Beate springt aus dem Bett.

Welche Hygienemaßnahmen muss Beate ausführen, bevor sie ihren Dienst antritt?

Welche Hygienemaßnahmen sind zwischen den weiteren Arbeitsschritten notwendig?

Beschreiben Sie die hygienische Händedesinfektion (Ablauf).

Entwerfen Sie in der Gruppe einen Hygieneplan für Beates Wohngruppe.

7 Haut- und Körperpflege

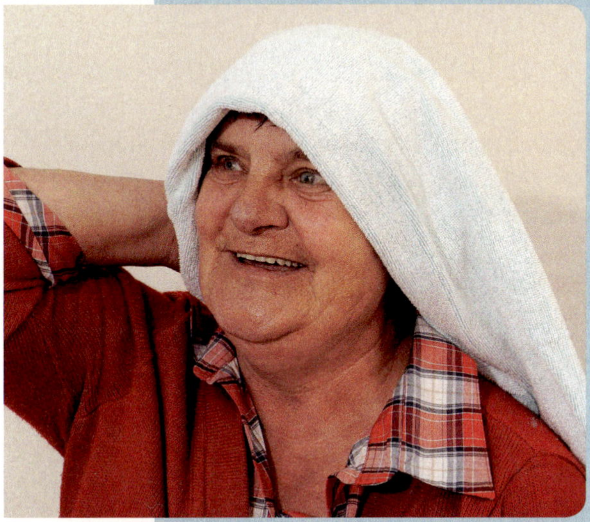

7.1 Anatomie und Physiologie

Sauber und gepflegt zu sein, sind wichtige Grundbedürfnisse des Menschen. Besonders in der heutigen Zeit vermittelt ein gepflegter Körper Sympathie und Wohlbefinden, nicht nur für den anderen, sondern auch für sich selbst.

Gleichzeitig verhindert die Haut- und Körperpflege die Entstehung von Hauterkrankungen und die Infektion durch äußere Erreger, z.B. durch das Händewaschen.

Als Schutz des Körpers und Spiegel der Seele ist eine gepflegte Haut für die Lebensqualität zu pflegender Menschen von großer Bedeutung.

7.1.1 Aufbau der Haut

Haut

größtes Organ des Menschen, das den Organismus gegenüber seiner Umgebung abgrenzt. Die Haut sondert ununterbrochen Sekrete, z. B. Schweiß, ab.

Die Haut umfasst eine Fläche von ca. 1,2 bis 2 m^2 und wiegt etwa 15 % des Körpergewichtes. Sie besteht aus drei Schichten **1**:

- Oberhaut (Epidermis),
- Lederhaut (Dermis),
- Unterhaut (Subkutis).

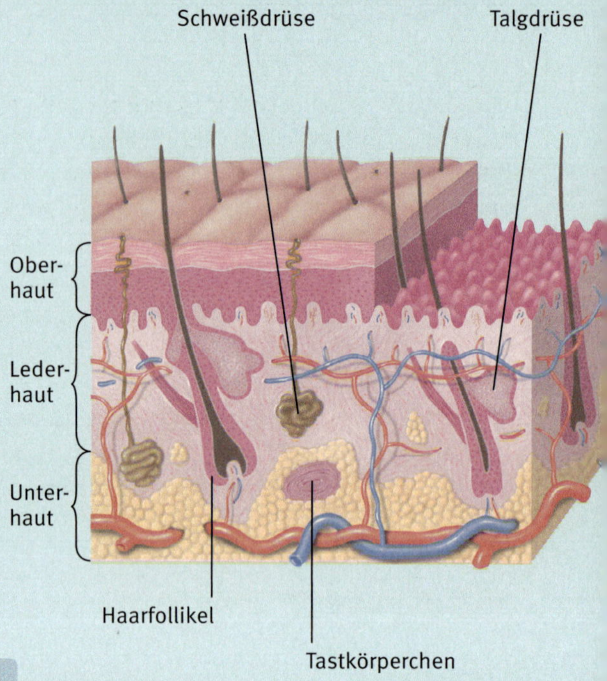

1
Aufbau der Haut

7.1.2 Oberhaut – schützende Hornschicht

Die Oberhaut (Epidermis) ist die äußerste Hautschicht. Sie ist je nach Körperregion zwischen 0,02 mm (Gesicht) und 5 mm (Fußsohle) dick.

Die Oberhaut besteht, ähnlich wie bei einer Zwiebel, aus mehreren Schichten. Die innere **Basalschicht** dient der Regeneration der Haut.

Durch Zellteilung sorgen die Basalzellen als Mutterzellen für die kontinuierliche Erneuerung der Haut.

Nach der Zellteilung wandern dann die **Tochterzellen** (Keratinozyten) immer weiter nach außen Richtung Hautoberfläche (Hornschicht). Auf dem Weg zur Oberfläche (ca. 30 Tage) durchlaufen die Zellen weitere Schichten, wodurch sie langsam ihr Aussehen verändern.

Bedenke

Die Haut erneuert sich alle 30 Tage.

Kommen die Zellen dann in der obersten Schicht der Hornschicht an, verhornen sie (sterben ab) und lösen sich als weißliche Hornschuppen von der Hautoberfläche ab. Bei besonderer Belastung einer Hautregion, z.B. der Füße, kann sich Hornhaut als Schutzschicht bilden.

Aufgaben der Oberhaut

Die Oberhaut:

- produziert Vitamin D durch Lichteinstrahlung,
- schützt den Körper vor Umwelteinflüssen, z. B. Stöße, Desinfektionsmittel, Bakterien,
- produziert Melanin, das der Haut ihre Farbe gibt und vor Sonneneinwirkung schützt (Melanozyten),
- ist für die Aufnahme und Weiterleitung von Berührungsreizen, z. B. durch Merkel-Zellen, zuständig.

Bei Wunden werden von der **Basalschicht** neue Hautzellen gebildet, die dann langsam über die heilende Wunde einwandern.

Berührungen wahrnehmen

Übung

Schließen Sie die Augen. Ein Sitznachbar drückt zwei Pinselspitzen 2 sanft auf Ihre Schulter. Spüren Sie eine oder zwei Spitzen? Was fühlen Sie auf dem Unterarm und auf einer Fingerkuppe?

Die Sinneszellen für Berührung (**Merkel-Zellen**) sind verschieden dicht auf dem Körper verteilt. Am häufigsten kommen sie in der Haut der Hand und den Fußsohlen vor. Deshalb kann man mit den Fingerkuppen besonders gut tasten.

Hautanhangsgebilde

In der Oberhaut befinden sich die Hautanhangsgebilde, die teilweise ihren Ursprung in der Lederhaut haben:

- **Talgdrüsen** (meist Anhängsel von Haarfollikeln) fetten Haut und Körperhaare und halten sie so geschmeidig,
- **Haare** dienen der Wärmeregulation und Tastempfindung, weiterhin haben sie eine Schutzfunktion, z. B. am Auge vor Fremdkörpern.

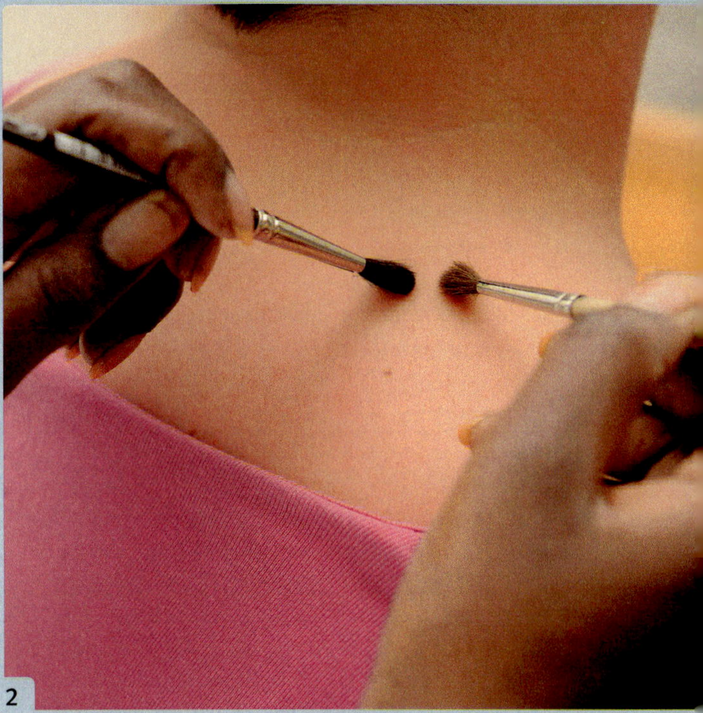

2
Partnerübung

- **Finger- und Fußnägel** schützen die Fingerkuppen und dienen als pinzettenartiges Greifwerkzeug,
- **Schweißdrüsen** produzieren Schweiß (Wärmeregulation, Säureschutzmantel).

Säureschutzmantel

Säureschutzmantel

Film aus Schweiß- und Talgdrüsensekreten auf der Haut.

Die Ausscheidungen der Schweiß- und Talgdrüsen bilden die ideale Nahrung für hautschützende Bakterien und Pilze, die die Haut bewohnen.

Die Ausscheidungs- und **Stoffwechselprodukte** dieser Mikroorganismen sind auch Bestandteil des Säureschutzmantels und regulieren das Gleichgewicht der Besiedlung.

Je nach Körperregion liegt der pH-Wert der Haut zwischen 4,5 bis 5,75 (leicht sauer). Er wird z. B. von folgenden Faktoren beeinflusst:

- Alter,
- Geschlecht,
- Hautbereich,
- Kosmetika.

Mit der Alterung der Haut nimmt auch der Säureschutzmantel ab.

Bedenke

Die häufige Anwendung von Reinigungsprodukten mit hohen pH-Werten greift den Säureschutzmantel und die Bakterienflora der Haut (hautschützende Bakterien) an.

7.1.3 Lederhaut – Tastsinn

Die Lederhaut (Dermis oder Kurium) befindet sich unter der Oberhaut. Sie ist in zwei Schichten aufgeteilt:

- Papillenschicht (Zapfenschicht),
- Netzschicht.

Papillenschicht

Die Lederhaut ist mit der Oberhaut durch die Papillenschicht fest verzahnt. Die zapfenartig in die Oberhaut ragenden Papillen verleihen der Lederhaut nicht nur Halt, sondern auch Struktur.

Diese Papillen sind in Längsreihen (Papillarleisten) angeordnet. Sie zeigen sich an Hand- und Fußflächen als **Leistenhaut** 3 (Linien u. Furchen im Fingerabdruck). Es sind bisher keine zwei Menschen bekannt, die den gleichen Fingerabdruck haben.

Die übrigen Hautbereiche werden als **Felderhaut** bezeichnet. Hier zeigt die Oberfläche durch feine Furchen abgegrenzte rombische Felder.

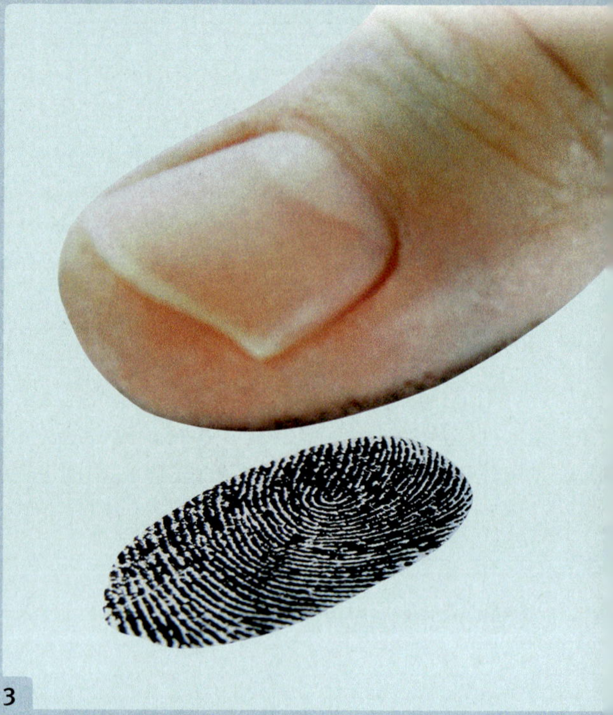

3
Leistenhaut (Fingerabdruck)

Die Furchen entstehen an papillenfreien Hautbereichen.

Die **Papillen** sind durchzogen von **Kapillaren** (feinen Blutgefäßen), die die Oberhaut und die Lederhaut mit Nährstoffen versorgen. Außerdem befinden sich in der Papillenschicht die Rezeptoren für Wärme und Kälte und der Tastsinn sowie noch eine Anzahl Blut- und anderer Zellen.

Netzschicht

Die Netzschicht enthält ein dichtes Netz aus Kollagenfasern parallel zur Körperoberfläche. Das Netz ist mit elastischem Bindegewebe gefüllt.

Diese Konstruktion ist für die Festigkeit und Elastizität der Haut zuständig. Sie bildet Linien, die die Dehnbarkeit der Haut markieren. Bei Operationen werden die Schnitte, wenn möglich, entlang der Linien gesetzt.

Aufgaben der Lederhaut

- Lederhaut verleiht der Haut einen hohen Anteil an Elastizität, Komprimier- und Dehnbarkeit.
- Kapillare (feinste Blutgefäße) in den Papillen regulieren die Temperatur des Körpers. (Bei Kälte verengen sich die Kapillare, dadurch bleibt die Wärme im Körper.)
- **Meissnersche Tastkörperchen** sind Druckrezeptoren (Tastsinn). Durch diese kann die Oberfläche und die Ausdehnung von Gegenständen wahrgenommen werden (kommen häufig in den Fingerkuppen vor).

Tastsinn

Tastsinn

Sammelbezeichnung für Wahrnehmungsmöglichkeiten der menschlichen Haut bzw. Schleimhaut.

Der Tastsinn umfasst drei Sinnesqualitäten:

- Berührungsempfindung, z. B. Merkel-Zellen (Oberhaut),
- Druckempfindung, z. B. Meissnersche Tastkörperchen (Lederhaut),
- Vibrationsempfindung, z. B. Vater-Pacini-Lamellenkörperchen (Unterhaut).

Jedes Körperhaar 4 wird von einem Nervengeflecht umgeben, über das man z. B. die Windrichtung wahrnehmen kann. Der Tastsinn nimmt im Alter ab. Eine Schädigung der Haut spüren alte Menschen oft nicht.

Übung

Fassen Sie eine Hautfalte auf dem Handrücken und versuchen Sie, die Haut zu verschieben. Wiederholen Sie diese Übung an den Fußsohlen. Wo ist die Haut beweglicher?

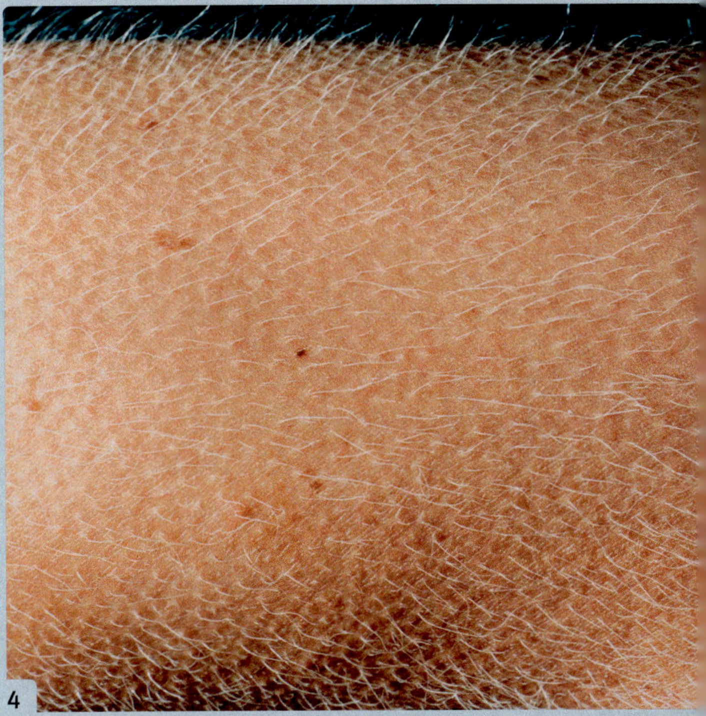

4
Körperhaar mit „Gänsehaut"

7.1.4 Unterhaut – Fettspeicher

Die Unterhaut (Subcutis) ist die unterste Hautschicht. Sie besteht aus Fettgewebe, lockerem Bindegewebe und in begrenztem Maß Gewebewasser (Lymphe). Besonders dick ist die Unterhaut am Oberarm, am Oberschenkel und am Bauch.

Das Fettgewebe der Unterhaut wird durch das Bindegewebe in läppchenartige **Fettgewebsinseln** strukturiert.

Bindegewebe

Durchzogen wird das Bindegewebe von **Haltebändern**. Sie verbinden die Haut mit dem darunter liegenden Gewebe. Je nachdem, wie stark diese Haltebänder entwickelt sind, lässt sich die Haut unterschiedlich verschieben. Die Gefäße aus der Unterhaut verlaufen in diesen Haltebändern (Bindegewebssepten).

Gefahr des Wundliegens

Durch die Verschiebbarkeit der Unterhaut können diese Blutgefäße leicht verdrillt oder abgeschnürt werden. Dies geschieht z. B. durch das Abrutschen einer übergewichtigen Bewohnerin im Bett. Die Haut liegt dadurch in Falten mit Druck übereinander und die Blutversorgung ist nicht mehr ausreichend. Es kann schon nach kurzer Zeit zu einem **Druckgeschwür** (Dekubitus 5) (→8.4.3) kommen.

Bestandteile der Unterhaut

In der Unterhaut liegen auch die Schweißdrüsen, die unteren Abschnitte der Haarbälge und spezielle Druck- und Vibrations-Tastkörperchen (**Vater-Pacini-Lamellenkörperchen**) sowie größere Blutgefäße und Nerven.

Die Schweißdrüsen regulieren die Körpertemperatur und scheiden Stoffwechselendprodukte aus. Sie sind unterschiedlich auf der Körperoberfläche verteilt.

Aufgaben der Unterhaut

Die Unterhaut:

- speichert überschüssige Nahrungsenergie als Speicher- und Depotfett,
- bietet mechanischen Schutz (Stöße, Reibung, Scherkräfte) durch die verschiebbare Fettschicht,
- oder die Fettschicht isoliert den Körper gegen Kälte (Kälteschutz).

Verteilung des Fettgewebes

In der Unterhaut sind je nach Körperregion, Geschlecht und Körperbau mehr oder weniger viele Fettzellen eingelagert. Diese unterschiedliche Verteilung spielt bei der Ausprägung von **Ödemen** (Wasseransammlungen) und **Hämatomen** 6 (Blutergüssen) eine Rolle. Je lockerer und fettärmer die Unterhaut ist, desto leichter breitet sich eine Flüssigkeit, z. B. Blut, aus.

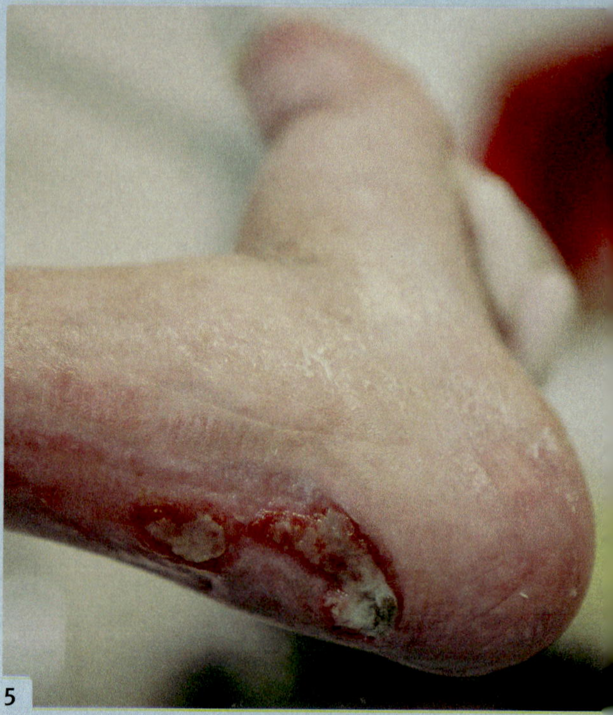

5
Dekubitus

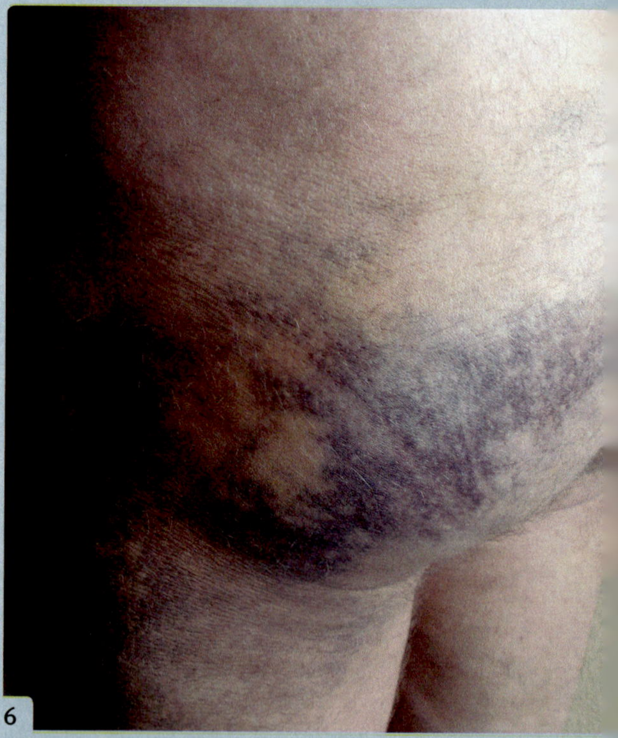

6
Hämatom am Gesäß

7.2 Pflegerische Beobachtungen

In der Regel erfolgt die Hautbeobachtung während der täglichen Körperpflege.

Beobachtet und dokumentiert werden:

- Hauttyp,
- Hautspannung (Turgor),
- Hautfarbe,
- Veränderungen der Hautanhangsgebilde,
- Hautschäden und Ausschläge,
- Veränderungen der Mundhöhle.

7.2.1 Hauttypen

Für die Körperpflege gibt es eine Vielzahl von **Reinigungs- und Hautpflegemitteln**. Diese können nur richtig eingesetzt werden, wenn zuvor der Hauttyp richtig bestimmt wurde.

Die Haut kann grob in drei unterschiedliche Hauttypen eingeteilt werden:

Normale Haut

- ist glatt, zart, straff, rosig und gut durchblutet,
- hat keine Mitesser und erweiterte Poren,
- hat im Alter eine Tendenz zur trockenen Haut.

Bei diesem Hauttyp sollte bei der Reinigung und Pflege vor allem auf die Erhaltung des natürlichen Säureschutzmantels geachtet werden.

Trockene Haut 7

- ist schuppig, spröde und rau,
- ist glanzlos und matt,
- neigt zu Rötungen und geplatzten Äderchen,
- neigt im Alter schnell zu Faltenbildung.

Bei trockener Haut enthält der **Hydrolipidfilm** (Säureschutzmantel) weniger Fett und Feuchtigkeit. Die Haut kann durch diesen Film nicht ausreichend vor Verdunstung geschützt werden.

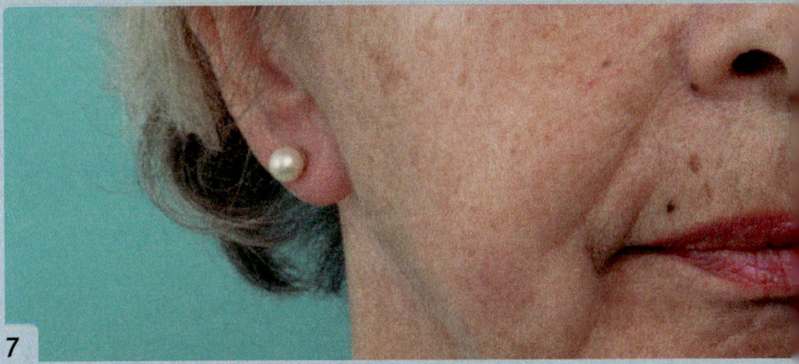

7
Trockene Haut

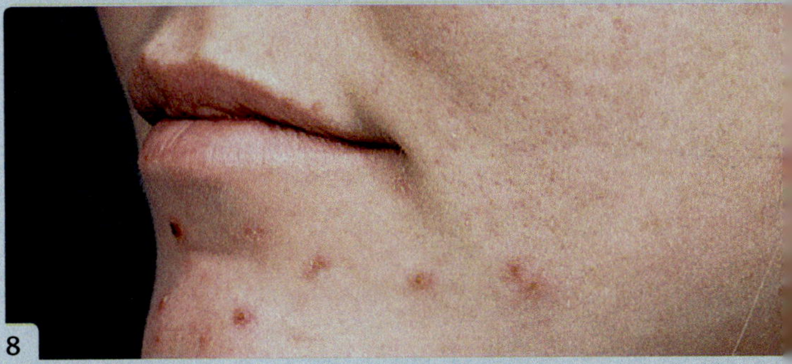

8
Fettige Haut

Fettige Haut 8

- ist meist straff und glänzt fettig,
- neigt aufgrund ihrer übermäßigen Talgabsonderung (Seborrhoe) zu erweiterten Poren, Mitessern und Pickeln,
- hat meist eine gesteigerte Schweißproduktion.

Altershaut

Im Alter nimmt der Anteil des Fettgewebes ab und die Haut wird dünner. Die Produktion von Talg und Schweiß ist verringert, was zu trockener Haut und verminderter Elastizität führt. Insgesamt ist die Haut leichter verletzbar und neigt zu kleinen Einrissen. Kleine Wunden entzünden sich leichter und heilen langsamer ab.

Bedenke

Reinigungs- und Pflegemittel sollten die Haut also nicht zusätzlich austrocknen.

Pflege der Altershaut

Durch die verringerte Schweiß- und Talgproduktion leidet auch der Säureschutzmantel. Dadurch fehlt der Haut der Schutz vor alkalischen Seifen, Reinigungsmitteln und feuchtigkeitsentziehenden Pflegeprodukten. Sie kann zu jucken beginnen und neigt vermehrt zu Ekzemen und Entzündungen.

Die Altershaut ist empfindlich und sollte bei der Reinigung weder gedehnt, gezerrt noch gereizt werden.

Fettige Haut

Durch den ausgeprägten **Hydrolipidfilm** (übermäßige Talgabsonderung, gesteigerte Schweißproduktion) können **Mikroorganismen** (gute und schlechte Keime) stark wachsen.

Die Haut sollte durch die Reinigung und Pflege nicht völlig entfettet werden. Durch eine totale Entfettung werden die Talgdrüsen zu einer vermehrten Produktion angeregt.

Mischhaut

Neben diesen drei Hauttypen gibt es auch die Mischhaut. Bei diesem Hauttyp findet sich eine Mischung aus zwei oder drei Hauttypen, z. B. aus fettiger und trockener Haut.

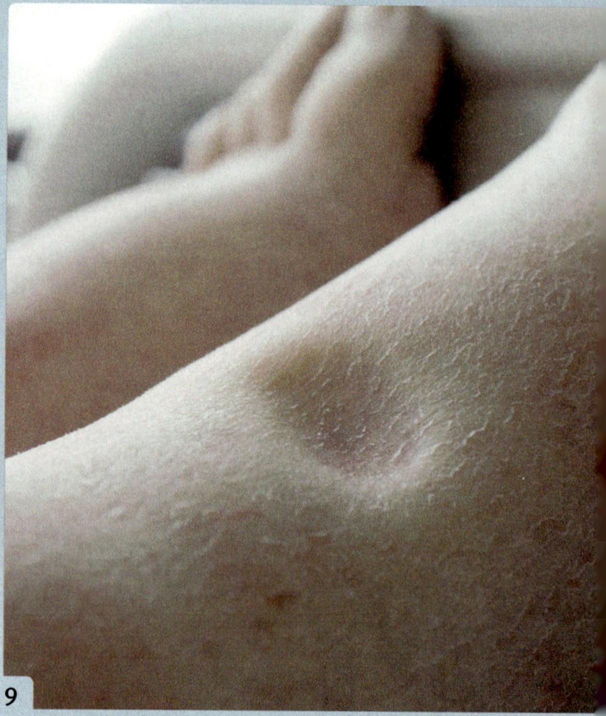

9
Dellenbildung

7.2.2 Hautspannung

Hautspannung

ergibt sich aus: Fettgewebsanteil, Wasserbindungsfähigkeit und Elastizität der Lederhaut. Spannung lässt im Alter nach.

1 Beobachtung der Hautspannung

Handlung	Beobachtung	Mögliche Ursachen
mit einem Finger auf die Haut drücken 9	hohe Hautspannung: es bildet sich eine Delle.	• bei Wassereinlagerungen im Gewebe (Ödeme) • Herzerkrankungen • Nierenerkrankungen
mit Daumen und Zeigefinger eine Hautfalte hochziehen (→ 9.2.5)	geringe Hautspannung: die Hautfalte bildet sich nicht sofort zurück.	• Flüssigkeitsdefizite (Exsikkose), z. B. durch starkes Erbrechen, Durchfälle • geringe Flüssigkeitszufuhr

7.2.3 Hautfarbe

Hautfarbe

normale Färbung der menschlichen Haut. Beim hellhäutigen gesunden Menschen ist die Hautfarbe blass-rosa.

Die Farbe der Haut wird bestimmt durch die:

- Hautdicke,
- Durchblutung,
- Pigmentierung (Pigmente sind Melanin, Karotin).

Da die Oberhaut nicht an allen Bereichen des Körpers gleich dick ist, kann es auch zu kleinen Abweichungen der Hautfarbe in einigen Körperregionen kommen. Veränderungen der Hautfarbe können wichtige Hinweise auf Erkrankungen geben. Diese Informationen müssen sofort an die verantwortliche Pflegende oder an eine Ärztin weitergegeben werden.

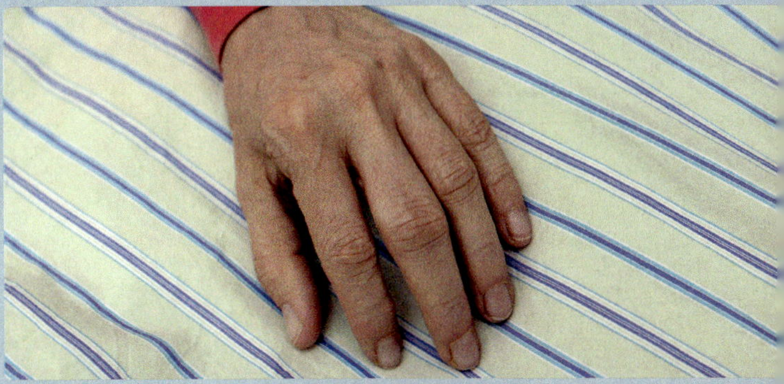

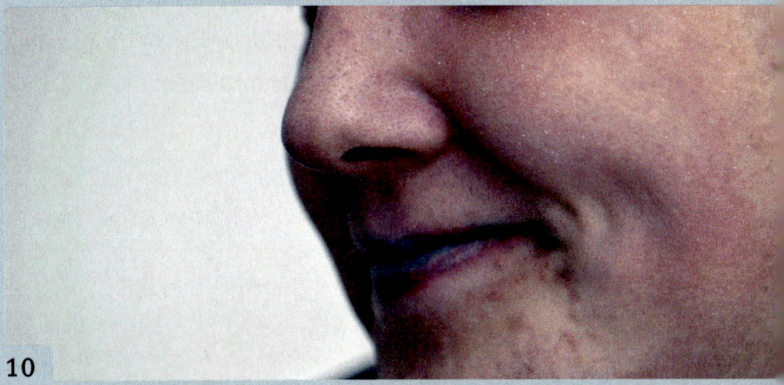

10
Gelb- und Blaufärbung der Haut

2 Beobachtung der Hautfarbe

Hautfarbe	**Mögliche Ursachen**	**Beobachtung**
Rötung (verstärkte Durchblutung)	Fieber	ganzer Körper betroffen
Blässe	Blutarmut (Anämie), Kreislaufschock	gesamte Haut betroffen
Gelbfärbung (Ikterus: Ablagerung von Blutabbauprodukten in der Haut) 10	Erkrankungen der Leber- und Gallenwege	meist zuerst an den Augen erkennbar
Blaufärbung (Zyanose) 10	Sauerstoffmangel bei Atemnot	zuerst an Fingernägeln, Nasenspitze und Lippen sichtbar
bräunlich-bronzene Hautfarbe (Harnstoffablagerungen in der Haut)	Erkrankungen der Niere	braune Farbe auch an Handflächen, Fußsohlen, Narben und Lippen

7.2.4 Veränderungen der Hautanhangsgebilde

Hautanhangsgebilde

alle Strukturen, die aus Oberhaut und Lederhaut gebildet werden. Dazu zählen: Haare 11*, Nägel, Drüsen.*

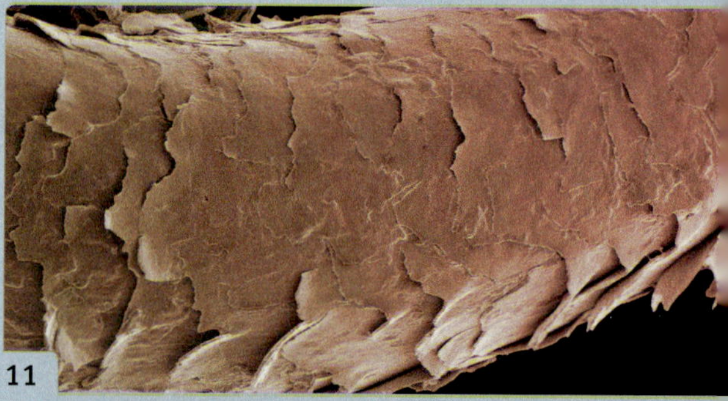
11
Haar im Mikroskop

Nagelveränderungen

Bestimmte Nagelveränderungen 12 können auf konkrete Erkrankungen hindeuten:

3 Nagelveränderungen

Beobachtung	Mögliche Ursachen
• aufgewölbte Nägel (Uhrglasnägel) 13 • auffällige Verdickung der Endfingerglieder (Trommelschlegelfinger)	chronischer Mangel an Sauerstoff im Gewebe, z. B. bei chronischen Lungenerkrankungen

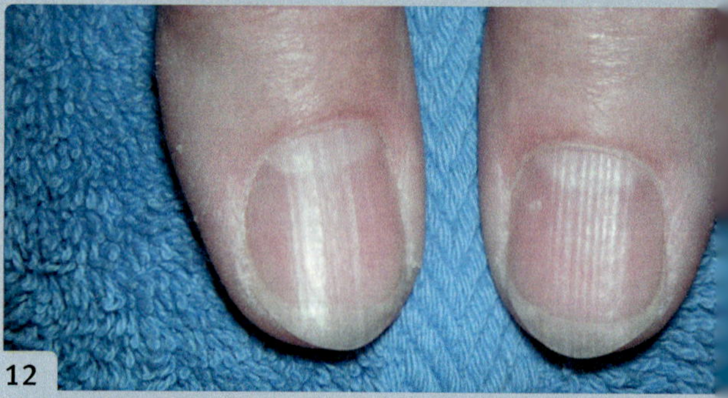
12
Nagelplatte mit Rillen

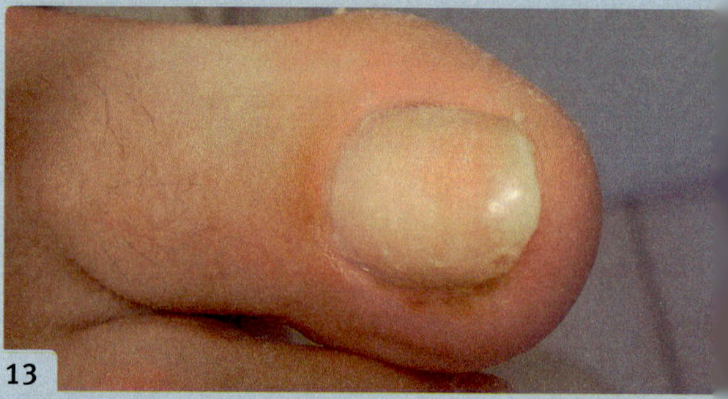
13
Uhrglasnagel

Veränderungen der Körperhaare

Es kann zu Veränderungen in der Beschaffenheit, Farbe und Menge 14 von Körperhaaren kommen. Solche Veränderungen können z. B. auf Störungen des Hormonhaushaltes, Vergiftungen oder auf Nährstoffmangel hinweisen. Durch bestimmte Medikamente, z. B. Zytostatika (Chemotherapie), kann es zu **Haarausfall** kommen.

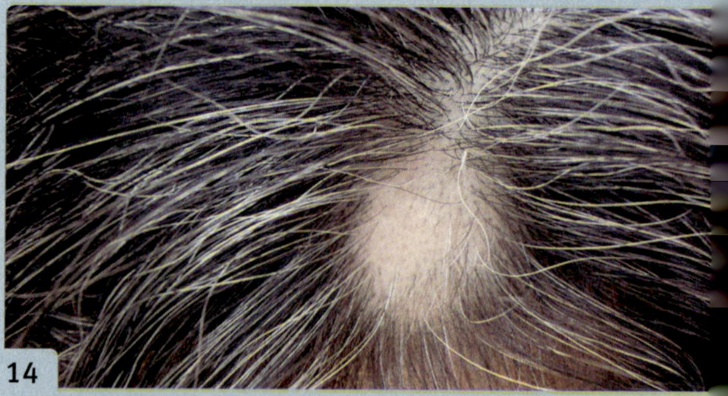
14
Kreisrunder Haarausfall

Veränderungen des Körpergeruchs

Körpergerüche, die auf eine Erkrankung hinweisen können, sind z. B.:

- Harngeruch durch Inkontinenz oder Nierenerkrankungen,
- Azetongeruch bei Hyperglykämie (Überzuckerung),
- Mundgeruch bei mangelnder Mundpflege und Zahn- und Magenerkrankungen.

7.2.5 Hauterkrankungen

Hauterkrankungen können z. B. durch Bakterien, Viren, Pilze oder Parasiten hervorgerufen werden. Wenn der Verdacht einer **Hautinfektion** besteht, sollte ein Arzt zu Rate gezogen werden.

Eine **Hautinfektion** (Eindringen eines Keims, Parasits in die Haut) ist meist daran zu erkennen, dass die Haut an den betroffenen Stellen anders aussieht als am restlichen Körper. Typische Symptome sind Schwellungen, Rötungen, Ausschläge, Blasen oder eitrige Pusteln. Viele Hauterkrankungen gehen auch mit Juckreiz, Schmerzen, Fieber oder Druckempfindlichkeit einher.

Eine der häufigsten Hauterkrankungen, die durch **Viren** ausgelöst wird, ist die **Herpes-Infektion** 15. Diese erkennt man an Bläschen, die auf der Haut, an Lippen oder auch im Genitalbereich vorkommen können.

Bakterielle Hauterkrankungen sind z. B.:

- Folikulitis: Entzündung des Haarbalgs,
- Abszess 16: Eiteransammlung in einem abgekapselten Gewebshohlraum,
- Phlegmone (Wundrose): diffuse bakterielle Entzündung des Bindegewebes.

Pilzinfektionen (Mykosen) treten häufig an feuchten oder vorgeschädigten Hautstellen auf:

- zwischen den Zehen (Fußpilz 17),
- auf den Nägeln (Nagelpilz 18),
- unter der weiblichen Brust,
- Genitalbereich,
- Mundhöhle.

Parasiten

Läuse, Milben (Krätze) und Zecken können ebenfalls Hautinfektionen übertragen. Besonders gefährdet sind abwehrgeschwächte Bewohnerinnen mit chronischen Erkrankungen. Für sie kann z. B. ein Zeckenbiss gefährlich sein.

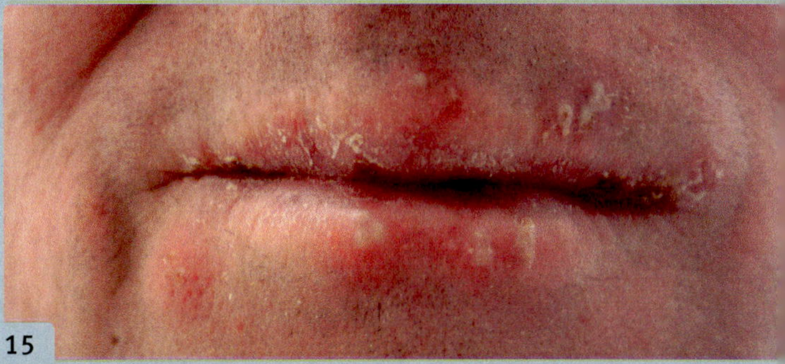

15
Herpes-Infektion

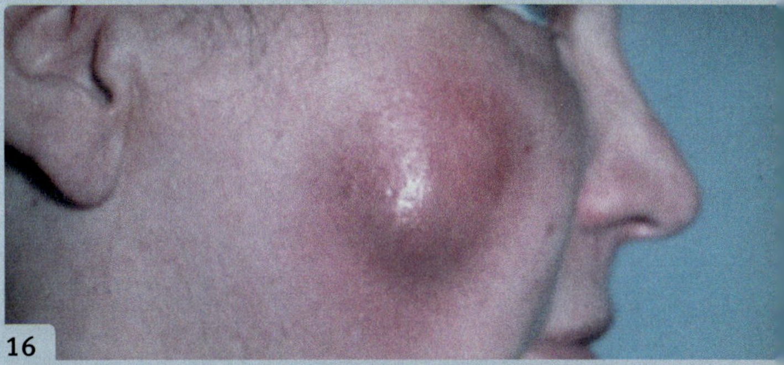

16
Abszess

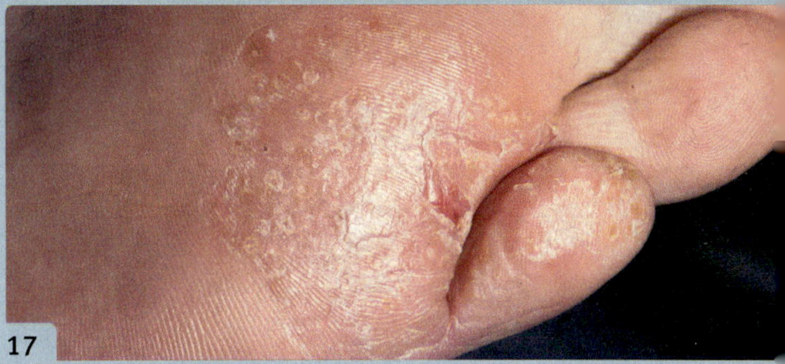

17
Fußpilz

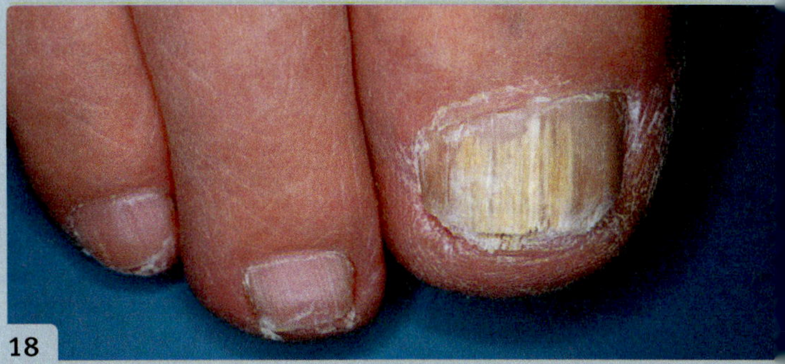

18
Nagelpilz

Spezielle Hautveränderungen

Effloreszenzen

alle sichtbaren und tastbaren Veränderungen der Hautoberfläche. Es gibt primäre und sekundäre Effloreszenzen.

Primäreffloreszenzen entstehen unmittelbar als direkte Folge der Erkrankung auf der Haut. Die Urtica (Quaddel) ist z. B. eine Primäreffloreszenz. Sie kann Ausdruck einer schweren allergischen Reaktion, z. B. auf Antibiotika, sein. In diesem Fall kann sogar ein anaphylaktischer (allergischer) Schock mit Atemnot und Kreislaufkollaps folgen.

Zu den Primäreffloreszenzen gehören:

- **Blase**: ein über das Hautniveau sich erhebender, mit Flüssigkeit gefüllter Hohlraum,
- **Pustel**: eine mit Eiter gefüllte Blase oder Bläschen,
- **Quaddel** (Urtika) 19 : eine flächenhafte, weiche, ödemartige Erhabenheit von blasser bis hellroter Farbe, meist mit Juckreiz.

Sekundäreffloreszenzen können entweder aus einer Primäreffloreszenz, z. B. durch Kratzen, oder durch äußere Schädigung der Haut entstehen.

Dazu gehören:

- **Ulcus** 20 : tiefe Gewebszerstörung mit narbiger Abheilung,
- **Hyperkeratose** 21 : übermäßig starke Verhornung der Haut,
- **Fissur**: Riss oder eine Spalte durch die Haut,
- **Atrophie**: Hautschwund,
- **Narbe**: faserreiches Ersatzgewebe der Haut.

Bedenke

Beobachtungen dieser Art müssen sofort an den verantwortlichen Pflegenden oder an einen Arzt weitergegeben werden.

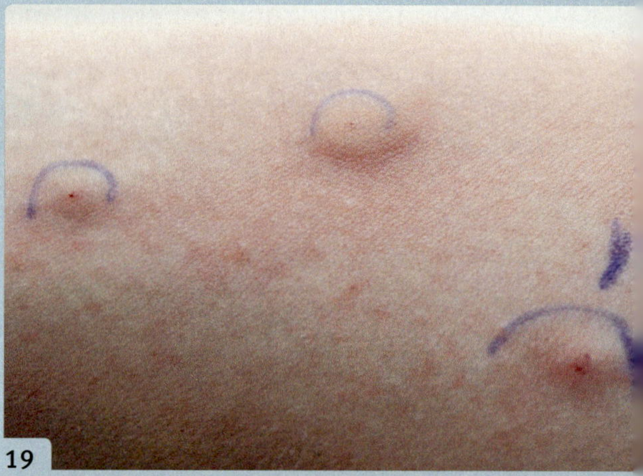

19
Quaddel

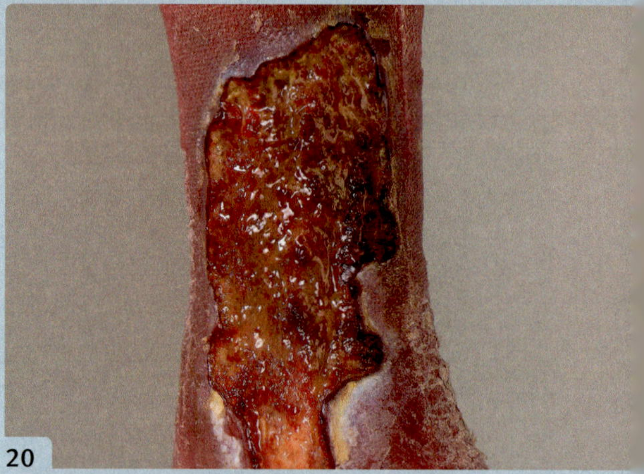

20
Ulcus cruris

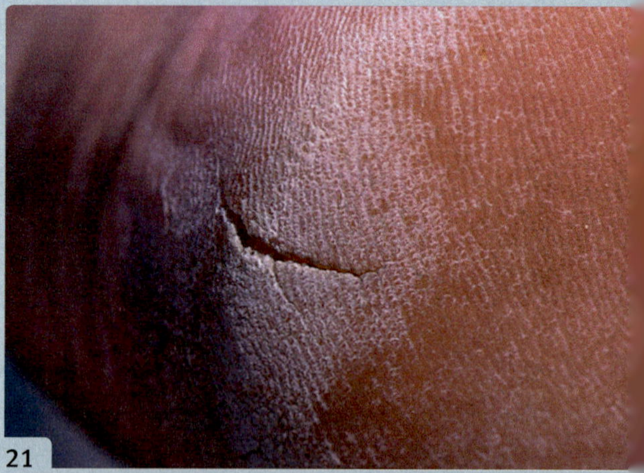

21
Hyperkeratose

7.2.6 Veränderungen der Mundhöhle

Idealerweise erfolgt die Beobachtung der Mundhöhle vor oder nach der Zahnpflege (→7.4.1). Zur Inspektion wird der Bewohner gebeten, den Mund zu öffnen. Bei Bewusstlosen wird der Mund durch vorsichtiges Nach-unten-Drücken des Unterkiefers geöffnet.

Zur Beobachtung werden verschiedene Materialien benötigt. Diese werden vorher am besten auf einem Tablett gerichtet:

4 Materialien zur Beobachtung

Material	Begründung
Handschuh	Eigenschutz
Taschenlampe	Ausleuchten der Mundhöhle
Mundkeil oder Mullbinde	Aufhalten den Mundes, z. B. bei Bewusstlosen
Zahnarztspiegel	Beurteilung des Zahnfleisches und der Zähne
Spatel	Positionieren der Zunge

Was wird beobachtet?

Beobachtet und dokumentiert werden Veränderungen an:

- Lippen,
- Zunge,
- Zähnen,
- Zahnfleisch,
- Mundschleimhaut,
- Rachenbereich.

Die Bewohnerin sollte vor der Beobachtung zu Beschwerden beim Kauen und Schlucken befragt werden. Während des Gesprächs kann evtl. auftretender Mundgeruch wahrgenommen werden. Zunge und Mundschleimhaut sind normalerweise, feucht, rosig und ohne Belag.

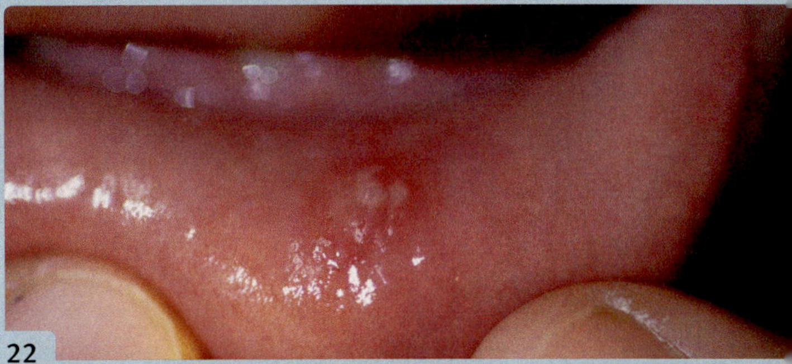

22
Aphthen

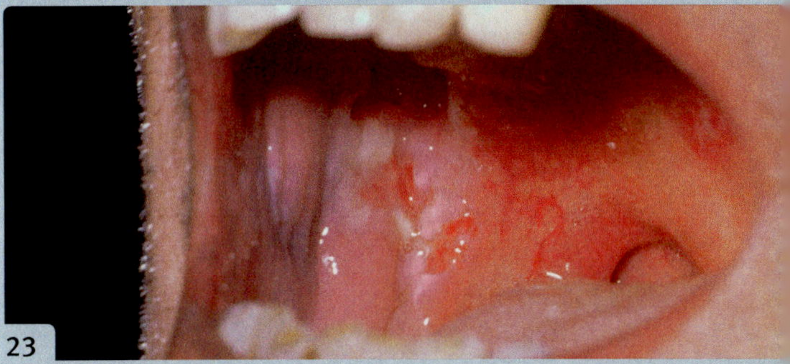

23
Soor-Pilzinfektion

Veränderungen im Mund

Bei den folgenden Veränderungen in der Mundhöhle sollte eine Pflegende oder ein Arzt informiert werden:

- **Aphthen** 22: kleine, schmerzhaft, entzündete Bereiche (Zunge, Zahnfleisch, Mundschleimhaut). Aussehen: gelb-weißlich mit einem roten Rand,
- **Mundtrockenheit**: trockene Mundschleimhaut, ggf. Hautfetzen, Risse und ein schleimig-weißlicher Belag auf der Zunge, fehlender Speichelsee unter der Zunge,
- **Soor-Pilzinfektion** 23: festsitzende, weiße Beläge auf Zunge und Mundschleimhaut, die sich nicht wegwischen lassen,
- **Beläge und Borken**: braun-gelbliche Beläge, die in Schichten aufliegen,
- **Schrunden**: kleine schmerzhafte Risse an Lippen und Mundwinkeln,
- Einrisse in Mund- oder Nasenwinkel.

7.3 Pflegepraxis An- und Auskleiden

Die Art und das Aussehen der Kleidung sind für jeden Menschen von großer Bedeutung. Durch Kleidung kann der Mensch seinen persönlichen Geschmack, seine **Individualität** ausdrücken. Kleidung kann auch die Zugehörigkeit zu einer bestimmten gesellschaftlichen Gruppe zeigen.

Daher ist es sehr wichtig, die bisherigen Gewohnheiten der Bewohner zu ermitteln. Folgende Fragestellungen können dabei hilfreich sein:

- Welche Farben werden bevorzugt?
- Welcher Stil?
- Ist sie modebewusst?
- Trägt er zu unterschiedlichen Anlässen unterschiedliche Kleidung?

Das An- und Ausziehen ist eine komplexe Tätigkeit. Um sich selbstständig an- und ausziehen zu können, sind folgende Fähigkeiten notwendig:

- **motorische** Fähigkeiten (Bewegung),
- **sensorische** Fähigkeiten (alle Bereiche, mit denen man die Welt wahrnehmen kann wie Sehen, Hören, Tasten),
- **kognitive** Fähigkeiten (Prozesse wie Denken, Schlussfolgern, Erinnern).

7.3.1 An- und Auskleideverhalten beobachten

Durch gezieltes Beobachten des Bewohners beim An- und Auskleiden können **Probleme**, aber auch die **Selbsthilfefähigkeit** und **Ressourcen** der Bewohner erkannt werden.

Beeinträchtigungen, die beim An- und Auskleiden beobachtet wurden, sollten dokumentiert werden. Gemeinsam im Pflegeteam können dann mögliche Lösungsansätze, z.B. der Einsatz von Hilfsmitteln und die Unterstützung durch eine Pflegende, erarbeitet werden.

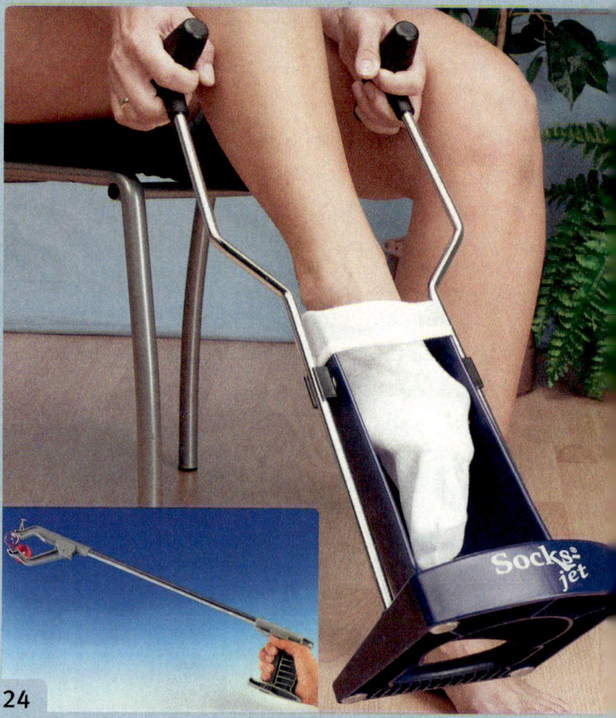

24
Anziehhilfen

5 Probleme beim An- und Auskleiden

Beeinträchtigung	Auswirkung
Gelenkschäden	fehlende Kraft beim Zugreifen, Verlangsamung des An- und Auskleidens
Ausfallerscheinungen des Gehirns, Lähmungen	Handlungsunfähigkeit, Bewegungsabläufe können nicht mehr durchgeführt werden
Lähmungen	erschweren das An- und Ausziehen bzw. machen es unmöglich
Sehstörungen, Erblindung	erschweren die adäquate Auswahl der Kleidung

7.3.2 Beim An- und Auskleiden unterstützen

Bewohner profitieren auf mehrfache Art und Weise von der Tätigkeit des An- und Auskleiden. Der Bewohner sollte sich so weit wie möglich selbstständig an- und ausziehen. Dadurch bleibt die Selbstständigkeit erhalten und die Beweglichkeit wird trainiert. Wenn er an der Auswahl der Kleidungsstücke beteiligt wird, kann der Wohlfühleffekt noch gesteigert werden.

Hilfen beim An- und Auskleiden

- Kleidungsstücke zurechtlegen. Das Kleidungsstück, das als erstes angezogen wird, muss oben liegen,
- Anziehhilfen 24 wie Strumpf-, Schuhanzieher, Knöpfhilfe einsetzen,
- Kleidungsstücke mit Klett- bzw. Reißverschluss statt Knöpfen verwenden,
- Schuhe oder Stiefel mit Reiß- oder Klettverschluss statt Schnürsenkel verwenden.

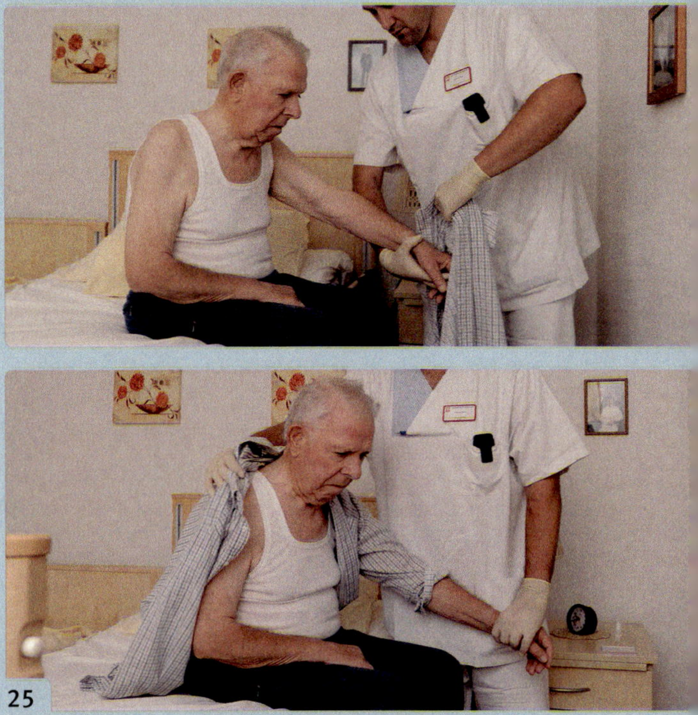

25
Bewohner mit Halbseitenlähmung beim Anziehen

Oberkörper auskleiden

Beim Auskleiden sollte bei Erkrankungen an einem Arm oder Bein immer mit der **gesunden Körperhälfte** begonnen werden.

- Bewegungsfreiheit für den Oberkörper schaffen,
- beim Pullover das Oberteil raffen und über den Kopf streifen, zuerst den ersten und dann den zweiten Ärmel ausziehen,
- beim Hemd nach dem Aufknöpfen zuerst einen Ärmel abstreifen, dann das Oberteil hinter dem Rücken durchschieben und den zweiten Ärmel herunterziehen.

Bedenke

Bei Bewohnern mit Sensibilitätsstörungen, z. B. Schlaganfall, drohen Verletzungen beim An- und Auskleiden durch das Draufsetzen auf den gelähmten Arm.

Unterkörper auskleiden

Beim Auskleiden ist es hilfreich, den Bewohner auf dem Bett liegen zu lassen und, wenn nötig, beim Öffnen der Verschlüsse der Hose behilflich sein. Die Hose wird unter der Hüfte durchgezogen.

Dazu bieten sich folgende Vorgehensweisen an:

- Bewohner bitten, eine „Brücke“ zu machen,
- Bewohner unterstützen, zuerst die eine und dann die andere Hüfte anzuheben,
- Bewohner auf die Seite drehen, die Hose über die Hüfte schieben, dann auf die andere Seite drehen und die Hose auch dort über die Hüfte schieben. Dann wird die Hose nach unten über die Füße abgestreift und abgelegt.

Bedenke

Beim An- und Auskleiden Rutschgefahr für den Bewohner beachten.

Oberkörper ankleiden

Bei Erkrankungen an einem Arm oder Bein sollte **zuerst der erkrankte** und dann der gesunde Körperteil angekleidet werden. Dadurch besteht möglichst viel Bewegungsfreiraum für den erkrankten Körperteil.

Der Bewohner sollte nach Möglichkeit aufrecht sitzen:

- zuerst einen Ärmel anziehen, den Pullover über den Kopf streifen und dann den Bewohner in den zweiten Ärmel schlüpfen lassen,
- bei bewusstlosen oder schwachen Bewohnern den Ärmel vorher aufrollen und dann abstreifen,
- den Pullover über den Rücken nach unten ziehen,
- beim Hemd zuerst einen Ärmel anziehen, dann das Hemd hinter dem Rücken durchziehen und in den zweiten Ärmel schlüpfen lassen, 25
- Knöpfe, wenn möglich, vom Bewohner schließen lassen. Hier kann auch eine Knöpfhilfe eingesetzt werden.

Pflegende sollten sich beim Ankleiden des Oberkörpers hinter den Bewohner stellen. Dadurch kann der Rücken des Bewohners optimal abgestützt werden und für die Pflegende ist es rückenfreundlicher.

Unterkörper ankleiden

Hosenbeine aufrollen und ein Bein nach dem anderen bis zu den Oberschenkeln abrollen. Je nach Mobilität des Bewohners empfehlen sich folgende Vorgehensweisen:

- Bewohner auf die Seite drehen und die Hose über die Hüfte ziehen, 26 dann diesen Vorgang auf der anderen Seite wiederholen und die Hose vollends hochziehen,
- Bewohner eine Brücke machen lassen und die Hose über die Hüfte ziehen.

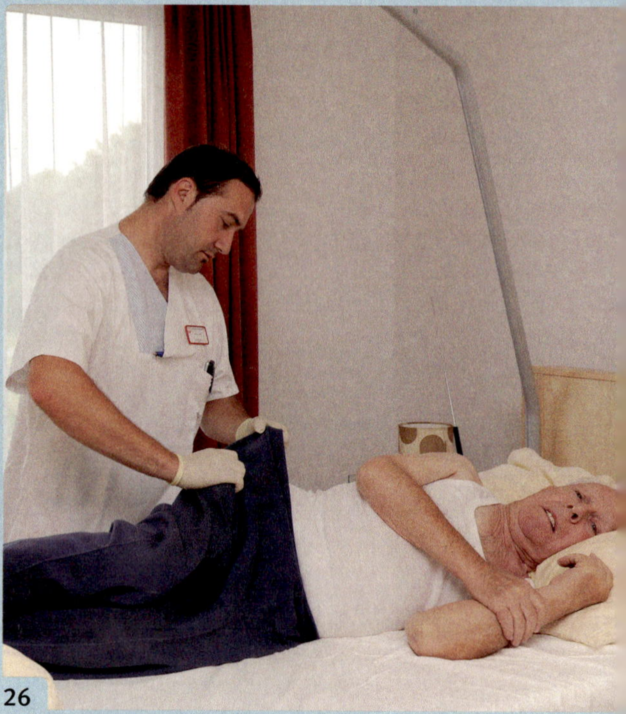

26
Unterkörper ankleiden im Bett

Wenn der Bewohner auf die Seite gedreht wird, sollte man darauf achten, dass er nicht das Gleichgewicht verliert und aus dem Bett fällt. Je nach Fähigkeit des Bewohners sollte man eine zweite Pflegende zur Abstützung des Bewohners holen oder das **Bettgitter** (wenn vorhanden) hochklappen.

Bedenke

Das Anbringen von Bettgittern muss vom Amtsgericht genehmigt werden.

Nachbereitung

- bei bewegungseingeschränkten Bewohnern Kleidung auf Faltenfreiheit überprüfen,
- gebrauchte Materialien sachgerecht entsorgen,
- verschmutzte Kleidung zur Schmutzwäsche des Bewohners geben,
- Händedesinfektion.

7.4 Pflegepraxis Mund- und Zahnpflege

Mundpflege

alle Maßnahmen zur Therapie oder zur Verhütung von Verletzungen oder Entzündungen der Mundschleimhaut, Zähne und Lippen.

7.4.1 Zähne putzen

Durch das Zähneputzen werden Speisereste und Plaques entfernt. Bei **Plaque** (Zahnbelag) handelt es sich um einen sichtbaren Bakterienbelag. Diese Bakterien ernähren sich von Nährstoffen, die regelmäßig über die Nahrung in den Mund gelangen. Der Zahnbelag ist weißlich-gelb. Er kann die Zähne, wenn diese nicht richtig gepflegt werden, auch beschädigen und zu **Karies** (Zahnfäulnis) führen. Die Zähne sollten nach jeder Mahlzeit oder mindestens zweimal täglich geputzt werden.

Zum Zähneputzen werden folgende Materialien benötigt:

- Zahnbürste mit Zahnpasta, evt. Zahnseide,
- Zahnputzbecher, evtl. Mundspüllösung,
- Nierenschale zum Ausspucken,
- Handtuch.

Bedenke

Vor dem Zähneputzen durch eine Pflegende muss sichergestellt werden, dass ein ausreichender Schluckreflex vorhanden ist.

Vorbereitung

Bettlägerige Bewohner werden zur Zahnpflege möglichst in **Oberkörperhochlage** gebracht. Mobile Bewohner werden zum Waschbecken begleitet. In beiden Fällen wird der Oberkörper mit einem Handtuch vor Nässe geschützt. Zahnpasta auf die Zahnbürste auftragen (lassen).

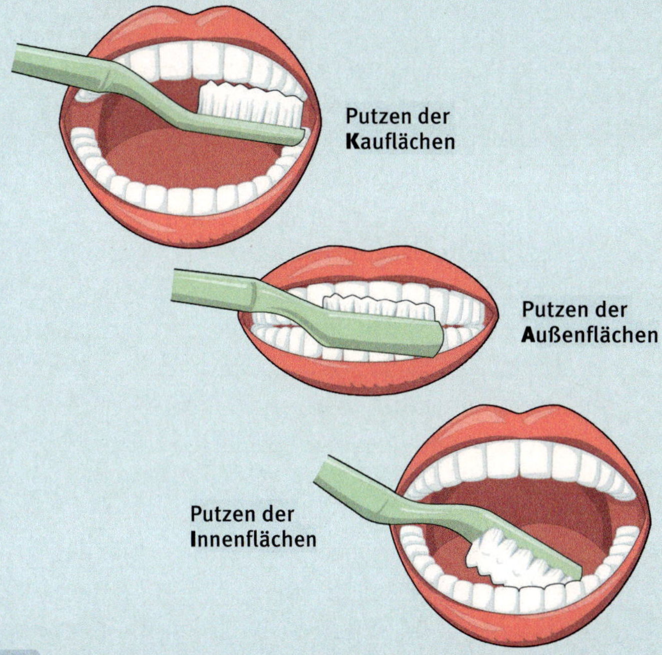

27
KAI-Schema

Durchführung

- Mund öffnen lassen,
- an den hinteren Kauflächen beginnen,
- mit wischenden Bewegungen die Außenflächen vom Zahnfleisch zum Zahn hin reinigen und von links nach rechts hinüberwandern,
- von oben nach unten und von außen nach innen 27,
- dann auf die Innenflächen wechseln,
- kräftig ausspülen,
- evtl. Zahnzwischenräume vor dem Putzen mit Zahnseide reinigen,
- Mund abwaschen und trocknen.

Nachbereitung

Der Bewohner wird je nach Bedarf gelagert oder vom Waschbecken zum Stuhl oder Bett begleitet. Die Zahnbürste, der Zahnputzbecher und die Nierenschale werden gereinigt, desinfiziert und aufgeräumt.

7.4.2 Zahnprothesen reinigen

Zahnprothesen sollten nach jeder Mahlzeit gereinigt werden. Wird der Plaque nicht von den Zähnen entfernt, verhärtet er sich und wird zu **Zahnstein**. Der Zahnstein bildet die ideale Grundlage für Bakterien, Viren und Pilze. Diese Keime können Reizungen und Entzündungen der Mundschleimhaut hervorrufen.

Folgende Materialien werden benötigt:

- Händedesinfektionsmittel,
- Prothesenzahnbürste,
- Prothesenreinigungsmittel,
- ggf. Prothesenreinigungsbehälter,
- Haftcreme,
- bei Bettlägerigen Handtuch und Nierenschale,
- Handschuhe.

Vorbereitung

Vorher Händedesinfektion. Die Zahnprothesen werden aus der Mundhöhle entfernt 28. Bei Teilprothesen sollte zuerst die Art der Befestigung in Erfahrung gebracht werden. Um Beschädigungen an herausnehmbarem Zahnersatz zu vermeiden, sollte die Reinigung immer über einem mit Wasser gefüllten Waschbecken oder Handtuch erfolgen.

Bedenke

Zahnprothesen nicht mit Zahnpasta reinigen, da diese einen hohen Anteil an Schleifkörpern enthält und zu einer rauen Prothesenoberfläche führen kann.

Durchführung

- evtl. Prothese vorher kurz in einem Reinigungsbad einweichen,
- Mundhöhle ausspülen lassen, bei Bettlägerigen Oberkörper mit einem Handtuch abdecken und eine Nierenschale bereitstellen,
- Mundhöhle beobachten.

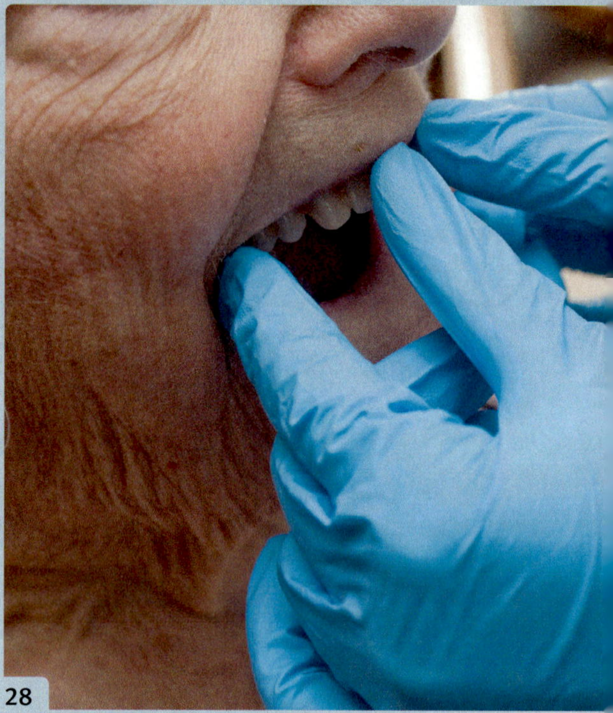

28
Oberkieferprothese entfernen

Nachbereitung

Nach Möglichkeit sollte sich der Bewohner die Prothesen selbst einsetzen und evtl. zur Unterstützung **Haftcreme** verwenden. Zuerst sollte die Oberkiefer- und dann die Unterkieferprothese eingesetzt werden.

Dann muss der Bewohner zum korrekten Sitz und nach Schmerzen befragt werden. Zum Schluss werden die Materialien gereinigt bzw. entsorgt und die Hände desinfiziert. Die Zahnprothese sollte ein- bis zweimal jährlich zahnärztlich untersucht werden.

Bedenke

Werden Zahnprothesen über mehrere Tage hinweg nicht eingesetzt, kann sich der Gaumen verformen, sodass die Prothese nicht mehr passt.

7.4.3 Mundhöhle spülen

Der Mund sollte gespült werden:

- vor dem Einsetzen der Zahnprothese,
- bei Mundtrockenheit,
- zu therapeutischen Zwecken.

Bedenke

Mundspülungen nur bei Bewohnern mit vollem Bewusstsein und intaktem Husten- und Schluckreflex vornehmen.

Vorbereitung

- Händedesinfektion,
- Spüllösung oder Medikament in den Spülbecher einfüllen,
- mobile Bewohner zum Waschbecken begleiten,
- Bettlägerige im Bett aufsetzen (lassen),
- den Oberkörper mit einem Handtuch abdecken.

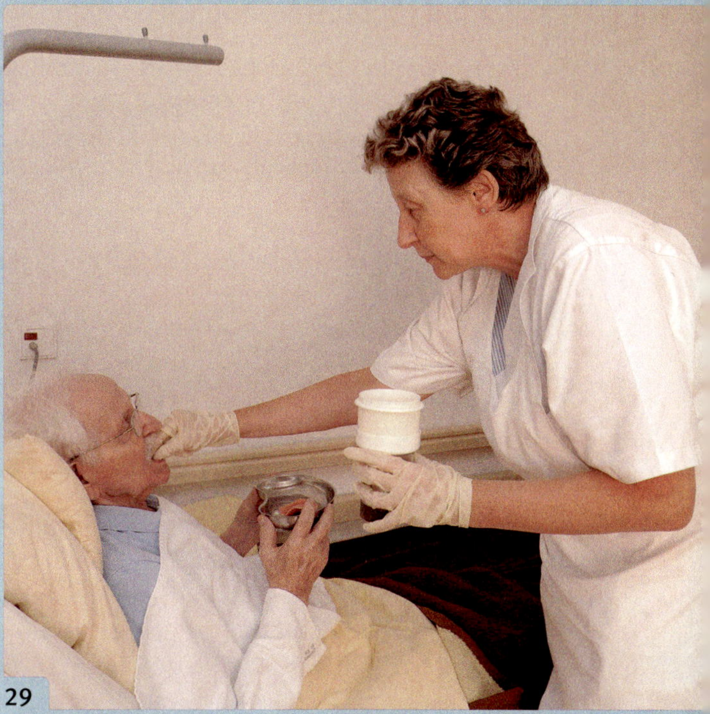

29
Mundpflege im Bett

6 Materialien

Material	Begründung
Spülbecher	bei Bedarf mit Aufsatz oder Strohhalm versehen
Wasser, Mundspüllösung oder verordnetes Arzneimittel	zum Spülen der Mundhöhle
Handtuch	bei bettlägerigen Bewohnern zum Schutz der Wäsche
Nierenschale	bei bettlägerigen Bewohnern zum Auffangen der Spülflüssigkeit
Lippenpflegemittel wie Fettstift oder Bepanthen®-Salbe	bei trockenen Lippen

Durchführung

- Bewohner über die Vorgehensweise informieren und zur Mithilfe motivieren,
- Spülbecher anreichen und den Mund ausspülen lassen, evtl. Bewohner gurgeln lassen (nur auf ärztliche Anweisung),
- bei bettlägerigen Bewohnern zum Ausspucken eine Nierenschale 29 bereithalten,
- Mund abtrocknen (lassen),
- ggf. Lippen mit einem Fettstift oder einer Fettcreme versorgen,
- Handtuch entfernen.

Nachbereitung

- mobile Bewohner vom Waschbecken zu einem Stuhl oder ins Bett begleiten,
- bettlägerige Bewohner lagern,
- Materialien entsorgen und reinigen,
- alle Beobachtungen und die Pflegehandlung dokumentieren.

7.4.4 Spezielle Mundpflege

Eine spezielle Mundpflege wird bei Bewohnerinnen durchgeführt, die ihren Mund nicht selbstständig reinigen und befeuchten können. Dazu gehören Bewohnerinnen, die betroffen sind von z. B.:

- Bewusstlosigkeit oder Bewusstseinstörungen,
- längerfristiger Sauerstofftherapie,
- Ernährung über Magensonde,
- einem deutlich reduzierten Allgemeinzustand,
- Zahnlosigkeit.

Materialien

Zu den Materialien gehören: Taschenlampe und Zungenspatel zur Inspektion der Mundhöhle, Péanklemme oder Handschuhe bzw. Fingerling, Schale mit Tupfern oder Gaze, erfrischende Lösung oder Mundwasser zum Auswischen der Mundhöhle, Lippenpflegemittel wie Fettstift bei trockenen und rissigen Lippen, Handtuch für den Nässeschutz.

Vorbereitung

Materialien bereitlegen, Bewohnerin informieren, Oberkörper mit Handtuch abdecken.

Durchführung

- Inspektion der Mundhöhle und der Lippen,
- Tupfer 30 so mit der Klemme erfassen, dass deren Spitze vollständig bedeckt ist (Verletzungsgefahr),
- Gaze um einen behandschuhten Finger wickeln (Verletzungsgefahr durch Zubeißen eines Bewohners),
- Tupfer bzw. Gaze in der Lösung tränken,
- Wangenschleimhaut, das Zahnfleisch, die Zunge und den Gaumen (Brechreiz) vorsichtig und gründlich abwischen,
- dabei für jeden Wischvorgang einen frischen Tupfer verwenden,
- Lippen dünn mit einem Fettstift oder Bepanthen®-Salbe bestreichen.

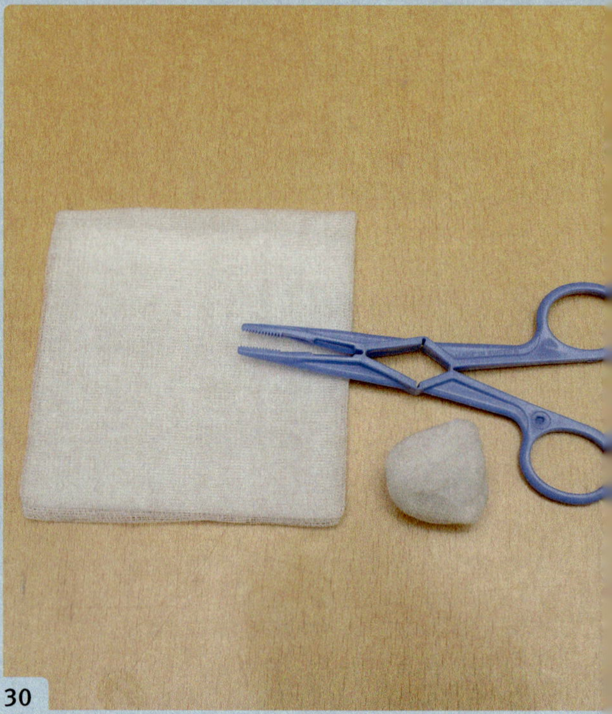

30
Klemme mit Tupfer

Nachbereitung

- Bewohner lagern,
- Materialien entsorgen und reinigen,
- Dokumentation der Pflegehandlungen und Beobachtungen.

Bedenke

Aus hygienischen Gründen müssen Lösung oder Tee und Pflegeutensilien täglich gewechselt werden. Flüssigkeiten und Tupfer sind in geschlossenen Behältnissen aufzubewahren.

Beläge oder Borken entfernen

Dazu wird z. B. eine dünne Scheibe Zitrone (ungespritzt) auf die Zunge aufgebracht. Nach einer Einwirkungszeit von ca. 30 Minuten können die gelösten Beläge mit einer feuchten Kompresse abgewischt werden.

7.5 Pflegepraxis Körperpflege

Durch körperliche, seelische und geistige Beeinträchtigungen kann die Körperpflege nicht wie gewohnt stattfinden. Ein wichtiger Teil der **Selbstversorgung** geht dadurch verloren. Das führt zur Unsicherheit und Hilflosigkeit bei den Bewohnern. Daher ist es wichtig, dass Pflegende die Lebensgewohnheiten erfassen und entsprechend die Körperpflege mit dem Bewohner gemeinsam planen und umsetzen.

7.5.1 Soziokulturelle Aspekte

Körperreinigung ist ein menschliches Bedürfnis. Es kann unterschiedlich wahrgenommen werden:

- Wunsch nach Sauberkeit,
- anregende Stimulation,
- beruhigendes 31 Erlebnis.

Die Vorstellung über die Häufigkeit der nötigen Körperpflegemaßnahmen variiert von Person zu Person. Ob sich jemand einmal oder mehrmals täglich wäscht, wird von verschiedenen Faktoren beeinflusst:

7 Beeinflussende Faktoren

Faktoren	Erklärung
Alter	Bewegungsfähigkeit des Menschen
Religion/Kultur	rituelle Waschungen, z. B. im Islam
Gewohnheiten	Tageszeit, z. B. war früher der Samstag oft Badetag
Klima	Schwitzen
Erkrankungen und Behinderungen	Körpergeruch, körperliche Einschränkungen, Hautveränderungen

31
Baden zur Entspannung

Bedeutung für Pflegende

Unterstützung bei der Körperpflege gehört zu den „körpernahen Hilfestellungen". Die körperliche Nähe zur Bewohnerin sollte nicht durch beschmutzte Kleidung oder Körpergeruch, z. B. durch Schweiß oder Nikotin, belastet werden. Auch ist ein sehr behutsames Vorgehen notwendig, da die Körperpflege oft einen Einbruch in die **Intimsphäre** bedeutet. Durch das Tragen von Armbanduhren und größerem Schmuck kann es zu Verletzungen beim Bewohner oder bei der Pflegenden kommen.

Bedenke

Möglicherweise werden unbewusst persönliche Vorlieben der Pflegenden, z. B. für bestimmte Pflegemittel oder kräftiges Waschen, auf die Pflege des Bewohners übertragen.

7.5.2 Hautreinigungsmittel

Die Bewohner benutzen in der Regel ihre eigenen Hautreinigungs- und Pflegemittel. Diese entsprechen ihren Gewohnheiten und sind somit wichtig für ihr körperliches Wohlbefinden.

Bedenke

Treten Hautstörungen durch die eigenen Reinigungsmittel der Bewohner auf, sollte der Pflegende ein geeignetes Pflegeprodukt empfehlen.

Reinigungsmittel und ihre Wirkweise

Wasser allein reicht aus, um abgestorbene Zellen, Schweiß und Fettpartikel mechanisch von der Oberfläche der Haut zu entfernen. Je heißer das Wasser (sollte 37 °C nicht überschreiten), desto fettlösender ist es. Mechanische Einflüsse, z. B. die Benutzung eines rauen Waschlappens oder einer Waschbürste, verstärken den Effekt der Fettlösung.

Seifen 32 sind alkalisch und können einen pH-Wert von bis zu 11 erreichen. Durch diesen alkalischen pH-Wert wird der Säureschutzmantel stark angegriffen bzw. mit entfernt (die Haut entfettet). Alkalisalze dringen bis unter die Hornhaut, führen zum **Aufquellen** und damit zu einer Austrocknung der Haut. Durch das Eindringen der Salze in die Hornhaut wird häufig ein **Juckreiz** ausgelöst.

32
Seife

Aus diesem Grund werden Seifen inzwischen **Rückfetter** beigemischt. Die Rückfettung reicht jedoch nicht aus, um die eingetretene Entfettung wieder zu beheben. Parfümseifen sollten nach Möglichkeit nicht verwendet werden. Sie können Allergien auslösen.

Vorsicht ist auch bei Flüssigseife im Waschwasser geboten. Es muss mit klarem Wasser nachgewaschen werden.

8 Einsatz von Reinigungsmitteln

Reinigungsmittel	Trockene Haut	Normale Haut	Fettige Haut
Seife	möglichst nicht einsetzen	nur bei groben Verschmutzungen mit Rückfetter	bei groben Verschmutzungen mit geringem Rückfetter
Syndets	• mit Rückfetter • max. einmal am Tag	mit Rückfetter	ohne Rückfetter

Syndets

Syndets (synthetische Waschmittel) sind häufig flüssige, waschaktive Lotionen. Der pH-Wert liegt im leicht sauren Bereich bei ca. 5. Die Wirkung von Syndets beruht auf Tensiden. Sie setzen die Oberflächenspannung der Haut herab und bewirken so eine **Entfettung** der Haut. Allerdings enthalten diese Syndets größtenteils **Rückfetter**. Sie reichen aber nicht aus, um den alten Zustand der Haut wiederherzustellen.

Viele Syndets, die im Pflegebereich eingesetzt werden, enthalten zusätzlich Desinfektionsmittel. Sie sind an der Bezeichnung „antibakteriell" oder „bakteriostatisch" zu erkennen.

Bedenke

Immunabwehrgeschwächte Bewohner sollten nicht desinfizierend (keimtötend) gewaschen werden. Diese Reinigungsprodukte, z. B. desinfizierende Intimwaschlotionen, schaden dem natürlichen Hautmilieu.

Badezusätze

Damit das Badewasser die Hautoberfläche nicht entfettet und austrocknet, können je nach Hauttyp Badezusätze verwendet werden. Sie bereichern ein Bad, können Beschwerden lindern, eine medizinische Wirkung haben, aber auch Schaden hervorrufen, z. B. allergische Reaktionen.

Folgende Badezusätze können genutzt werden:

- **Badeöle** überziehen die Haut mit einem feinen Fettfilm. Je nach Inhaltsstoff können Badeöle aktivierend, entspannend oder ausgleichend wirken.
- **Bademilch** ist ein Gemisch einer wässrigen und einer fetthaltigen Komponente, z. B. Ziegenmilch (Cleopatrabad). Sie kann je nach Duftzusatz belebend oder auch entspannend wirken.

33
Badesalz

Badesalze 33 verändern den natürlichen Salzgehalt des Wassers. Dadurch werden dem Körper weniger Salze durch die Haut entzogen. Phosphathaltige Badesalze haben eine reinigende Wirkung, machen die Haut weich und wirken wie ein Peeling. Basische Badesalze haben eine Juckreiz lindernde Wirkung.

Bedenke

Vorsicht! Bei Ölbädern besteht eine erhöhte Rutschgefahr.

Die meisten älteren Menschen neigen zu trockener Haut. Daher werden Ölbäder bevorzugt.

Die Baden sollte nicht länger als 10 bis 15 Minuten dauern und mindestens zwei Stunden nach einer Mahlzeit liegen. Bäder sollten nur zwei- bis dreimal pro Woche angeboten werden.

7.5.3 Hautpflegemittel

Selbst bei auf den Hauttyp bezogener Auswahl der Reinigungsmittel kommt es zu einer Entfettung und teilweise zu einer Zerstörung des Säureschutzmantels der Haut. Aus diesem Grund sollte die Haut nach dem Waschen mit einem geeigneten Hautpflegemittel rückgefettet werden.

Hautpflegemittel wie **Cremes**, **Lotionen** und **Pasten** werden unterschieden in:

- Öl-in-Wasser-Emulsionen,
- Wasser-in-Öl-Emulsionen.

Emulgatoren

haben die Aufgabe, Fette in wässrigem Mi lieu löslich zu machen. Dadurch können sich Fette und Wasser gleichmäßig verteilen.

34
Öl in Wasser

Öl in Wasser

Feinste Öltröpfchen sind durch Emulgatoren in Wasser gelöst 34. Hierbei überwiegt der Wasseranteil deutlich. Das Wasser dringt rasch in die oberste Hautschicht und lässt sie aufquellen, sodass sich die Hautoberfläche vergrößert. Damit wird die Verdunstung von Feuchtigkeit forciert. Die Haut wird durch diese Präparate deutlich trockener. Dementsprechend sollten diese Produkte überwiegend bei fettiger Haut eingesetzt werden. Die Merkmale sind:

- milchartig,
- lässt sich einfach verteilen,
- dringt schnell in die Haut ein,
- bildet keinen Fettfilm.

Wasser in Öl

Feinste Wassertröpfchen sind in Öl gelöst. Die Haut wird bei dieser Form von einem hochprozentigen Fettfilm überzogen. Die Wassertröpfchen in dem Öl garantieren Luftdurchlässigkeit und ermöglichen einen Wärmeaustausch.

Die Präparate eignen sich zur Versorgung der normalen bis trockenen Haut. Die Merkmale sind:

- butterartig,
- dringt langsam in die Haut ein,
- bleibt an der Oberfläche,
- bildet einen Schutzfilm.

Die Anwendung von reinen Fettprodukten wie Melkfett oder Vaseline ist bei wunder Haut nicht zu empfehlen, da diese die **Hautporen** abdichten und den **Wärmeaustausch** der Haut total blockieren.

Übung

Cremen Sie die linke Hand mit einer Wasser-in-Öl-Emulsion und die rechte Hand mit einer Öl-in-Wasser-Emulsion ein. Lassen Sie dann Wasser über beide Hände laufen. Erkennen Sie einen Unterschied?

7.5.4 Grundlagen der Körperpflege

Die Körperpflege dient der **Reinigung** und **Pflege** der Haut. Sie soll das menschliche **Wohlbefinden** fördern. Darüber hinaus gibt es noch weitere wichtige Aspekte:

- in vielen Fällen eine gute Möglichkeit der **Mobilisation**,
- **Wahrnehmungsförderung** durch Berührung. Der Bewohner spürt die Grenze zwischen sich und anderen,
- **Beziehungsaspekt** durch bewusste Berührung während der Körperpflege.

Einschränkungen der Körperpflege

Aufgrund von Alter und Krankheit entstehen häufig Einschränkungen im Bereich der Körperpflege, bei denen die Bewohner die Unterstützung der Pflegenden benötigen.

9 Einschränkungen bei der Körperpflege

Erkrankungen	Auswirkungen
Immobilität (alters- oder krankheitsbedingt)	erschwert bzw. behindert die Durchführung, z. B. Lähmungen, Schwäche
Herz-, Kreislauf- und Lungenerkrankungen	können die Belastbarkeit so stark beeinträchtigen, dass die Körperpflege nicht selbständig durchgeführt werden kann
Sehstörungen und Blindheit	können besonders in fremder Umgebung (Einzug ins Heim) Unterstützung erfordern
Demenz (Verwirrtheit)	erfordert je nach Ausprägung die teilweise oder vollständige Übernahme der Körperpflege

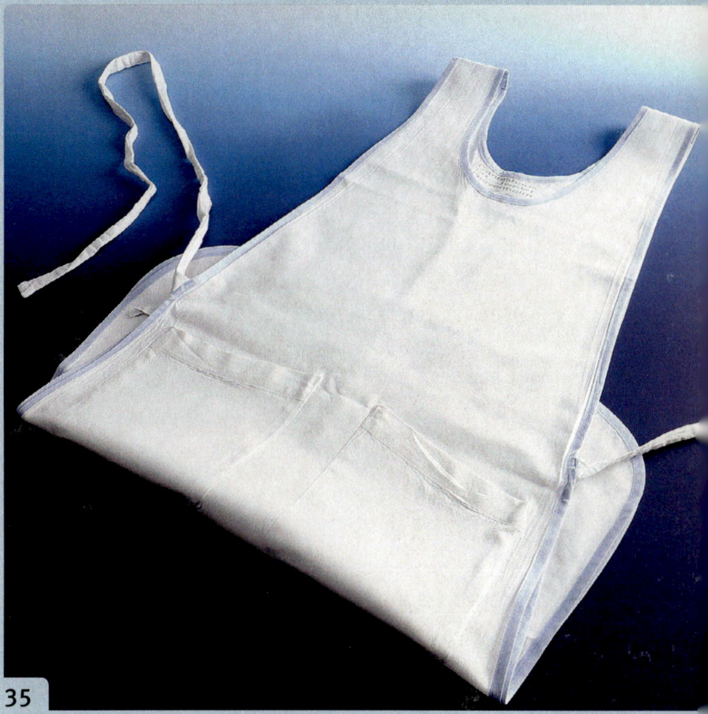

35
Einmalschürze

Materialien zur Körperreinigung und -pflege

Wasser ist das wichtigste Reinigungsmittel. Die Temperatur kann durch den Bewohner bestimmt werden. Optimal ist eine Wassertemperatur bis 37 °C. Bei höheren Temperaturen wird die Haut stärker geschädigt. Nach Möglichkeit sollten die **Reinigungsmittel** der Bewohner verwendet werden. Die Reinigungsmitteln und die bewohnereigenen **Kosmetikartikel** wie Deodorant, Cremes, Hautlotionen, Parfüm, Rasierwasser, Lippenstift sollten entsprechend den bisherigen Gewohnheiten verwendet werden.

Bedenke

Während der Körperpflege sollten Pflegende aus hygienischen Gründen eine Schürze 35 tragen. Bei Infektionen, die vom Bewohner ausgehen, z. B. Pilzinfektion, ist das Tragen von Handschuhen erforderlich.

Vorbereitung

Im Vorfeld muss der **Allgemeinzustand** der Bewohnerin ermittelt werden. Je nach Zustand wird für die Körperpflege evtl. eine zweite Pflegende benötigt. Die Einschätzung des Allgemeinzustandes bestimmt die Auswahl der Reinigungsart, z. B. Waschung am Waschbecken, im Bett, in der Dusche oder in der Badewanne, und die Form sowie den Umfang der Unterstützung.

Wichtig ist auch die Herstellung einer ausreichenden **Raumtemperatur.** Die Privatsphäre kann durch das Aufstellen eines **Sichtschutzes** oder durch Anbringen eines „Nicht stören"-Schildes geschützt werden.

Vorbereitung des Arbeitsplatzes

Die Materialien sollten immer auf einer großen, nahe dem Bett befindlichen **Abstellfläche,** z. B. einem Pflegewagen **36**, bereitgestellt werden. Eine optimale Vorbereitung des Arbeitsplatzes ist unabdingbar, da die Pflegekraft das Zimmer während der Pflegehandlung nicht verlassen sollte. Je nachdem, ob ein Wäschewechsel oder die Durchführung von Prophylaxen während der Körperpflege geplant sind, müssen auch hierfür die geeigneten Materialien bereitgestellt werden. Falls die Pflege im Bett vorgenommen wird, sollte dieses zum Schutz des Rückens der Pflegenden immer auf **Arbeitshöhe** eingestellt sein.

Nachbereitung

- Bett in gewohnte Position stellen,
- Bewohner lagern bzw. an den gewünschten Ort, z. B. Stuhl, Bett, begleiten,
- Hilfsmittel und Gegenstände wie Klingel, Getränke, TV-Fernbedienung bereitstellen,
- Pflegezimmer aufräumen,
- Materialien entsorgen oder reinigen und zum Trocknen aufhängen,
- Händedesinfektion,
- Dokumentation,
- sich verabschieden.

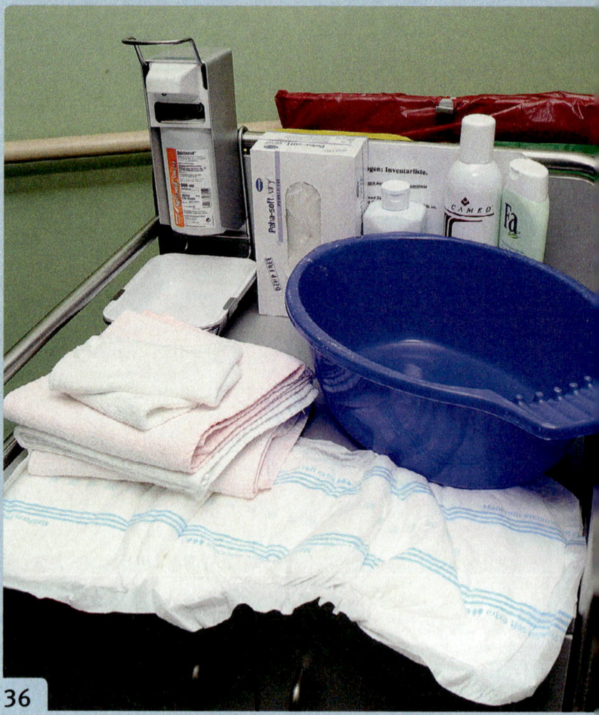

36
Material auf dem Pflegewagen

Grundsätze zur Wahrung der Intimsphäre

Jeder Mensch besitzt gewisse Tabuzonen, die bei der Übernahme der Ganzkörperwaschung durch den Pflegenden überschritten werden könnten. Daheri wird von dem Pflegenden ein entsprechendes Taktgefühl erwartet.

Die folgenden Maßnahmen tragen dazu bei, dass die Intimsphäre der Bewohner gewahrt wird:

- vor der Ganzkörperwaschung die Angehörigen und Gäste aus dem Zimmer bitten,
- einen Sichtschutz zum Zimmernachbarn aufstellen,
- Bettdecke erst nach Vorankündigung wegnehmen,
- Bewohner nach Möglichkeit besonders im Intimbereich zur Selbstpflege anleiten,
- nur den kleinen Körperbereich aufgedeckt lassen, der gerade gewaschen wird,
- vor dem Griff in den Schrank des Bewohners zunächst um Erlaubnis bitten.

7.5.5 Rasur und Bartpflege

Die Rasur und Bartpflege erfolgt bei Männern in der Regel einmal am Tag. Aber auch bei Frauen kann die Rasur der Gesichtsbehaarung zur täglichen Körperpflege dazugehören. Gesichtshaare bei Frauen können z. B. infolge von Nebennierenerkrankungen oder durch Hormonbehandlungen auftreten.

Bewohner sollten die Rasur so lange wie möglich selbst vornehmen und dazu nur die notwendige Hilfestellung bekommen. Entsprechend der Gewohnheit des Bewohners wird die Rasur vor oder nach der Waschung des Gesichtes vorgenommen.

Materialien für die Nassrasur

- Rasierer,
- Spiegel,
- Rasiercreme bzw. -schaum, evtl. Rasierpinsel,
- Schale mit Wasser,
- warmer feuchter Waschlappen, Handtuch,
- Rasierwasser, After-Shave oder Hautcreme.

Vorbereitung

Der Bewohner sollte nach Möglichkeit aufrecht sitzen. Zum Schutz der Bettwäsche wird ein Handtuch über den Oberkörper und den unteren Hals gelegt.

10 Unterschied Trocken- und Nassrasur

Bei der Trockenrasur erfolgt das Beschneiden der Haare mit einem elektrischen Rasierapparat. Sie ist weniger zeitaufwendig, dafür aber nicht so gründlich wie die Nassrasur.	Die Nassrasur wird mit dem eigenen Rasierer und Rasierschaum durchgeführt. Alternativ können auch Einwegrasierer verwendet werden. Sie ist gründlicher, aber auch zeitaufwendiger und erfordert mehr Geschick.

37
Gegen den Strich rasieren und Haut spannen

Durchführung

- die zu rasierende Hautpartie mit einem warmen, feuchten Waschlappen anfeuchten,
- Rasierschaum oder Rasiercreme mit einem Pinsel oder mit der Hand auftragen,
- Haut mit einer Hand spannen und mit der anderen Hand gegen die Bartwuchsrichtung rasieren 37.
- Bewohner auffordern, mit entsprechender Gesichtsbewegung das Spannen zu verstärken,
- Rasierklinge regelmäßig von Haut und Haaren befreien, indem man diese in der Schale mit warmem Wasser spült oder alternativ unter dem Wasserhahn abspült,
- Rasurfläche gründlich mit einem feuchten warmen Waschlappen reinigen,
- mit einem Handtuch abtrocknen,
- auf Wunsch des Bewohners Rasierwasser auftragen, um Entzündungen vorzubeugen.

Nachbereitung

Die Klinge sollte unbedingt nach der Rasur unter heißem, fließendem Wasser (Wasserhahn ganz aufdrehen) gründlich gereinigt werden. Die übrigen Utensilien müssen fachgerecht entsorgt werden.

Bedenke

Bewohner mit großflächigen Hautdefekten im Gesicht, z. B. Narben, sind schwer zu rasieren. Das bedarf einiger Übung.

Trockenrasur

Die Trockenrasur ist einfach und schnell in der Durchführung.

Materialien

- evtl. Preshave, Rasierwasser,
- Rasierapparat,
- Spiegel,
- Handtuch,
- Pinsel bzw. Bürste zum Reinigen des Rasierapparates.

Vorbereitung

Der Bewohner sollte nach Möglichkeit aufrecht sitzen. Zum Schutz der Bettwäsche wird ein Handtuch über den Oberkörper und den unteren Hals gelegt. Vor der Elektrorasur kann je nach Gewohnheit ein alkoholhaltiges **Preshave** im Gesicht aufgetragen werden. Dieses richtet die Barthaare auf, entfettet aber die Gesichtshaut.

Durchführung

Gerät einschalten und im rechten Winkel zum Gesicht halten 38. Die Haut wird mit einer Hand und, wenn möglich, durch die entsprechende Gesichtsbewegung des Bewohners gespannt. Der Rasierer wird mit sanftem Druck zügig gegen die Bartwuchsrichtung geführt.

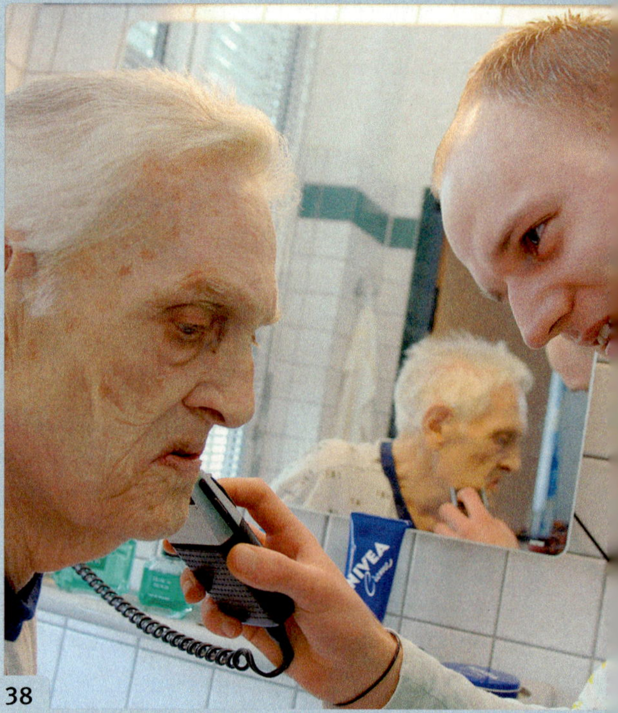

38
Trockenrasur

Problembereiche können mit zugeschaltetem **Langhaarschneider** rasiert werden. Der Hals wird intensiver bearbeitet, damit er „sauber“ wird. Nach der Rasur wird ein Rasierwasser oder eine Hautcreme auf die rasierte Hautfläche aufgetragen. Der Oberlippenbart und die Kotletten werden mit dem Langhaarschneider gestutzt.

Nachbereitung

Zur Reinigung wird der **Scherkopf** des Rasierapparates meist durch Knopfdruck abgenommen. Die Barthaare können mit einem Pinsel oder einer entsprechenden Bürste entfernt werden. Je nach Rasierertyp kann dieser auch unter fließendem Wasser gereinigt werden. Das Scherblatt darf nicht bei der Reinigung beschädigt werden. Es kann dann beim Rasieren zu Verletzungen an der Haut kommen. Deshalb ist es wichtig, nach jeder Rasur die Schutzkappe wieder auf den Scherkopf aufzusetzen.

7.5.6 Ganzkörperwaschung im Bett

Ganzkörperwaschung

Pflegemaßnahme zur Reinigung, Stimulation, Beruhigung, Fiebersenkung, Geruchsminderung des Körpers und Pflege einer attraktiven äußeren Erscheinung.

Reinigende Ganzkörperwaschung

Der Bewohner sollte immer so viele Handgriffe wie möglich selbstständig übernehmen. Je nach Grunderkrankung kann auch das Führen seiner Hand eine gute **Aktivierung** darstellen.

Materialien

Waschschüssel, zwei Handtücher, zwei Waschlappen, Einmalhandschuhe und ggf. Einmalwaschlappen für die Intimtoilette bei z. B. Pilzbefall, Waschlotion oder Seife, Pflegemittel für die Haut, Pflegemittel für Prophylaxen, Deo oder Parfüm, bei Bedarf frische Bettwäsche, Kleidung, Hände- und Flächendesinfektionsmittel.

Vorbereitung

- Händedesinfektion,
- Materialien nahe dem Bett auf einer Arbeitsfläche (Nachtschrank oder Teewagen) richten,
- Bett nach vorheriger Ankündigung auf Arbeitshöhe bringen, Sichtschutz aufstellen, Kopfteil des Bettes hochstellen,
- falls erlaubt, Lagerungshilfsmittel entfernen,
- Hände des Pflegenden vor der Körperwaschung aufwärmen.

Durchführung

Die Ganzkörperwaschung sollte nach den Bedürfnissen des Bewohners gestaltet sein. Die **Mundpflege** sollte, besonders, wenn eine Zahnprothese eingesetzt werden muss, vor der Ganzkörperwaschung erfolgen. Die **Reihenfolge** 39 könnte wie folgt aussehen:

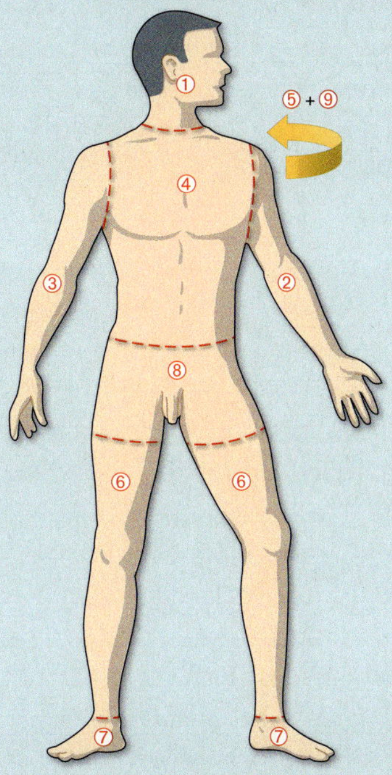

39
Reihenfolge der Ganzkörperwaschung im Bett

Gesicht ①

- Handtuch unter den Kopf legen (Bettschutz),
- Decke etwas zurückschlagen,
- Augen vom äußeren zum inneren Augenwinkel (physiologische Fließrichtung der Tränenflüssigkeit) ohne Waschzusatz waschen,
- Gesicht und Ohren waschen und abtrocknen,
- bei Bedarf **Ohrenpflege**,
- ggf. **Nasenpflege** durchführen,
- Hals waschen und abtrocknen,
- Hautpflege des Gesichts.

Bedenke

Einige Reinigungsmittel, z. B. verschiedene Seifen, müssen nach dem Aufbringen auf die Haut mit klarem Wasser wieder abgewaschen werden. Ist das Waschwasser zu stark verseift, muss ein Wasserwechsel vorgenommen werden.

Oberkörper ② bis ④

Je nach Art der waschaktiven Substanzen sollten diese ab jetzt entweder auf den Waschlappen oder direkt ins Waschwasser gegeben werden. Die Bettdecke wird bis zur Hüfte zurückgeschlagen und der Oberkörper entkleidet.

- Handtuch von der Pflegenden aus betrachtet unter den körperfernen Arm des Bewohners legen,
- Hand, Arm und Achselhöhe waschen und gut abtrocknen, gleiche Maßnahme am anderen Arm durchführen,
- Ellenbogen auf Hautrötungen, z. B. **Dekubitus** (8.4.3), überprüfen,
- Brust und Bauch waschen und gründlich abtrocknen, Nabel reinigen und inspizieren,
- kann sich der Bewohner mit Unterstützung aufsetzen, nun den Rücken waschen (evtl. auch **Pneumonieprophylaxe** (→ 12.5.1) durchführen) ⑤,
- funktioniert das nicht, dann zuerst die Beine waschen,
- Hautpflegemittel und evtl. Deo auftragen,
- saubere Oberbekleidung anziehen.

Der Bauchnabel ist durch die Falten für den Waschlappen zum Teil nicht zugänglich. Oft bleiben Schmutz-, Schweiß- und Talgreste zurück und bilden bräunliche Krusten. Im Extremfall können sich daraus **Nabelsteine** bilden.

Bedenke

Während der Oberkörperwaschung die Achselhöhlen und unter der Brust auf Intertrigo (Wundsein) untersuchen.

Unterkörper ⑥ bis ⑦

Das Nachthemd und die Unterwäsche werden bis zum Bauchnabel aufgerollt und der Unterkörper entkleidet. Der Intimbereich wird mit einem Handtuch abgedeckt.

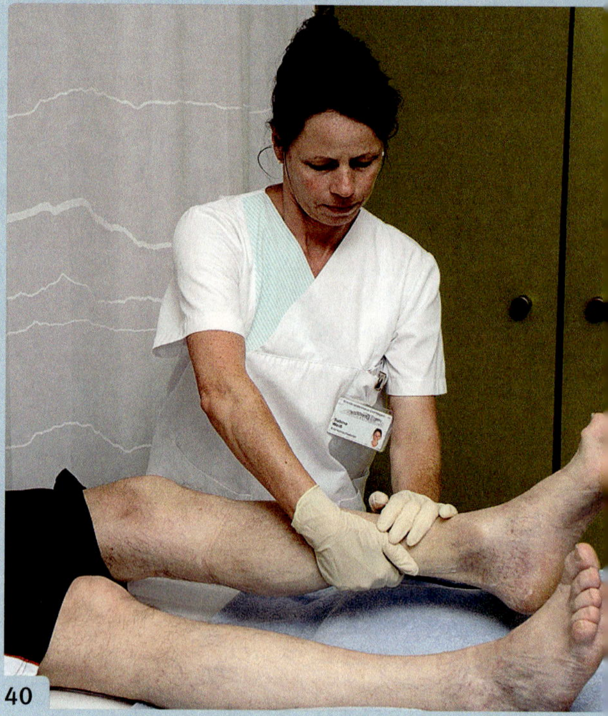

40
Beinvenen ausstreichen

- Handtuch von der Pflegenden aus betrachtet zuerst unter das körperferne Bein des Bewohners legen (körpernahes Bein wird sonst wieder nass, wenn das körperferne Bein als Zweites gewaschen wird),
- Beine und Füße waschen und abtrocknen, dabei die Zehen und die Zehenzwischenräume auf Pilzinfektionen untersuchen,
- leidet der Bewohner unter Fußpilz oder anderen Hauterkrankungen, erst die Beine waschen, für die Füße Einmalwaschutensilien und Einmalhandschuhe verwenden,
- **Thromboseprophylaxe** (→ 8.4.4) integrieren, Beinvenen zum Oberkörper ausstreichen **40**,
- Hautpflegemittel auftragen,
- Bewohner zudecken.

Das Wasser ist jetzt verschmutzt und der Waschlappen ist ggf. mit Schweiß in Berührung gekommen. Das Waschwasser, das Handtuch und der Waschlappen sollten gewechselt werden.

Genitalbereich (8)

Zur **Intimpflege** wird das Waschwasser (ohne Zusatz), der Lappen und das Handtuch gewechselt. Es werden Einmalhandschuhe getragen.

Bedenke

Das kräftige Abrubbeln der Haut wird oft als angenehm stimulierend empfunden. Bei Bewohnern mit einer sehr empfindlichen Haut, z. B. Pergamenthaut durch Einnahme von Cortison, kann es aber schmerzhaft sein oder Verletzungen verursachen.

Gesäß (9)

Das Kopfteil wird flach gestellt und der Bewohner dreht sich mit Unterstützung auf die Seite. Leidet der Bewohner z. B. unter **Atemnot**, kann das Kopfteil nicht ganz flach gestellt werden.

Um dem Bewohner mehr Sicherheit zu vermitteln, kann die Bettdecke der Länge nach zu einer Rolle gewickelt werden. Zum Eigenschutz können Einmalhandschuhe angezogen werden.

- Gesäßregion gründlich waschen und sorgfältig abtrocknen, Analfalte zum Schluss, Wischrichtung vom Schließmuskel zum Rücken,
- auf Hautrötungen achten, Dekubitusprophylaxe (8.4.3) durchführen,
- Unterhose und Schlafanzugshose anziehen,
- Bewohner lagern und zudecken,
- Haare kämmen,
- Bett auf normale Höhe bringen,
- Händedesinfektion.

Nachbereitung

- Waschschüssel ausleeren, reinigen und desinfizieren,
- benutzte Waschlappen und Handtücher in die Wäsche geben, wenn diese von der Senioreneinrichtung gewaschen wird,

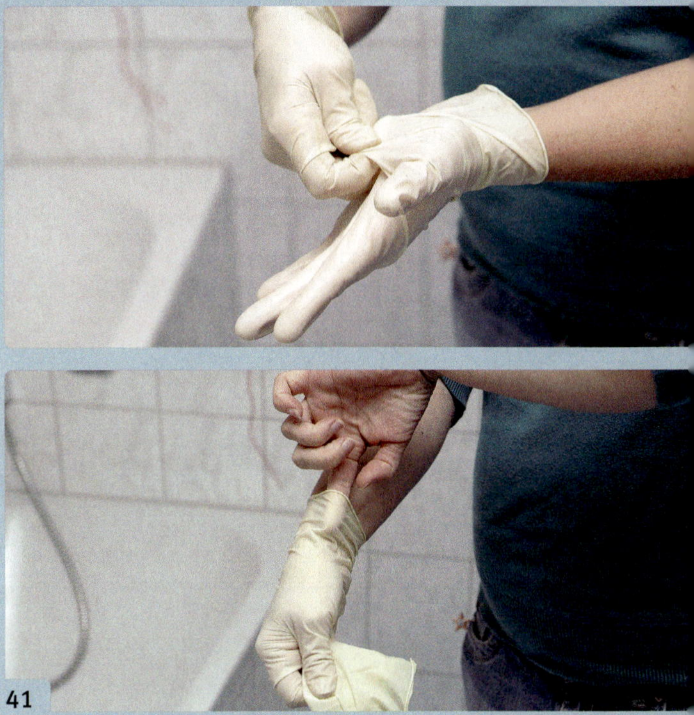

41
Einmalhandschuhe ausziehen

- stationseigene Pflegemittel desinfizieren und an den vorgesehenen Platz stellen,
- Abstellfläche mit Flächendesinfektionsmittel abwischen und den Abwurf entsorgen,
- Schutzkleidung entfernen **41**,
- abschließend Hände desinfizieren.

Arten der Ganzkörperwaschung

Es gibt z. B. die beruhigende, belebende, fiebersenkende, schweißreduzierende und basalstimulierende Waschung sowie die stimulierende Körperwaschung nach Bobath.

Übung

Waschen Sie Ihre Arme jeweils nacheinander mit einem Waschlappen, einer Socke und mit Ihrer Hand. Den linken Arm waschen Sie so gegen die Haarwuchsrichtung und den rechten mit der Haarwuchsrichtung.

Eine **belebende** Körperwaschung bietet sich bei Personen an, die auffallend schläfrig oder in einer depressiven Stimmungslage sind.

Die Besonderheiten bei der Waschung sind:

- Wassertemperatur etwa 10 °C unter der Körpertemperatur,
- Waschhandschuh oder Lappen verwenden, der an der Oberfläche rau ist,
- Waschung und Abtrocknen entgegen der Haarwuchsrichtung 42.

Bedenke

Für desorientierte und unruhige Bewohner ist die belebende Waschung nicht geeignet.

Waschzusätze für eine belebende Körperwaschung sind z. B. Eukalyptus, Zitrone, Pfefferminz.

Eine **beruhigende** Körperwaschung eignet sich z.B. für Personen, die auffallend unruhig oder ängstlich sind oder Einschlafprobleme haben.

Die Besonderheiten bei der Waschung sind:

- angenehme und warme Raumatmosphäre,
- Wassertemperatur etwas höher als die Körpertemperatur (37 bis 40 °C),
- weicher Waschhandschuh bzw. Waschlappen mit spürbarem Druck,
- mit der Haarwuchsrichtung waschen und abtrocknen 43,
- Intimpflege auslassen.

Waschzusätze für eine belebende Körperwaschung sind z. B. Jasmin, Melisse und Sandelholz, können aber auch weggelassen werden.

Bedenke

Oberflächliche oder unsichere Berührungen können Abwehrverhalten auslösen.

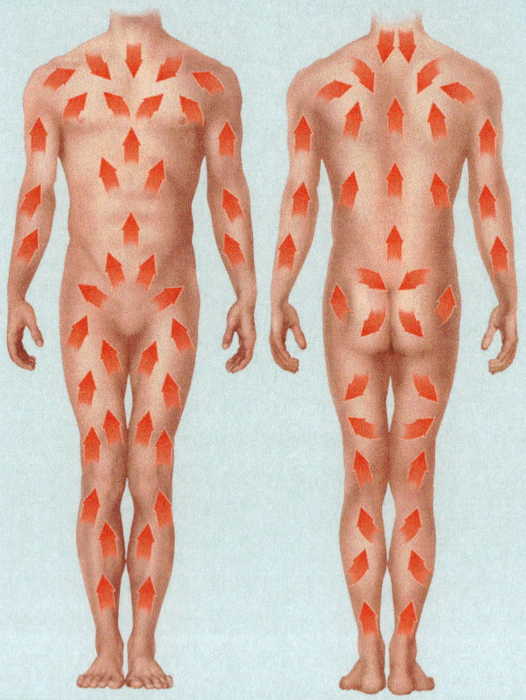

42
Waschung gegen die Haarwuchsrichtung

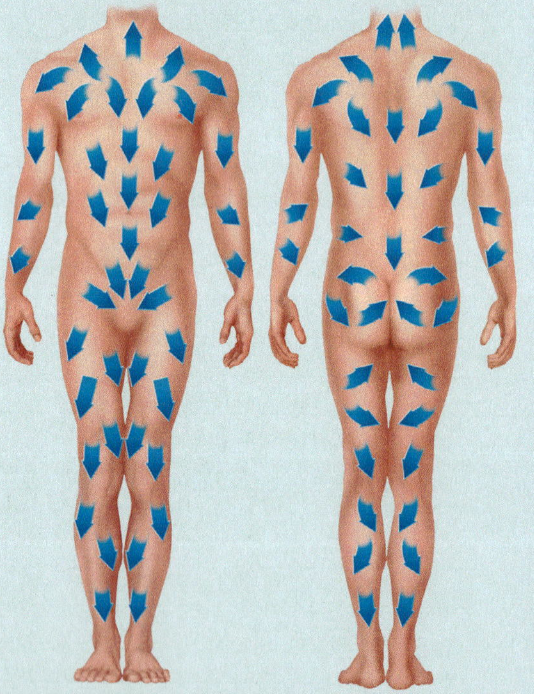

43
Waschung mit der Haarwuchsrichtung

7.5.7 Intimpflege

Intimbereich

Körperöffnungen, über die die Ausscheidungen erfolgen und die anfällig für Infektionen sind: Scheide, Harnröhre, After.

Die Intimpflege dient nicht nur der Reinigung und dem Wohlbefinden, sondern auch gleichzeitig der Vermeidung von Infektionen. In der Regel ist sie fester Bestandteil der Ganzkörperwaschung. Sie kann aber auch zusätzlich nötig werden bei:

- **Inkontinenz** (Unvermögen, Urin einzuhalten, Einnässen),
- Menschen mit **Blasenverweilkatheter**: Keime können entlang des Katheters bis in die Blase wandern.

Materialien

Waschschüssel, Handtuch, Waschlappen, unsterile Einmalhandschuhe und ggf. Einmalwaschlappen 44 für die Intimtoilette bei z. B. Pilzbefall, Waschlotion, evtl. spezielle Waschlotion für den Intimbereich, Hände- und Flächendesinfektionsmittel.

Handtuch und Waschlappen für die Reinigung des Intimbereiches sollten besonders gekennzeichnet sein, z. B. Handtuchhaken beschriften 45.

Vorbereitung

- Händedesinfektion,
- Materialien nahe dem Bett auf einer Arbeitsfläche (Nachtschrank oder Teewagen) richten,
- Sichtschutz bzw. Intimbereich schützen,
- Bett nach vorheriger Ankündigung auf Arbeitshöhe bringen,
- Lagerungshilfsmittel, die entfernt werden dürfen, entfernen,
- Hände des Pflegenden vor der Körperwaschung aufwärmen.

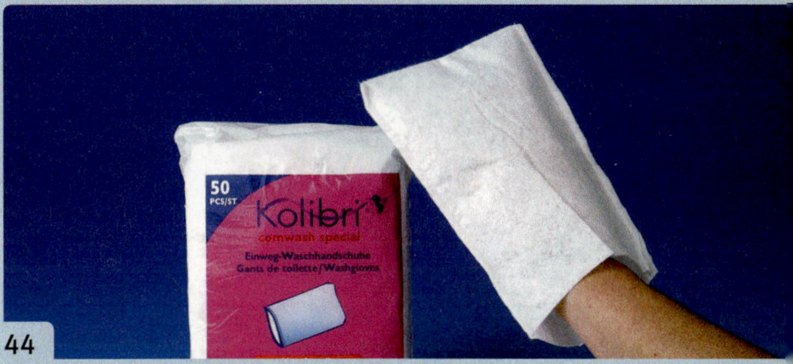

44
Einmalwaschlappen

45
Getrennte Handtücher für oben und unten

Wird die Reinigung des Intimbereichs in die Ganzkörperwaschung integriert, sollte das **Waschwasser** vorher und nachher gewechselt werden.

Der Intimbereich sollte nach Möglichkeit von der Bewohnerin oder vom Bewohner selbst gewaschen werden, wodurch Schamgefühle vermindert oder vermieden werden können.

Besteht eine Infektion im Intimbereich oder hat der Bewohner einen Blasenverweilkatheter, so sollte die Durchführung einfühlsam und diskret instruiert werden.

Bedenke

Kann die Intimpflege nicht vom Bewohner selbst durchgeführt werden, sollte die Pflegende bei der Durchführung zum Eigenschutz Handschuhe tragen.

Durchführung bei der Frau

- Handtuch unter das Gesäß der Bewohnerin legen,
- je nach Möglichkeit Füße aufstellen und Beine spreizen lassen,
- innere Schamlippen mit Daumen und Zeigefinger spreizen 46 (oben),
- Vaginaleingang und Harnröhre reinigen,
- innere Schamlippen von oben (Schambein) nach unten (Darm) waschen,
- äußere Schamlippen ebenso reinigen,
- äußere Genitale mit Schambehaarung und die Leisten waschen und abtrocknen,
- während der Reinigung des Intimbereiches auf Hautveränderungen und Sekretausscheidungen achten,
- Genitalbereich sorgfältig vor allem zwischen den Hautfalten abtrocknen.

Damit keine Keime vom **Anus** (Schließmuskel) zur Scheide gelangen, sollte immer vom **Schambein** zum Anus gewaschen werden. Bei jedem neuen Ansetzen des Waschlappens sollte ein frischer Teil verwendet werden.

Reinigungsmittel

Der äußere Intimbereich der Frau hat einen pH-Wert von 5,5. Für diesen Bereich gelten dieselben Regeln wie für den übrigen Körper. Zwischen den Schamlippen ist der pH-Normwert mit 4,4 noch einmal deutlich niedriger. Zu häufiges, intensives Waschen vor allem mit heißem Wasser und alkalischer Seife setzt dem schwachsauren Schutzfilm stark zu. Infektionen können dabei entstehen, z. B. Pilzinfektionen. Eine Waschlotion, die speziell auf den Intimbereich der Frau abgestimmt ist, kann Reizungen und Infektionen vermeiden.

Das Gefühl des Gepflegtseins kann auch über eine **Genitalspülung** erreicht werden. Auf einem Steckbecken lässt die Pflegende Wasser über den Genitalbereich der Bewohnerin laufen.

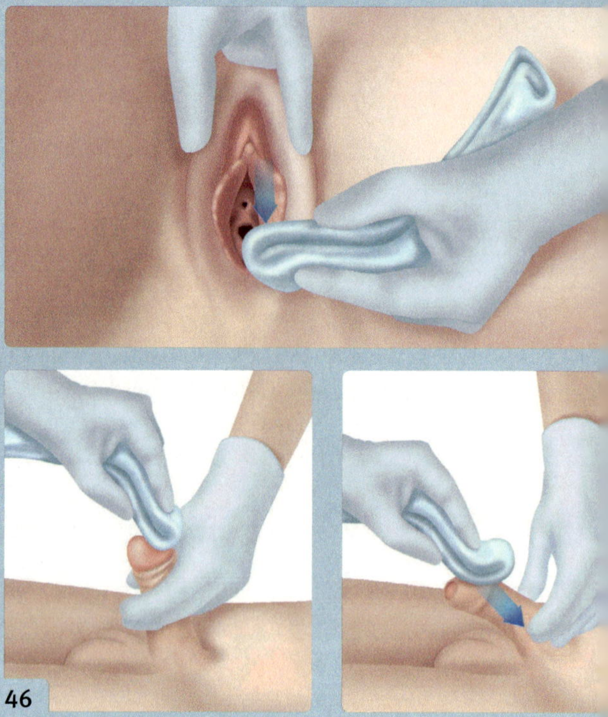

46
Intimpflege Frau und Mann

Durchführung beim Mann

- Penis mit einer Hand halten 46 (unten), die Vorhaut zurückziehen und die Eichel reinigen,
- Abtrocknen und Vorhaut wieder nach vorne schieben,
- Penis und Hodensack waschen und trocknen.

Nachbereitung

- Waschschüssel ausleeren, reinigen und desinfizieren,
- benutzte Waschlappen und Handtücher in die Wäsche geben, Schmutzwäsche fachgerecht entsorgen,
- stationseigene Pflegemittel desinfizieren und an den vorgesehenen Platz stellen, Abstellfläche mit Flächendesinfektionsmittel abwischen und den Abwurf entsorgen,
- Sichtschutz entfernen, Schutzkleidung ablegen,
- abschließend Hände desinfizieren.

7.5.8 Waschen am Waschbecken

Waschung am Waschbecken

Maßnahme zur Körperreinigung für mobile und leicht beeinträchtigte Bewohner.

Diese Form der Ganzkörperwaschung vermittelt vielen Bewohnerinnen ein höheres Selbstwertgefühl, da sie weniger auf Hilfe angewiesen sind. Beim Übergang von der Ganzkörperwaschung im Bett zum Waschbecken können zunächst auch nur Teile am Waschbecken gewaschen werden.

Das Aufstehen bewirkt außerdem eine Anregung von Kreislauf und Atmung und ein Durchbewegen der Gelenke. Ist die Bewohnerin in der Lage, sich selbstständig zu waschen, kann die Pflegende in der Zeit z. B. das Bett machen. Die Tür zum Badezimmer sollte dabei nur angelehnt sein, so dass sich die Bewohnerin im Notfall bemerkbar machen kann.

Materialien

- Händedesinfektionsmittel,
- Einwegschürze, Handschuhe,
- Seife oder Syndets, Hautpflegemittel,
- Waschschüssel, zwei Waschlappen, zwei Handtücher (evtl. Badehandtuch),
- Rasierer, Kosmetika,
- Kamm bzw. Bürste,
- frische Wäsche und Kleidung,
- Flächendesinfektionsmittel.

Vorbereitung

- Händedesinfektion,
- Info an Bewohner, Wünsche erfragen,
- benötigte Gegenstände richten, auf Vollständigkeit überprüfen,
- für angenehmes Raumklima sorgen (Fenster und Türen schließen),
- rutschfeste Unterlage und Stuhl vor dem Waschbecken anbringen.

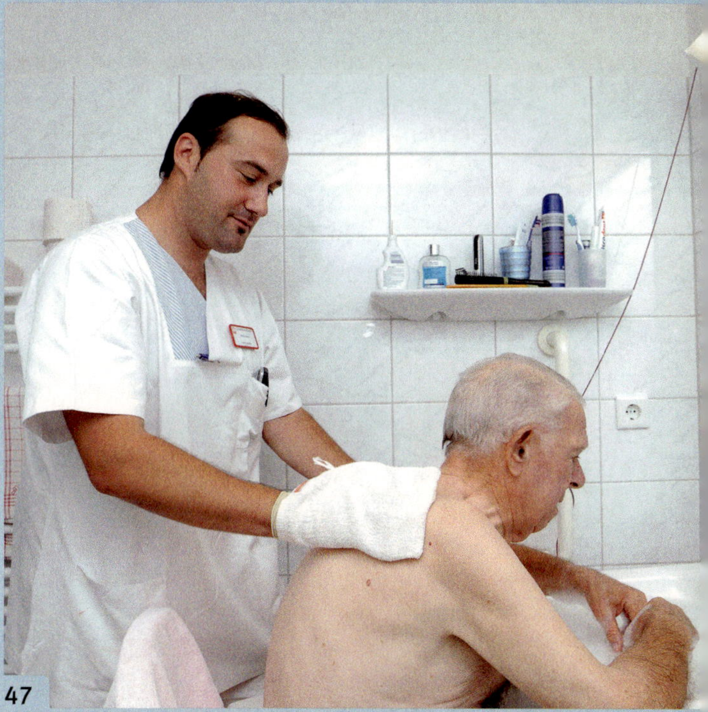

47
Körperpflege am Waschbecken

Zur besseren Kommunikation bei der Waschung am Waschbecken sollten bei **Gebissträgern** die Zahnpflege und das Einsetzen der Zahnprothese vorher im Bett erfolgen. Trägt die Bewohnerin ein **Hörgerät**, so muss dieses direkt nach der Begrüßung eingesetzt werden.

Durchführung

- Gesicht mit klarem Wasser waschen, abtrocknen (lassen),
- Wasser in eine Waschschüssel einlaufen lassen, Temperatur und Pflegemittel nach Wunsch,
- Bekleidung ausziehen,
- Hände und Arme waschen lassen, Finger im warmen Wasser zur Förderung der Beweglichkeit bewegen lassen und dann abtrocknen,
- Hals, Brust, Rücken 47 und Achselhöhlen waschen und abtrocknen (lassen), bei Bedarf eincremen,
- Oberkörper ankleiden (lassen).

Genitalbereich waschen

Bei nicht standstabilen Bewohnerinnen sollte die Reinigung des Intimbereiches vorher im Bett erfolgen.

- Waschschüssel mit frischem Wasser, (Einweg-) Waschhandschuhe und evtl. spezielle Waschlotion für den Intimbereich bereitstellen,
- Unterbekleidung ausziehen (lassen),
- Bewohnerin bitten, aufzustehen, sich am Waschbecken festzuhalten und die Beine zu spreizen,
- Bauchdecke, Leisten, Innenseite der Oberschenkel und den äußeren Intimbereich waschen (lassen), abtrocknen,
- Gesäß waschen (lassen), abtrocknen,
- Unterwäsche anziehen (lassen).

Alternativ zur Waschschüssel kann der Waschlappen auch unter dem Wasserhahn ausgewaschen werden.

Unterkörper waschen

- Waschwasser und Waschlappen wechseln,
- Handtuch unter die Füße legen,
- Füße und Beine waschen (lassen),
- gründlich zwischen den Zehen abtrocknen und beobachten,
- bei Bedarf die Füße und Beine eincremen,
- Unterkörper ankleiden.

Die Füße können auch in einer Waschschüssel gebadet und dann gewaschen werden 48.

Bedenke

Wegen erhöhter Verletzungsgefahr sollten die Füße von Diabetikern nur für kurze Zeit und max. bei 37 °C gebadet werden.
Das Wasser darf bei Bewohnerinnen mit Krampfadern ebenfalls nur mäßig warm sein. Es könnten Beschwerden auftreten.

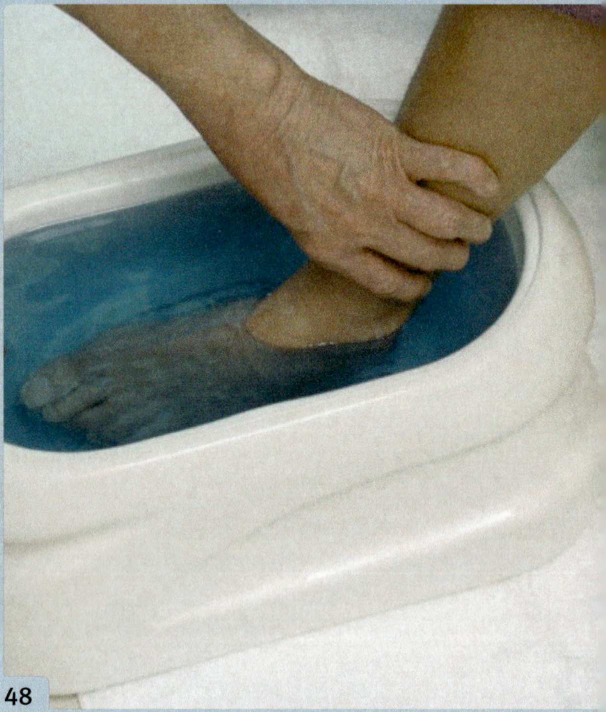

48
Fußbad

Die Reihenfolge der Ganzkörperwaschung am Waschbecken ist die gleiche wie jene im Bett, sollte aber möglichst vom Bewohner selbst vorgegeben werden. Gerade bei Bewohnern mit Demenz ist es wichtig, auf bekannte Rituale und **Selbstpflegestrategien** zurückzugreifen.

Nachbereitung

- Waschschüssel ausleeren, reinigen und desinfizieren,
- benutzte Waschlappen und Handtücher in die Wäsche geben, Schmutzwäsche fachgerecht entsorgen,
- stationseigene Pflegemittel desinfizieren und an den vorgesehenen Platz stellen,
- Abstellfläche mit Flächendesinfektionsmittel abwischen und den Abwurf entsorgen,
- Sichtschutz entfernen, Schutzkleidung ablegen,
- abschließend Hände desinfizieren.

7.5.9 Duschen

Duschen

Reinigung des Körpers unter fließendem Wasser.

Beim Baden lagert die Oberhaut stark Wasser ein. Dadurch wird der Zusammenhalt der Hautzellen gefährdet. Alte Haut braucht mehr als drei Stunden, um den vorherigen Hautzustand wieder zu erreichen. Daher ist das Duschen nach Möglichkeit vorzuziehen. Für stark beeinträchtigte Bewohner kann das Duschen allerdings sehr anstrengend und kreislaufbelastend sein. Die Duschdauer sollte ca. 10 Minuten betragen.

Materialien

Händedesinfektionsmittel, Einmalschürze, Duschgel bzw. Seife, Shampoo, zwei Waschlappen, zwei Handtücher, Badehandtuch, Handschuhe, Hautpflegemittel, Kosmetika, frische Wäsche, Föhn, Kamm bzw. Bürste, Flächendesinfektionsmittel.

Vorbereitung der Dusche

Je nach Zustand des Bewohners sollte vor dem Duschen sichergestellt sein, dass die Duschkabine mit folgenden Hilfsmitteln ausgestattet ist:

- rutschfeste Badematte,
- Haltegriffe,
- fahrbarer Toilettenstuhl oder Duschliege 49.

Vorbereitung

- Händedesinfektion,
- Info an Bewohner, Wünsche erfragen,
- benötigte Gegenstände z. B. auf Ablage in der Dusche richten, auf Vollständigkeit überprüfen,
- für angenehmes Raumklima sorgen (Fenster und Türen schließen, nicht abschließen),
- rutschfeste Unterlage vor und in die Dusche legen.

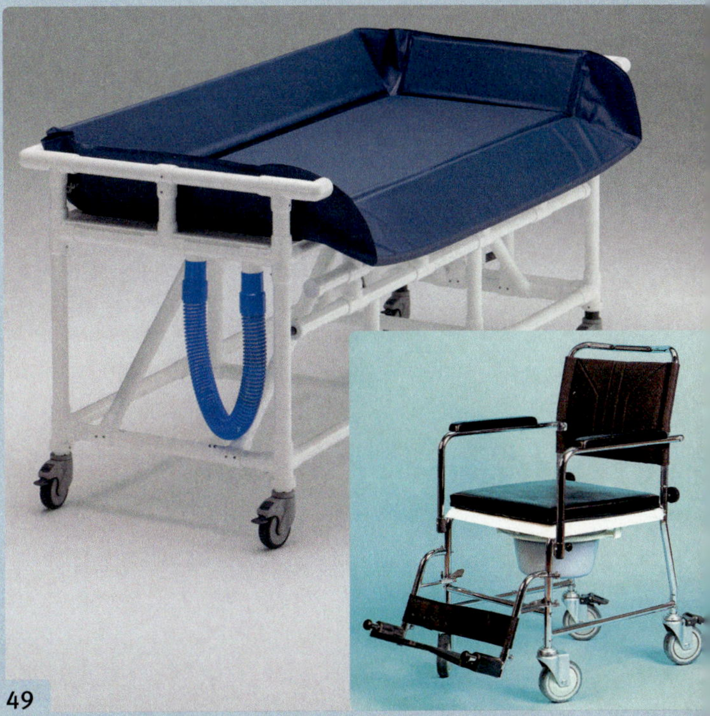

49
Fahrbarer Toilettenstuhl und Duschliege

Zum Schutz der Dienstkleidung wird eine Schürze angelegt. Der Bewohner wird gefragt, ob er vorher zur Toilette möchte, da das laufende Wasser oft harntreibend wirkt. Uhr, Schmuck, Hörgerät, Brille und Prothesen sollten vor dem Duschen abgelegt werden.

Durchführung

- Hilfestellung beim Auskleiden,
- Bewohner beim Aufsuchen des Duschhockers unterstützen,
- Wassertemperatur durch den Bewohner überprüfen lassen (optimal 35–37 °C).

Bedenke

Wenn Bewohner nach längerer Bettlägerigkeit das erste Mal wieder duschen, kann ihr Kreislauf stark belastet werden. Daher vorher die Vitalzeichen kontrollieren.

Prinzipiell gilt beim Waschen immer von oben nach unten. Die Unterstützung sollte nach den Prinzipien der **aktivierenden Pflege** nur so viel wie nötig erfolgen.

Um den Körper vor dem Auskühlen zu schützen, wird dieser bei Bedarf zwischendurch immer wieder abgeduscht.

Es gibt, je nach Zustand des Bewohners, unterschiedliche Reihenfolgen beim Duschen. Nachfolgend wird eine Variante beschrieben.

- Abduschen, mit dem Wasserstrahl an den Füßen 50 beginnen und den Strähl bis zum Hals führen,
- Bewohner den Oberkörper einseifen lassen,
- evt. Wasser in schwächerem Strahl über den Unterkörper laufen lassen,
- Rücken waschen, Wasser abstellen und den Unterkörper waschen (lassen),
- Bewohner bitten, sich aufzustellen und Intimbereich mit frischem Waschlappen zu waschen.

Beim Stehen in der Dusche ist es wichtig, für einen **sicheren Stand** des Bewohners zu sorgen. Hierzu werden die rutschfeste Badematte und Haltegriffe benötigt. Fällt dem Bewohner das Stehen schwer oder ist das Stehen unsicher, kann das Gesäß auch im Bett gewaschen werden.

- evtl. die Haarwäsche anschließen und dabei die Augen mit einem Waschlappen abdecken,
- Körper mit Wasser abspülen,
- Hilfestellung beim Abtrocknen und Aussteigen aus der Dusche geben,
- bei gewaschenen Haaren Kopf mit einem Handtuch umwickeln,
- Hautzustand beobachten,
- je nach Hauttyp Haut mit einem rückfettenden **Hautpflegemittel** eincremen,
- Hilfsmittel, z. B. Brille, wieder anlegen,
- Bewohner Hilfestellung beim Anziehen und Föhnen der Haare geben.

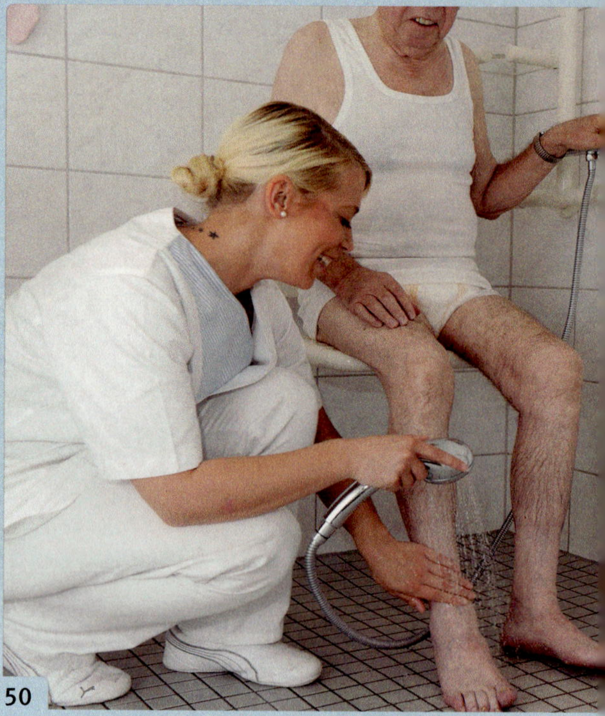

50
Beim Abduschen an den Füßen beginnen

Nachbereitung

- die zum Duschen beanspruchten Flächen, z. B. Dusche, Antirutschmatte, Duschhocker, reinigen und desinfizieren,
- benötigte Materialien, z. B. Wäsche, Abfall, Toilettenartikel, sachgerecht entsorgen,
- Badezimmer lüften,
- Dusche desinfizieren,
- Hände desinfizieren,
- Besonderheiten des Hautzustandes dokumentieren und die Pflegefachkraft informieren.

Bedenke

Beim Abtrocknen besonders auf die übereinanderliegenden Hautfalten, z. B. Brust, Bauchfalten, achten (Intertrigoprophylaxe). Wegen Fußpilzgefahr die Zehenzwischenräume sorgfältig abtrocknen.

7.5.10 Baden

Baden

Eintauchen des Körpers (Vollbad) oder einzelner Teile (Teilbad, z. B. Sitz-, Arm-, Fußbad) in eine mit Wasser gefüllte Badewanne.

Es gibt **Vollbäder**, bei denen der gesamte Körper bis auf den Kopf eingetaucht ist, und **Teilbäder**, bei denen der Bewohner z. B. nur bis zum Bauchnabel mit Wasser bedeckt ist. Letzteres belastet den Kreislauf des Bewohners deutlich weniger. Folgende Badearten werden unterschieden:

- Reinigungsbad zur Körperreinigung und Entspannung,
- ansteigendes Bad: Wassertemperatur wird innerhalb von 15 Minuten auf 40 °C gesteigert (Erhöhung der Körpertemperatur),
- absteigendes Bad: Wassertemperatur wird innerhalb von 15 Minuten von 37 °C auf 31 °C gesenkt (Absenkung der Körpertemperatur),
- therapeutisches Bad (Beimischung von Badezusätzen ins Badewasser, z. B. bei Hauterkrankungen oder Erkältungssymptomen).

Gerade für ältere Menschen ist das Baden ein angenehmes Ritual. Es dient sowohl der Sauberkeit als auch dem körperlichen Wohlbefinden. Die Hautdurchblutung wird verbessert und Symptome von Hautkrankheiten können gelindert werden. Dient das Baden jedoch nur der Reinigung, sollte das Duschen zum Schutz der Haut bevorzugt werden.

Materialien

- Händedesinfektionsmittel, Handschuhe,
- Badezusatz, Shampoo, zwei Waschlappen, zwei Handtücher (evtl. Badehandtuch), Hautpflegemittel,
- Kosmetika, frische Wäsche, evtl. Badelifter, Föhn, Kamm oder Bürste,
- Flächendesinfektionsmittel.

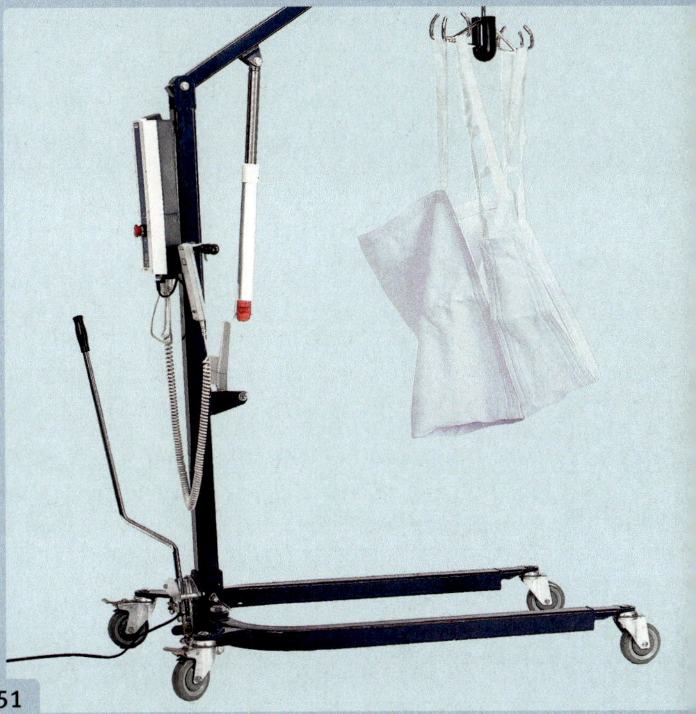

51
Badewannenlifter

Vorbereitung

- Händedesinfektion,
- Info an Bewohner, Wünsche erfragen,
- benötigte Gegenstände richten, auf Vollständigkeit überprüfen,
- Wasser (35–37 °C) einlaufen lassen,
- Badezusatz zufügen,
- für angenehmes Raumklima sorgen,
- Fenster und Türen schließen, nicht abschließen,
- rutschfeste Unterlage vor und in die Wanne legen.

Bedenke

Gerade bei älteren Menschen müssen vor dem Baden die Vitalzeichen kontrolliert werden. Speziell bei einem hohen Wasserspiegel kann es zu Atemnot und Kreislaufbeschwerden kommen.

Einstieg in die Wanne

Bewohner fragen, ob er vorher zur Toilette möchte, da Baden harntreibend wirkt. Uhr, Schmuck, Hörgerät, Brille, Prothesen sollten vor dem Baden abgelegt, der Bewohner ausgezogen werden.

Für immobile Bewohner eignet sich der Badewannenlifter 51. Beweglichere Bewohner können sich zunächst auf den Badewannenrand setzen und andere Hilfsmittel nutzen 52.

Der Pflegende steht neben dem Bewohner und kann diesen halten und stützen. Der Bewohner stellt nun nacheinander seine Beine in die Wanne und setzt sich dann hinein.

Durchführung

Mobile Bewohnerinnen können vor dem Einsteigen in die Wanne mit einer Hand die Wassertemperatur überprüfen. Die Reihenfolge der Waschung in der Badewanne ist dieselbe wie bei der **Ganzkörperwaschung**, die **Haarwäsche** kann auch integriert werden.

- nach einer Badedauer von 10–20 Minuten das Badewasser ablaufen lassen,
- je nach Badezusatz den Bewohner kurz mit einer Dusche abbrausen (lassen),
- Hautzustand beobachten,
- je nach Beweglichkeit dem Bewohner Hilfestellung beim Abtrocknen geben,
- Haare mit einem Handtuch bedecken.

Ausstieg aus der Wanne

Die Pflegende fasst dazu seitlich am Gesäß bzw. Becken und hebt den Bewohner auf den Wannenrand. Dieser hebt dann seine Beine aus der Wanne und stellt sie vor der Wanne ab. Während des gesamten Vorgangs steht die Pflegende neben dem Bewohner, unterstützt ihn und gibt ihm Sicherheit. Gerade beim Ausstieg besteht bei gefährdeten, z. B. herzkranken Bewohnern, **Kollapsgefahr**.

52 Hilfsmittel für die Wanne

Abtrocknen, Eincremen, Anziehen

Sitzt der Bewohner sicher auf dem Wannenrand oder auf einem Stuhl, wird der Bewohner zügig, aber sorgfältig abgetrocknet.

Je nach Badezusatz und Hauttyp sollte die Haut mit einem rückfettenden **Hautpflegemittel** versorgt werden. Wenn es nötig ist, bekommt der Bewohner Hilfestellung beim Anziehen und der Versorgung der Haare, Kämmen und Föhnen. Uhr, Schmuck, Hörgerät, Brille und Prothesen werden wieder angelegt und der Bewohner ins Zimmer begleitet.

Bedenke

Wie bei allen Maßnahmen der Haut- und Körperpflege gilt der Grundsatz der aktivierenden Pflege, d. h. nur so viel Hilfe wie nötig.

Nachbereitung

- die zum Baden beanspruchten Flächen, z. B. Badewanne, Abstellflächen, Antirutschmatten, Badewannenlifter, reinigen und desinfizieren,
- benötigte Materialien, z. B. Wäsche, Abfall, Toilettenartikel, sachgerecht entsorgen,
- Badezimmer lüften,
- nach Hygieneplan Badewanne desinfizieren,
- Händedesinfektion.

Bedenke

Bewohner sollten nicht nüchtern und früher als zwei Stunden nach den Hauptmahlzeiten baden. Gerade Bewohner mit Demenz sollten im Bad beaufsichtigt und nicht alleine gelassen werden.

7.5.11 Haarpflege

Haarpflege

Haarwäsche und Frisieren der Haare. Sie dient der Gesunderhaltung der Haare und fördert das Wohlbefinden.

Die Haarwäsche ist angezeigt bei verschmutzten, fettigen Haaren oder auf Wunsch des Bewohners. Sie kann je nach Mobilität der Bewohner beim Baden, Duschen, am Waschbecken oder im Bett 53 durchgeführt werden. Viele Bewohnerinnen sind es gewohnt, einmal wöchentlich beim Friseurbesuch die Haare „Waschen und Legen“ zu lassen. Dieses Ritual sollte nach Möglichkeit auch im Pflegeheim fortgeführt werden.

Haarwäsche im Bett

Bei der Haarwäsche im Bett wird das Bett ganz flach gestellt. Für Bewohner, die Atemprobleme oder eine Rechtsherzschwäche haben, ist diese Methode ungeeignet. Dafür gibt es spezielle Haarwaschbecken, die an der Wand angebracht sind.

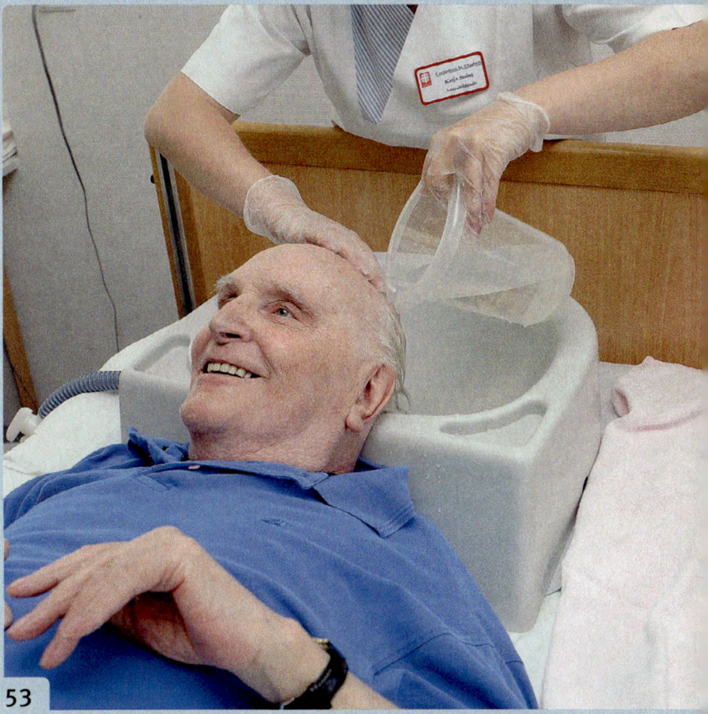

53
Haarwäsche im Bett

Materialien

- Händedesinfektionsmittel,
- spezielles Haarwaschbecken und Schüttgefäß,
- Bettschutz,
- Eimer zum Auffangen des verbrauchten Wassers,
- zwei Handtücher, Waschlappen (Schutz der Augen),
- Haarshampoo, evtl. Spülung.

Vorbereitung

- Hände nach Hygieneplan desinfizieren,
- benötigte Materialien auf einer Arbeitsfläche, z. B. Pflegewagen, richten,
- Bewohner über die geplante Maßnahme informieren und Wünsche erfragen,
- Bewohnerbett mit dem Kopfteil ca. ein bis zwei Meter von der Wand abrücken und das Kopfbrett entfernen. Fenster und Türen schließen.

Durchführung

Nach Möglichkeit sollte die Haarwäsche, je nach Zustand des Bewohners, mit zwei Pflegekräften durchgeführt werden:

- Kopfteil des Bettes flach stellen,
- Rücken des Bewohners mit ein bis zwei Kissen unterpolstern (dadurch wird der Höhenunterschied zum Haarwaschbecken ausgeglichen),
- Bettschutz auf die unterpolsternden Kissen und unter das Haarwaschbecken legen,
- Haarwaschbecken vorsichtig unterschieben, dabei den Kopf des Bewohners schützen,
- Wasserschlauch des Haarwaschbeckens in den Eimer stecken.

Die Liegerinne des Haarwaschbeckens kann für einen besseren Komfort mit einem Handtuch oder Molton ausgepolstert werden.

Bei der Haarwäsche:

- wenn möglich, Bewohner die Wassertemperatur mit der Hand überprüfen lassen,
- mit dem Schüttgefäß Wasser über die Haare gießen,
- Shampoo auftragen und einmassieren,
- evtl. die Augen mit einem Handtuch abdecken, damit keine Seife hineinkommt,
- Kopf mit Wasser abspülen, bis keine Shampoorückstände mehr auf den Haaren sind,
- auf Wunsch Spülung auftragen,
- auf Wunsch den Vorgang wiederholen.

Nach der Wäsche die Haare in ein Handtuch einschlagen 54. Haarwaschbecken, Kissen und Bettschutz entfernen und das Kopfteil wieder hochstellen.

Bedenke

Bei der Haarwäsche muss auf den Schutz der Augen und Ohren geachtet werden.

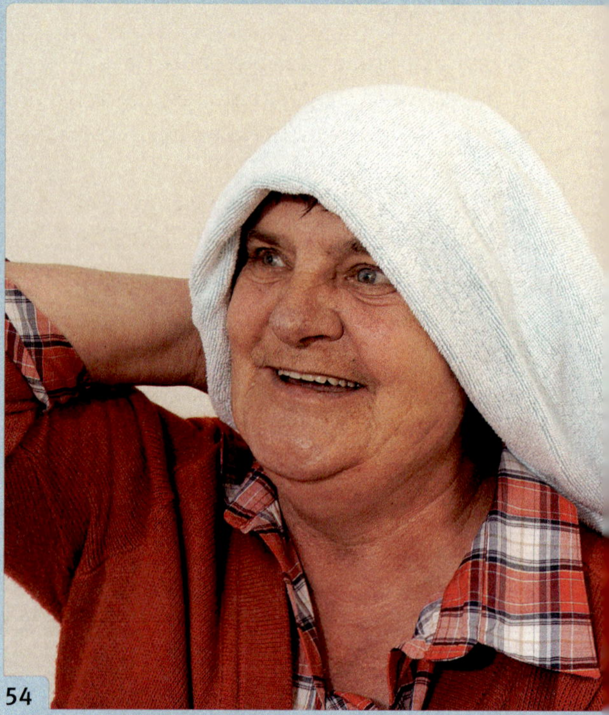

54
Bewohnerin mit gewaschenen Haaren

Haare frisieren

Das Kämmen oder Bürsten der Haare sollte, wenn möglich, dem Bewohner überlassen werden. Ist dies nicht möglich, muss die Pflegende die übliche Frisur wieder herstellen. Mobile Friseurdienste kommen häufig auch ins Haus.

Materialien:

- Föhn,
- Haarbürste oder Kamm,
- Haarpflegeprodukte, z. B. Festiger,
- Spiegel.

Bedenke

Auf den Einsatz von Haarspangen oder -nadeln sollte bei bettlägerigen Bewohnerinnen verzichtet werden. Es besteht die Gefahr von Druckstellen und Verletzungen der Kopfhaut.

Durchführung

- Haare durchkämmen oder bürsten,
- auf Wunsch Haarpflegeprodukte auftragen,
- beim Föhnen darauf achten, dass die Kopfhaut nicht zu heiß wird,
- sind die Haare in die gewünschte Form gebracht, dem Bewohner zur Kontrolle einen Spiegel vorhalten 55.

Nachbereitung

- die zur Haarwäsche beanspruchten Flächen, z. B. Haarwaschbecken, Pflegewagen, reinigen und desinfizieren,
- benötigte Materialien sachgerecht entsorgen,
- Bedürfnisse von Bewohner erfragen, z. B. Lagerung bequem, Fenster öffnen?
- überprüfen, ob Bett und Boden trocken sind,
- Händedesinfektion.

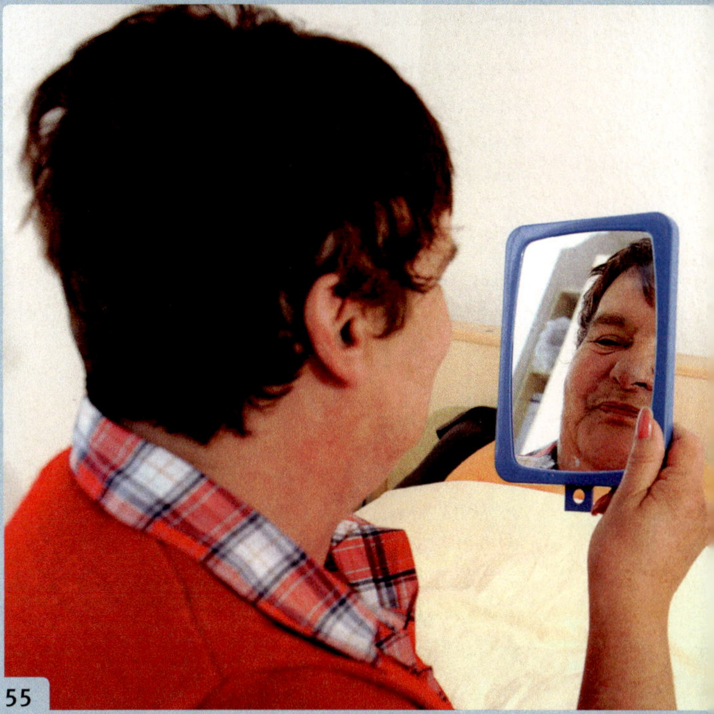

55
Frisurkontrolle

7.5.12 Augen-, Ohren- und Nasenpflege

Augenpflege

umfasst das Entfernen von Verkrustungen und Verklebungen, das Beobachten des Auges und das Verabreichen von Augentropfen oder -salben nach Arztanordnung.

Die Augen-, Ohren- und Nasenpflege werden in die Ganzkörperwaschung integriert.

In der Regel genügt dabei die normale Augenpflege, wobei das geschlossene Auge von außen nach innen 56 ohne Zusätze gewaschen wird. So werden Infektionen der **Bindehaut** verhindert.

Die Reinigung der Brille oder Kontaktlinsen gehört ebenfalls zur Körperpflege. Brillen können mit speziellen Reinigungstüchern oder unter fließendem Wasser gereinigt werden und mit einem nicht fusselnden Tuch abgetrocknet werden.

Bei starker Verklebung der Augenlider, fehlendem oder vermindertem Lidschlag sowie eingeschränkter Produktion von Tränenflüssigkeit ist eine **spezielle Augenpflege** erforderlich.

Materialien

Händedesinfektionsmittel, Handschuhe, Reinigungslösung (physiologische Kochsalzlösung, lauwarme Tee-Aufgüsse, z. B. mit Augentrost), nicht fasernde sterile Tupfer, Abfallbehälter.

Vorbereitung

- Abwurf bereitstellen, Materialien auf einer desinfizierten Arbeitsfläche richten,
- Handschuhe anziehen (Schutz der Pflegenden, da Sekret infektiöse Keime enthalten kann),
- Tupfer vorsichtig öffnen und nach Möglichkeit in der Verpackung anfeuchten.

Durchführung

Das geschlossenem Auge vom äußeren zum inneren Augenwinkel (zur Nase hin) reinigen. Dabei jeden Tupfer nur einmal verwenden und direkt in den Abwurf entsorgen. Diesen Vorgang wiederholen, bis alle Verkrustungen entfernt sind. Stärkere Verkrustungen können auch mit einer nassen Kompresse kurz angefeuchtet werden. Abschließend werden die Augenlieder mit einer trockenen Kompresse nachgewischt.

Nachbereitung

- beanspruchte Flächen reinigen und desinfizieren,
- benötigte Materialien sachgerecht entsorgen,
- Bedürfnisse von Bewohner erfragen, z. B. Lagerung bequem?
- Händedesinfektion.

Ohrenpflege

Die Reinigung der Ohrmuschel sowie der Bereich hinter den Ohren erfolgt in der Regel während der Ganzkörperwaschung. Austretender **Ohrenschmalz** kann außen vorsichtig mit einem Wattestäbchen entfernt werden. Dieses sollte nicht zu tief und leicht drehend eingeführt werden (bei jedem Ohr ein neues Wattestäbchen). Gelegentlich löst sich der Ohrenschmalz nicht selbstständig und es kommt zur Pfropfbildung. Dann sollte ein Ohrenarzt hinzugezogen werden.

Das Ohr reinigt sich selbst. Der Ohrenschmalz, der im Inneren des Gehörgangs entsteht, wird durch einen Eigenreinigungsmechanismus nach außen transportiert.

Bedenke

Der innere Gehörgang sollte auf keinen Fall mit einem Wattestäbchen gereinigt werden. Das Trommelfell könnte dadurch verletzt werden.

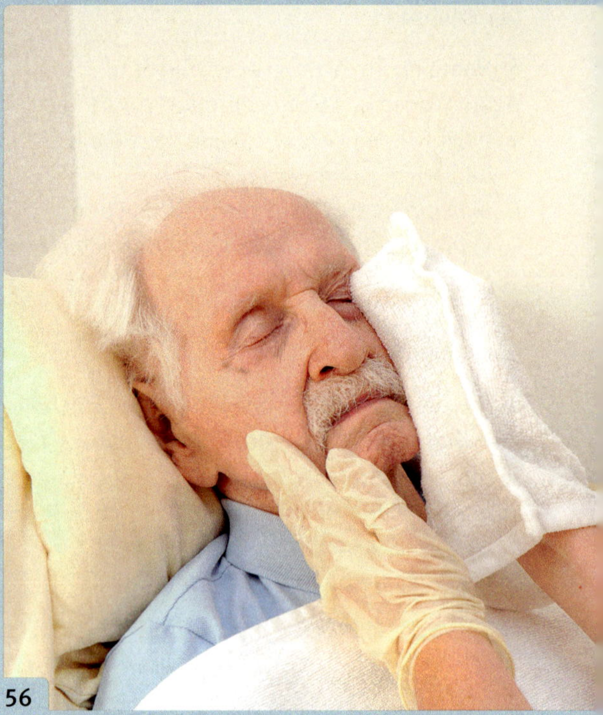

56
Normale Augenpflege

Nasenpflege

Die Nasenpflege wird bei schwerstpflegebedürftigen Bewohnern oder bei einer liegenden Nasensonde von Pflegenden übernommen.

Materialien

- Händedesinfektionsmittel,
- physiologische Kochsalzlösung,
- Nierenschale mit mehreren Watteträgern oder Wattestäbchen,
- panthenolhaltige Nasensalbe,
- Abfallbehälter.

Vorbereitung

- Abwurf bereitstellen,
- Händedesinfektion,
- Materialien auf einer desinfizierten Arbeitsfläche richten,
- Watteträger befeuchten.

Durchführung

Naseneingang vorsichtig reinigen und das verkrustete Nasensekret entfernen. Dabei sollte der Watteträger nur bis zu den Nasenflügeln eingeführt und nach einmaligem Gebrauch entsorgt werden. Hartnäckige Borken können vorsichtig mit Öl aufgeweicht werden. Abschließend wird die Nasenschleimhaut mit Nasensalbe gepflegt.

Nachbereitung

- beanspruchte Flächen reinigen und desinfizieren,
- benötigte Materialien sachgerecht entsorgen,
- Bedürfnisse von Bewohner erfragen, z. B. Lagerung bequem?
- Händedesinfektion.

7.5.13 Hand-, Fuß- und Nagelpflege

Die Hand-, Fuß- und Nagelpflege soll vor allem einer Übertragung von Keimen durch die Hände und einer Verletzungsgefahr durch zu lange Fingernägel vorbeugen.

Handpflege

Bei Verunreinigung der Hände durch Essen müssen diese auch danach gewaschen werden. Besonderer Reinigungsbedarf besteht auch, wenn sich Kotreste unter den Fingernägeln befinden. Dann ist meist zum Aufweichen ein vorhergehendes **Handbad** 57 erforderlich. Dazu werden die Hände für zwei bis fünf Minuten in eine Waschschüssel mit einem dem Hauttyp entsprechenden Waschzusatz eingetaucht. Anschließend werden sie abgetrocknet und eingecremt.

Bedenke

Hände sind Hauptüberträger von Keimen, die eine Erkrankung auslösen können. Aus diesem Grund sollten Bewohner vor jeder Mahlzeit die Hände reinigen.

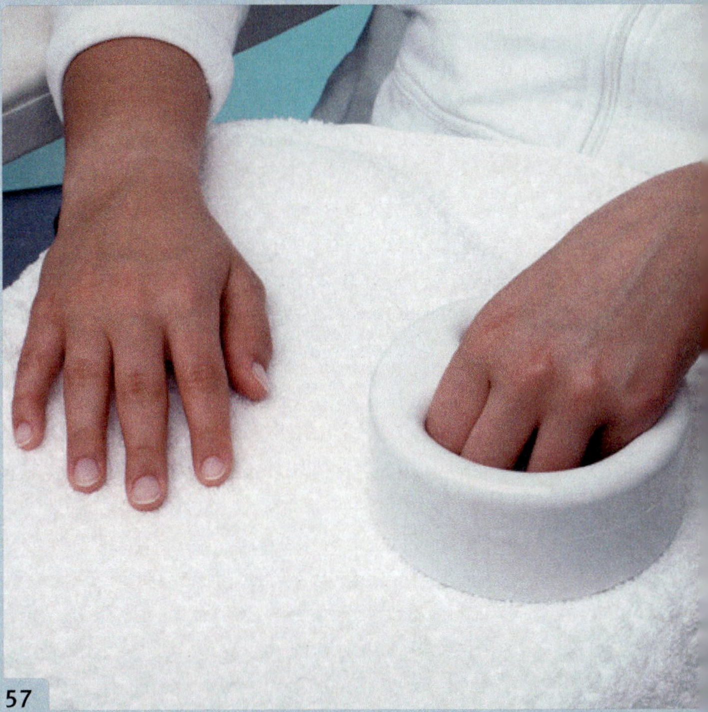

57
Handbad

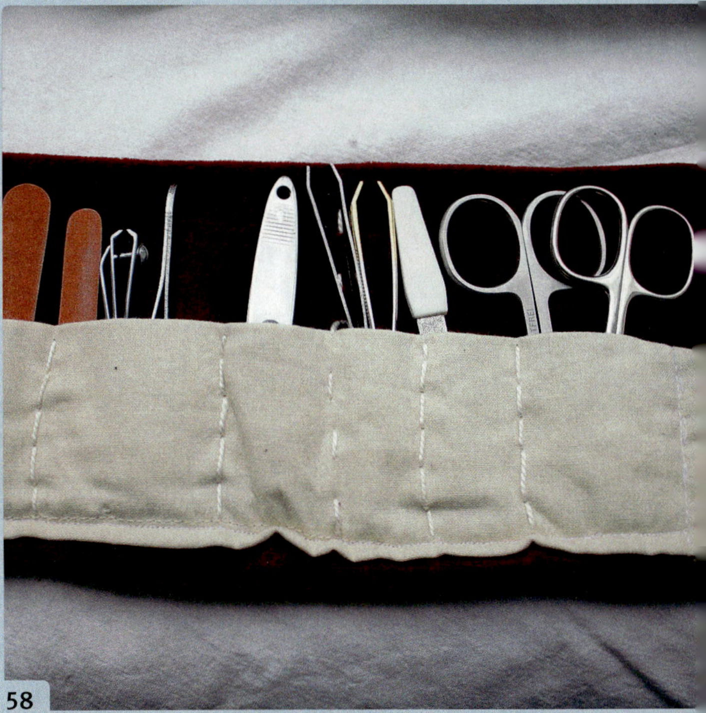

58
Utensilien zur Nagelpflege

Nagelpflege

Im Allgemeinen werden die Nägel nach der Körperpflege (Baden, Duschen) oder einem Hand- oder Fußbad gepflegt. Durch das Wasser weichen die Nägel auf und können so leichter gekürzt werden. Zum Kürzen der Nägel eignen sich: Nagelschere, Nagelfeile oder Nagelknipser 58.

Durchführung

- Händedesinfektion,
- Handtuch oder Zellstoff unter Füße oder Hände legen,
- Fingernägel: oval nach Form der Fingerkuppen schneiden 59,
- Fußnägel 60: gerade schneiden, dadurch wird ein Einwachsen der Nägel verhindert,
- Nagelränder immer nur in eine Richtung glatt feilen, so wird das Hängenbleiben an Kleidung und Bettwäsche verhindert,
- nach dem Kürzen letzte Reste unter den Nägeln mit einer Nagelbürste entfernen,
- gebrauchte Gegenstände desinfizieren.

Bedenke

Bei Bewohnern mit Veränderungen an Haut oder Nägeln, z. B. durch Diabetes oder Durchblutungsstörungen, besteht ein erhöhtes Risiko, dass sich kleine Verletzungen entzünden. In diesem Fall sollte die Nagelpflege durch einen Fußpfleger erfolgen.

Fußpflege

Für die Fußpflege gelten die gleichen Grundsätze und die gleiche Vorgehensweise wie bei der Handpflege. Die Hautbeobachtung bei der Fußpflege hat allerdings einen besonderen Stellenwert. Gerade im Alter neigen die Zehenzwischenräume zu Hauterkrankungen, z. B. Fußpilz, und Nägel zu Nagelpilz. Generell sollten Pflegende bei Erkrankungen an Füßen oder Händen zum Eigenschutz Handschuhe tragen.

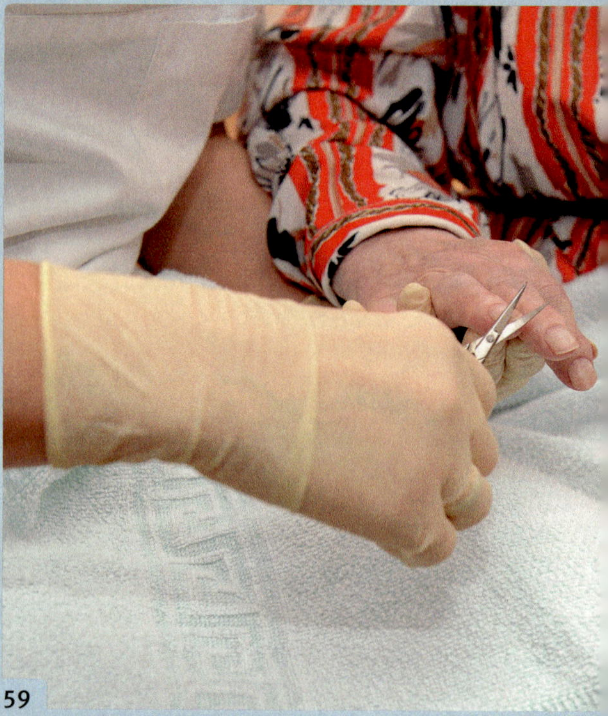

59
Fingernägel schneiden

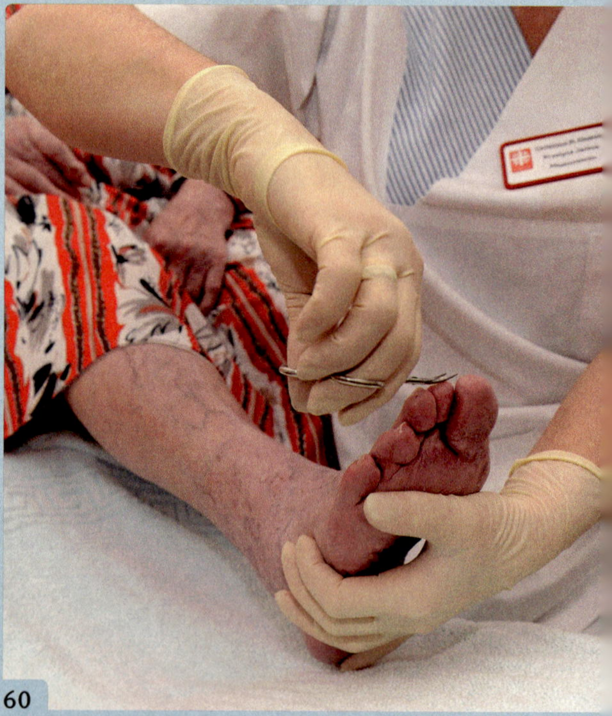

60
Fußnägel schneiden

7.6 Prophylaxen

Gerade bei der pflegerischen Versorgung von alten Menschen ist prophylaktisches (vorbeugendes) Denken und Handeln besonders wichtig. Eine Prophylaxe umfasst:

- Erkennen und Einschätzen der gesundheitlichen Risiken,
- Auswahl der in Frage kommenden pflegerischen Maßnahmen,
- Information, Anleitung, Beratung und Begleitung der Bewohner ,
- Durchführung der pflegerischen Maßnahmen,
- Evaluation (Überprüfung) der Maßnahmen,
- Dokumentation.

7.6.1 Soor- und Parotitisprophylaxe

Mundsoor

Infektion der Mundschleimhaut, die durch Hefepilze (meist Candida albicans) verursacht wird.

Risikofaktoren

- Mundtrockenheit,
- geschwächtes Abwehrsystem, z. B. bei AIDS, Diabetes mellitus und Krebs,
- Medikamenteneinnahme von z. B. Antibiotika, Chemotherapie,
- schwacher Allgemeinzustand.

Soor erkennen

Mundsoor zeigt sich durch weiße bis gelbliche, kleinfleckige, zum Teil ineinanderfließende Beläge auf der Zunge und Mundschleimhaut. Unter den Belägen ist die Schleimhaut gerötet. Sie kann auch teilweise bluten.

Es kann auch zu Schmerzen beim Schlucken, zu Mundgeruch, Geschmacksstörungen und Lymphknotenschwellungen kommen.

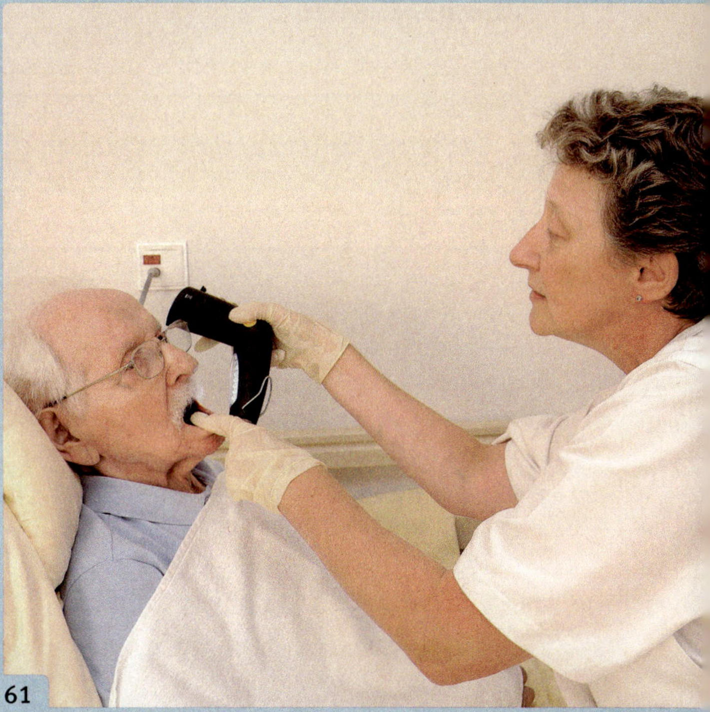

61
Mundbeobachtung

Ziele und pflegerische Maßnahmen

Die Mundschleimhaut sollte feucht und rötlich sein und die Zunge keine Beläge aufweisen. In der Mundhöhle befinden sich keine Speisereste. Auch sollte der Bewohner schmerzfrei kauen können.

11 Vermeidung Mundsoor

Maßnahme	Begründung
regelmäßige Mundpflege	entfernt Speisereste und Keime
viel trinken	feuchtet Mundschleimhaut an
Kauen von säuerlichen Früchten	regt den Speichelfluss an
regelmäßige Beobachtung 61	vorzeitiges Erkennen

Parotitisprophylaxe

Parotitis

Entzündung der Ohrspeicheldrüse durch Infektionen, z. B. Bakterien, Medikamente, Strahlung.

Die Speicheldrüsen sind verantwortlich für die Herstellung von **Speichel**. Dieser bewahrt die Schleimhäute vor dem Austrocknen und reinigt den Mund. Er enthält z. B. Immunzellen und Fluoride (Schutz des Zahnschmelzes). Durch eine Reduzierung des Speichels kann es zu Infektionen im Mund kommen. Bakterien können durch den Ausführungsgang, der sich im Mund befindet, in die **Ohrspeicheldrüse** hochwandern und diese entzünden.

Risikofaktoren

- schlechte Mundhygiene,
- geringe oder keine Nahrungsmittelaufnahme, Flüssigkeitsaufnahme,
- Ernährung mit Sondenkost,
- Schluckstörungen,
- bestimmte Medikamente, Strahlentherapie,
- Probleme mit dem Immunsystem.

Anzeichen einer Parotitis

Parotitis zeigt sich durch eine angeschwollene, harte, schmerzhafte Wange mit heißer, geröteter Haut oder ein kleines „Ei" vor dem Ohr. Die Symptome nehmen beim Essen zu, da sich vermehrt Speichel bildet, der einen Druck auf das entzündete Gewebe ausübt. Kauen kann Schmerzen im Kiefergelenk verursachen. Es kann Fieber auftreten. Auch kann es zu Eiterfluss aus der Speicheldrüse in die Mundhöhle kommen.

Ziele der Prophylaxe

Der Speichelfluss wird stimuliert. Der Bewohner kann schmerzfrei kauen und schlucken.

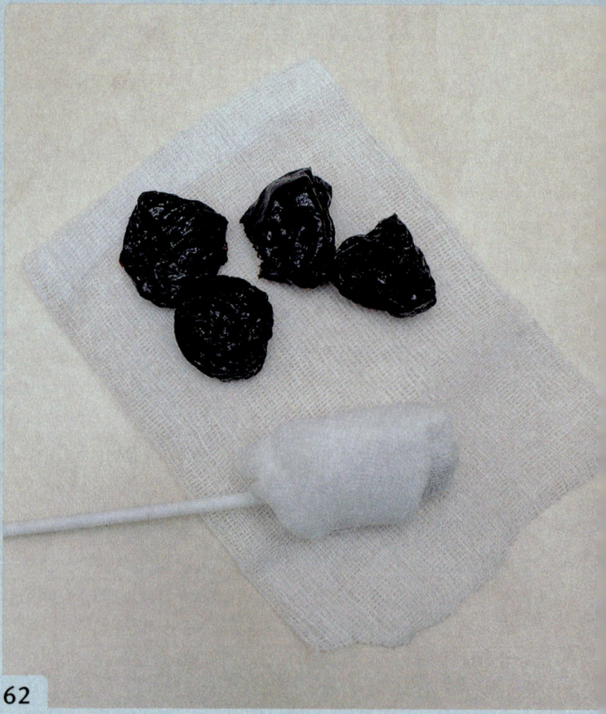

62
Dörrobst in Gaze zum Kauen

Pflegerische Maßnahmen

12 Maßnahmen Parotitis

Maßnahme	Begründung
kauintensive Nahrungsmittel wie Brotrinde, zuckerfreie Kaugummis verabreichen	regen die Kautätigkeit und damit den Speichelfluss an.
regelmäßige Mundpflege durchführen	entfernt Speisereste und Keime, z. B. Bakterien
säuerliche Früchte oder saure Bonbons kauen	regt den Speichelfuß an
viel trinken	befeuchtet die Mundschleimhaut

Bei Nahrungskarenz kann z.B. Dörrobst oder Dörrfleisch in Gaze 62 gewickelt werden. Die Lebensmittel können so nicht verschluckt werden.

7.6.2 Intertrigoprophylaxe

Intertrigo

rote, nässende Entzündung einzelner Hautgebiete, kann auch stark jucken und brennen.

Ein **Intertrigo** entsteht auf gegenüberliegenden Hautoberflächen an den Berührungsstellen der Haut, z.B. Achseln, Leisten. Verursacht wird dieses Wundsein durch Reibung, gestaute Wärme und Feuchtigkeit, die die Hautbarriere stören. Pilze oder Bakterien können so ungehindert in die Haut eindringen und zu einer Infektion führen.

Risikofaktoren

- Hautpflege mit den falschen Hautreinigungs- und Pflegemitteln,
- nachlässiges Abtrocknen von Hautfalten,
- Inkontinenz (Inhaltsstoffe des Urins oder Stuhls schädigen die Haut),
- übermäßiges Schwitzen,
- Bettlägerigkeit (durch reduzierte Bewegungen kommt wenig oder keine Luft an die Haut, durch Schwitzen entstehen feuchte Kammern).

Bedenke

Bei Inkontinenz eignen sich luftdurchlässige Vorlagen, so dass die Feuchtigkeit verdunsten kann.

Ziele

Vermeidung von Feuchtigkeit im Bereich von aufeinanderliegenden Hautfalten und somit Vermeidung von feuchten „Kammern". Schutz des Säureschutzmantels der Haut. Einweisung des Bewohners in die wichtigsten Verhaltensregeln.

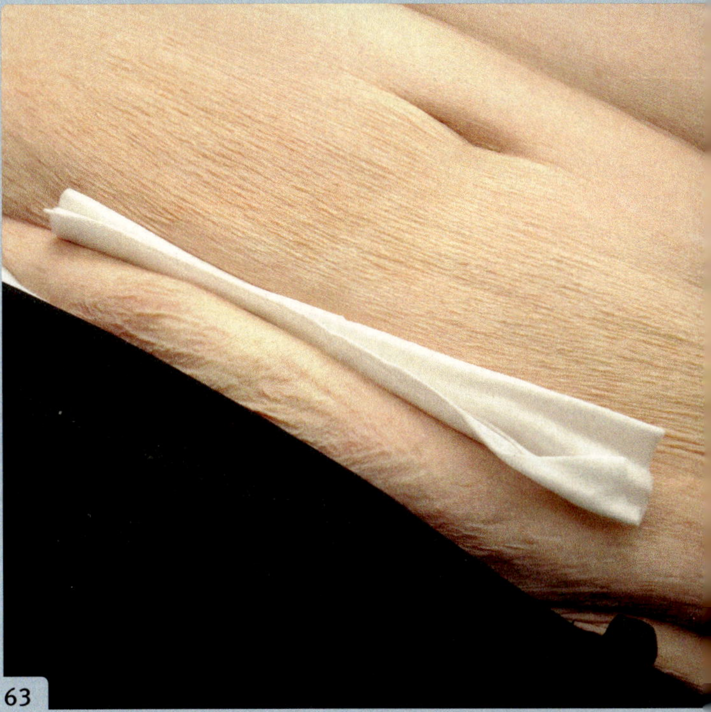

63
Behandlung mit Kompressen

Pflegerische Maßnahmen

13 Maßnahmen Intertrigo

Maßnahme	Begründung
Hautbelüftung ermöglichen	Lagerung, luftdurchlässige Bekleidung und atmungsaktive Vorlagen verwenden
Hautpflege	auf den Hauttyp abgestimmte Hautpflege durchführen
Hautfalten trocken halten	Kompressen zwischen Hautfalten einlegen 63
Haut regelmäßig beobachten und bei Verdacht Arzt informieren	Ausbreitung des Intertrigos und Infektion vermeiden

Gefährdete Körperstellen

Prinzipiell sind alle Stellen der Haut 64 gefährdet, an denen die Haut aufeinanderliegt, z. B.:

- unter den Brüsten,
- in der Leiste,
- in der Analfalte und im Genitalbereich,
- in den Achselhöhlen,
- hinter den Ohren,
- zwischen den Zehen,
- zwischen den Fingern.

Puder sollte nicht zur Intertrigoprophylaxe eingesetzt werden. Es nimmt zwar z. B. bei erhöhter Schweißbildung die Flüssigkeit auf und sorgt zunächst für ein angenehmes Gefühl. Nach längerer Zeit verklumpt es aber. Durch die Klumpen entsteht Reibung, die zu Wundsein führen kann. Bei trockener und rissiger Haut kann sich das Puder in Hautrissen festsetzen und zu Entzündungen, z.B. Intertrigo, und einem erhöhen Dekubitusrisiko führen.

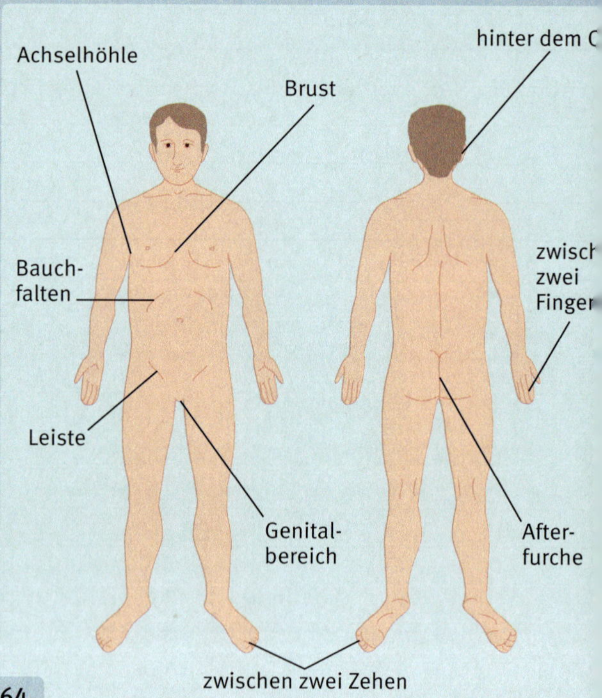

64
Risikostellen für Intertrigo

✔ Selbst-Check

Fallbeispiel: Frau Angelika Müller ist 74 Jahre alt. Sie lebt seit zwei Jahren in einem Pflegeheim. Im Laufe der letzten Woche hat sich der Zustand von Frau Müller zunehmend verschlechtert. Nach Aussage des Arztes hat sie eine beginnende Lungenentzündung (Pneumonie). Aus diesem Grund hat Frau Müller Bettruhe und benötigt Unterstützung bei der Ganzkörperwaschung im Bett. Der Arzt verordnet ihr außerdem eine Antibiotika-Therapie und Schleimlöser.

Die Haut von Frau Müller ist schuppig, glanzlos, spröde und rau. Durch die Lungenentzündung hat sie kaum Durst und trinkt sehr wenig. Auf der Zunge finden sich dicke Beläge. Frau Müller klagt seit der Einnahme der Antibiotika über einen juckenden Hautausschlag an den Beinen. Die Haut hat dort größere Flächen, die geschwollen und hellrot verfärbt sind.

Bestimmen Sie den Hauttyp von Frau Müller.

Welche Körperpflegemittel sind für diesen Hauttyp geeignet?

Frau Müller könnte ausgetrocknet sein. Wie überprüfen Sie die Hautspannung?

Um welche Hautveränderung an den Beinen könnte es sich handeln? Wie sollten Sie reagieren?

Erstellen Sie eine Handlungskette zum Ablauf der Ganzkörperwaschung im Bett.

8 Bewegung

8.1 Anatomie und Physiologie

Sich selbst bewegen zu können, ist unerlässlich für ein freies und weitgehend selbstständiges Leben. Durch Bewegung ist es möglich, die Aufenthaltsorte zu wechseln und den Alltag zu bewältigen. Auch die koordinierten Funktionen im Körper des Menschen, z.B. Vitalfunktionen, sind ohne Bewegung nicht möglich.

8.1.1 Skelett und Funktion

Skelett

Gesamtheit aller Knochen des Menschen. Schutz- und Stützsystem sowie Bewegungsapparat des menschlichen Körpers.

Ein erwachsener Mensch hat über 200 Knochen 1, die durch Gelenke und Knorpelfugen miteinander verbunden sind und durch Muskeln, Sehnen und Bänder bewegt werden können. **Knochen** verleihen dem Körper Stabilität. Sie bilden gleichzeitig Schutz und Gerüst für alle Organe.

1 Knochen des erwachsenen Menschen

Skelettteil	Knochenanzahl
Schädel	22
Rückenwirbel	26
Brustbein	3
Hals	1
Brustgürtel	4
Arme/Hände	60
Hüfte	2
Beine/Füße	58
Rippen	24

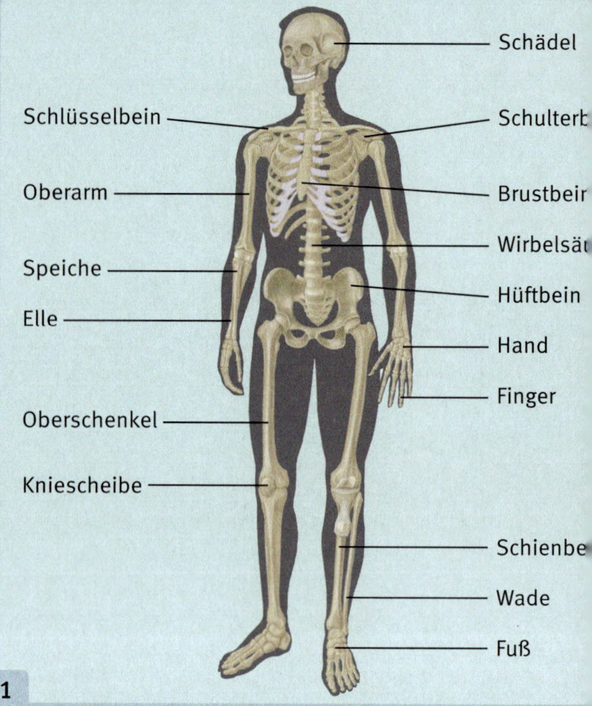

1
Skelett eines Menschen

Schädel und Brustkorb schützen empfindliche Organe wie das Gehirn und das Herz. Die Wirbelsäule und die Röhrenknochen der Arme und Beine stützen den inneren Körper.

Die wesentlichen **Skelettteile** vom Kopf bis Fuß sind:

- Schädel,
- Wirbelsäule,
- Armskelett mit Knochen von der Hand,
- Brustkorb,
- Hüfte,
- Beinskelett mit Knochen von Beinen und Füßen.

Bedenke

Knochen machen etwa 16 % des Gesamtgewichts aus. Mehr als die Hälfte von ihnen befindet sich in den Händen und Füßen.

Der Schädel

Bei einem neugeborenen Kind kann man Weichstellen am Schädel ertasten. Sie werden Fontanellen genannt. Es sind Lücken im Schädel, die später mit Bindegewebe ausgefüllt werden, damit der Kopf des Kindes bei der Geburt durch das enge mütterliche Becken passieren kann.

Die 22 Knochen des Kinderschädels sind elastisch und werden nach der Geburt fester und knochenähnlich miteinander verbunden. Der Prozess der **Verknöcherung** findet in der Regel bis zum 3. Lebensjahr statt.

Der ausgewachsene **Schädelknochen** 2 bildet eine stabile Hülle für das Gehirn und die meisten Sinnesorgane, die tief im Gehirn liegen. Der Schädel wird unterteilt in einen:

- Gehirnschädel,
- Gesichtsschädel.

Die Wirbelsäule

Wirbelsäule

bewegliche Stütze des Körpers, ist wie ein „S" geschwungen und verleiht dem Körper neben der Stützkraft für den aufrechten Gang eine hohe Elastizität für eine sichere und angemessene Bewegung in verschiedenen Situationen.

Die Wirbelsäule 3 ist die **Haupt-Körperachse**. So trägt sie neben dem Kopf auch die oberen Extremitäten. Auch die Rippen sind an ihr verankert.

Es gibt an der Wirbelsäule zwei verschiedene Teile:

- beweglich: Hals-, Brust- und Lendenwirbelsäule,
- nicht bewusst beweglich: Kreuzbein und Steißbein.

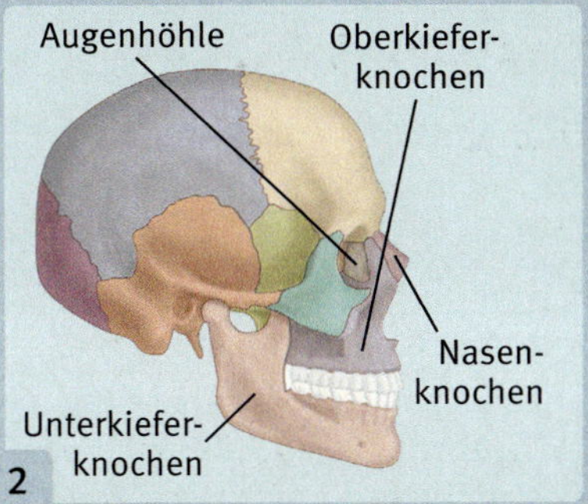

2
Schädel

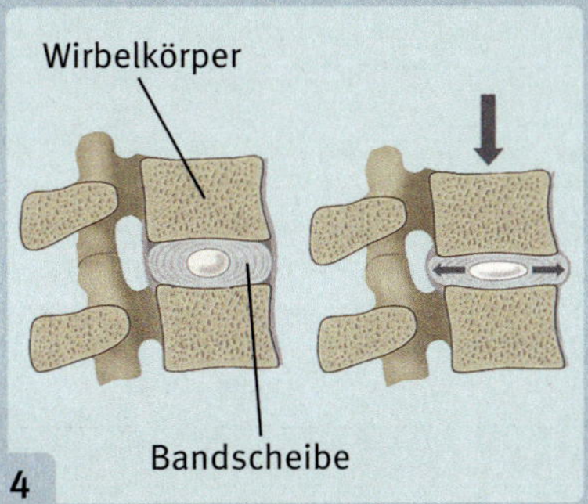

4
Bandscheibe

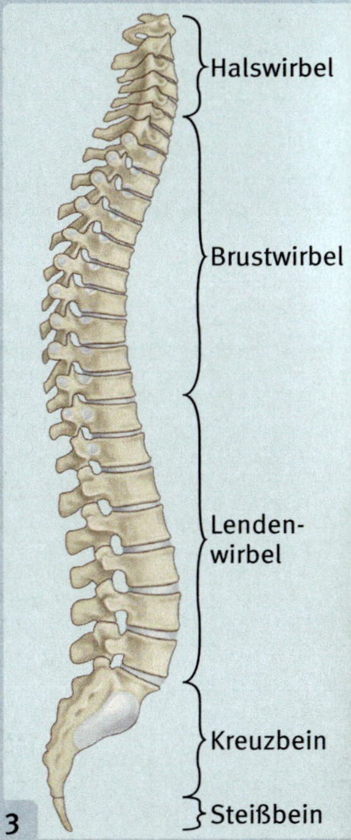

3
Wirbelsäule

Die gesamte Wirbelsäule besteht aus:

- sieben Halswirbeln,
- zwölf Brustwirbeln,
- fünf Lendenwirbeln,
- fünf Kreuzbeinwirbeln,
- drei bis vier Steißwirbeln.

Die 32 bis 33 **Wirbelkörper** (Vertebra) sind über die **Bandscheiben** 4 verbunden und bilden ein Viertel der gesamten Wirbelsäulenlänge.

Die elastischen Bandscheiben haben die Funktion von Stoßdämpfern. Aus den Wirbelkörpern bildet sich eine Art biegsamer Säule, die vom Kopfunterrand bis zum unteren Ende des Rückens reicht. **Muskeln** und **Bänder** verbinden die Wirbel zusätzlich und machen die Wirbelsäule belastbar und beweglich. Im fortschreitenden Alter verschleißen die Bandscheiben. Dadurch wird die Wirbelsäule weniger elastisch und belastbar.

Die Wirbelsäule hat im Inneren der aufeinanderliegenden Wirbelkörper und Bandscheiben einen Kanal für das **Rückenmark**. Dieser Kanal verbindet das Gehirn mit dem peripheren Nervensystem (→ 11.1.1). Der Aufbau des Wirbelsäule ist ein höchst empfindliches System, dessen Störungen oder Ausfälle den Gesundheitszustand des gesamten Menschen nachhaltig negativ beeinflussen können. Es muss daher besonders geschützt werden.

Der Brustkorb

Brustkorb (Thorax)

kegelförmiger Knochenaufbau, der sich kopfwärts verjüngt. Er besteht aus ca. 70 Einzelteilen und schützt so zuverlässig die lebenswichtigen Organe, die er umgibt.

Der Brustkorb 5 ermöglicht mithilfe der Atemmuskulatur die Atmung, weil die Rippen für die Veränderung des Lungenvolumens beweglich und elastisch sind.

Bestandteile des Brustkorbes:

- Brustwirbelsäule,
- zwölf Costae (Rippenpaare),
- Sternum (Brustbein).

Der Ansatzpunkt der Rippen ist das **Brustbein** (Sternum) in der Mittel des Brustkorbs. Die Anknüpfung erfolgt durch die Bildung von knorpelhaltigem Gewebe.

Der Brustkorb schützt Herz und Lunge und bis zu einem gewissen Grad auch Magen und Leber. Die kräftigsten Rippenpaare befinden sich im mittleren Brustkorb, während die kürzeren weiter unten liegen. Früher haben sich Frauen diese zugunsten einer „Wespentaille" herausoperieren lassen. Jede einzelne Rippe ist über ein Gelenk an die Wirbelsäule gebunden.

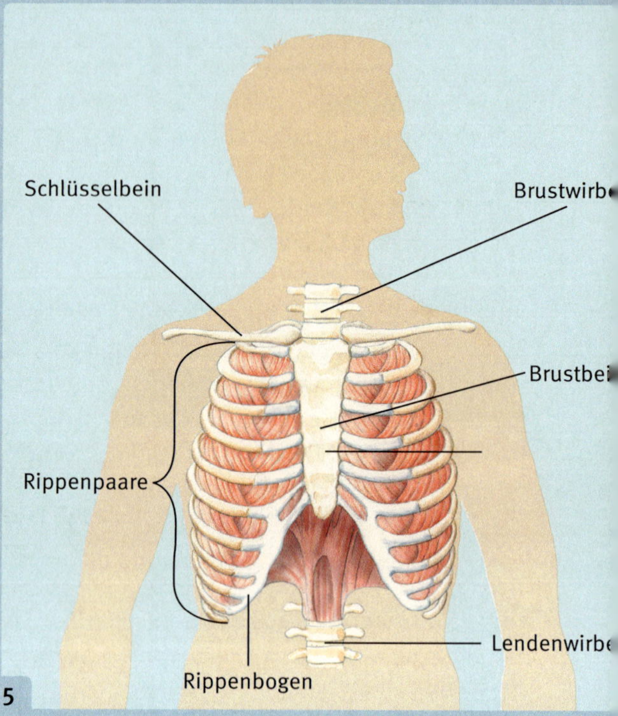

5
Brustkorb

Rippen werden in sogenannte **„echte"** und **„falsche"** Rippenpaare unterschieden.

Es gibt zudem Rippen, die direkt oder indirekt mit dem Brustbein verbunden sind:

- erste sieben Rippenpaare: sind direkt über Knorpelfortsätze mit dem Brustbein verbunden,
- folgende drei Paare: sind über den knorpeligen Rippenbogen verbunden,
- die zwei letzten Rippenpaare: keine Verbindung mehr zum Brustbein.

Bei der Atmung bewegen sich die Rippen auf und ab. Dadurch hat die Lunge bei der Ausdehnung und beim Zusammenziehen immer ausreichend Platz. Größere und kleinere Muskeln und Bänder, die mit den Rippen verbunden sind, gewährleisten die elastische und gleichzeitig stabile Konstitution des Brustkorbs.

Obere Extremitäten

Die oberen Extremitäten sind:

- Schulter,
- Ober- und Unterarm,
- Ellenbogen,
- Hand.

Schultergürtel

Der Schultergürtel setzt sich zusammen aus dem:

- Schulterblatt,
- Schlüsselbein.

In dem dreieckigen **Schulterblatt** (Scapula) befindet sich eine pfannenartige Vertiefung. Zusammen mit dem runden Kopf des Oberarmknochens bildet die Scapula das Schultergelenk. Der Arm hat durch seine wenigen Bänder im Gelenk recht viel Bewegungsspielraum.

Bedenke

Das Schultergelenk lässt sich z. B. durch Unachtsamkeit leicht ausrenken 6 .

Das **Schlüsselbein** (Calvicula) ist ein längerer Knochen, der leicht gebogen ist. Er liegt, meist sichtbar, direkt unter der Haut. Als Übergang vom Hals zur Brust ist er deutlich tastbar.

Langer Oberarmknochen

Der lange Oberarmknochen bildet kopfwärts einen runden Kopf, der sich in die Pfanne des Schulterblatts einpasst. Am Ellenbogengelenk ist er mit der **Elle** und **Speiche** verbunden. Diese bilden den knöchernen Unterarm.

Bedenke

Neben der Speiche im Unterarm ist das Schlüsselbein der Knochen im Körper, der am häufigsten bricht.

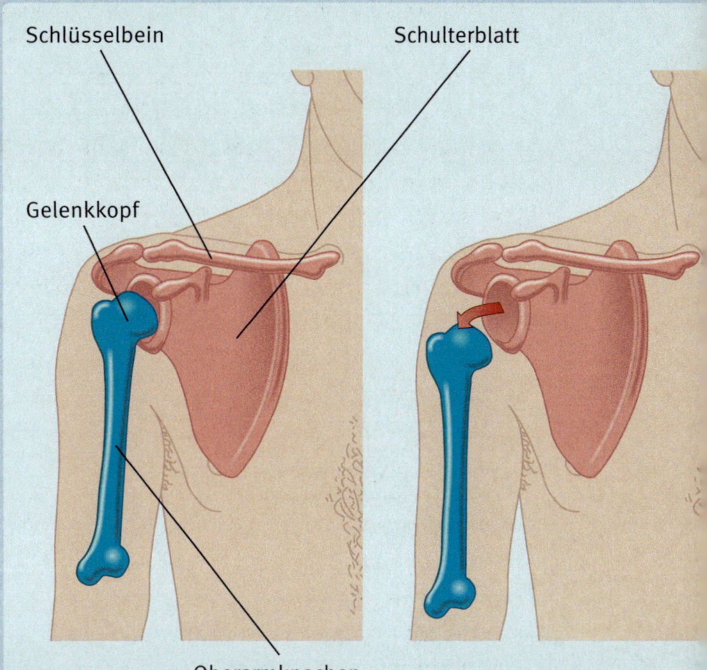

6
Ausgerenkte Schulter

Der Oberarmknochen in Richtung Ellenbogen wird zuweilen „Musikknochen“ genannt. Wird der Ellenbogen heftig gestoßen, sorgen die dicht verlaufenden Nerven dafür, dass die Betroffene vor Schmerz „singen“ möchte.

Ellenbogengelenk

Ellenbogen

deutlich spürbarer Teil des Ellenknochens. Das Scharniergelenk sichert, dass der Unterarm nicht versehentlich zurückgebogen werden kann.

Das Ellenbogengelenk besteht quasi aus drei Gelenken, da in ihm drei Knochen beweglich miteinander verbunden sind. Der Oberarmknochen und die beiden Unterarmknochen Elle und Speiche treten mit jeweils einem der beiden anderen Knochen in Verbindung.

Drei Gelenke des Ellenbogens:

- Das Beugen und Strecken des Unterarmes wird durch das Zusammenspiel eines Scharniergelenkes und eines Kugelgelenkes ermöglicht.
- Ein zusätzliches Zapfengelenk ermöglicht die Drehungen des Unterarms gegen die Hand.

Hand

Die Hand weist 27 Knochen 7 auf. Alleine die sogenannte Handwurzel besteht aus acht von ihnen:

- Kahnbein,
- Mondbein,
- Erbsenbein,
- Kopfbein,
- großes und kleines Vieleckbein,
- Hakenbein,
- Dreieckbein.

Übung

Eselsbrücke, um sich die Namen der Handwurzelknochen zu merken:
Oberer Reihe: Es kahnt ein Mann im Mondenschein im Dreieck um das Erbsenbein.
Untere Reihe: großes Vieleck, kleines Vieleck, am Kopf, da muss der Haken sein.

An diese Knochen, die eine Art kleines Gewölbe bilden, das jeder in der eigenen Innenhand sehen und fühlen kann, schließen sich fünf weitere Mittelhandknochen über weitere Kleingelenke an.

Jeder Finger, ausgenommen der Daumen, besteht aus drei Knochen (Grund-, Mittel-, und Endglied. Der zweigliedrige **Daumen** ist über ein Sattelgelenk mit den **Handwurzelknochen** verbunden. So steht der Daumen den anderen Fingern gegenüber. Er hat mehr Kraft als die anderen Finger. Auf diese Weise kann die Hand Gegenstände sicher fassen.

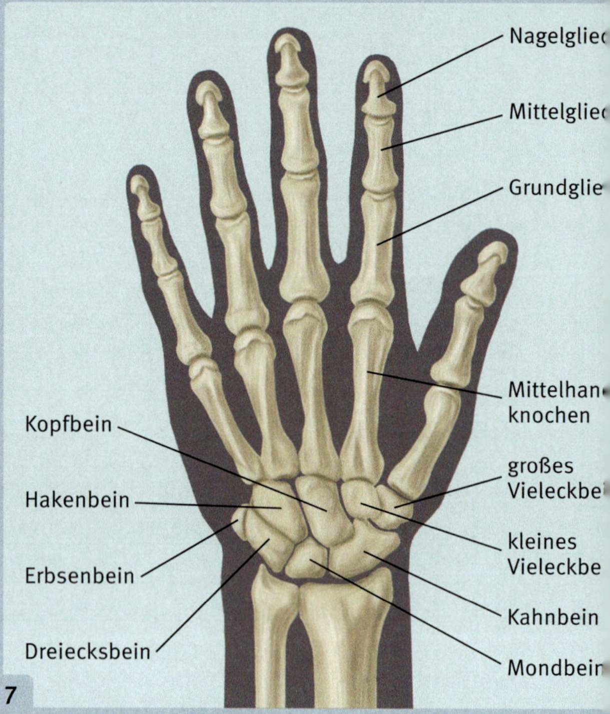

7
Handknochen mit Handgelenk

Untere Extremitäten

Zu den unteren Extremitäten gehören:

- das Becken,
- der Oberschenkel,
- das Knie,
- der Unterschenkel,
- der Fuß.

Becken 8

Der **Beckengürtel** bzw. **Beckenring** ist ein stabiler Ring aus verschiedenen Knochen. Er besteht aus zwei Hüftbeinen, dem Kreuzbein und Steißbein. Damit muss er das Körpergewicht tragen.

Der Beckengürtel ermöglicht die aufrechte Haltung des Menschen. Diese brachte dem Menschen in der Evolution einige Vorteile. Weiterhin schützt er Harnblase, Mastdarm und innere Geschlechtsorgane.

Das Hüftbein hat eine charakteristische Wölbung und entsteht durch das Zusammenwachsen von:

- Darmbein,
- Sitzbein,
- Schambein.

Am Darmbein befindet sich im Gelenk eine Vertiefung, in der der abgerundete Kopf des Oberschenkelknochens platziert ist. Dabei handelt es sich um das sogenannte **Hüftgelenk**.

Das Darmbein ist bauchseits mit dem Schambein und auf der Gegenseite mit dem Sitzbein verbunden. Es gibt einen „oberen" Raum im **Becken**, der größer ist als der untere Raum und deshalb „großes Becken" genannt wird. Das „kleine Becken" ist der untere Teil des Beckens.

Das weibliche Becken ist größer als das männliche. Das Kind kommt durch diesen Geburtskanal nur durch, wenn es sich unter der Geburt richtig in das große Becken eindreht und in die richtige Richtung durch das kleine Becken herausdreht.

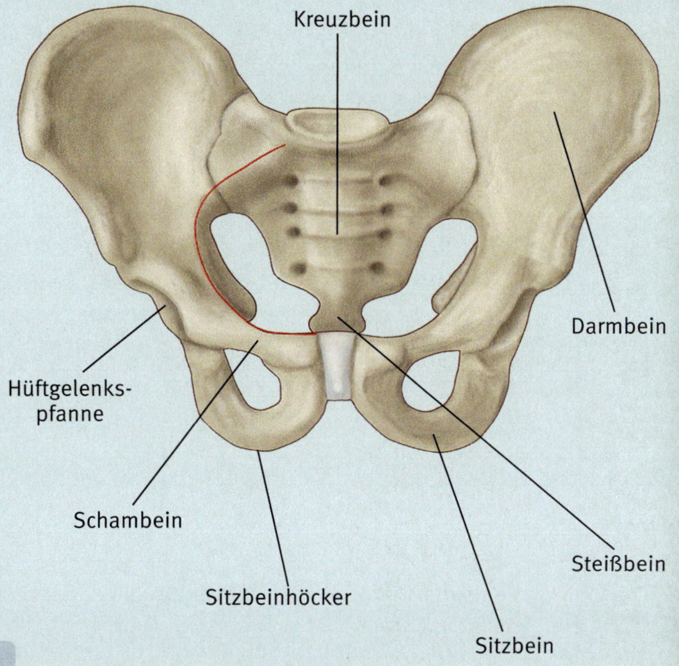

8
Becken

Der Oberschenkelknochen

Der Oberschenkelknochen (Femur) ist der längste und schwerste Knochen des menschlichen Körpers. Bei einer 180 cm großen Person ist der Femur ca. 50 cm lang und entspricht damit ca. 25 % der Körperlänge.

Der **Femurkopf** ist in der Gelenkpfanne des Hüftbeins eingebettet, während sich am unteren Ende das Kniegelenk anschließt. Hier liegt die Verbindungsstelle von Oberschenkel, Schienbein und Wadenbein.

Bedenke

Der Bruch des Oberschenkelhalses ist einer der häufigsten Knochenbrüche im Alter.
Er wird durch die Erkrankung Osteoporose (Knochenschwund) begünstigt.

Das Kniegelenk

Kniegelenk

komplexes Scharniergelenk, das den Oberschenkelknochen mit dem Schienbein und dem Wadenbein verbindet. Es ist das größte Gelenk des Menschen.

Acht Gelenkkörper müssen harmonisch zusammenspielen, um die Beugung und Streckung des Unterschenkels sowie Drehbewegungen um die Längsachse bei einem gebeugten Knie zu ermöglichen.

Die **Kniescheibe** (Patella) bietet an der Vorderseite Schutz für das Kniegelenk. Im Gelenk fängt ein Knorpelpolster (Minisken) Auswirkungen von Stößen und Stürzen ab, z. B. wenn Oberschenkelknochen und Schienbein heftig aufeinander bewegt werden.

Unterschenkel mit dem Fuß

Vorne am Unterschenkel verläuft das **Schienbein** (Tibia). Es verbindet sich in Richtung Fuß mit dem Innenknöchel. Das Schienbein ist kräftiger als das dünne Wadenbein.

Das **Wadenbein** ist mit dem Schienbein und dem Sprungbein verbunden. Es schließt mit dem Außenknöchel ab. Zwischen den Linien von Innen- und Außenknöchel und dem Sprungbein des Fußes bildet sich das obere Sprunggelenk.

Der Fuß 9 hat sieben **Fußwurzelknochen**:

- Fersenbein (Ansatz für Achillessehne und Gelenkfläche),
- Sprungbein,
- Kahnbein,
- Würfelbein,
- drei Keilbeine: inneres, äußeres und mittleres.

Weiterhin gibt es fünf **Mittelfußknochen** und 14 **Zehenknochen**. Die Großzehe besteht aus zwei, die anderen Zehen aus drei Knochen.

Beim Abdruck eines gesunden Fußes auf nassem Boden ist nicht die gesamte Fußunterseite sichtbar. An der Stelle, wo der Fuß nicht den Boden berührt, befinden sich zwei Gewölbe 10, die durch die Anordnung der Fußwurzelknochen entstehen:

- **Längsgewölbe** an der Innenseite zwischen Zehen und Ferse
- **Quergewölbe** an den Mittelfußknochen zwischen innerem und äußerem Rand des Fußes.

Der Fuß federt das Körpergewicht beim Laufen elastisch ab.

Etwa 450 Kilogramm Druckgewicht muss der Fuß eines Erwachsenen bei jedem normalen Schritt abfedern. Breite und flache Bänder, die sich über das Fußgelenk spannen, stützen den Fuß, sodass er nicht seitlich abknicken kann.

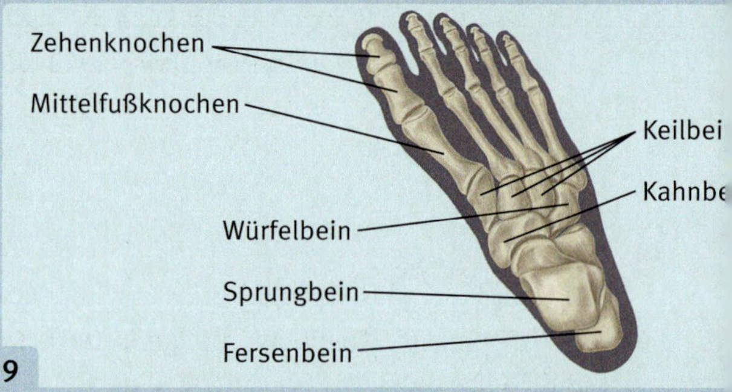

9
Fuß

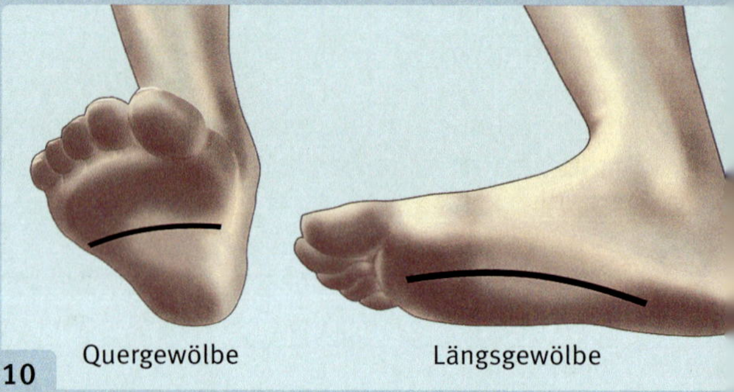

10
Fußgewölbe

8.1.2 Muskeln

Muskel

Organ, das durch den Wechsel von Zusammenziehen und Erschlaffen den Körper aktiv bewegen kann.

Muskulatur

Gesamtheit der Muskeln in einem Organismus.

Insgesamt hat der Mensch über 600 Muskeln 11. Sie machen knapp die Hälfte des Körpergewichts aus und sind damit weitaus schwerer als das Skelett mit 16 %. „Schwere Knochen“ scheiden somit als Ursache für Übergewicht aus.

Jede Bewegung erfordert die Betätigung, also die abwechselnde Kontraktion und Erschlaffung, von Muskeln. Allein die Augenmuskeln bewegen sich über hunderttausendmal am Tag.

Sind Personen skeptisch oder wütend, runzeln sie die Stirn. Dazu werden über vierzig Muskeln beschäftigt. Freuen Menschen sich, lachen oder lächeln sie, treten nur siebzehn Muskeln in Aktion.

Funktion von Muskelgruppen

Wenn Personen Muskeln betätigen, sind daran beteiligt:

- Sinnesorgane,
- Nerven,
- Gehirn.

Das Gehirn nimmt Sinneseindrücke auf, bewertet sie und gibt entsprechende Anweisungen, wie die Muskeln einzusetzen sind. Ermöglicht wird dieses Zusammenspiel durch ein Geflecht von Nerven, das vom Gehirn aus über das Rückenmark zu den Muskeln führt.

Manche dieser Faserbündel arbeiten unwillkürlich: Die Organmuskulatur ist ununterbrochen in Aktion, ohne dass man sie bewusst steuern kann.

Muskelarten

Es gibt drei Arten von Muskeln:

- quergestreifte Muskulatur (willkürlich),
- glatte Muskulatur (unwillkürlich),
- autonome Muskulatur (Herzmuskel).

Die willkürliche oder quergestreifte Muskulatur wird auch **Skelettmuskulatur** genannt. Im Unterschied zur Herzmuskulatur und zur glatten Muskulatur wird die Skelettmuskulatur vom zentralen Nervensystem und daher größtenteils bewusst gesteuert, z.B. beim Heben, Bauchpresse beim Stuhlgang.

Die Zellen dieser Muskel sind sehr groß und werden daher auch **Muskelfasern** genannt. Ein Skelettmuskel wird aus vielen Muskelfasern gebildet.

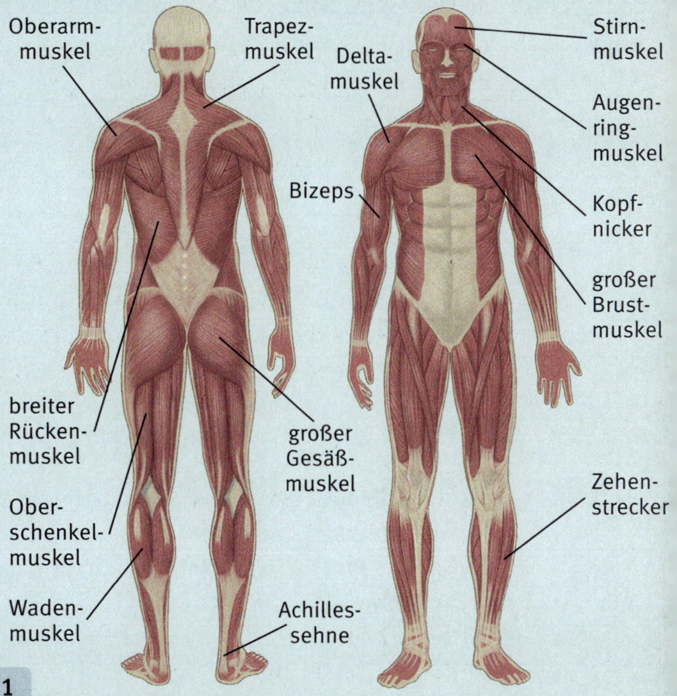

11
Ausgewählte Muskeln des Menschen

Skelettmuskeln setzen entweder direkt oder indirekt am Knochen an. Als entgegengesetzte Paare arbeiten sie für sämtliche Bewegungen, die der Mensch ausführt. Wo Muskeln gebeugt werden, sollten sie auch wieder gestreckt werden können.

Muskeln sind meist über Sehnen mit Knochen verbunden und können die Knochen in Bewegung setzten. Bei Muskeln handelt es sich um Faserbündel, die aus einander überlappenden Proteinfäden bestehen. Zwischen diesen Bündeln aus **Filamenten**, die zu Muskelfasern zusammengebündelt wurden, liegen Reservelager, in denen Zuckerstoffe und Sauerstoff zu Energie umgewandelt werden können.

Die Muskelfasern sind in ein schlauchförmiges **Bindegewebe** (Faszie) eingekleidet. Ein großer Muskel besteht aus sehr vielen, ein kleiner Muskel nur aus wenigen Fasern.

Muskelfasern reagieren auf Nervensignale, die sie über die Nerven vom Gehirn zugesandt bekommen. Sie ziehen sich zusammen und verursachen dadurch Bewegung.

Die Muskelkontraktionen werden von kleinsten Fasern, den **Filamenten**, ausgelöst. Sie bestehen aus Eiweißen. Diese werden wie Brücken übereiander angeordnet und können den Muskel verkürzen, indem sie sich enger übereinanderlegen.

Die glatte Muskulatur wird auch als **Eingeweide-Muskulatur** bezeichnet. Sie arbeitet unwillkürlich, unterliegt also keiner willentlichen Steuerung. Die Eingeweide-Muskulatur befindet sich z. B. in den Wänden des Magen- und Darmtrakts (nicht in der Speiseröhre), im Urogenitaltrakt und in den Blutgefäßen. Sie löst z. B.:

- Darmbewegungen aus, die bei der Verdauung der Nahrung zum Transport des Nahrungsbreies nötig sind,
- Blutdruckregulation in den Innenwänden der Arterien aus.

Die glatte Muskulatur besteht aus spindelähnlichen Zellen, die so angeordnet sind, dass sie locker aufeinanderliegen. Dadurch sind sie beweglich. Diesem Zweck dienen auch Eiweißfasern, die in den Zellen eingelagert sind. Man nennt sie „Aktin"- und „Myosin"-Filamente, die auch in der quergestreiften Muskulatur vorhanden sind.

Die autonome Muskulatur ist der **Herzmuskel** (Myocard) 12. Er arbeitet unwillkürlich, unabhängig davon, ob die Person schläft oder wach ist, von der Geburt an bis zum Tod. Er zieht sich bei gesunden Erwachsenen ungefähr 60 bis 80-mal in der Minute zusammen.

Bedenke

Der Herzschlag kann willentlich nicht beeinflusst werden.

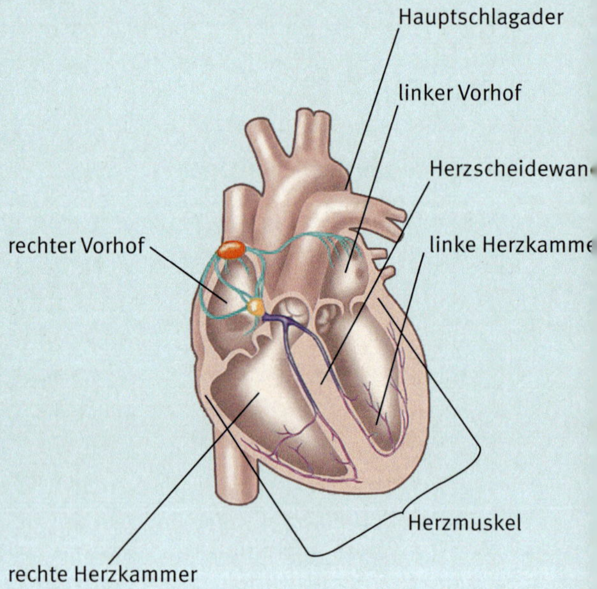

12
Autonomer Herzmuskel

Auch der Herzmuskel hat quergestreifte Muskelfaserbündel. Die sind jedoch beim Myocard über Kreuz angeordnet und liegen straff übereinander.

Die Kombination aus längs- und quergestreiften Muskeln ermöglicht dem Herz die einmalige Ausdauer und Kraft. Es arbeitet unter der Kontrolle des autonomen Nervensystems, z. B.:

- im Schlaf: das Herz ist entspannt und kann sich erholen,
- beim Laufen oder bei Angst und Aufregung: das Hormon Adrenalin wird ausgeschüttet, das Herz schlägt sehr schnell.

Übung

Laufen Sie mehrfach schnell eine Treppe herauf und herunter. Was bemerken Sie in der Muskulatur?

8.1.3 Gelenke

Gelenk

bewegliche Verbindung zwischen zwei Knochen.

Die Gelenke 13 bestehen aus:

- einer **Gelenkfläche**, die mit Knorpel überzogen ist: vermindert die Reibung der Gelenkflächen aufeinander. Zwischen den Gelenkenden liegt bei freien Gelenken der Gelenkspalt, in den von der Gelenkkapsel Gelenkflüssigkeit abgesondert wird (Schmierung des Gelenks),
- einer **Gelenkkapsel**, die aus Bindegewebe besteht: verbindet die Gelenkflächen, schließt ein Gelenk nach außen und schützt es damit,
- **Gelenkbändern**, die sich meist auf der Gelenkkapsel befinden: hemmen bestimmte Bewegungen.

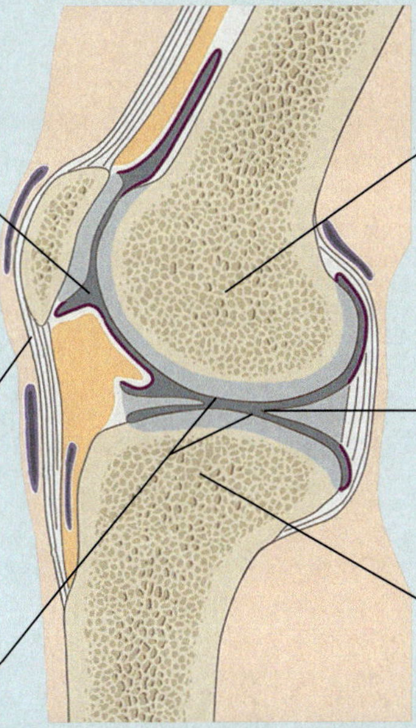

13
Aufbau eines Gelenks

Gelenkerkrankungen

Arthrose

durch Verschleiß entstehende Gelenkerkrankung, zunehmender Abrieb des Gelenkknorpels bis hin zu dessen Zerstörung.

Die häufigste Erkrankung der Gelenke ist die Arthrose. Die Symptome der Arthrose sind in der Regel Schmerzen und Bewegungseinschränkungen. Durch die Schonung des erkrankten Gelenks können Fehlhaltungen und Belastungen anderer Körperteile entstehen.

Mäßige, aber regelmäßige Bewegung vermeidet Arthrose. Bewegungseinstellung muss unbedingt vermieden werden: Wer rastet, der rostet, sagt der Volksmund. Schmerzen sollten effektiv bekämpft werden, z. B. mit Kälte, Wärme oder nach Anordnung auch verschiedenen Medikamenten.

Gelenkarten

Es gibt sechs Gelenkarten, die wiederum in einachsige, zweiachsige und dreiachsige Gelenke unterschieden werden:

- Kugelgelenk (drei Achsen),
- Eigelenk (zwei Achsen),
- Scharniergelenk (eine Achse),
- Zapfengelenk (eine Achse),
- Sattelgelenk (zwei Achsen),
- straffe Gelenke oder „Flächengelenk".

Die drei Achsen des **Kugelgelenks** ermöglichen sechs Hauptbewegungen:

- Streckung,
- Beugung,
- Abspreizung,
- Heranführung zum Körperstamm,
- Innenrotation,
- Außenrotation.

Kugelgelenke 14 sind das Hüftgelenk, Schultergelenk und die Fingergrundgelenke mit Ausnahme des Daumens.

Ein **Eigelenk** 15 gestattet mit zwei Achsen folgende vier Hauptbewegungen:

- Streckung,
- Beugung,
- Heranführung,
- Abspreizung.

Ein Eigelenk ist z. B. das Handgelenk, es verbindet hier die Speiche mit dem Handwurzelknochen.

Ein **Scharniergelenk** 16 hat nur eine Achse, die zwei Bewegungen sichert:

- Streckung,
- Beugung.

Scharniergelenke sind am Ellenbogen, am Knie und an den Fingergelenken zu finden.

Ein **Zapfengelenk** 17 verfügt über eine Achse, die zwei Drehbewegungen erlaubt:

- Auswärtsdrehung vom Körper fort,
- Einwärtsdrehung zum Körper hin.

Zapfengelenke gibt es am Unterarm zwischen Elle und Speiche. In der Wirbelsäule befinden sie sich zwischen dem ersten und zweiten Halswirbel.

Sattelgelenke 18 haben zwei Achsen, die zwei Hauptbewegungen in zwei Ebenen ermöglichen:

- Streckung und Beugung,
- Heranführung und Abspreizung.

Das Daumengrundgelenk ist ein typisches Sattelgelenk. Straffe Gelenke nennt man auch Flächengelenke. Sie sind keine freibeweglichen Gelenke, denn sie haben flache Gelenkflächen und wegen eines straffen Bandapparates nur geringen Bewegungsspielraum, z. B. im Beckenbereich.

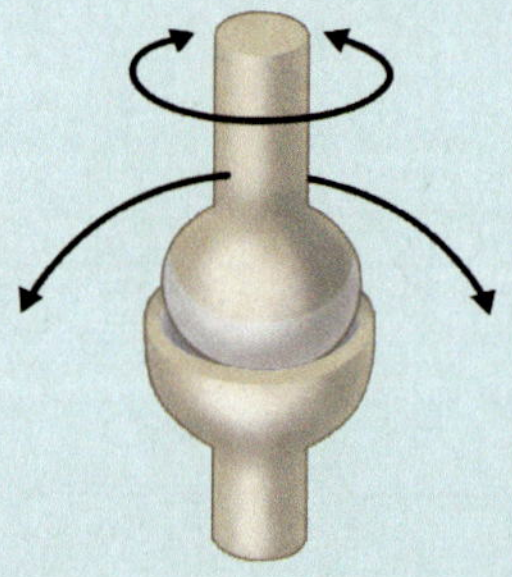

14
Kugelgelenk

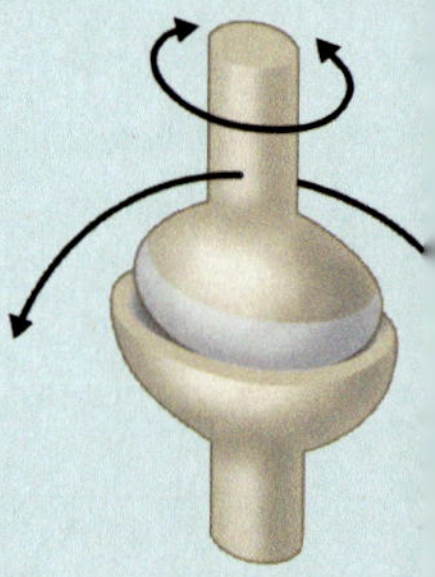

15
Eigelenk

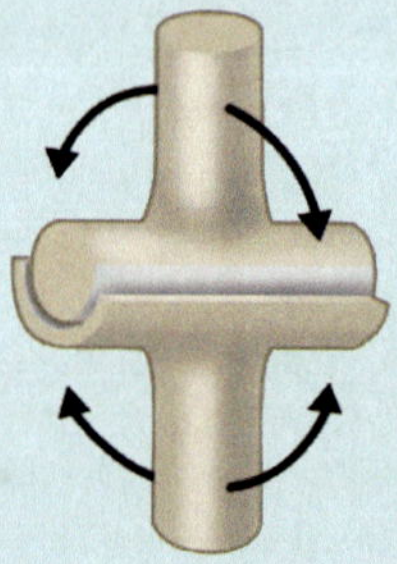

16
Scharniergelenk

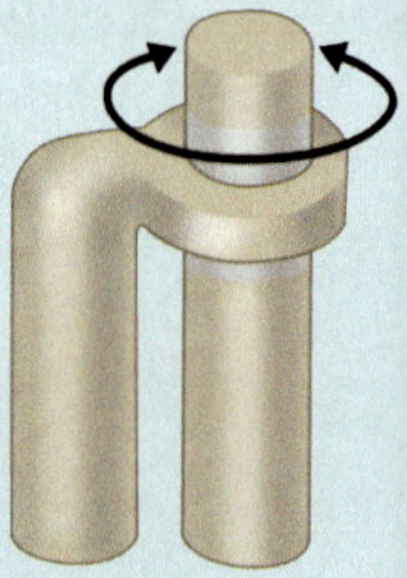

17
Zapfengelenk

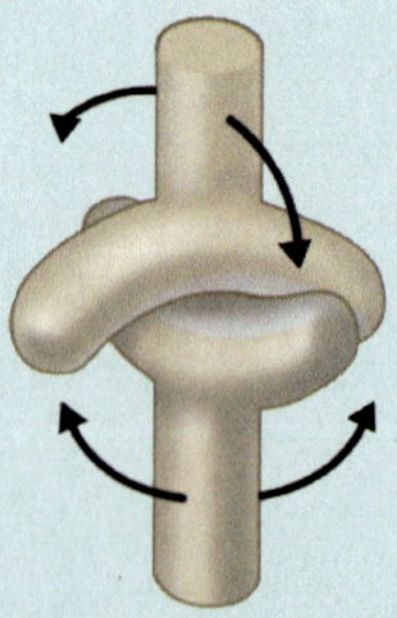

18
Sattelgelenk

8.2 Pflegerische Beobachtungen

Lange hält der Mensch es nicht ohne Bewegung aus. In seinem Alltag wendet er unendlich viele Bewegungsmuster an. Selbst im Ruhezustand und sogar im Bett führt er selbstverständlich Bewegungen aus.

Einschränkungen der Bewegungsfähigkeit eines Menschen lassen sich nicht auf den ersten Blick feststellen. Beobachtet werden sollte möglichst an verschiedenen Tageszeiten zu verschiedenen Gelegenheiten in folgenden Bereichen:

- Gleichgewicht,
- Körperhaltung,
- Gang und Gangsicherheit,
- Gelenkbeweglichkeit,
- Sturzgeschichte,
- Bettlägerigkeit.

8.2.1 Grundbewegung trainieren

Das wirksamste Mittel, die Bewegungsfähigkeit zu erhalten, ist die Bewegung selbst. Folgende Übungen eignen sich bei jeder Gelegenheit:

- verschiedene Formen des Gehens oder das Laufen trainieren,
- Gehen auf Zehen sowie das kurzzeitige Wechseln auf die Fersen üben,
- „Alleine gehen", gemeinsam mit einem Partner oder am Hilfsmittel, z. B. einem Rollator gehen,
- Gehbewegungen durch „Bewegungskontraste" trainieren, z. B. ein Zimmer in Riesenschritten durchqueren,
- natürliche Gegebenheiten beim Spaziergang nutzen, z. B. Treppen oder andere Steigen oder auch Hügel, Bordsteine oder Wurzeln im Wald, auf Baumstämme oder Findlinge steigen,
- Rollen und Wälzen auf Turnmatte oder am Strand im Sand, um weiterhin gut aus dem Bett zu kommen.

19
Mann mit ausgeprägtem Gleichgewichtssinn

8.2.2 Gleichgewichtsfähigkeit

Gleichgewichtsfähigkeit

Fähigkeit des Körpers, in jeder Situation und bei jeder Aktion eine aufrechte Haltung und zielgerichtete Bewegungen beizubehalten.

Gleichgewichtssinn

Sinn, durch den die Raumorientierung und Körperhaltung wahrgenommen wird.

Die Gleichgewichtsfähigkeit ist abhängig vom sogenannten **„senso-motorischen" Koordinationsvermögen** eines Menschen. Gemeint ist hier das Zusammenspiel von der Wahrnehmung oder dem Gefühl einer räumlichen Situation und der Möglichkeit, sich durch Muskelbewegungen daran anzupassen und das Gleichgewicht beizubehalten, z. B. beim Laufen auf einem Seil 19.

Es gibt Situationen, die den Gleichgewichtssinn besonders beanspruchen, z.B. in einer Hängematte liegen, schaukeln, sich auf einem Rollbrett bewegen oder eine Wippe benutzen.

Übung

Trainieren Sie das eigene Gleichgewicht einmal bewusst. Balancieren Sie barfuß auf einer am Boden liegenden Schnur, die in Kreisform oder als Schlange gelegt wird.

Die Gleichgewichtsfähigkeit ist nachhaltig beeinträchtigt, wenn das Innenohr geschädigt ist, z.B. durch Gefäßverkalkungen oder akute Verletzungen.

Erkennbar ist ein eingeschränkter Gleichgewichtssinn z.B. an:

- Stürzen ohne erkennbare Ursache,
- Verlust des Gleichgewichts bei leichten Hindernissen oder „Anremplern",
- Schwindelgefühl vor allem beim Aufstehen und Bewegen im Liegen,
- Sehstörungen und Übelkeit.

Ein eingeschränkter Gleichgewichtssinn kann das Symptom einer Erkrankung sein, z.B.:

- zu niedriger oder zu hoher Blutdruck,
- Herz-Kreislauf-Erkrankungen,
- Dehydration.

Mit einer Übung ist der Gleichgewichtssinn gut zu testen. Der Bewohner wird gebeten, die Arme in Höhe der Schulter so weit wie möglich auszustrecken, ohne das Gleichgewicht zu verlieren.

Bedenke

Bei eingeschränkter Bewegungsfähigkeit besteht ein hohes Sturzrisiko, das die Betroffenen kennen sollten.

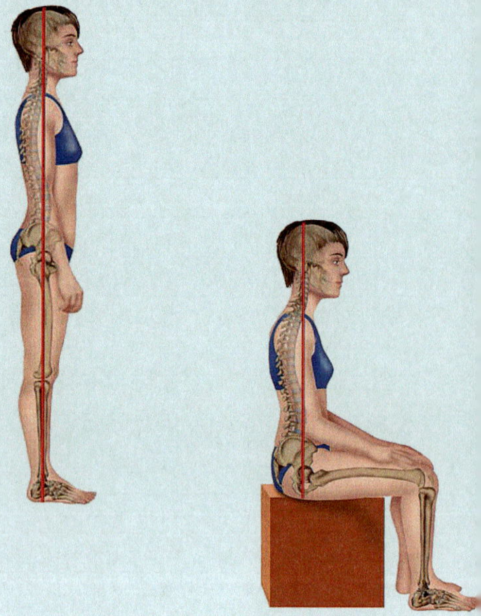

20
Korrekte Körperhaltung

8.2.3 Körperhaltung

Körperhaltung

Zusammenwirken von Bändern und Muskeln und die dadurch erkennbare Stellung des menschlichen Körpers. Die gesunde Körperhaltung ist gerade und aufrecht.

Die aufrechte Körperhaltung 20 ist ein wichtiger Schlüsselfaktor für das Selbstvertrauen. Die meisten kennen den Spruch: „Kopf hoch, Brust raus, Bauch rein". Dadurch wirkt der Mensch stolz und selbstbewusst. Steht der Mensch gekrümmt, signalisiert er Schwäche und Weichheit.

Dieses alte **Haltungskonzept** reicht aus, um selbstbewusstes Handeln und Denken auszulösen. Wenn ein Mensch seine Körperhaltung bewusst verändert, beeinflusst er damit auch seinen Gemütszustand.

Typische Körperhaltungen der Bewohner zu verändern, kann eine positive Wirkung haben:

- Aufsetzen im Bett statt zu liegen, um TV zu sehen: Betroffene sind oft wacher,
- Rollstuhl benutzen, um sich im Haus, im Garten bewegen oder alleine die Toilette nutzen zu können: Betroffene sind stolz, nicht mehr auf fremde Hilfe angewiesen zu sein,
- kleine Strecken mit Unterstützung gehen, statt nur im Rollstuhl zu sitzen: Betroffener befindet sich auf gleicher „Augenhöhe".

Veränderte Körperhaltungen ergeben sich auch aus Erkrankungen, z. B.:

- Schmerzen (Schonhaltung, um die schmerzende Körperstelle zu entlasten),
- Lähmungen, z. B. nach einem Schlaganfall,
- Abbau der Muskulatur (häufig im Alter),
- Entzündungen in den Gelenken (Arthrose).

Bedenke

Eine veränderte Körperhaltung kann auf Dauer eine Fehlhaltung und damit Schmerzen verursachen.

8.2.4 Gang und Gangsicherheit

Gangsicherheit

Fähigkeit, ohne Beeinträchtigung zu gehen. Voraussetzung ist ein funktionierendes Skelett und intakter Gleichgewichtssinn.

Gangsicherheit meint:

- Bewegungsrichtungen wechseln zu können,
- von vorwärts, rückwärts bis seitwärts sicher an einem Hindernis vorbeigehen zu können,
- das Bewegungstempo variieren zu können,
- von schnell über eine Straße gehen bis gemütlich-langsam im Garten herumschlendern zu können.

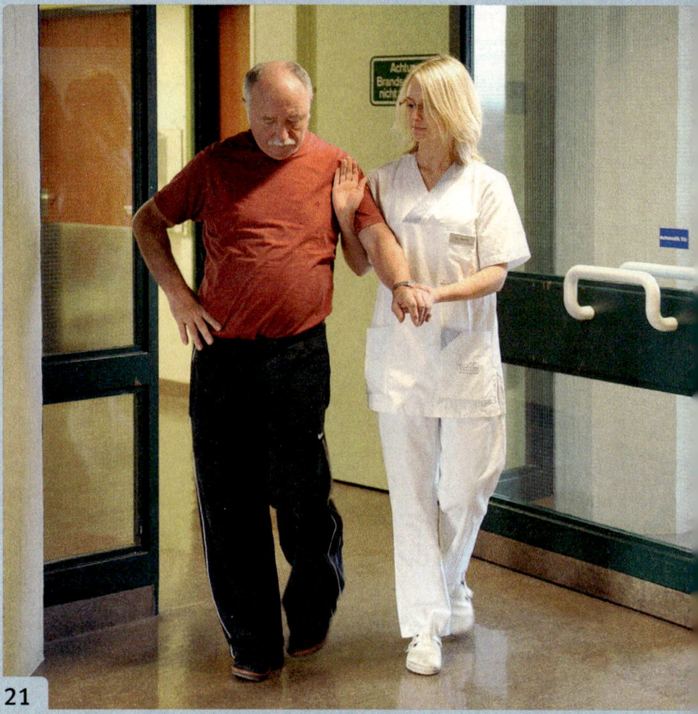

21
Normales und eingeschränktes Gehen

Bewegungen mit oder ohne Drehungen sollten sicher ausgeführt werden können, z. B. sich schnell umdrehen können und dabei die Füße beim Drehen „mitnehmen" und nicht zu stürzen.

Auch die sichere Bewegung auf verschiedenen Untergründen, von sicheren Gehplatten auf dem Bürgersteig, über rutschiges Kopfsteinpflaster bei Regen oder im Wald, gehört zur Fähigkeit, sicher zu gehen.

Geht ein Bewohner z. B. gebeugt, taumelnd, steif oder schwerfällig, ist seine Gangsicherheit beeinträchtigt 21.

Übung

Suchen Sie sich einen Trainingspfad einer Gehschule, die man häufiger in einem Wald findet, und durchlaufen Sie ihn barfuß.

Die Gangsicherheit und ihre Einschränkungen sind relativ leicht zu erkennen bei folgender Übung: den Bewohner einmal vom Stuhl aufstehen und einige Meter gehen lassen, dann umdrehen und wieder auf den Stuhl setzen lassen.

2 Unsichere Gangarten

Gangart	Mögliche Ursache
tippelnd, schlurfend	z. B. Parkinson-Erkrankung, verminderter Allgemeinzustand
wankend, breitbeinig mit ungleichen Schrittfolgen	z. B. Alkoholabhängigkeit
langsam, schlürfend, ein Bein nachziehend, häufige Spitzfußhaltung	z. B. Schlaganfall
hinkend	z. B. Schmerzen aufgrund von Hüft- und Kniegelenkserkrankungen

8.2.5 Beweglichkeit der Gelenke - Kontrakturen

Range of Motion (ROM)

beschreibt den Grad oder das Ausmaß von Beweglichkeit von einzelnen Gelenken.

Das Ausmessen der Beweglichkeit ist Aufgabe von z. B. Orthopäden, die dazu oft die **Neutral-Null-Methode** anwenden. Ausgangssituation ist die normale Beweglichkeit eines Gelenks. Die Abweichung, die ein erkranktes Gelenk aufweist, wird in Grad wie bei einem Kreisradius gemessen.

Die ausgeprägteste Form einer eingeschränkten Form ist in der beruflichen Pflege die Gelenkversteifung, die sogenannte **Kontraktur** 22.

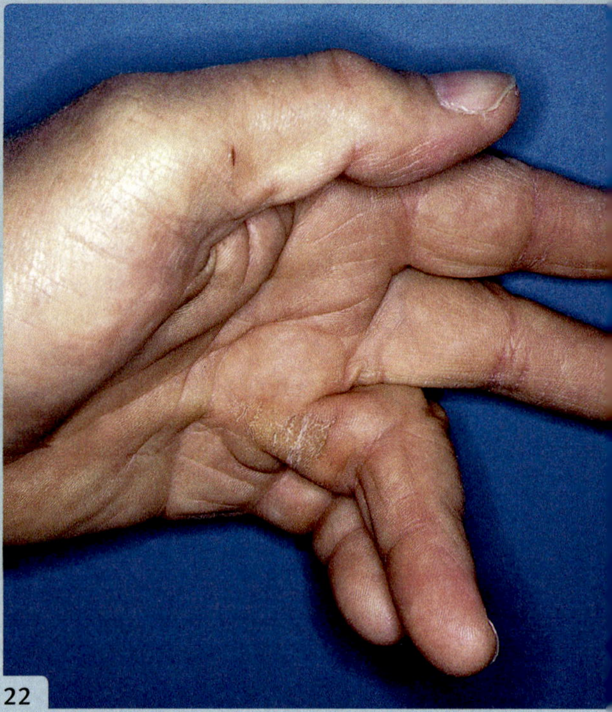

22
Kontraktur

Sie stellt eine dauerhafte Bewegungseinschränkung mit gravierenden negativen Auswirkungen auf die Lebensqualität des Betroffenen dar. Ist eine Kontraktur stark ausgebildet, lässt sie sich kaum noch rückgängig machen. Deshalb sollte unbedingt vorgebeugt werden.

Erstes Warnzeichen für eine Kontraktur ist, wenn der Bewohner sich auffallend wenig bewegt, immer wieder die gleiche Körperhaltung einnimmt und die Gelenke bei der aktiven und passiven Bewegung schmerzen.

Kontraktur

dauerhafte Verkürzung von Muskeln, Sehnen oder Bändern sowie das Schrumpfen der Gelenkkapsel bis hin zu einer Gelenkversteifung aufgrund von langanhaltendem Bewegungsmangel.

Besonders gefährdet sind Bewohner mit z. B.:

- Immobilität und fehlender Eigenbewegung durch z. B. körperliche Schwäche, Lähmungen, Muskelabbau,
- Schonhaltung bei chronischen Schmerzen,
- kognitiven Einschränkungen, z. B. Demenz, in der die Einsicht in die Notwendigkeit verschiedener Bewegungsabläufe fehlt.

8.2.6 Sturzgeschichte beachten

Sturz

Ereignis, in dessen Folge eine Person unbeabsichtigt auf dem Boden oder auf einer tieferen Ebene zu liegen kommt. (DNQP)

Zu Stürzen 23 von Menschen gibt es bedenkliche Fakten: Bei 100 Personen kommt es monatlich durchschnittlich zu 18 Stürzen, stellt das Institut für Pflegewissenschaft der Uni Bielefeld fest. Rund 50 % aller Stürze ereignen sich beim Gehen, Aufstehen oder Hinsetzen, also bei ganz alltäglichen Bewegungen in einem bekannten Umfeld.

Die Folgen aus Stürzen können gravierend sein, z. B.:

- Verletzungen und Schmerzen, die behandlungsbedürftig sind oder werden,
- große Operationen, besonders oft die operative Versorgung beim Bruch (Fraktur) des Oberschenkelhalses.

Die Komplikationsrate bei derartigen Operationen ist auch heute noch sehr hoch, bis hin zum Versterben. Die Sterblichkeitsrate steigt umso mehr, je älter der gestürzte Mensch ist.

Weitere Folge aus einem Sturz ist der Verlust des **Selbstvertrauens**. Dadurch wächst die Unsicherheit bei Bewegungen und damit wiederum die Gefahr eines erneuten Sturzes.

23
Gestürzte Person

Ein umfassender Schutz vor Stürzen ist auch in stationären Altenpflegeeinrichtungen nicht zu leisten. Der Nationale Expertenstandard „Sturzprophylaxe" verlangt daher, sich mit der **„Sturzgeschichte"** eines Menschen zu beschäftigen, um das Risiko für einen Sturz bei dem einzelnen Bewohner besser abschätzen zu können. Entsprechend muss vorgesorgt und beobachtet werden.

Bei jedem Sturz muss die Pflegende zeitnah ein **Sturzprotokoll** verfassen, in dem die genauen Umstände des Sturzes aus der Sicht der Pflegenden beschrieben werden. In jeder Einrichtung liegen also genaue Zahlen und Daten über die Sturzhäufigkeit von jedem Bewohner vor.

Bedenke

50 % der Heimbewohner stürzen einmal jährlich, 30 % sogar mehrmals im Jahr.

8.2.7 Stufen der Bettlägerigkeit

In vielen Fällen ist die Bettlägerigkeit kein Zustand, der von heute auf morgen eintritt, notwendig oder unvermeidbar ist. Viel eher handelt es sich um einen **„Weg in die Bettlägerigkeit“**, ein Prozess, der an der Universität Witten-Herdecke intensiv erforscht wurde. Dabei kam heraus, dass ein Mensch von der Mobilität bis hin zur Bettlägerigkeit typische Phasen durchläuft.

Die Phasen sind:

- Instabilität,
- Ereignis,
- Immobilität im Raum,
- Ortsfixierung,
- Bettlägerigkeit (teilweise oder strikt).

Die Phasen sind nicht immer eindeutig zu erkennen, die Übergänge fließend. Am Ende steht die schwere Bettlägerigkeit, in der der Mensch nicht mehr selbstständig essen und trinken kann.

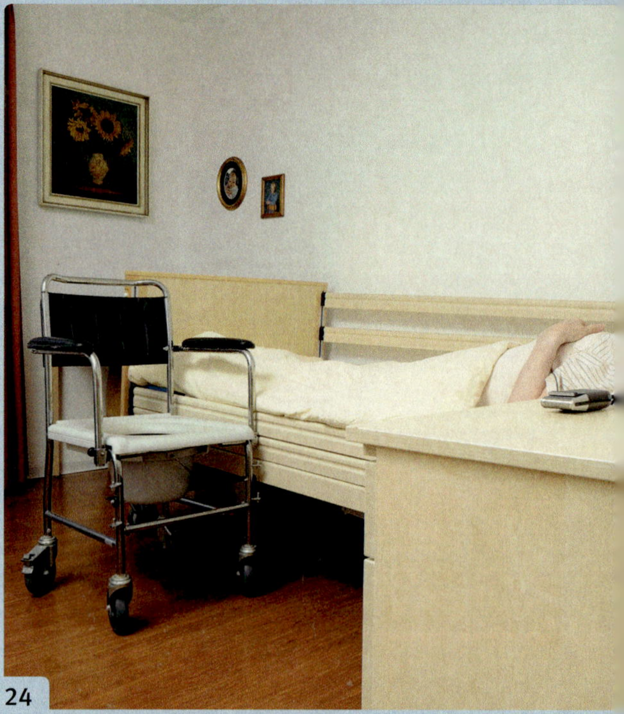

24
Bettlägerige Person

Instabilität

Eine Instabilität zeigt sich an durch:

- Gangunsicherheit oder Befindlichkeitsstörungen wie Kreislaufschwankungen,
- kleineren Bewegungsradius, weil Aktivitäten aus Angst vor unangenehmen Ereignissen, z. B. Stürzen, deutlich weniger werden,
- Angst, (alleine) an einen weiter entfernten Ort zu gehen, z. B. zum Einkaufen.

Mit dem Gebrauch des Gehstocks oder Rollators können die Einschränkungen überwunden werden. Anpassungen im Wohnbereich, z. B. Sitzerhöhungen auf der Toilette, machen die selbstständige Lebensführung weiterhin möglich.

Bedenke

Die Phase der Instabilität kann über Jahre andauern und fast unmerklich zunehmen.

3 Bettlägerigkeit

Form	Zeit
leichte Bettlägerigkeit	Bewohner verbringt mehr Zeit im Bett als außerhalb des Bettes, ist aber noch mindestens vier Stunden außerhalb des Bettes.
mittlere Bettlägerigkeit	Bewohner verlässt das Bett nur noch für die Körperpflege und Toilettengänge 24.
schwere Bettlägerigkeit	Bewohner verlässt das Bett nicht mehr.

Ereignis

Das Ereignis ist in der Regel der Sturz, den die Betroffene seit langem befürchtet hat. Bereits getroffene **Vermeidungsstrategien** in Bezug auf Bewegung werden damit bestätigt und weiter verstärkt. Somit bewegt sich die Betroffene noch weniger.

Die Spirale aus:

- Angst,
- Vermeidung,
- Bewegungsmangel

dreht sich weiter nach unten. Wird diese nicht unterbrochen, entsteht eine **Muskelatrophie**, eine Rückbildung der Muskeln, denn Muskeln brauchen zum Erhalt ihrer Funktion Bewegung.

Das Ereignis kann aber auch der Einzug in eine Pflegeeinrichtung sein, den viele Betroffene als Aufforderung zur **Schonung** und **Rückzug** verstehen. Auch dabei wird die Angst vor Bewegung bestätigt.

Immobilität im Raum bzw. Ortsfixierung:

Immobilität im Raum bzw. **Ortsfixierung** zeigt sich an folgenden Merkmalen:

- häufiges Sitzen der Betroffenen,
- erkennbar längere Liegezeiten, weil die Betroffenen immer weniger körperlich belastbar sind,
- externe Hilfe durch Angehörige oder Pflegekräfte bei Transfers von einem Ort zum anderen,
- früher oder später Umzug in eine stationäre Pflegeeinrichtung.

Die Ortsfixierung führt häufig zur Immobilität bis hin zum „Festgenageltsein“, z. B. in einer Stadtwohnung im vierten Stock ohne Aufzug oder in einer ländlichen Gegend ohne öffentlichen Nahverkehr.

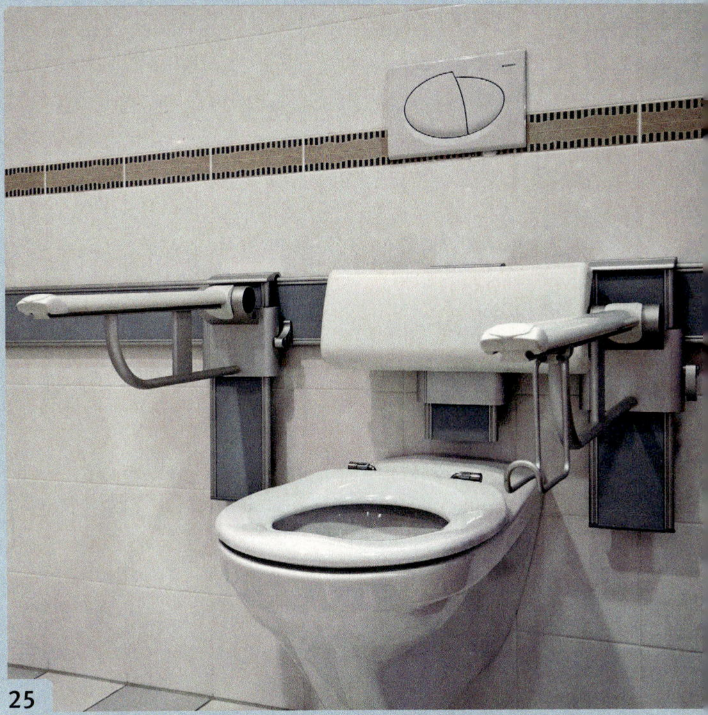

25
Wohnraumanpassung

In der Phase der Ortsfixierung ist die Aufmerksamkeit der Pflegenden und Angehörigen besonders gefragt. Findet hier keine **Wohnraumanpassung** 25 bzw. Mobilisierung oder aktivierende Pflege statt, ist die Bettlägerigkeit unvermeidlich.

Folgende Maßnahmen können vorbeugen, z. B.:

- eng gestellte Möbel, um sich beim Gehen festhalten zu können,
- elektrisch bedienbare Relaxsessel, um dem zunehmenden Liegebedürfnis entgegenzukommen,
- wenn möglich, die Benutzung des Rollstuhls vermeiden.

Bedenke

Um dem Verlust von Autonomie und Würde des Betroffenen entgegenzuwirken, ist der selbstständige Toilettengang wichtig.

Bettlägerigkeit

Wenn selbst das Sitzen zu anstrengend wird, weil z. B. lange auf einen **Transfer** mit Hilfe von anderen gewartet werden muss, wird das Bedürfnis nach dauerhaftem Liegen immer größer.

Kriterien für die Bettlägerigkeit sind z. B.:

- Das Bett wird nur noch für unvermeidliche Tätigkeiten wie Körperpflege und Toilettengänge verlassen.
- Es wird zunehmend Inkontinenzmaterial verwendet.
- Kann das Bett auch zu Toilettengängen nicht mehr verlassen werden, ist die Phase der strikten Bettlägerigkeit gegeben.

Das Bett wird zum Lebensmittelpunkt 26. Es wird entsprechend ausgerüstet: diverse Kissen, Telefon, Salben, Medikamente, Adressbuch oder Fotos werden in Reichweite gelegt.

Die Kontakte zur Außenwelt bestehen aus:

- vereinzelten Besuchen,
- Telefonaten, wenn die Hörfähigkeit es zulässt,
- TV, wenn die Sehfähigkeit mit Brille es zulässt,
- ggf. noch Internet für die kommenden Generationen.

Bettlägerigkeit kann für die Gesundheit des Bewohners schwerwiegende Folgen haben.

Das Risiko steigt z. B.:

- an einer Lungenentzündung (Pneumonie) zu erkranken,
- ein Druckgeschwür (Dekubitus) zu bekommen,
- eine Thrombose zu entwickeln.

Auch die Art der **Kommunikation** und das **Selbstbewusstsein** werden von der Bettlägerigkeit negativ beeinflusst. Es wird eher über statt mit dem Bewohner auf gleicher Augenhöhe 27 gesprochen. Die Ansprüche des Bettlägerigen sinken.

26
Bett als Lebensmittelpunkt

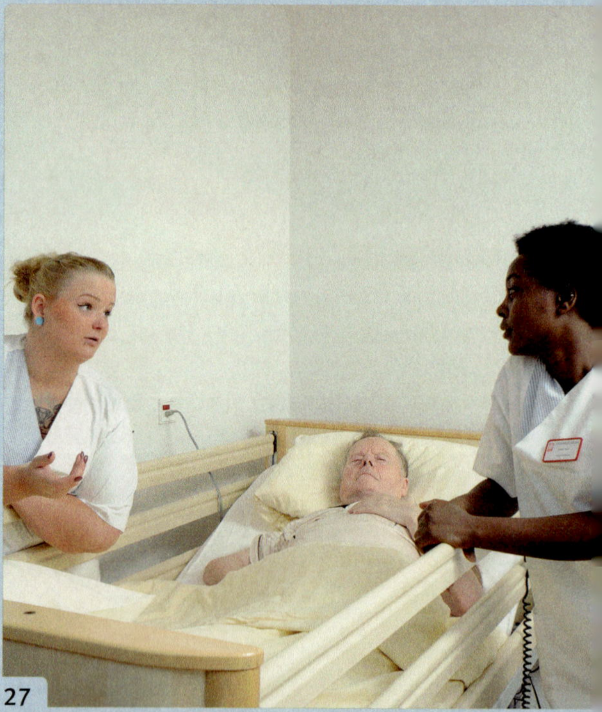

27
Verlust der „Augenhöhe“

8.3 Pflegepraxis

Ein wichtiges Ziel in der Pflege von Menschen mit Bewegungseinschränkungen ist es, die vorhandene Bewegungsfähigkeit so weit wie möglich zu erhalten und die Ressourcen der Betroffenen zu aktivieren, z. B. die Anwendung von Hilfsmitteln oder die Mithilfe bei Transfers. Dazu gehört in erster Linie die Motivation der Betroffenen, so viele Bewegungen wie möglich noch selbstständig auszuführen und sich aktiv an Bewegungsübungen zu beteiligen.

Oft ist es aber auch notwendig, den Bewohner in seiner Bewegung zu unterstützen, z. B.:

- beim Betten,
- durch Lagerungen,
- mit Transfers,
- mit Begleitung.

8.3.1 Rund ums Pflegebett

Aus hygienischen Gründen und um das Wohlbefinden des Bewohners zu steigern, ist es erforderlich, die Bettwäsche regelmäßig und bei Bedarf zu wechseln. Normalerweise wird das Bett gerichtet, wenn der Bewohner das Bett verlassen hat. Im günstigsten Fall tut er dies selbstständig.

Bei bettlägerigen Bewohnern ist es jedoch notwendig, den **Wäschewechsel** vorzunehmen, während der Bewohner noch im Bett liegt oder sitzt.

Dabei sollte grundsätzlich:

- Zugluft vermieden werden,
- ein Sichtschutz aufgestellt werden, um die Intimsphäre des Bewohners zu wahren,
- rückenschonend gearbeitet werden, z. B. Bett auf Arbeitshöhe stellen,
- die verschmutzte Bettwäsche nicht auf den Boden abgelegt werden,
- der Bewohner aktiviert und beobachtet werden.

28
Geöffneter Wäschewagen

Vorbereitung

- Nach Bedarf frische Bettwäsche 28 mitnehmen, jedoch nur so viel, wie voraussichtlich benötigt wird,
- Wäsche auf einer sauberen Fläche ablegen,
- Wäscheabwurf bzw. Wäschesammler mit Deckel im Bereich der Zimmertür stellen oder mit ins Zimmer nehmen (Hygienestandard des Hauses beachten),
- Hände desinfizieren,
- Bett auf rückenschonende Arbeitshöhe bringen (Höhe der Gesäßfalte am hinteren Oberschenkel).

Bedenke

Der Bewohner sollte vor dem Wäschewechsel informiert und in seinem Tempo in die Bewegungsabläufe einbezogen werden.

Durchführung:

- wenn zwei Pflegepersonen zur Verfügung stehen, den Ablauf des Bettens absprechen,
- den einmal festgelegten Ablauf grundsätzlich beibehalten,
- Kopfende möglichst flachstellen, Bettzeugablage am Fußende herausziehen oder einen Stuhl ans Fußende stellen,

Bedenke

Bei herzkranken Personen das Kopfteil des Bettes nicht tiefer als 30° absenken, da sonst eine Einflussstauung mit Luftnot und Bewusstseinsveränderungen droht.

- Bettdecke ordentlich zusammenlegen und auf der Ablage ablegen,
- vorhandene Lagerungsmittel entfernen und ablegen,
- kleines Kopfkissen unter dem Kopf des Bewohners belassen,
- Bewohner dazu motivieren, sich in Seitenlage zu bringen, dabei den Bewohner beobachten und nur bei Bedarf unterstützen,
- Bewohner in Seitenlage festhalten, da diese Angst verspüren können, auf den Boden zu fallen (Das Bett auf Arbeitshöhe wirkt sehr hoch).

Laken wechseln

- Verschmutztes Bettlaken oder Unterlage vom Rand des Bettes lösen und der Bettlänge nach bis in die Mitte einrollen (möglichst nah an den Rücken des Bewohners heran),
- frisches Bettlaken einrollen, am Kopf- und Fußende einspannen und zur Mitte hin ausrollen 29.

Bedenke

Angeordnete Einreibungen oder „Erfrischungen" des Bewohners am rücken sind in dieser Situation gut möglich.

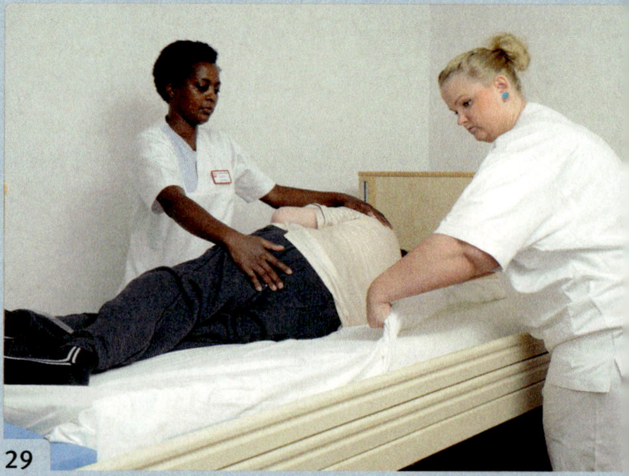

29
Bewohner auf der Seite lagern

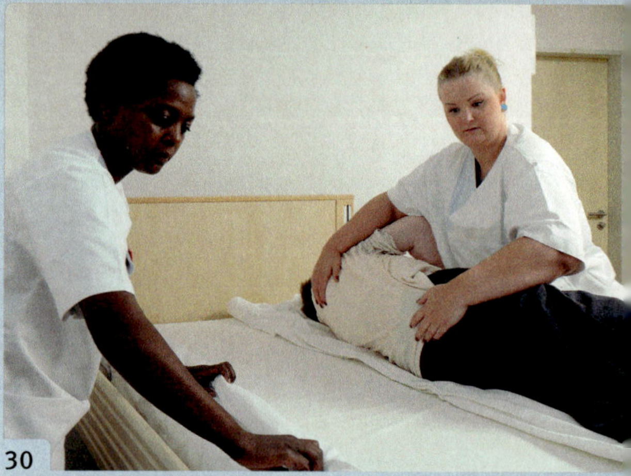

30
Verschmutztes Laken entfernen

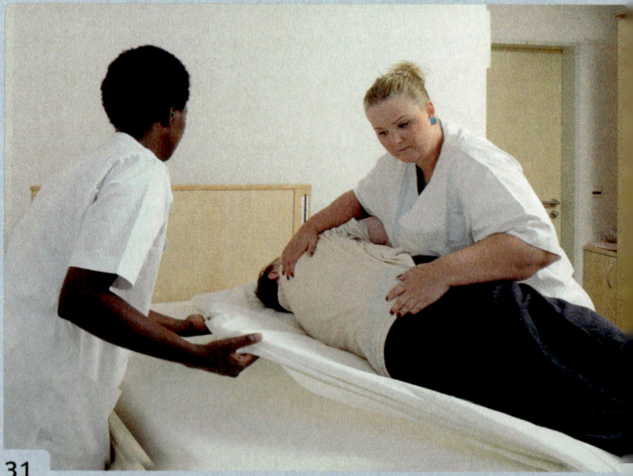

31
Frisches Laken strammziehen

Das schmutzige und saubere Laken liegen jetzt in der Mitte des Bettes an ihren Außenseiten dicht beieinander. Nun wird das Drehen des Bewohners zur anderen Seite eingeleitet. Bei Bedarf wird Unterstützung beim Drehen geleistet und für einen sicheren Halt gesorgt.

- Bewohner über den „Berg der eingerollten Laken kullern" lassen, ohne das Gesäß anzuheben und dadurch zu verrutschen 30,
- verschmutztes Laken lösen, zusammenrollen und umgehend in den Wäscheabwurf werfen,
- frisches Laken entrollen, strammziehen 31,
- bei Anti-Dekubitus-Systemen 32 nach Absprache mit der verantwortlichen Pflegefachkraft auf das Strammziehen verzichten, keine Spannbettlaken verwenden,
- Bewohner zurück auf den Rücken drehen und nach Wunsch bzw. Anordnung lagern,
- bei Bedarf Bewohner im Bett kopfwärts bewegen, damit die Lunge effektiv arbeiten kann (dabei möglichst rückenschonend arbeiten).

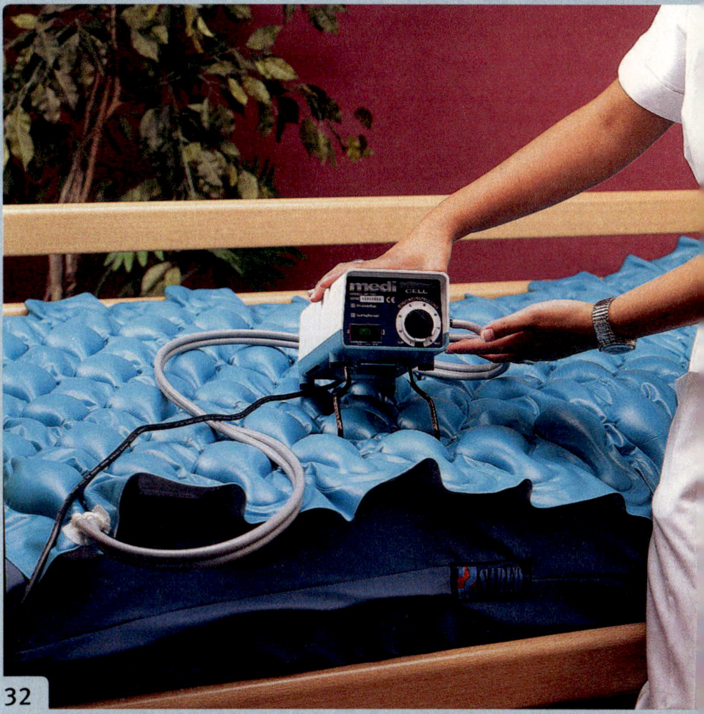

32
Anti-Dekubitus-Matratze

Bett beziehen

- Kissen und Lagerungskissen neu beziehen,
- Kopfkissen aufschütteln und dem Bewohner unterlegen,
- Bettdecke auflockern, ohne sie zu schütteln, evtl. neu beziehen und dem Bewohner nach Wunsch auflegen,
- Bewohner fragen, ob er bequem liegt und noch weitere Wünsche hat, evtl. die Lagerung korrigieren,
- Zu- und Ableitungssysteme, z. B. Infusionsleitungen, knickfrei legen,
- Bewohnerklingel bzw. Notruf und Getränke in für den Bewohner erreichbare Nähe legen.

Nachbereitung

- Verschmutzte Wäsche hygienisch entsorgen,
- übrig gebliebene, ungenutzte Wäsche, die aber angefasst wurde, mit in den Abwurf und nicht zurück zur sauberen Wäsche legen,
- Händedesinfektion durchführen.

Auf Stecklaken sollte möglichst verzichtet werden. Sie sind fester gewebt und damit schwerer. Die Kosten für das Waschen der Wäsche werden nach Gewicht bemessen. Die Stecklaken treiben die Kosten der Pflegeeinrichtung also in die Höhe. Auch verursachen sie oft Falten.

Bedenke

Beim Betten auf die Zu- und Ableitungssysteme wie Blasenkatheter oder Ernährungssonden achten, damit diese nicht abknicken oder unter Zug stehen.

Übung

Legen Sie sich in ein leeres, sauberes Bett und lassen Sie sich in hochgefahrenem Bett auf die Seite lagern. Was benötigen Sie, um sich sicher zu fühlen?

8.3.2 Positionswechsel im Bett

Lagerung

Positionierung eines Menschen in eine seiner Gesundheit förderliche Körperhaltung, z. B. Druckentlastung.

Gesunde Menschen lagern sich automatisch um, wenn der Druck auf die aufliegende Körperfläche durch das Eigengewicht des Körpers zu groß wird. Das tun sie sogar im Schlaf. Bei Bettlägerigen, deren Mobilität stark eingeschränkt ist, müssen die Pflegenden diese Aufgabe für sie übernehmen.

Ziele von Lagerungen

Lagerungen:

- reduzieren körperliche und psychische Folgeschäden der Bettlägerigkeit, z. B. Schmerzen, Druckgeschwüre (Dekubitalulcera), Kontrakturen oder Lungenentzündung,
- erleichtern das Atmen,
- stimulieren und erhalten die körperliche Wahrnehmungsfähigkeit,
- fördern das allgemeine Wohlbefinden und Sicherheitsgefühl des Bewohners.

Regeln für Lagerungen

- Bewohner stets über die Notwendigkeit und das Ziel der Maßnahme informieren,
- Bewohner zur Mithilfe motivieren und bei der Art der Lagerung anleiten,
- nur passive Lagerungen ausführen, wenn Bewegung durch den Bewohner nicht möglich ist,
- bei den Lagerungswechseln darauf achten, das aktiv bewegt und nicht gezerrt wird.

Bedenke

Jede Lagerung muss die Eigenbewegung fördern! Sie darf nicht behindern.

33
Bewegungsplan am Bett des Bewohners

Lagerungsintervall

Jede Lagerung muss hinsichtlich des Lagerungsintervalls individuell auf Bewohner abgestimmt werden. Dazu gibt es einen **Bewegungsplan** 33, der korrekt eingehalten und zeitnah, lückenlos und vollständig abgezeichnet werden muss.

In der Regel wird mit Lagerungen im Abstand von etwa zwei Stunden begonnen. Dabei wird der Hautzustand sowie die Beweglichkeit des Bewohners geprüft. Anschließend wird der **Lagerungsintervall** entsprechend angepasst. Zwischendurch sollten immer wieder sogenannte **Mikrolagerungen** durchgerührt werden.

Bedenke

Je kränker der Mensch, desto schlechter die Gewebebelastbarkeit, desto kürzer ist in der Regel der Lagerungsintervall.

Hohl- und Weichlagerung

Hohllagerung

Druckentlastung durch die Schaffung eines Hohlraums unter den gefährdeten Hautbereichen.

Weichlagerung

Druckentlastung durch die Schaffung einer großflächigen Auflagefläche des Körpers.

Die Hohllagerung ist der Weichlagerung vorzuziehen. Je weicher der Bewohner gelagert wird, desto geringer ist seine Eigenbewegung. Der Bewohner wird zunehmend immobil. Nur die Hohllagerung sichert die Druckentlastung. Dabei sollte auf eine möglichst großflächige Druckverteilung geachtet werden. Ansonsten besteht die Gefahr, dass die der Hohllagerung angrenzenden Körperstellen einer zu großen Druckbelastung ausgesetzt sind.

Lagerungshilfsmittel

Wahrnehmungsbeeinträchtigte Bewohner, z. B. nach einem Schlaganfall (Apoplex) oder mit dementiellen Veränderungen, sollten nicht auf einer Wechseldruckmatratze gelagert werden. Beim Liegen auf **Wechseldruckmatratzen** verlieren die Betroffenen mit der Zeit ihr Körpergefühl, wodurch unerwünschte Spastiken (verkrampfte Muskulatur) gefördert werden.

Lagerungshilfsmittel 34 sollten so viel wie nötig und so wenig wie möglich verwendet werden. Gut geeignet sind z. B. Lagerungsschlangen mit unterschiedlichen Füllungen. Auch eine Bettdecke, die längsseitig aufgerollt ist, kann verwendet werden.

Bedenke

Fersenringe und Watteschuhe sind gemäß dem Medizinischen Dienst der Krankenkassen nicht zielführend.

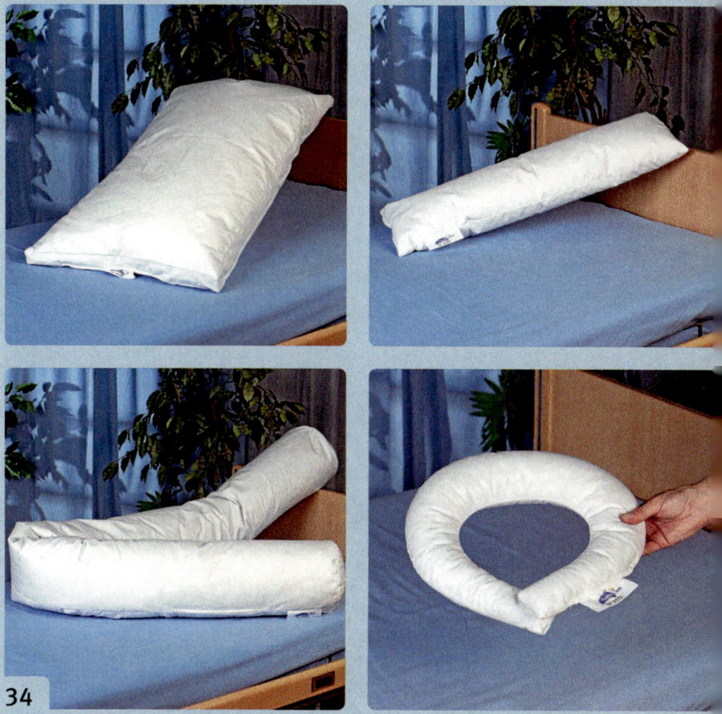

34 Lagerungshilfsmittel

Grundsätzlich sollte bei Lagerungen immer die Eigenbeweglichkeit des Bewohners erhalten und gefördert werden. So sollten Lagerungshilfsmittel nicht in die **Bewegungsräume** des Bewohners, also nicht in die Gelenke wie z. B. die Kniekehle, gelegt werden. Jeder Körperteil des Bewohners muss gestützt werden.

Die Auswahl und Anwendung der Pflegehilfsmittel sowie die Entscheidung für die angemessene Lagerung des betroffenen Bewohners ist Aufgabe der Pflegefachkraft und im Lagerungsplan dokumentiert. Vor der Lagerung sollte bei jedem Bewohner wiederholt eine Einweisung stattfinden.

Bedenke

Das Einbringen von z. B. Rollen in die Handflächen fördert die Bildung von Primitivreflexen (frühkindliche Reflexe, z. B. Greifreflex).

Oberkörperhochlagerung

Die Oberkörperhochlagerung 35 verhilft dem Betroffenen dazu, mehr von seiner Umwelt wahrzunehmen, leichter zu atmen und selbstständig zu essen und zu trinken. Dabei wird der Oberkörper oberhalb des Körperstammes positioniert.

Die Liegefläche des Pflegebettes sollte möglichst viergeteilt sein, damit ein biometrisches Lagern möglich wird. Damit der Bewohner seine **Körperspannung** einsetzen und bei der Lagerung mithelfen kann, sollte er wach sein.

Vor der Lagerung sollte der Bewohner möglichst weit oben im Bett liegen, damit der Hüftknick an der richtigen Stelle liegt. Zum Hochrutschen in Richtung Kopfende des Bettes:

- die Beine des Bewohners anwinkeln lassen und in dieser Position seine Füße festhalten,
- den Bewohner das Becken hochheben lassen,
- auf Kommando den Bewohner seinen Körper nach oben schieben lassen, die Schultern dabei leicht anheben.

Damit der Bewohner in Sitzposition nicht wieder herunterrutscht, muss im Bett eine **Rutschbremse** eingebaut werden, entweder mit einer Handtuchrolle unter den Sitzbeinhöckern oder durch einen Knieknick mittels der Bettmechanik. Der Knick kann von 20° bis 90° variieren.

Die Dauer einer Oberkörperhochlagerung sollte so kurz wie möglich sein, da ansonsten leicht Druckgeschwüre, z. B. am Steiß, möglich sind.

Übung

Legen Sie sich auf den Rücken in ein Pflegebett und lassen Sie sich zwei gerollte Handtücher direkt unter die Sitzbeinhöcker platzieren und anschließend das Kopfteil des Bettes hochstellen. Beobachten Sie, ob und wie Sie herunterrutschen.

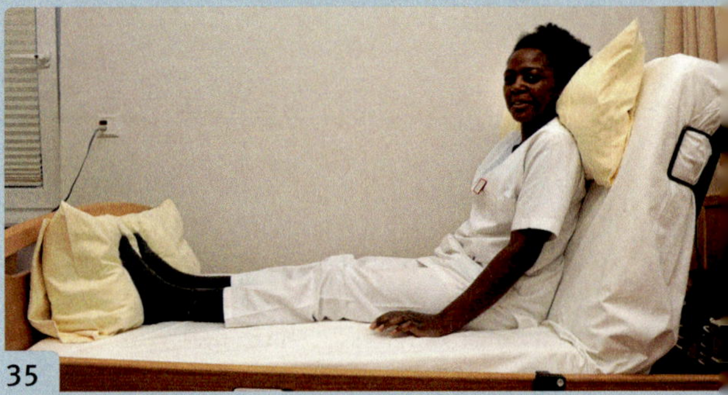

35
Oberkörperhochlagerung

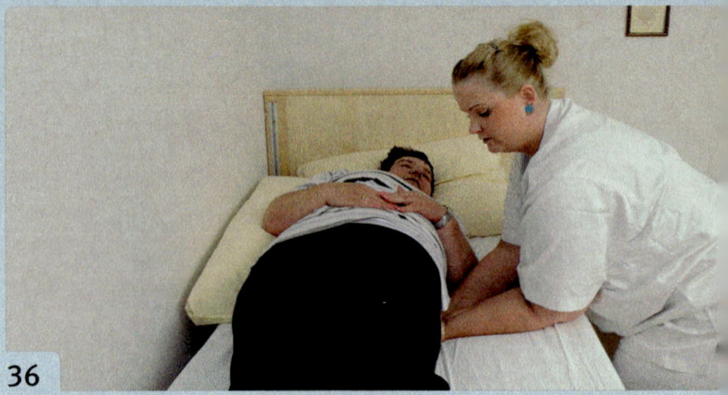

36
30°-Lagerung

30°-Lagerung

Die 30°-Lagerung 36 dient der **Druckentlastung** der aufliegenden Hautbezirke zur Vorbeugung eines Druckgeschwürs oder bei Bestehen eines Druckgeschwürs, damit es abheilt. Sie ist eine häufig durchgeführte Lagerung, die trotz aller Routine korrekt nach Lagerungsplan und -vorschriften durchgeführt werden muss.

Es werden üblicherweise zwei Kissen zu je 40-mal-80 cm genutzt. 80-mal-80 cm große Kissen müssen so gefüllt sein, dass die Pflegenden sie zu „Schiffchen“ zusammenstecken können.

Übung

30° ist nur ein kleiner Winkel, der häufig überschätzt wird. Malen Sie sich einen Winkel von 30° auf ein Blatt Papier und merken Sie sich das Bild bei der Lagerung.

Durchführung

- Bewohner in der Mitte des Bettes in Rückenlage lagern bzw. lagern lassen,
- Bewohner bitten, sich auf die Seite zu drehen,
- Kissen faltenfrei leicht unter den Rücken lagern (von der Schulter bis zum Gesäß), Bewohner an das Kissen anlehnen lassen,
- zweites Kissen zwischen die Beine vom Knie bis zur Ferse lagern.

Das obere Bein befindet sich auf der Höhe der Hüfte. Da das Bein nicht fixiert ist, kann der Bewohner es beugen oder strecken. Die Bewegung soll die Hüfte nicht herunterziehen können. Diese Haltung würde auf Dauer zu Schmerzen und Veränderungen in der Muskulatur führen.

Weiter in der Durchführung:

- auf Knöchelschutz des untenliegenden Fußes achten,
- den Kopf mit einem kleineren Kissen unterstützen, damit der Hals beweglich bleibt,
- ggf. Schulter mit der flachen Hand unter dem Schulterblatt leicht nach vorne ziehen,
- den oberen Arm auf dem Becken, den unteren neben dem Bewohner lagern und darauf achten, dass der Ellenbogen nicht gedrückt wird,
- das Kopfteil des Bettes nicht mehr als 30° anheben, da die Hüfte ansonsten unphysiologisch geknickt wird.

Die **Wünsche** des Bewohners sollten bei allen Lagerungen unbedingt beachtet werden. Liegt der Bewohner nicht bequem oder gar unphysiologisch, wird er seine Position automatisch schnell wieder verändern und der Effekt der Lagerung wäre nicht mehr vorhanden.

Bedenke

Nicht mehr als 30° lagern, da am unteren Becken leicht ein Druckgeschwür entstehen kann.

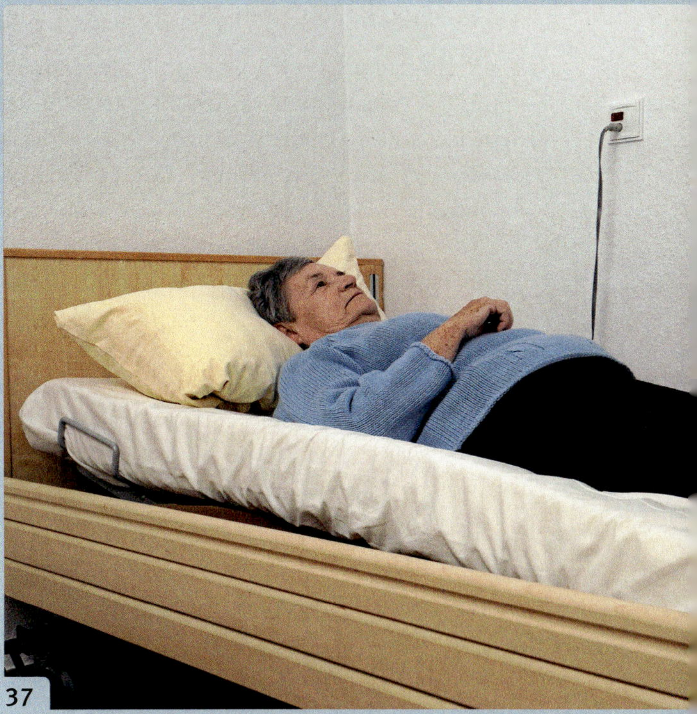

37
Schiefe Ebene

Schiefe Ebene

Die Lagerung auf der schiefen Ebene 37 ist ebenfalls eine 30°-Lagerung zur Vorbeugung von Druckgeschwüren.

Sie wird überwiegend nachts angewendet, wenn ein Bewohner bei bestehendem Druckgeschwür konsequent druckentlastet gelagert werden muss. Mit ein wenig Übung wird der Betroffene weder beim Einstecken noch beim Entfernen wach.

Dabei wird ein **Keil** oder eine ordentlich **gefaltete Bettdecke**, die nicht weiter zusammengedrückt werden kann, unter die Matratze gesteckt, von der Schulter bis zur Mitte des Oberschenkels. Die Matratze ist dann zwischen 15° und 20° gekippt.

Ist der Bewohner wach, sollte er nach seinen Empfindungen in Bezug auf die Lagerung gefragt werden.

135°-Lagerung

Die 135°-Lagerung 38 ist eine Teil-Bauchlagerung, die angewendet wird, wenn ein **Druckgeschwür** im **Kreuzbeinbereich** oder der Wirbelsäule vorliegt. Auch gibt sie dem Bettlägerigen die Gelegenheit, seine Vorderseite wahrzunehmen. Sie kann gut nachts angewandt werden, weil viele Menschen auf der Seite oder auf dem Bauch schlafen.

Gebraucht wird eine spezielle Lagerungsrolle oder eine sauber zusammengelegte Längsrolle aus einer Bettdecke sowie ein kleines (dünnes) Kopfkissen.

Durchführung

- angenehme Raumtemperatur schaffen,
- Bewohner zunächst ein Stück auf den Bettrand ziehen, auf den er nicht gedreht werden soll,
- Lagerungsrolle auf der gegenüberliegenden Bettseite platzieren, sodass der oberste Punkt der Rolle im Bereich der Schulter liegt,
- den Arm, der bereits an der Rolle liegt, gerade und eng an den Körper legen, da der Bewohner darüber rollen muss,
- beim langsamen Drehen des Bewohners auf die Rolle darauf achten, dass das obere Bein mit Knieknick auf der Rolle gelagert wird,
- unteren Arm vorsichtig unter dem Körper hervorziehen,
- oberen Arm lagern, wie der Bewohner es möchte,
- kleineres Kissen unter den Kopf legen,
- auf den unten liegenden Vorfuß und den Knöchel achten.

Bedenke

Viele ältere Menschen haben Vorbehalte und Ängste gegenüber der 135°-Lagerung. Die Bewohner dürfen grundsätzlich nicht in eine Lagerung gezwungen werden.

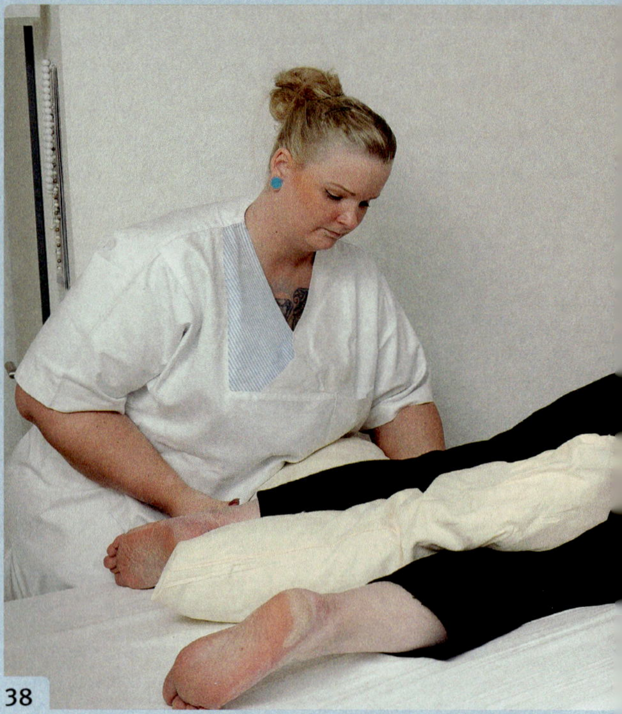

38
135°-Lagerung

8.3.3 Mobilisation

Mobilisation

Maßnahmen, die der Förderung und dem Erhalt der Bewegungsfähigkeit des Bewohners dienen. Sie sind ein Bestandteil der aktivierenden Pflege und werden regelmäßig durchgeführt.

Ziele der Mobilisation sind neben dem Erhalt der Selbstständigkeit bei allen Aktivitäten des täglichen Lebens:

- der Bettlägerigkeit vorzubeugen,
- die Körperwahrnehmung des Bewohners zu erhalten,
- das Herz-Kreislaufsystem anzuregen,
- dem Muskelabbau und Kontrakturen vorzubeugen,
- das Selbstwertgefühl zu steigern.

Grundsätze der Bewegungsübungen

Zunächst sollte jeder Bewohner über das **Ziel** und die **Vorgehensweise** der Mobilisation informiert werden. Dann kann er aktiv mitarbeiten. Gibt er sein Einverständnis dazu nicht, sollte der Grund für die Ablehnung ermittelt werden.

Aufgabe der Pflegenden ist es, den Bewohner im Rahmen seiner Ressourcen bei den Maßnahmen zu motivieren, anzuleiten und zu begleiten. Dazu sollte:

- der Bewohner angemessen gekleidet sein,
- geklärt werden, ob vorherige Medikation nötig ist, z. B. Schmerzmittel,
- eine einheitliche Vorgehensweise mit den anderen Pflegenden eingehalten werden, z. B. den Pflegebericht vom Vortag lesen,
- der Bewohner nicht überfordert werden. Nicht mobilisieren, wenn der Bewohner ablehnt,
- der Bewohner für die Ausführung seiner Bewegung ausreichend Zeit bekommen.

Phasen der Mobilisation

Jede korrekte Mobilisation durchläuft drei **Phasen:**

- **Warm up:** Gelenke und Muskeln werden auf den Transfer, z. B. vom Bett auf den Rollstuhl, vorbereitet.
- **Transfer:** Die Bewohner werden prinzipiell nicht gehoben, sondern bewegt. Vor dem Bewegen wird das entsprechende Körperteil entlastet. Es wird ein Körperteil nach dem anderen bewegt, nicht alle zusammen.
- **Cool down:** Durch Druckverteilung an den Hauptauflagepunkten wird dem Bewohner ein entspanntes Liegen ermöglicht.

Bedenke

Vitalwerte vorher kontrollieren! Bei sehr hohen oder sehr niedrigen Werten nicht unmittelbar mobilisieren.

39
Isometrische Spannungsübungen

Übungen in der Phase des Warm-ups

Isometrische Spannungsübungen

Übungen, bei denen sich die Muskelspannung verändert, die Muskellänge aber konstant bleibt.

Isometrische Spannungsübungen 39 stärken vor allem die Haltekraft der Muskeln. Der Bewohner spannt bei diesen Übungen gegen einen Widerstand. Beispielübungen:

- die Ferse bei ausgestrecktem Bein, das auf der Matratze bleibt, kräftig in die Matratze drücken lassen (trainiert das gesamte Bein),
- die Hand spreizen lassen bei geradem Ellenbogen (trainiert den gesamten Arm bis in die Schulter),
- Kopf in das Kopfkissen drücken, dabei das Kinn in Richtung Brust drücken.

Pflegende kontrollieren über die eigene Handfläche am Muskel des Bewohners, wie weit die Anspannung gelingt. Pro Satz sollte die Übung etwa fünfmal durchgeführt werden, dabei ca. fünf bis zehn Sekunden die Spannung halten und mehrfach am Tag wiederholen.

Es gibt **isotonische Bewegungsübungen.** Hier werden die Gelenke über die Muskulatur aktiv bewegt. Sie werden genutzt, wenn lange Phasen von Immobilität zum Muskelrückgang geführt haben und diese wieder aufgebaut werden müssen.

Bewegungsstufen

Es gibt vier isotonische Bewegungsstufen, die entsprechend der Mobilität der Bewohner durchgeführt werden können.

4 Isotonische Bewegungsstufen

Passive Übungen 40	Nur Pflegende oder Physiotherapeuten bewegen, der Bewohner ist inaktiv.
Assistive Übungen 40	Pflegende unterstützen, der Bewohner hilft mit ohne Einsatz der vollen Muskelkraft.
Aktive Übungen	Pflegende macht die Übungen vor oder beschreibt diese verbal. Der Bewohner arbeitet mit voller Kraft.
Resistive Übungen	Aktive Übungen, bei denen der Bewohner mit voller Kraft gegen einen Widerstand arbeitet. Sie sind nötig, um Kraft aufzubauen, z. B. die Armmuskulatur bei einem Rollstuhlfahrer.

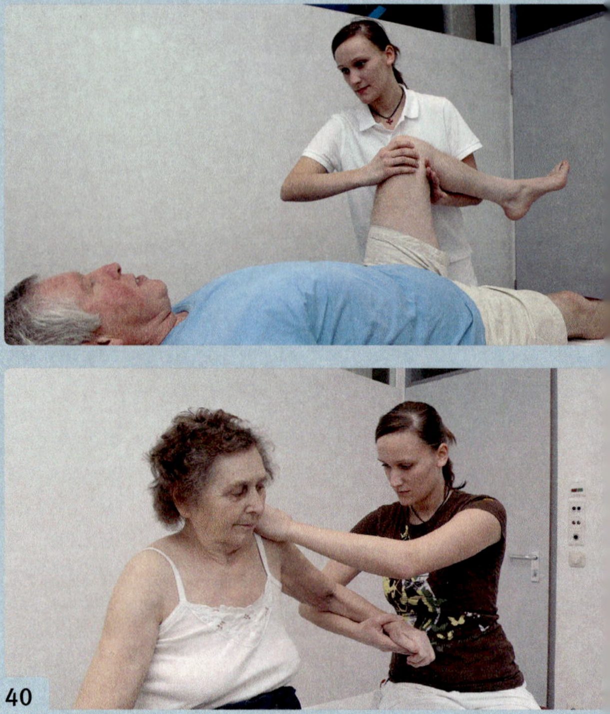

40
Passive (oben) und assistive Bewegung

Passive Bewegungsübungen

Es wird von den körperstammfernen, kleinen Gelenken zu den körperstammnahen, großen Gelenken bewegt, z. B. von den Fingern zur Handwurzel, vom Ellenbogen zur Schulter.

Es wird gleichmäßig durchbewegt, sofern nicht eine ärztliche Diagnose dagegenspricht, z. B. wird die rechte und linke Körperhälfte bewegt, sofern kein Schlaganfall (Apoplex) vorliegt. In diesem Fall wird nur auf der inaktiven Seite bewegt.

Es muss regelmäßig durchbewegt werden, z. B. 3-mal täglich. Es muss eindeutig sein, wie oft eine Übung erfolgt, z. B.: „3-mal täglich mindestens zwei Sätze à drei Bewegungen."

Bedenke

Der Kopf wird bei den Übungen ausgespart.

Assistive Bewegungsübungen sind die gleichen Übungen wie die passiven Übungen. Allerdings ist bei ihnen die Mithilfe des Bewohners notwendig.

Bedenke

Nicht über die Schmerzgrenze des Bewohners hinausgehen. Das sollte Physiotherapeuten vorbehalten bleiben.

Aktive Übungen

Übungen für die Arme, Hände und Finger:

- „Luft-Schreibmaschine" spielen, dabei werden die kleinen Fingergelenke trainiert,
- „Luft-Klavier" spielen, dabei wird die Schultermuskulatur über sich öffnende und schließende Arme trainiert,
- „Blitze" losschicken, wobei die Arme stoßweise nach vorne gestoßen werden und die Hände zum Schluss gespannt werden.

Übungen für Beine und Füße:

- Zehen strecken und krallen lassen 41 (oben),
- ganzen Fuß anziehen und strecken lassen 41,
- „Luft-Nähmaschine" treten lassen (früher hatten die Nähmaschinen ein Brett, mit dem das Schwungrad angetrieben wurde). Füße werden hier zeitgleich bewegt,
- Bremsen treten lassen wie beim Auto, Füße werden hier wechselseitig bewegt,
- Knie beugen und strecken lassen,
- Beine mehrfach übereinanderlegen lassen (Vorsicht bei Hüftgelenksersatz),
- Beine mehrfach spreizen und schließen lassen.

Bedenke

„Fahrradfahren mit Beinen in der Luft" soll nicht mehr trainiert werden. Alte Menschen verfügen nicht mehr über die erforderliche Bauchmuskulatur.

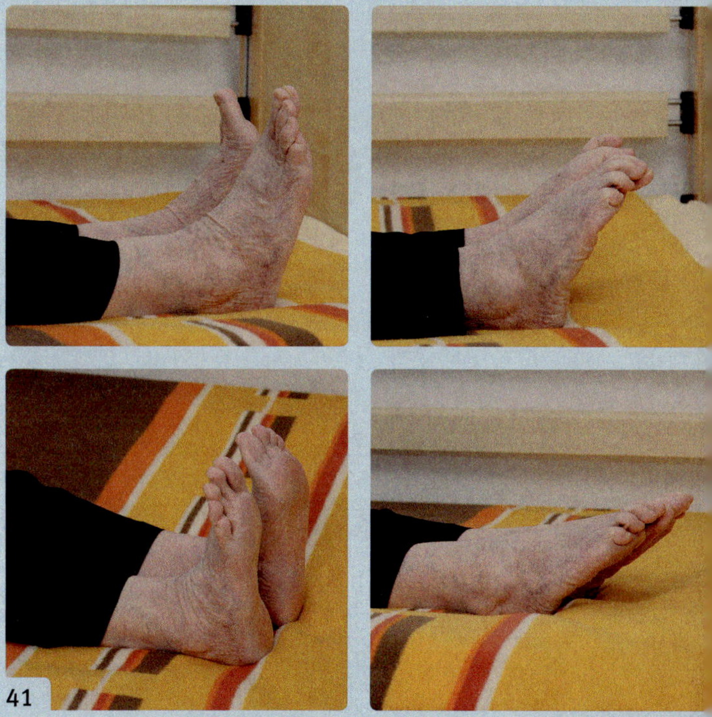

41
Übungen für die Füße

Übung

Probieren Sie alle Übungen als Betroffener und als anleitende Pflegende aus.
Probieren Sie selber aus, wie mühsam es ist, in der Luft Rad zu fahren.

Resistive Übungen

Als resistive Übung kann ein Rollstuhlfahrer seine Hand auf die Schulter der Pflegenden legen und versuchen, diese wegzudrücken. Die Pflegende stemmt sich mit Körpergewicht dagegen. Während der Übungen ist **Weiteratmen** wichtig. Nach jeder Übung sollte eine Pause eingelegt werden.

Bedenke

Wenn aktive Übungen sicher und mit Kraft ausgeführt werden, kann in der Regel auf resistive Übungen verzichtet werden.

Transfers sicher durchführen

Transfer

passive oder aktive Bewegung eines Bewohners von einem Ort zum anderen.

Im Tagesablauf sind verschiedene Ortswechsel notwendig, bei denen Bewohner mit Bewegungseinschränkungen die Unterstützung der Pflegenden benötigen, z. B.:

- vom Liegen zum Sitzen auf der Bettkante,
- vom Sitzen an der Bettkante auf den Rollstuhl,
- vom Stuhl auf den anderen, z. B. Toilettenstuhl.

Grundsätze des Transfers

- Bewohner über den Transfer informieren,
- Möbel, auf die sich der Bewohner setzen möchte, feststellen und stabil machen, z.B. durch Bremsen oder andere Feststellmaßnahmen,
- Bewohner feste Schuhe anziehen (lassen),
- störende Gegenstände wie Armlehnen, Fußstützen, Kissen oder Teppiche aus der Umgebung des Transfers entfernen,
- eigene Knie beugen, bis die Arbeitshöhe erreicht ist.

Vom Liegen zum Sitzen auf der Bettkante

- Bewohner in Rückenlage zur eigenen Bettkante bewegen und zu sich auf die Seite drehen,
- unteres Bein aus dem Bett nehmen und nach unten hängen lassen, anschließend das obere Bein 42,
- Hand unter die Schulter, die andere auf das Becken legen und Bewohner mit Druck auf das Becken aufsetzen (zur Unterstützung kann das Kopfteil des Bettes hochgestellt werden),
- das eigene Gewicht immer mit dem Gewicht des Bewohners verlagern,
- beide Füße des Bewohners auf den Boden stellen und nach seinem Befinden fragen.

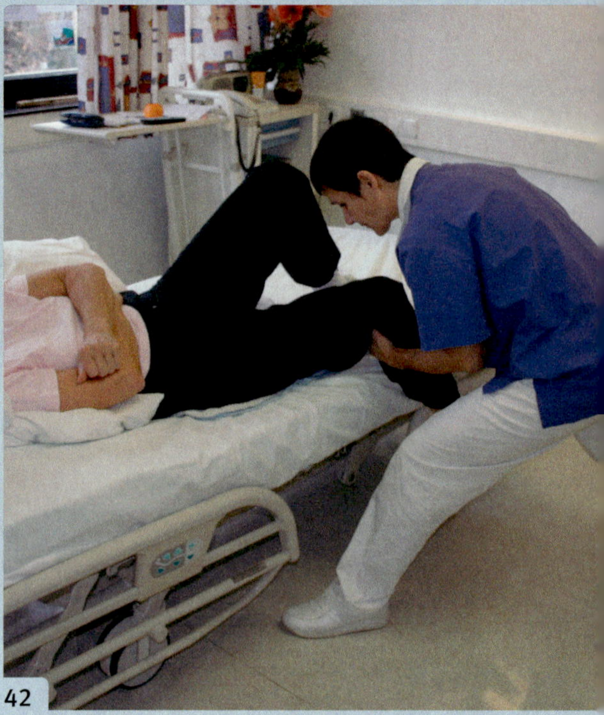

42
Vom Liegen zum Sitz auf der Bettkante

Vom Sitzen in der Bettmitte zur Bettkante:

Die Pflegende sagt dem Bewohner: „Schauen Sie bei „drei" nach hinten und an die Decke. Die Handlung der Pflegenden erfolgt bei „drei":

- den Oberkörper des Bewohners so auf die Seite neigen, dass die zu bewegende Gesäßhälfte entlastet ist 43,
- am Schultergürtel eine Drehbewegung einleiten, sodass die entlastete Gesäßhälfte nach vorne geschoben wird,
- den Bewohner im Löffelgriff (Griff mit ganzer Handfläche) an der entlasteten Gesäßhälfte nach vorn ziehen,
- wieder vor den Bewohner hinstellen, um ein Abrutschen zu verhindern,
- andere Körperhälfte in gleicher Art bewegen,
- beide Seiten wiederholt abwechseln, bis der Bewohner an der Vorderkante sitzt,
- beide Füße (nicht nur Fußspitzen) auf den Boden stellen, Arme locker hängen lassen.

Vom Sitzen im Bett auf den Rollstuhl

Der Rollstuhl, in dem die Bewohnerin sitzen soll, steht an der Bettseite, über die die Patientin umgesetzt werden soll.

Als Ausgangsposition sitzt der Bewohner am hinteren Ende seines Stuhls oder auf seinem Bett mit den Kniekehlen am Matratzenrand. Er lässt seine Arme hängen. Die Pflegende steht dem sitzenden Bewohner gegenüber. Der Stuhl oder der Rollstuhl steht im rechten Winkel zum Bett.

Die Pflegende umfasst mit dem Arm die Schulterlinie des Bewohners und die Hand umschließt die entfernte Schulter (oder liegt flach auf dem entfernten Schulterblatt).

Die Hand befindet sich am Gesäß im Löffelgriff, um später unterstützend ziehen zu können. Die Beine der Pflegenden stehen etwas gespreizt und hindern das Knie der nicht zu bewegenden Seite des Bewohners daran, nach vorn zu rutschen.

Transfer in den Rollstuhl

- einen Arm unter der Achsel des Bewohners hindurchschieben,
- die Hand mit dem Löffelgriff zwischen die Schulterblätter legen,
- Bewohner den Rücken der Pflegende mit der Hand ergreifen lassen,
- einen Ausfallschritt mit Gewichtsverlagerung nach vorn zwischen die Füßen des Bewohners machen,
- Ansage, dass sich der Bewohner bei „3“ nach vorn beugen soll,
- zählen und bei „3“ das Gewicht des Ausfallschritts nach hinten verlagern,
- Arm mit dem Stützgriff senken und zurückweichen, indem das Gewicht des Ausfallschritts nach hinten verlagert wird, so kann sich der Bewohner nach vorn beugen 44,
- ist der Bewohner über seine Knie gebeugt, in die Ausgangsposition zurückgehen.

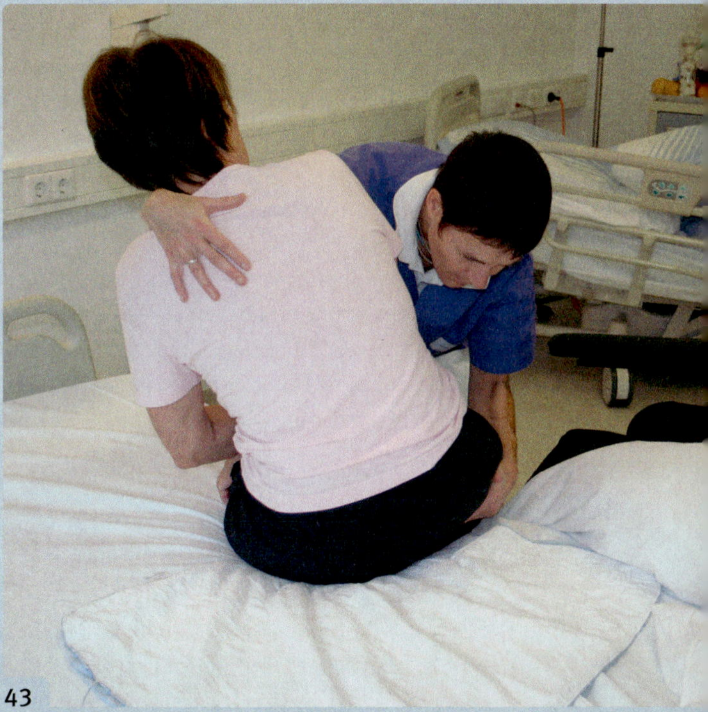

43
Von der Bettmitte zur Bettkante

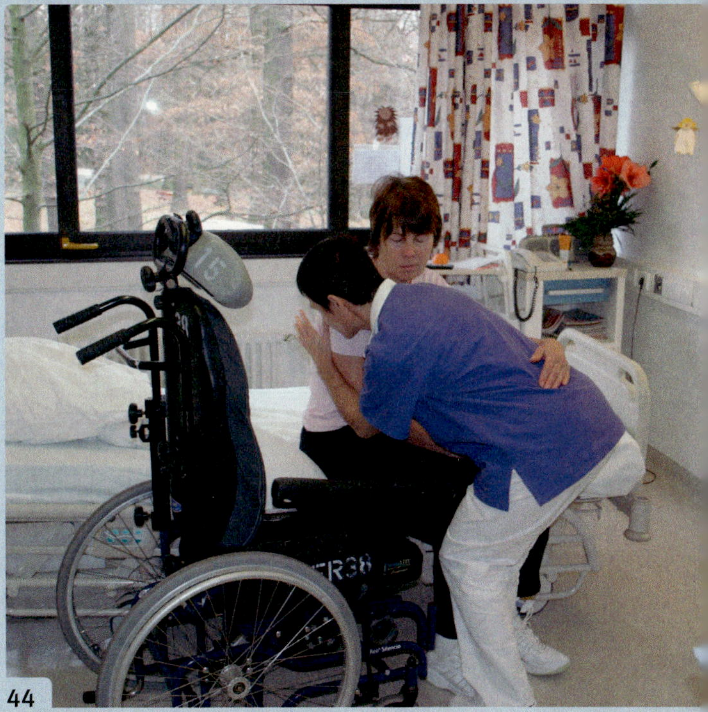

44
Vom Bett ...

Auf diese Weise kann sich der Bewohner aufrichten. Weitere Vorgehensweise:

- Bewohner im Stehen in Richtung des Stuhls drehen, auf den er sich setzen möchte 45,
- mit einem Druckimpuls auf die Hüfte den Bewohner auf den Stuhl setzen,
- Sitz via „Schinkengang“ zum hinteren Teil der Sitzfläche korrigieren,
- Fußstützen und Armlehnen wieder anbringen,
- evtl. Bewohner an den gewünschten Ort begleiten,
- Klingel in erreichbare Nähe legen.

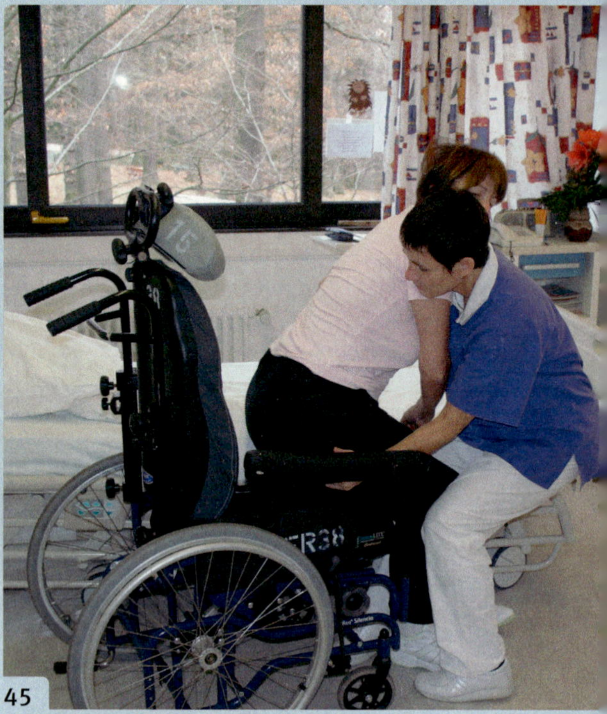

45
... in den Rollstuhl

7.3.4 Hilfsmittel einsetzen

Um die Bewegungsfähigkeit und Selbstständigkeit so weit wie möglich aufrechtzuerhalten, ist der Einsatz von Hilfsmitteln sinnvoll und notwendig. Dazu müssen die Hilfsmittel in einem technisch einwandfreien Zustand sein. Die Bewohner müssen über die **Funktion** und den **Umgang** mit dem Hilfsmittel aufgeklärt sein. Das ist in der Regel die Aufgabe von Fachleuten wie den Herstellfirmen und Physiotherapeuten.

Zu den Hilfsmitteln im Bereich Bewegung gehören z. B.:

- Gehstöcke,
- Rollatoren,
- Rollstühle,
- kleinere Hilfsmittel, die die Transfers erleichtern.

Gehstöcke

Gehstöcke werden eingesetzt, wenn Bewohner leichte Schwierigkeiten beim Gehen haben. Sie werden unterschieden in:

- normaler Gehstock,
- Vierpunktstock,
- Unterarmstützen, die bei verordneter Druckentlastung vorübergehend zum Einsatz kommen.

Der **normale Gehstock** wird von Bewohnern genutzt, die Gangunsicherheiten verspüren. Sie haben neben dem Schaft, der zur Körpergröße passen muss, einen ergonomischen Handgriff. Dieser sichert eine breitere Auflagefläche der Hand und gibt ein größeres Sicherheitsgefühl.

Die Hand breit und bequem aufliegen, damit keine Druckstellen entstehen. Der Bewohner stützt sich fest auf die Handgriffe. Die Ellenbogen sind dabei nie ganz durchgestreckt, da dies das Ellenbogengelenk überbelasten würde. Sein Gewicht soll der Bewohner mit den Händen und nicht mit den Unterarmen tragen.

Bedenke

Bei Problemen mit dem Griff können waschbare Fahrradhandschuhe mit Geleinlagen helfen.

Beim Gehen mit einem normalen Gehstock 46 kann die Pflegende dem Bewohner zusätzlich ihren Arm anbieten (diesen nicht umklammern) oder ihn von hinten an beiden Seiten der Hüfte festhalten.

Vierpunktstöcke (Quadripode) 47 werden von Bewohnern mit einer ausgeprägten Gang- und Standunsicherheit genutzt. Sie haben am erdnahen Ende keinen „Stützpunkt", sondern vier Punkte. Damit sind sie standstabil und sicher.

46
Normaler Gehstock

47
Vierpunktstock

Bedenke

Zwei Vierpunktstöcke gleichzeitig zu verwenden, kann die Sturzgefahr deutlich erhöhen.

Unterarmgehstützen haben eine Halterung oberhalb des eigentlichen Schaftes, die rund um den Unterarm geht und dort so viel Halt gibt, dass sich eine Person komplett darauf abstützen kann.

Unterarmgehstützen werden meist zeitbegrenzt vom Arzt verordnet, wenn ein Bein oder Fuß vom Druck des Auftretens entlastet werden soll, z. B. bei einem Knochenbruch oder einer Wunde am „Diabetischen Fuß".

Das Gewicht der Betroffenen muss unbedingt zur angegebenen Belastbarkeit der Unterarmgehstütze passen, da sonst ein Materialversagen droht.

Die Höhe der Unterarmgehstützen endet immer unterhalb des Ellenbogengelenkes, weil es sonst Nervenverletzungen geben kann.

Übung

Üben Sie die Technik des Drei- und Vierpunktganges mit Unteramgehstützen. Üben Sie es auf einer geraden Fläche, bis Sie sich sicher fühlen. Üben Sie die Technik anschließend mit verbundenen Augen.

Es gibt zwei Gangarten mit den Unterarmstützen:

Der **Dreipunktgang** ist eine Gangart für Bewohner, die ein Bein belasten können, während das erkrankte Bein den Boden beim Gehen nicht berühren darf.

- beide Stöcke vor,
- gesundes Bein vor, krankes Bein angehoben.

Der **Vierpunktgang** ist eine Gangart für Bewohner, die beide Beine vermehrt belasten können:

- linker Stock und rechtes Bein vor,
- rechter Stock und linkes Bein vor.

Bedenke

Die Anwendung der Gehstützen ist für alte Menschen eine große Herausforderung. Probieren Sie die Gangart selbst einmal aus.

Rollatoren

Der Rollator (Deltarad) **48** ist ein Hilfsmittel für Bewohner, die beide Beine belasten können, beim Gehen aber Sicherheit in Bezug auf ihr Gleichgewicht benötigen. Durch das Aufstützen wird der untere Rücken, das Becken mit der Hüfte entlastet, was die bedächtige Fortbewegung erheblich erleichtert. Die Sitzfläche eignet sich als Ruheplatz.

Seine Handhabung ist so einfach, dass nach einer kurzen Einweisung ältere Menschen in der Lage sind, sich mit einem Rollator zu bewegen. Mit etwas Übung lassen sich auch Türschwellen oder Bordsteinkanten mühelos überwinden. Am leichtesten fährt es sich draußen jedoch auf asphaltierten Wegen.

Übung

Probieren Sie, einen Rollator an ihre persönlichen Körperproportionen anzupassen.

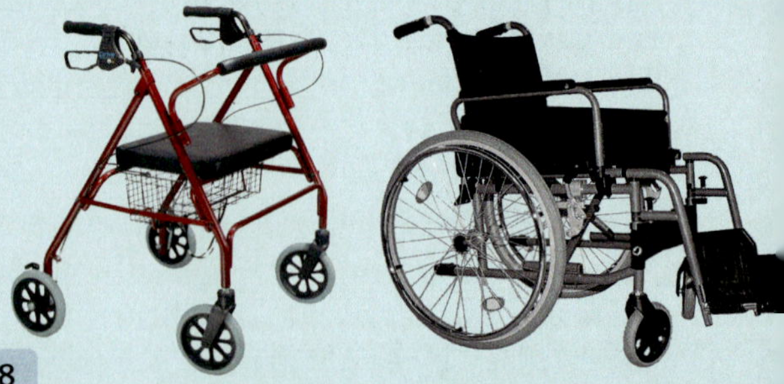

48
Rollator und Rollstuhl

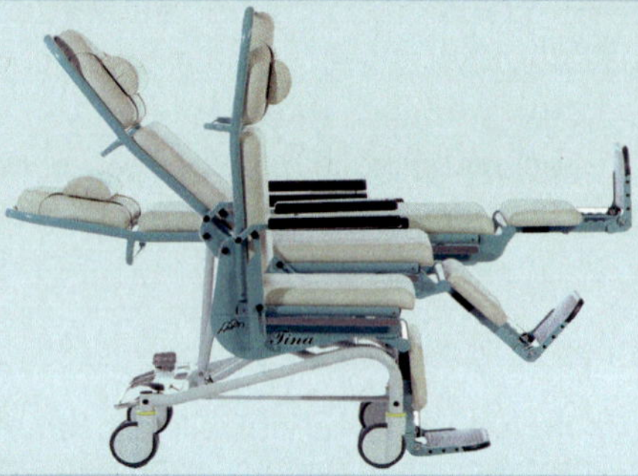

49
Multifunktionsrollstuhl

Rollstühle

Rollstühle **48** sind nützlich für Bewohner, die nicht mehr gehen können, z. B. aufgrund von:

- Lähmungen,
- Amputationen,
- mangelnder Muskelkraft.

Diese Bewohner würden ohne den Rollstuhl im Bett liegen bzw. keine Ortswechsel mehr vornehmen. So bietet der Rollstuhl zumindest die eingeschränkte Teilnahme am sozialen Leben. **Standard-Rollstühle** sind für einen kurzen Transport, aber nicht für die Dauernutzung geeignet. Für die harte Sitzfläche gibt es Rollstuhlkissen.

Bedenke

Bei neurologischen Patienten keine Luftzellenkissen einsetzen, die diese eine eingeschränkte Tiefensensibilität haben.

Spezielle Rollstühle sind z. B.:

- **Multifunktionsrollstühle 49**: für individuelle Anforderungen im Einsatz, z. B. für einen Schlaganfallpatient, der keine Körperspannung mehr hat. Der Pflegerollstuhl kann als Aufstehhilfe und als Mobilisationsstuhl mit Liegefunktion genutzt werden,
- **Duschrollstühle:** für Bewohner, die so schwach sind, dass sie nicht zur Dusche hin und zurück zum Bett laufen können,
- **Trippelrollstühle:** fehlt eine oder beide Fußstützen, Bewohner kann sich mit einem Fuß auf dem Boden abstützen und den Rollstuhl selbstständig in Bewegung bringen,
- **Schieberollstühle:** mit Schiebegriff für die Begleitperson,
- **Elektrorollstühle:** mit Batterie samt Motor unterhalb der Sitzfläche. Nachteil: muss regelmäßig gewartet und gereinigt werden,
- **Greifreifenrollstühle:** zum Selbstfahren mit Handbetrieb.

Für die Mobilisation und Lagerung können schon kleinere Hilfsmittel viel bewirken, z. B.:

- Anti-Rutschmatten,
- Mobilisationsgürtel,
- Möbelerhöhungen,
- Umsetzhilfen.

Anti-Rutschmatten sind aus Silikon oder Gummi und werden z. B. Bewohnern im Bett unter die Füße gelegt. Beim Kopfwärts-Rutschen kann er sich mit seinen Füßen abstützen und mit einer „Schlangenbewegung" nach oben bewegen.

Mobilisationsgürtel erleichtern den Transfer von Bewohnern, wenn sie über den Stand bewegt werden. Rollbretter 50 eignen sich zum schonenden Umlagern eines Liegenden.

Möbelerhöhungen werden z. B. unter Stuhlfüße gestellt. Das Aufstehen wird leichter, denn die Kraft des Bewohners wird zielgerichtet nach vorne ausgerichtet. Er muss nur geringe Kraft für die Balance verwenden.

Umsetzhilfen wie „Rutschbretter" oder Drehplatten sind oft Hilfsmittel für Rollstuhlfahrer. Ein Rutschbrett ermöglicht den Bewohnern, ihre Bewegungsfähigkeit zu erhalten, wenn sie damit die Toilette selbstständig benutzen können.

Drehplatten 51, die für den Transfer, z. B. vom Rollstul auf die Toilette, angeboten werden, sind begrenzt einsetzbar. Bei Bewohnern mit Orientierungsstörungen oder Standunsicherheiten erhöht sich die Sturzgefahr.

Übung

Erproben Sie eine Drehplatte für das Drehen im Stand. Machen Sie die Augen zu und lassen Sie sich bewegen. Absolvieren Sie den Transfer auf der Drehscheibe, indem Sie ein Bein voll belasten.

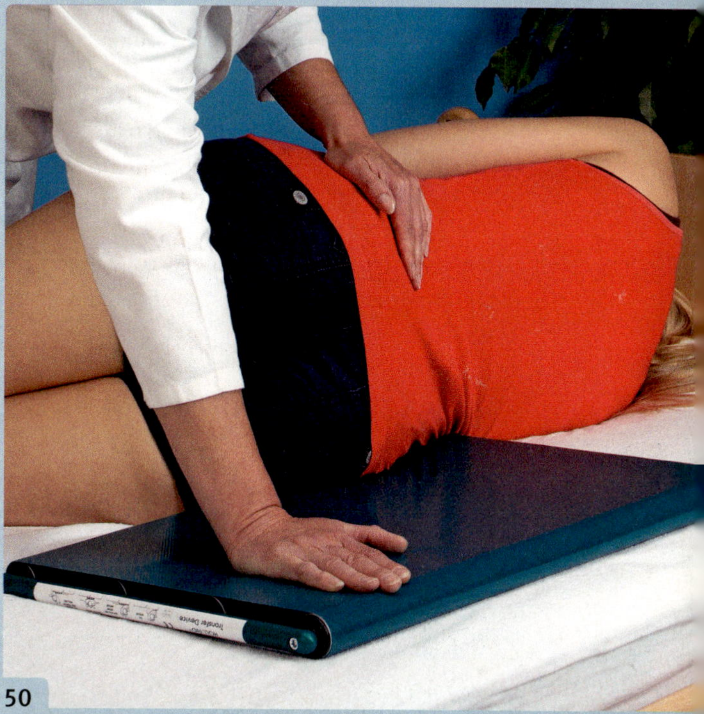

50
Rollbrett

51
Drehplatte

8.4 Prophylaxen

Bestehende Bewegungseinschränkungen können in der Regel durch Hilfsmittel und die Unterstützung der Pflegenden kompensiert und durch eine aktivierende Pflege sogar verringert werden.

Schwerwiegender sind Folgeerkrankungen, die aus einer Bewegungseinschränkung hervorgehen können.

Im Bereich der Bewegung können von den Pflegenden folgende Prophylaxen regelmäßig durchgeführt werden:

- Sturzprophylaxe,
- Kontrakturprophylaxe,
- Dekubitusprophylaxe,
- Thromboseprophylaxe.

8.4.1 Sturzprophylaxe

Ein Sturz ist in der Regel der Verlust der Balance bzw. der Fähigkeit, den Körper wieder in Balance zu bringen.

Die Ursachen für Stürze sind entweder:

- intrinsisch: vom Inneren des Bewohner her kommend oder
- extrinsisch: von äußeren Umständen her.

52
Stolperfallen

Risikofaktoren

Intrinsisch, z. B.:

- Funktionsbeeinträchtigungen, die zu einem unphysiologischen Bewegungsablauf führen,
- Gangveränderungen, z. B. durch Schmerzen oder Abbau von Muskeln,
- Sehbeeinträchtigung,
- Beeinträchtigung der Kognition, z. B. durch dementielle Erkrankungen und Depression,
- kurzzeitige Ohnmacht,
- Inkontinenz,
- Angst vor Stürzen.

Extrinsisch, z. B.:

- nicht funktionierende Hilfsmittel,
- unpassende Kleidung bzw. Schuhe,
- Medikamente, die die Wahrnehmung beeinträchtigen,
- Stolperfallen 52 in der Umgebung.

Prophylaktische Pflegemaßnahmen

Bewegung ist gut und wichtig. Die Sturzprophylaxe darf nicht verwechselt werden mit einer Einschränkung vorhandener Bewegungsmöglichkeiten. Nicht jeder Sturz ist vermeidbar.

Bedenke

Den Bewohner nur langsam seine Position verändern und Zwischenpausen einlegen lassen. Der Körper benötigt Zeit, sich an die neue Körperlage zu gewöhnen.

In Anlehnung an die Sturzursachen gibt es jedoch viele Maßnahmen, die einen Sturz verhindern oder zumindest dessen Folgen minimieren können:

Kleidung:

- Bewohner nicht auf Socken oder barfuß gehen lassen,
- nachts „Stopper-Socken" verwenden,
- festes Schuhwerk für ausreichenden Halt,
- passende, nicht zu lange Hosen anziehen.

Hilfsmittel:

- stets benötigte Sehhilfen (Brille) nutzen,
- empfohlene und bereitstehende Hilfsmittel, z. B. Gehstützen, Rollator, nach Anleitung benutzten lassen und auf die Funktionsfähigkeit überprüfen,
- Hilfsmittel in erreichbarer Nähe stehen lassen,
- Fußstützen an Roll- und Toilettenstühlen wegräumen, damit Bewohner nicht mit dem Stuhl nach vorne herüber fallen.

Pflege:

- alle Stolperfallen aus dem Weg räumen,
- vor dem Aufstehen von der Bettkante oder vom Stuhl den Bewohner mit den Füßen sicher Bodenkontakt halten lassen,
- Bewohner ausreichend trinken lassen, denn zu wenig Flüssigkeit kann Schwindel erzeugen,
- bei Pflegemaßnahmen in der Nacht kleines Licht anschalten oder die übliche Notbeleuchtung eingeschaltet lassen,
- Bewohner begleiten, wenn er unsicher ist,
- ärztliche Anweisungen sowie Vorgaben der Pflegefachkraft bezüglich der Medikamentenwirkung und verordneter Bettruhe beachten,
- zur Verringerung des Aufpralls Bett niedrig stellen oder Matratze ganz auf den Boden legen. Dabei darauf achten, dass die Matratze nicht selbst den Sturz verursacht.

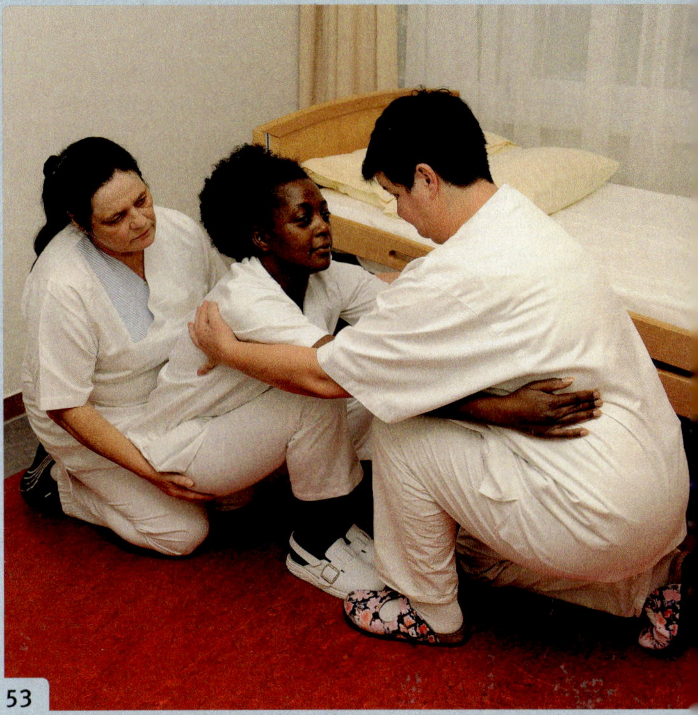

53
Aufstehhilfe nach Sturz

Sturzgeschichte

Damit die Sturzprophylaxe bei einzelnen Bewohnern gezielt vorgenommen werden kann, sollte bei der Aufnahme des Bewohners dessen Sturzgeschichte erfragt werden. Sie gibt Auskunft über vorangegangene Sturzereignisse des Bewohners 53 oder sonstige Gegebenheiten, die ein Sturzrisiko in sich bergen.

Sturzprotokoll

Nach jedem Sturz wird der Bewohner medizinisch betreut und die Pflegefachkraft informiert. Im Anschluss daran wird ein Sturzprotokoll verfasst, in dem alle Umstände des Sturzes dokumentiert werden. Werden diese später ausgewertet, können eventuelle „Sturzmuster", z. B. immer gleicher Ort und gleiche Zeit, erkannt und eventuell verhindert werden. Auch in Bezug auf die rechtliche Haftung ist das Protokoll wichtig.

8.4.2 Kontrakturenprophylaxe

Bewegung ist immer die Nutzung der Gelenke und das wechselseitige Kontrahieren und Dehnen von Muskeln. Bleibt die Bewegung aus, verlieren Muskeln und Sehnen ihre **Elastizität** und die Gelenke versteifen sich. Kontrakturen können die Folge sein.

Unterschieden wird in:

- **Beugekontraktur:** Verkürzung der Sehnen an der Innenseite des Gelenks, z. B. Probleme beim Ausstrecken des Arms,
- **Streckkontraktur:** Verkürzung der Sehnen an der Außenseite des Gelenks, z. B. Probleme beim Beugen des Arms,
- **Spitzfußkontraktur** 54 **:** Fuß wirkt wie ausgestreckt, kann nicht mehr angezogen werden (häufig bei Bettlägerigen).

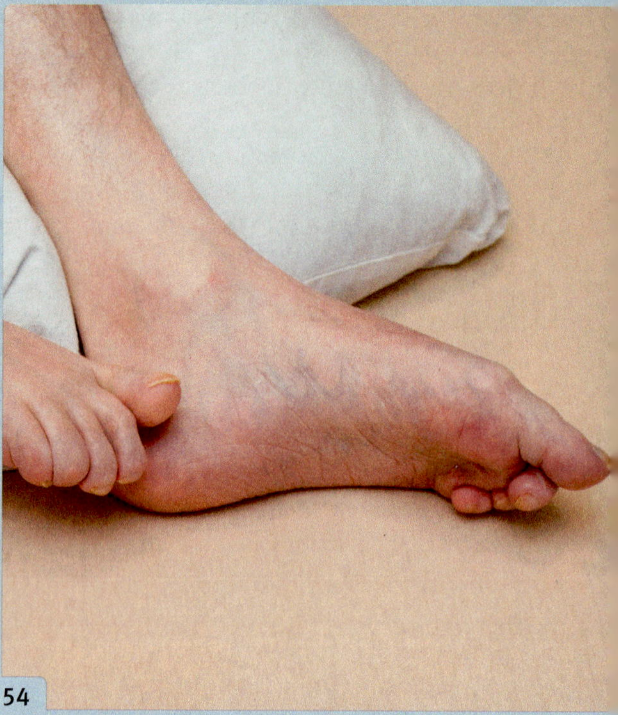

54
Spitzfußkontraktur

Anzeichen

Kontrakturen sind an verschiedenen Bewegungseinschränkungen zu erkennen:

- erkennbarer Widerstand bei Bewegung,
- Schmerzen bei Bewegung,
- krankhaft veränderte Haltung des betroffenen Gelenks,
- unharmonische Bewegungsabläufe,
- komplette Versteifung von Gelenken.

Ursachen

Die Ursachen sind meist Folgen anderer Erkrankungen:

- Schmerzen (Schonhaltung),
- therapeutische Ruhigstellungen, z. B. Gipstherapie,
- Narbenstränge,
- Angst, sich zu bewegen,
- unsachgemäße Lagerungen,
- erworbene Erkrankungen des Bewegungsapparates, z. B. Rheuma, Gicht,
- Halbseitenlähmung nach Schlaganfall.

Pflegemaßnahmen

- Kontrakturen nie mit Gewalt bewegen, denn dies führt zu einer verstärkten Verkrampfung und zu starken Schmerzen,
- regelmäßige Bewegungsübungen, damit sich vorhandene Kontrakturen nicht verschlechtern,
- gleichmäßiges Ausstreichen (vom Körper weg) mit der gesamten Handfläche,
- beim Lagern die Bewegungsmöglichkeit des Bewohners möglichst wenig einschränken,
- Gelenke locker zwischen Beugung und Streckung lagern, nicht „verbiegen“,
- Bettdecke nicht auf die Zehen des Bewohners, sondern über das Fußteil des Bettes legen.

Bedenke

Wiederholt mobilisieren und Bewegungsübungen durchführen.

8.4.3 Dekubitusprophylaxe

Dekubitus

lokal begrenzte Schädigung der Haut und bzw. oder des darunter liegenden Gewebes infolge von Druck oder Druck in Kombination mit Scherkräften. Befinden sich in der Regel über knöchernen Vorsprüngen.

Auslöser eines Dekubitus ist ein anhaltender Druck auf die gleiche Hautstelle. Dadurch werden in diesem Bereich die Blutgefäße gepresst, sodass dort keine Durchblutung mehr stattfinden kann. Die Folge ist ein Absterben des Gewebes.

Druck entsteht allein durch das **Eigengewicht** des Körpers, der auf einer Unterlage aufliegt. **Scherkräfte** (Krafteinwirkung aus verschiedenen Ebenen) können das Risiko für einen Dekubitus verschlimmern. Durch sie wird die Haut nicht nur gedrückt, sondern auch verzogen, z. B. beim Lagerungswechsel. Das **Mikroklima** der Haut, z. B. bei Inkontinenz, oder eine höhere Körpertemperatur können ebenfalls zum Dekubitus führen.

Bedenke

Auch hoher Druck über kurze Zeit kann zum Druckgeschwür führen, wenn z. B. der Herzkreislauf nicht stabil ist.

Besonders betroffen sind immobile Bewohner, die selbstständig keine Bewegungen mehr zur Druckentlastung ausführen können oder den Druck auch nicht mehr verspüren.

Die Folgen eines Dekubitus für den Betroffenen sind groß:

- Schmerzen,
- hohe psychische Belastung,
- steigende Abhängigkeit und Isolation durch hohen Pflegeaufwand.

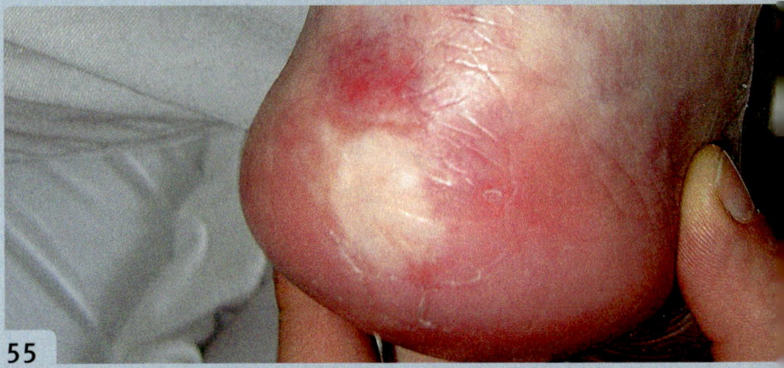

55
Dekubitus Grad 1

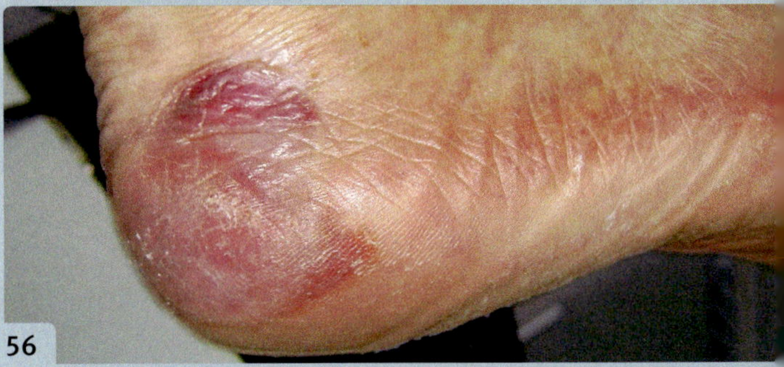

56
Dekubitus Grad 2

Schweregrade des Dekubitus

Grad 1: nicht wegdrückbare, umschriebene Rötung bei intakter Haut. Der Bereich kann schmerzempfindlich, verhärtet, weich, wärmer oder kälter sein als das umgebende Gewebe 55.

Grad 2: schmerzhafte Teilzerstörung der Haut mit hoher Infektionsgefahr, die als flaches, offenes Geschwür mit einem rot bis rosafarbenen Wundbett ohne Beläge in Erscheinung tritt 56.

Grad 3: Zerstörung aller Hautschichten, jedoch nicht der sichtbaren Knochen, Muskeln oder Sehnen. Es kann ein Belag und Taschenbildung vorliegen. Der Dekubitus zeigt sich als tiefes offenes Geschwür.

Grad 4: Gewebsverlust mit Schädigung der Knochen, Sehnen und Muskeln und Gefahr einer Knochenentzündung. Belag und Schorf sowie Tunnel und Unterminierungen können vorliegen.

Pflegemaßnahmen und Hilfsmittel

Die **Einschätzung des Hautzustands** übernimmt die Pflegefachkraft anhand von gezielten Beobachtungen der Aktivitätseinschränkung, der Mobilitätseinschränkung und der individuellen Disposition. Dabei nutzt sie **Assessments** wie z. B. der Braden-Skala.

Bedenke

Fingertest 57 : Gerötete Stelle mit dem Daumen abdrücken:
Stelle wird wieder weiß (normal): alles in Ordnung.
Stelle bleibt rot: Dekubitus Grad 1 liegt vor, Null-Druck-Lagerung erforderlich.

Bewohner mit **Risiko** für einen Dekubitus müssen:

- konsequent, geplant und individuell mobilisiert werden, z. B. maximal zwei Stunden sitzen, davon eine Stunde entlastet,
- druckentlastet (vor druckverteilt) werden, z. B. durch zeitnahe Lagerung nach Bewegungsplan (zwischen einer und vier Stunden),
- gewebeschonend gelagert werden, damit keine Mikroverletzungen entstehen,
- in einer Weise gelagert werden, dass Eigenbewegungen des Bewohners erfolgen können,
- mit pH-neutralen Waschsubstanzen oder ganz ohne Seife gewaschen und getrocknet werden,
- evtl. spezielle Matratzen, z. B. Antidekubitusmatratzen, erhalten, die durch ihre weiche Oberfläche die Auflagefläche des Körpers vergrößern und so den Druck verteilen.

Bedenke

Niemals Cremes oder Salben wie Melkfett verwenden. Sie verschließen die Poren und fördern die Wundbildung. Auch Franzbranntwein ist ein Tabu. Er enthält Alkohol und trocknet die Haut aus.

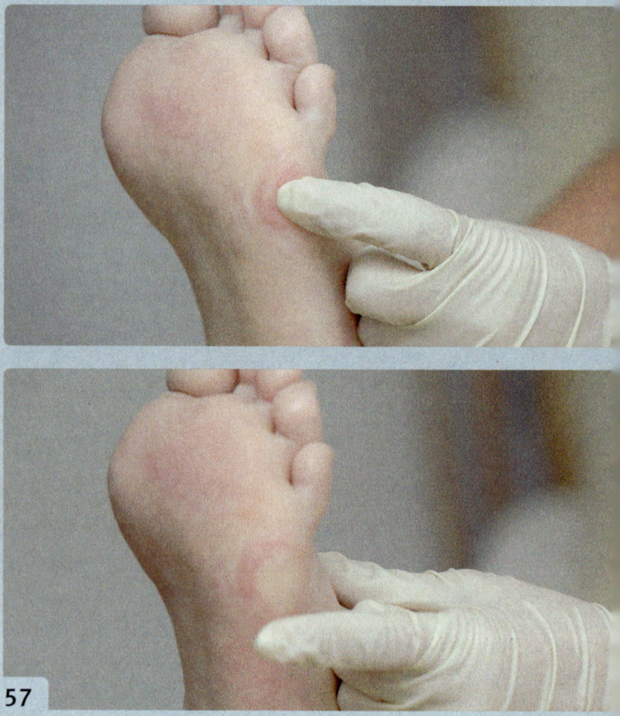

57
Fingertest Dekubitus

Bei einem Bewohner mit hohem Dekubitusrisiko wird regelmäßig der **BMI** ermittelt, um frühzeitig einer Mangelernährung entgegenwirken zu können, die ebenfalls einen Dekubitus begünstigt.

5 Dekubitusgefährdete Körperstellen

Rückenlage	Hinterkopf, Schulterblätter, Brustwirbelsäule, Ellenbogen, Steißbein, Fersen
Seitenlage	Ohrmuscheln, Schultergelenk, Hüftgelenk, Knie- und Knöchelaußenseite
Bauchlage	Brustbein, Ellenbogen, Rippen, Beckenkamm, Kniescheiben, Vorderfuß
Sitzhaltung	Hinterkopf, Schulterblätter, Steiß- und Sitzbein, Fersen

8.4.4 Thromboseprophylaxe

Thrombose

Verschluss der Venen oder auch Arterien durch eine intravasale (in den Blutgefäßen stattfindende) Blutgerinnung. Der Blutpfropf (Thrombus) führt zu einem teilweisen oder vollständigen Gefäßverschluss.

Die meisten Thrombosen 58 bilden sich in venösen Gefäßen. 98 % befinden sich in den unteren Gliedmaßen. Das größte Risiko für eine Thombose liegt in der eingeschränkten Mobilität. Die Ursachen für eine Thrombose liegen im sogenannten **Virchow`schen Trias**:

- Gefäßveränderungen, z. B. durch arterielle Gefäßverkalkung, Operationen,
- erhöhte Gerinnbarkeit des Blutes, z. B. nach großen Operationen,
- verlangsamte Strömungsgeschwindigkeit des Blutes, z. B. durch Immobilität oder zu geringe Trinkmenge, Herzerkrankungen.

Anzeichen für eine Thrombose

- frühes Zeichen: ziehender oder krampfartiger Schmerz in der Extremität beim Auftreten,
- Wadenschmerzen beim Gehen,
- Druckschmerzempfinden im Bein auch mit Hitze- oder Kältegefühl,
- spätere Schwellung der betroffenen Extremität,
- bläulich-rote Verfärbung der Extremität aufgrund der Zunahme von Blutvolumen, was nicht zum Herzen zurück transportiert werden kann,
- anschließend Überwärmung der Haut.

Bedenke

Eine Phlebothrombose (Verschluss der tiefen Venen) verläuft im Alter oft eher symptomarm über längere Zeit!

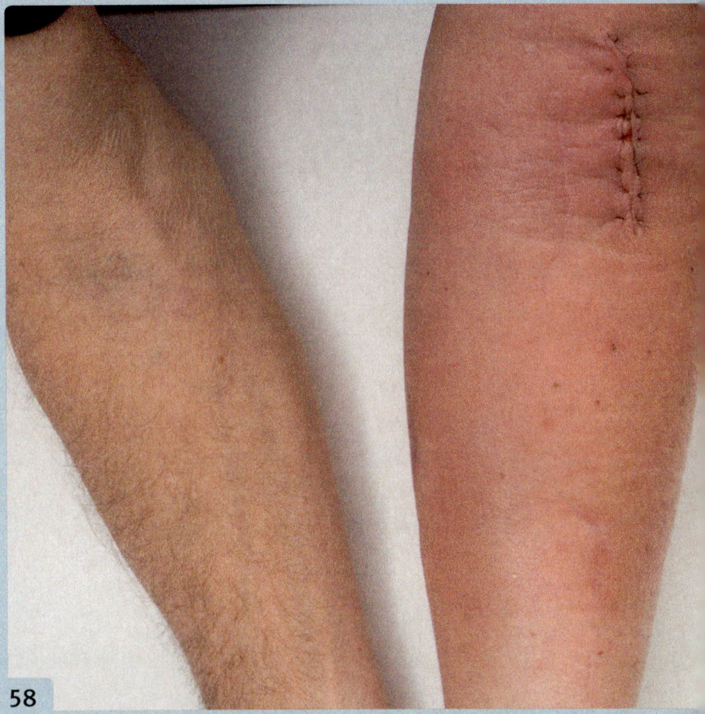

58
Thrombose am Unterarm

Pflegemaßnahmen und Hilfsmittel

- Mobilisation: aktive und passive Bewegungsübungen der Zehen, Füße und Beine,
- Atemübungen: Bewohner mehrmals täglich auffordern, 5- bis 8-mal tief ein- und langsam wieder auszuatmen,
- Ausstreichen der Beine von der Ferse bis oberhalb des Knies mittels der Hand und dabei geschlossenen Fingern; 3- bis 5-mal pro Bein wiederholen, ggf. währenddessen Bewohner waschen oder eincremen,
- Kompressionstherapie, z. B. Anti-Thrombose-Strümpfe (ATS) (nur nach Rücksprache mit dem behandelnden Arzt, besonders bei arteriellen Erkrankungen).

Bedenke

Bei Verdacht auf eine Thrombose oder Krampfadern (Varizen) nicht ausstreichen.

Bei der **Kompressionstherapie** wird durch den Druck auf die Beingefäße die Fließgeschwindigkeit des Blutes gesteigert, z.B. durch Bandagieren des Beines oder spezielle Strümpfe (Kompressionsstrümpfe 59).

Eine weitere Maßnahme ist die spezielle Lagerung der Beine, um den Blutrückfluss zu unterstützen:

- Beine nicht nach unten, sondern um ca. 20° bis max. 45° erhöht lagern,
- dabei bis zur Gesäßfalte per Kissen oder speziellem Venenkissen unterstützen,
- Knie abwinkeln lassen,
- Füße auf der gleichen Höhe lagern wie die Knie,
- Füße nicht herabhängen lassen.

Übung

Probieren Sie das Ausstreichen der Beine an einer Mitschülerin mit einer Körperlotion aus.

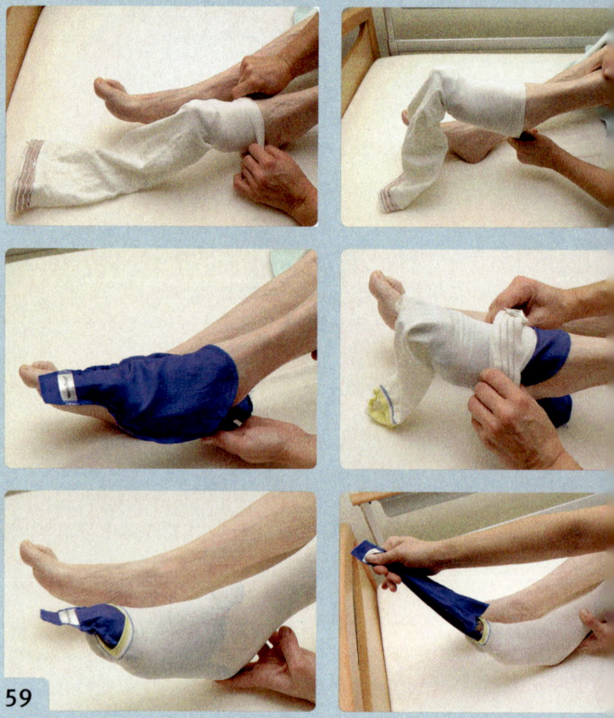

59
Kompressionsstrümpfe anziehen

✔ Selbst-Check

Fallbeispiel: Frau Braun ist eine alte Dame, die seit fünf Jahren in einer Seniorenrezidenz wohnt. Bis zu ihrem Sturz bewegte sie sich mit Hilfe eines Gehstocks innerhalb des Hauses. Sie trägt eine Brille und nimmt Medikamente gegen ihren hohen Blutdruck ein. Frau Braun ist sturzgefährdet.

Vor zwei Wochen ist sie plötzlich morgens gefallen und hat sich den Oberschenkel gebrochen. Sie wurde ins Krankenhaus gebracht und hat eine dynamische Hüftschraube erhalten. Die Wundheilung erfolgt etwas verzögert, sodass sie viel im Bett liegt, obwohl sie sich nach Aussagen der Ärzte bewegen dürfte. Sie hat große Angst, nochmals zu fallen. So drapiert sie alles, was sie benötigt, rund um ihr Bett. Mittlerweile hat sie immer weniger Muskeln und mag sich nicht mehr bewegen.

Heute Morgen ist Ihnen beim Fingertest aufgefallen, dass sie einen Dekubitus Grad 1 am Kreuzbein hat.

Nennen Sie mögliche Risikofaktoren, die einen Sturz von Frau Braun auslösen könnten.

Beschreiben Sie mögliche aktive Bewegungsübungen für Frau Braun.

Beschreiben Sie den Unterschied zwischen der Hohl- und Weichlagerung.

Wie zeigt sich ein Dekubitus Grad 1?

9 Ernährung

9.1 Anatomie und Physiologie

Die Nahrungsaufnahme hat eine grundlegende Funktion für den Körper. Wird Nahrung im Verdauungstrakt verarbeitet, kann der Körper daraus Energie produzieren, die er zur Aufrechterhaltung aller grundlegenden **Körperfunktionen** benötigt.

Körperfunktionen

Zu den Körperfunktionen gehören z. B.:

- Gehirnfunktion,
- Blutzirkulation,
- Atmung,
- Regulierung der Körpertemperatur,
- Verdauung,
- Ausscheidung,
- Muskelbewegung.

Verdauungsorgane

Die Nahrung enthält pflanzliche und tierische Nährstoffe. Erst durch den Verdauungsakt können die **Nährstoffe** vom Körper aufgenommen und gespeichert werden. Dafür muss die Nahrung zerkleinert und zersetzt werden. Diese Aufgabe übernehmen die Verdauungsorgane 1 :

- Mundhöhle, Speiseröhre,
- Magen,
- Zwölffingerdarm,
- Dünndarm,
- Dickdarm,
- Leber,
- Gallenblase,
- Bauchspeicheldrüse.

Bei der **mechanischen** Verdauung wird die Nahrung zerkleinert, bei der **chemischen** Verdauung in ihre Bestandteile aufgespalten. Erst im Darm werden die Nährstoffe in die Blutbahn geleitet. Über das Blut gelangen die Nährstoffe in ihre Zielorgane, um entweder direkt verwertet oder gespeichert zu werden.

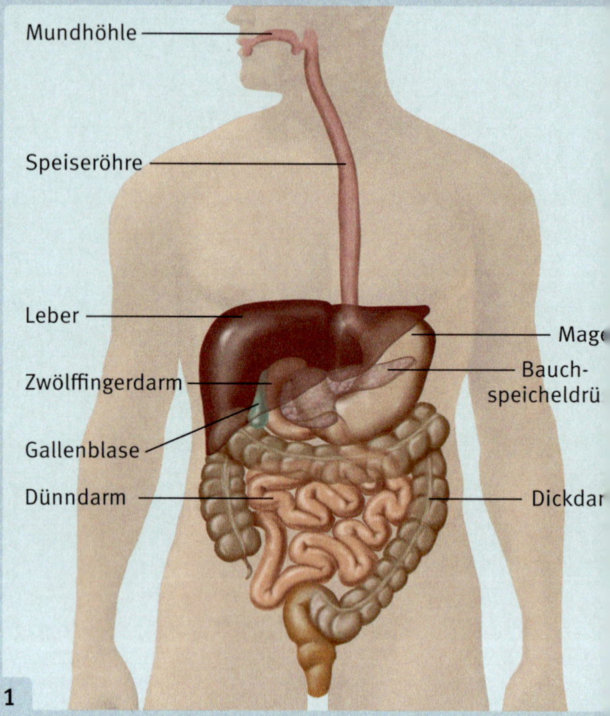

1
Magen-Darm-Trakt

9.1.1 Mundhöhle und Rachenraum

Die Mundhöhle ist der Anfang des Verdauungstraktes. Begrenzt wird die Mundhöhle:

- nach vorn durch die Lippen,
- seitlich durch die Wangen,
- unten durch die Zunge,
- oben durch den Gaumen,
- nach hinten durch das Zäpfchen.

Ausgekleidet ist die Mundhöhle mit einer Schleimhaut, die ins Zahnfleisch übergeht. Die Zunge ist muskelreich und willkürlich beweglich. An der Oberseite sowie seitlich der Zunge befinden sich die **Geschmacksknospen**.

Es gibt vier wesentliche Geschmacksrichtungen:

- süß,
- sauer,
- bitter,
- salzig.

Durch die Zunge sowie die muskelreichen Wangen kann der Nahrungsbrei in der Mundhöhle sehr gut mit **Speichel** durchmengt werden. Erst ein reichliches Einspeicheln der Nahrung ermöglicht den Schluckvorgang.

Übung

Testen Sie Ihren Geschmackssinn, indem Sie mit verbundenen Augen verschiedene Lebensmittel probieren.

Hinter dem Zäpfchen geht die Mundhöhle in den **Rachen** über. Der Rachen stellt eine Verbindung zwischen Mund und Speiseröhre dar.

Die **Zähne** befinden sich in gereihter Form inmitten der Mundhöhle. Das Gebiss eines Erwachsenen besteht aus 32 Zähnen. Es gibt Schneide-, Eck- und Backenzähne. Die Anordnung ergibt sich aus der Form von Unterkiefer und Oberkiefer.

Die Mundhöhle dient der Aufnahme und Vorbereitung der Nahrung für die weitere Verdauung im Magen-Darm-Trakt. In ihr werden Speisen so zerkleinert und eingespeichelt, dass sie zu schlucken sind.

9.1.2 Speiseröhre

Die Speiseröhre ist ein etwa 20–25 cm langer Muskelschlauch, der den Nahrungsbrei von der Mundhöhle in den Magen transportiert. Sie befindet sich im mittleren Brustkorb zwischen Luftröhre und Wirbelsäule. Zum Magen hin ist sie durch einen Muskel verschlossen, damit der saure Magensaft nicht mit der empfindlichen Schleimhaut der Speiseröhre in Berührung kommt.

Schluckakt

Der Schluckakt beginnt, wenn der Nahrungsbissen den weichen Gaumen berührt. Dabei sind mehr als 20 Muskeln beteiligt. Er wird in drei Phasen 2 unterteilt:

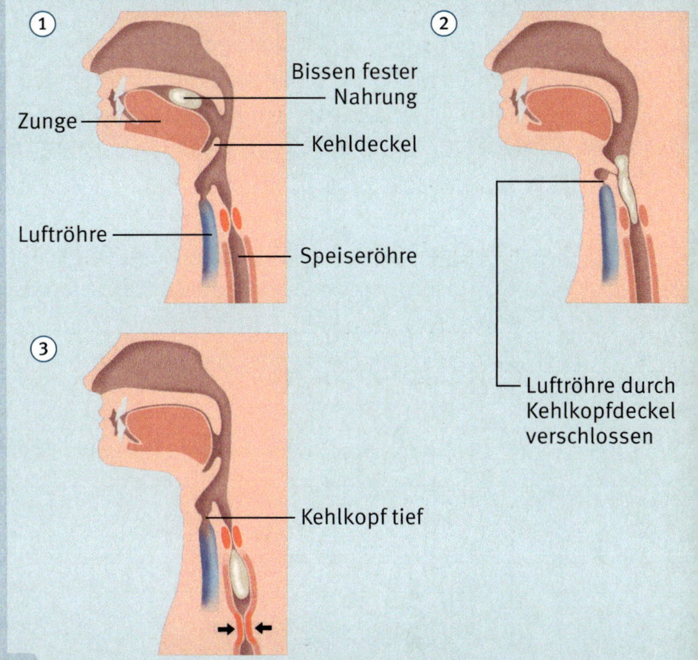

2
Schluckakt in 3 Phasen

Kauphase: Die Nahrung wird im Mund zerkleinert und reichlich eingespeichelt. Die Zunge schiebt dabei das Essen nach hinten in Richtung Rachen, damit der Schluckreflex ausgelöst werden kann.

Rachenphase: In dieser Phase befindet sich der Nahrungsbrei zwischen Mund und Speiseröhre. Damit keine Speisereste in die Luftröhre geraten können, wird diese durch den Kehlkopfdeckel verschlossen.

Speiseröhrenphase: Durch wellenartige unwillkürliche Bewegungen wird der Speisebrei in den Magen transportiert.

Übung

Nehmen Sie einen Schluck Wasser in den Mund und beugen Sie Ihren Kopf weit nach unten. Welche Beobachtung stellen Sie an sich fest?

9.1.3 Magen

Der Magen ist ein sackartiges, stark muskulöses Hohlorgan. Er befindet sich zum größten Teil im linken Oberbauch unterhalb des **Zwerchfells**. Seine Form und Größe ist vom Füllungszustand und der Körperhaltung abhängig.

Im Magen wird die Verdauung fortgesetzt. Durch seine kräftige Eigenbewegung wird der Nahrungsbrei mit dem Magensaft durchmischt. Dieser setzt sich aus verschiedenen Bestandteilen zusammen, z. B.:

- **Pepsinogen:** inaktive Vorstufe des eiweißspaltenden Pepsins,
- **Salzsäure:** desinfiziert die Nahrung und aktiviert Pepsinogen,
- **Magenschleim:** schützt die Magenwand vor der aggressiven Salzsäure.

9.1.4 Dünndarm

Der Dünndarm hat eine Gesamtlänge von etwa 5–6 m und besteht aus drei Abschnitten:

- Zwölffingerdarm,
- Leerdarm,
- Krummdarm.

Zwölffingerdarm

Der Zwölffingerdarm schließt sich unmittelbar an den Magen an und hat eine hufeisenförmige Gestalt. In ihm mündet der warzenförmige Ausgang der Insulin produzierenden Bauchspeicheldrüse und der Gallensaft produzierenden Leber. Diese Sekrete beinhalten **Enzyme**, die dabei helfen, die Nahrung in zügig speicherfähige Bestandteile aufzuspalten.

Leerdarm und Krummdarm

Der flüssige Nahrungsbrei ist in diesem Abschnitt bereits durch Enzyme in seine einzelnen Bestandteile aufgespalten worden. Die Darmschleimhaut hat keine glatte Oberfläche, sondern zeigt viele **zottenartige Ausstülpungen** 3. Dadurch wird die Oberfläche des Dünndarmes auf etwa 200 m^2 vergrößert. Die Nahrungsbestandteile können durch diese imposante Fläche effektiv aufgenommen werden.

3
Dünndarmzotten

9.1.5 Dickdarm

Der Dickdarm ist im Vergleich zum Dünndarm wesentlich gedehnter und hat eine Länge von nur etwa 1,5 m. Die wichtigste Aufgabe des Dickdarms besteht im **Eindicken** des Darminhaltes. Dies erfolgt aus der Rückgewinnung von Wasser aus den im Magen und Dünndarm zurückgeführten Verdauungssäften.

Der Dickdarm verfügt nicht über eine Bakterien abtötende Salzsäure, die keimreduzierend wirkt. Stattdessen ist er von zahlreichen **Bakterien** besiedelt, die noch unverdaute Nahrungsreste aufspalten und daraus Fäulnisgase bilden.

Der **Kot** ist also der eingedickte, durch Bakterien zersetzte unverdaute Rest des Nahrungsbreis. Davon produziert jeder Mensch etwa 100–200 g pro Tag. Die Konsistenz des Stuhlgangs ist abhängig vom seinem Flüssigkeitsgehalt.

Der Dickdarm lässt sich in folgende Abschnitte 4 unterteilen:

- Blinddarm mit Wurmfortsatz,
- Kolon,
- Enddarm.

Bedenke

Bei starkem Durchfall ist der Flüssigkeitsverlust enorm. Dieser muss durch reichlich Flüssigkeitszufuhr ausgeglichen werden.

Blinddarm mit Wurmfortsatz

Der Blinddarm schließt sich unmittelbar dem Krummdarm an und liegt zu ihm im rechten Winkel. Die dadurch entstehende Falte am Übergang wirkt wie ein Ventil, das den Rückfluss des Darminhaltes in den Dünndarm verhindert.

Der Wurmfortsatz ist eine bleistiftdicke etwa 9 cm lange Ausstülpung des Blinddarmes, der zur lokalen Immunabwehr beiträgt. Die Länge und Lage des Wurmfortsatzes im Bauchraum kann stark wechseln.

Dickdarm

Der Dickdarm (Kolon) zieht sich wie ein Rahmen um das gebündelte Dünndarmpaket. Seine Hauptaufgabe ist es, der Nahrung im Verdauungskanal das Wasser zu entziehen. Der Dickdarm unterteilt sich in vier Abschnitte:

- aufsteigender Ast,
- quer verlaufender Ast,
- absteigender Ast,
- Sigmadarm.

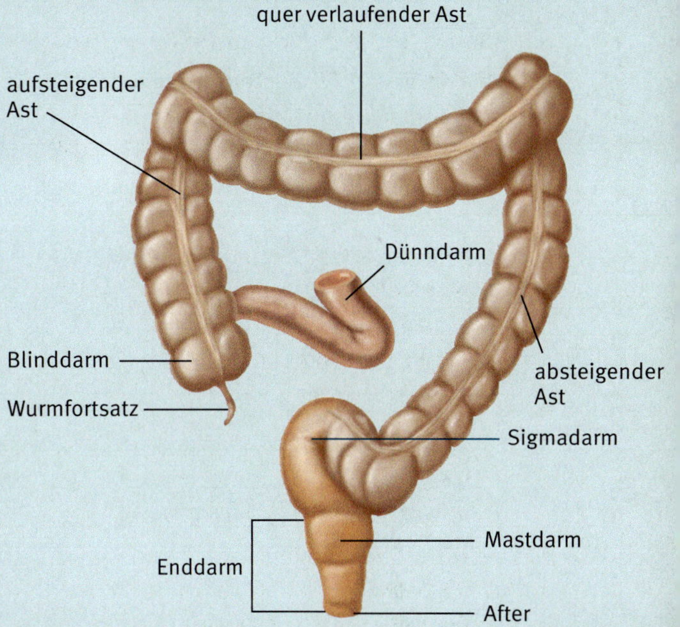

4
Abschnitte des Dickdarms

Enddarm

Der Enddarm ist etwa 15 cm lang und beendet mit dem **Darmausgang** (After) den Verdauungsprozess. Oberhalb des Afters ist der Enddarm ampullenförmig erweitert. Dort wird der Kot gesammelt, um kontrolliert ausgeschieden werden zu können.

9.1.6 Leber

Die Leber ist das wichtigste Stoffwechselorgan des Menschen. Sie hat ein Gewicht von etwa 1,5 kg und besteht aus vier Leberlappen. Ihre braune Färbung ist ein typisches Unterscheidungsmerkmal zu anderen Organen.

Sie befindet sich im rechten Oberbauch direkt unterhalb des **Zwerchfells** und wird teilweise vom rechten Rippenbogen verdeckt. An ihrer Außenseite wird sie von einer derben Bindegewebskapsel und vom Bauchfell überzogen.

Die Leber hat vielfältige **Aufgaben** für den Organismus:

- Produktion von **Gallenflüssigkeit**, die in der Nahrung befindliche Fette emulgiert,
- Abbau des **roten Blutfarbstoffes** Hämoglobin in Bilirubin, welches den Stuhlgang braun färbt,
- Produktion von **Blutgerinnungsfaktoren,**
- Reinigung des **Blutes,**
- Speicherung von **Nährstoffen.**

Bedenke

Stuhlverfärbungen (→ 10.2.3) deuten auf krankhafte Veränderungen hin, z. B. Darmerkrankungen oder Stoffwechselstörungen.

9.1.7 Gallenblase

Die Gallenblase bettet sich an die Unterseite der Leber an. Leber und Gallenblase sind fest miteinander verwachsen. Ihre Form ähnelt einem birnenförmigen Sack.

Ihre Aufgabe besteht vor allem in der Speicherung der von der Leber produzierten **Gallenflüssigkeit**. Täglich werden etwa 0,5 l produziert. Wird bei der Verdauung Gallenflüssigkeit benötigt, wird diese über den Gallengang in den Zwölffingerdarm geleitet.

9.1.8 Bauchspeicheldrüse

Die Bauchspeicheldrüse (Pankreas) 5 ist ein länglich geformtes, quer liegendes, etwa 80g schweres Organ. Der Kopf der Bauchspeicheldrüse liegt als breitester Anteil in dem hufeisenförmigen Bogen des Zwölffingerdarms. Dort mündet der Bauchspeicheldrüsengang, der sich mit dem Gallengang vereinigt hat, über die **Vatersche Papille** in den Zwölffingerdarm.

Das Ende der Bauchspeicheldrüse befindet sich in Höhe der Milz. Die **Milz** ist Kontrollorgan für rote Blutkörperchen.

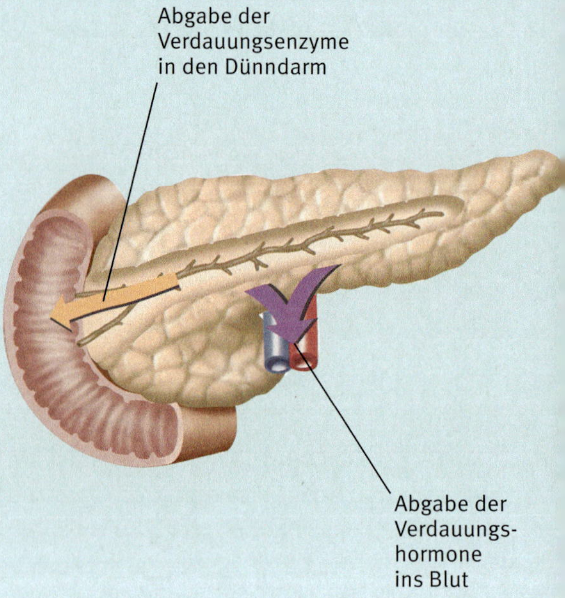

5
Bauchspeicheldrüse

Überalterte Blutzellen werden dort ausgesondert. Eine weitere Funktion der Milz besteht in der Bildung und Speicherung weißer Blutkörperchen, die für die Immunabwehr zuständig sind.

Die wichtigsten Funktion der Bauchspeicheldrüse ist die Produktion von verdauungsfördernden **Enzymen** zur Spaltung von Kohlenhydraten, Fetten und Eiweißen sowie der Hormone Insulin und Glucagon zur Regulierung des Blutzuckerspiegels.

Das Hormon **Insulin** hat die Aufgabe, den Blutzucker zu senken 6, wenn dieser über den Normalwert tritt. Das Hormon **Glucagon** sorgt dafür, dass der Blutzucker in Hungerpausen stabil bleibt.

Blutzuckerspiegel

Konzentration von Glucose im Blut. Glucose ist ein wichtiger Energielieferant für die Organe.

9.2 Pflegerische Beobachtungen

Essen ist die Grundlage jeglichen Lebens. Ess- und Trinkgewohnheiten werden in der Kindheit erlernt und oft lebenslang beibehalten. Beobachtungen zeigen jedoch, dass die Nahrungsaufnahme in ihrer Bedeutung mit zunehmendem Alter häufig abnimmt.

Übung

Beschreiben Sie Ihre eigenen Essgewohnheiten. In welcher Form und zu welchem Zeitpunkt nehmen Sie Ihre Nahrung ein?

9.2.1 Ernährungszustand im Alter

Je älter der Mensch wird, desto geringer wird der **Kalorienbedarf**. Jedoch ist dies immer in Abhängigkeit von Aktivität und Gesundheitszustand zu betrachten. Ein rüstiger alter Mensch wird einen wesentlich höheren Kalorienbedarf haben als ein immobiler alter Mensch.

Eine Frau mit 75 Jahren hat bei einer Größe von 1,65 m und einem Gewicht von 65 kg einen Energiebedarf von durchschnittlich 1800 kcal. Eine 25-jährige Frau benötigt hingegen bei gleicher Größe und Gewicht etwa 2200 kcal, also 400 kcal mehr. Auch wenn der Energiebedarf mit steigendem Alter abnimmt, der Bedarf an Vitaminen und Spurenelementen verringert sich nicht.

Ursachen von Mangelernährung

Die Gefahr einer Mangelernährung erhöht sich mit steigendem Alter. Über 1,6 Mio Menschen in der Bundesrepublik Deutschland über 60 Jahre leiden darunter, viele von ihnen in Pflegeeinrichtungen.

Psychisch-geistige Ursachen sind z. B.:

- Antriebslosigkeit,
- depressive Verstimmungen, z. B. Trauer,
- Vergesslichkeit bzw. Verwirrtheit,
- Angst,
- psychische Erkrankungen, z.B. Demenz.

Körperliche Ursachen für einen veränderten Ernährungszustand im Alter sind z. B.:

- fehlender Zahnersatz,
- Schluckstörungen,
- Nahrungsverweigerung,
- Appetitlosigkeit,
- verringertes Durstgefühl,
- Medikamenteneinnahme,
- Schmerzen,
- Erkrankungen des Magen-Darm-Traktes.

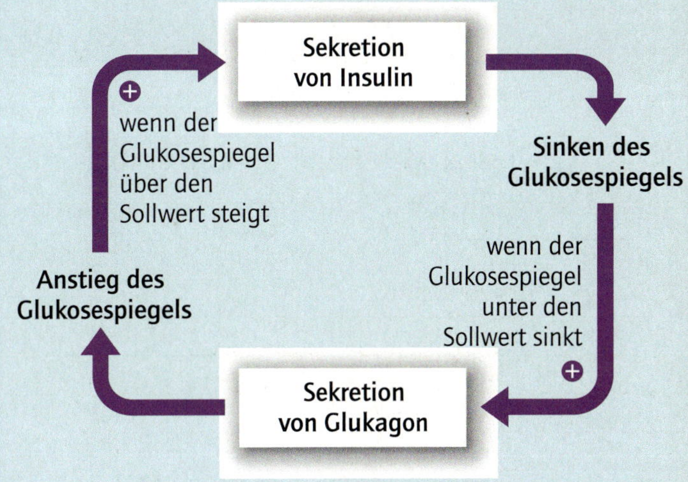

6
Regulierung des Blutzuckers

Mangelernährung

Form der Fehlernährung, durch die der Körper nicht ausreichend mit Energie und lebenswichtigen Nährstoffen versorgt wird.

Mangelernährung kann auch soziale Ursachen haben, z. B.:

- fehlende Geselligkeit,
- Angst,
- ungewohnte Kost,
- Übertritt ins Heim.

9.2.2 Mangelernährung erkennen

Der Ernährungszustand des Menschen ist abhängig von Größe, Gewicht, Alter und hormonellen Einflüssen.

Symptome

Mangelernährung ist das Ungleichgewicht von Energiezufuhr und Energieverbrauch des Körpers und äußert sich in der Abnahme des Körpergewichts. Neben der Gewichtsabnahme zeigt Untergewicht folgende mögliche Symptome:

- reduzierte Muskelmasse,
- reduziertes Unterhautfettgewebe,
- Wasseransammlungen im Gewebe,
- blasse und fahle Haut,
- Haarausfall,
- Nagelveränderungen.

Den BMI errechnen

Mithilfe der Berechnung des **Body-Mass-Index** (BMI) können Rückschlüsse auf den Ernährungszustand gezogen werden. Der BMI beschreibt das Verhältnis zwischen Körpergewicht und Körpergröße und lässt sich wie folgt berechnen:

Body-Mass-Index

BMI = Körpergewicht in kg geteilt durch die (Körpergröße in m)^2.

Die errechneten Werte können in eine **BMI-Kurve** 7 eingetragen und auf sein Idealmaß überprüft werden. Junge Menschen gelten erst ab einem BMI von weniger als 18,5 als untergewichtig.

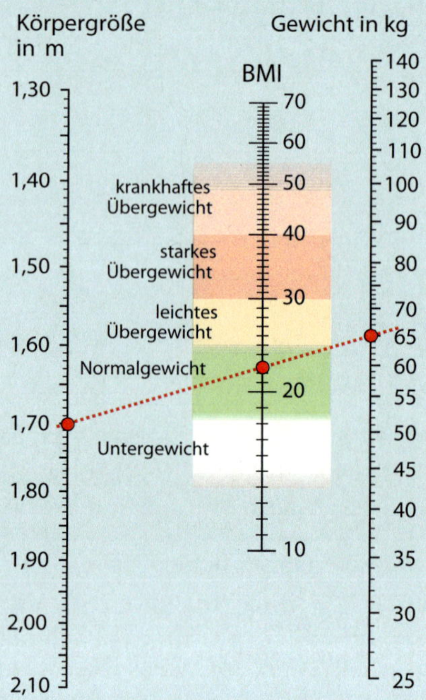

7
Normaler BMI

Für Senioren ab dem 65. Lebensjahr ist ein BMI von etwa 24 anzustreben, da dies Einfluss auf die Lebenserwartung, Gesundheit und das Wohlbefinden nimmt. Bei den altersspezifischen Normwerten sind die Veränderungen der Körpergröße berücksichtigt. Bei regelmäßiger Berechnung des BMI kann ein Gewichtsverlust schnell erkannt und entsprechend reagiert werden.

Problematisch erscheint allerdings das Verhältnis von **Körpergröße**, **Fettanteil** und **Muskelanteil**. Für eine bessere Beurteilung des Ernährungszustandes eignen sich Körperfettwaagen bzw. Messungen des Wadenumfangs und der Muskelkraft. Sie geben genaue Auskunft über den Fettanteil des Körpers bzw. den Muskelabbau.

Übung

Berechnen Sie Ihren BMI und ordnen Sie diesen in die grafische Darstellung ein.

Folgen bei Mangelernährung

Die Folge eines dauerhaften Ungleichgewichts von Energiezufuhr und Energieverbrauch ist eine kontinuierliche Gewichtsabnahme bis hin zur **Kachexie.**

Kachexie

extreme Abmagerung des Körpers. Dabei weicht das Gewicht mehr als 20 % vom Normalgewicht ab.

Deutliche **Anzeichen** einer Kachexie **8** sind:

- fehlende Fettpolster,
- schlaffe, faltige Haut,
- eingefallene Wangen,
- hervorstehende Knochen und Gelenke,
- sichtbare Sehnen.

Kachexie kann für den Organismus schwerwiegende **Folgen** haben, z. B.:

- nachlassende Leistungsfähigkeit,
- ständiges Kältegefühl,
- Müdigkeit bzw. Abgeschlagenheit,
- schuppige und trockene Haut,
- verminderte Darmtätigkeit bzw. Verstopfung,
- Zahnschäden bzw. Zahnausfall,
- Durchblutungsstörungen,
- Infektionskrankheiten.

9.2.3 Trinkverhalten im Alter

Wasser ist neben Luft und Licht die wichtigste Lebensgrundlage für den Menschen. Dieser besteht aus etwa 60 % aus Wasser. Mit zunehmendem Alter nimmt der Wassergehalt um etwa 10 % ab. Ohne Wasser kann der Mensch nicht länger als vier Tage überleben.

Der Körper verliert Flüssigkeiten nicht ausschließlich über die Urinausscheidung, sondern auch über die Ausatmung, den Körperschweiß und die Darmausscheidung.

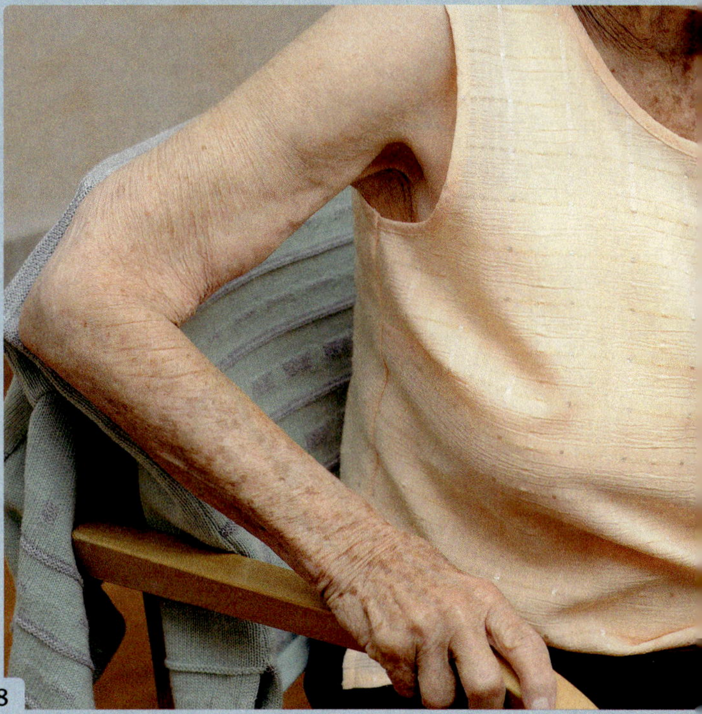

8
Anzeichen einer Auszehrung

Wird ein Durstgefühl verspürt, gibt der Körper ein Signal, etwas trinken zu müssen. Mit zunehmendem Alter nimmt dieses Durstgefühl jedoch deutlich ab, wobei eine Flüssigkeitszufuhr von mindestens 1,5 Litern am Tag für die geistige und körperliche Fitness des alten Menschen trotzdem notwendig ist. Eine ausreichende **Flüssigkeitszufuhr** ist deshalb bei älteren Menschen ein verbreitetes Problem.

Ursachen von nachlassendem Trinken

Verantwortlich für das nachlassende Trinken alter Menschen sind häufig degenerative Veränderungen im Gehirn, sodass das Trinken vergessen wird. Aber auch Störungen im Hormonhaushalt, die das Durstempfinden steuern, oder ein geringes Flüssigkeitsangebot können Ursachen sein.

Es kann auch sein, dass der alte Mensch das Trinken bewusst unterlässt, um Toilettengänge insbesondere nachts zu vermeiden.

Flüssigkeitsbedarf

Der Flüssigkeitsbedarf wird nicht ausschließlich über die Zufuhr von Getränken gedeckt, sondern auch über:

- feste Nahrung (Obst, Gemüse, Brot, Fleisch),
- Suppen, Frucht- und Milchspeisen,
- Einatmung von Feuchtigkeit in der Luft.

Der Flüssigkeitsbedarf ist abhängig von umweltbedingten oder körperlichen Faktoren. Dazu zählen:

- Klimaveränderung,
- kochsalzreiche Ernährung,
- körperliche Anstrengung,
- starkes Schwitzen,
- Durchfall,
- Erbrechen,
- Fieber.

Unter normalen Bedingungen sollte jeder Mensch mindestens 1,5 Liter Flüssigkeit am Tag zu sich nehmen.

Übung

Beobachten Sie über mindestens 24 Stunden Ihr eigenes Trinkverhalten. Notieren Sie die Menge und Art der Getränke. Was stellen Sie fest?

9.2.4 Flüssigkeitsmangel erkennen

Im Frühstadium eines Flüssigkeitsmangels können folgende **Symptome** auftreten:

- trockene Haut und Mundschleimhaut,
- aufrechte Hautfalte bei Hautfaltentest 9,
- rissige Lippen,
- verminderte Speichelproduktion mit Schluckstörungen,
- konzentrierter Urin, fester Stuhlgang,
- plötzlicher Gewichtsverlust,
- körperliche Schwäche.

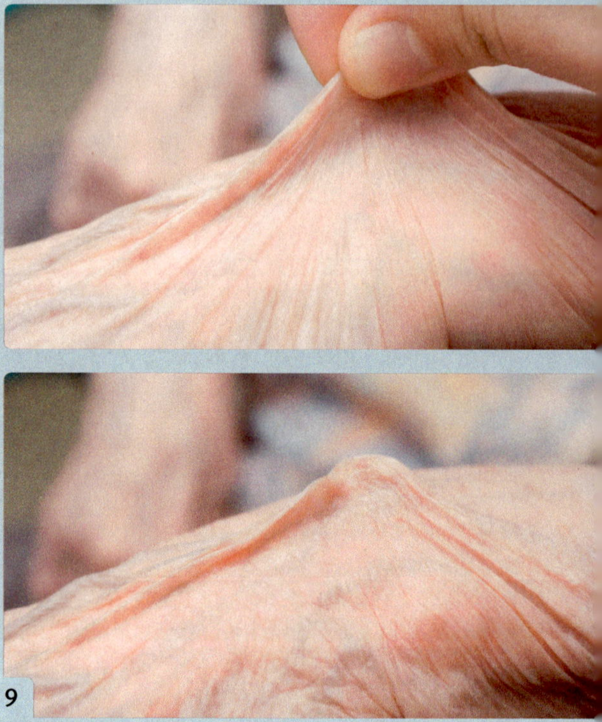

9
Hautfaltentest

Bei einer Dehydration sind folgende Beobachtungen festzustellen:

- nachlassende Leistungsfähigkeit der Muskulatur und des Gehirns (Verwirrtheit),
- Erschöpfung bzw. Müdigkeit,
- verwaschene Sprache,
- harter Stuhlgang.

Bleiben Reaktionen auf diese Beobachtungen aus, kann dies zu einer totalen Austrocknung des Körpers und zum Tod führen. Durch eine konsequente Überwachung der Flüssigkeitszufuhr können Krankenhausüberweisungen aufgrund eines Flüssigkeitsdefizites verhindert werden.

Dehydration

ausgeprägter Flüssigkeitsmangel, der durch Unausgeglichenheit in der Flüssigkeitszufuhr und -ausfuhr entsteht.

9.2.5 Erbrechen

Das Erbrechen ist ein körperlicher **Schutzreflex**. Der Magen wird durch die Bauchmuskulatur reflexartig zusammengezogen und der Mageninhalt über die Speiseröhre und Mundhöhle nach außen gebracht.

Der Kehlkopfdeckel wird gleichzeitig verschlossen, damit das Erbrochene nicht in die Lunge gerät. Andernfalls könnte das Erbrechen zu einer Aspirationspneumonie führen.

Aspirationspneumonie

Lungenerkrankung, die entsteht, wenn Fremdkörper in die Lunge eintreten und dort eine Entzündung hervorrufen.

Ursachen

Unterschiedlichste Reize können Erbrechen auslösen und jeder Mensch reagiert verschiedenartig darauf. Die Ursachen werden in zwei Kategorien unterteilt.

Physische Ursachen von Erbrechen sind z. B.:

- Schmerzen,
- Schwindel,
- Schädel-Hirn-Trauma,
- Hirntumore,
- Toxine (Medikamente, Alkohol, Lebensmittel- und Bakteriengifte),
- Berührungen im Rachenbereich.

Psychische Ursachen sind z. B.:

- Stress oder Angst,
- unangenehme Gerüche,
- Ekel,
- Erkrankungen (Bulimie).

Aus der Form, Farbe, dem Zeitpunkt und Geruch des Erbrochenen **10** können Rückschlüsse auf die Ursache des Erbrechens gezogen werden.

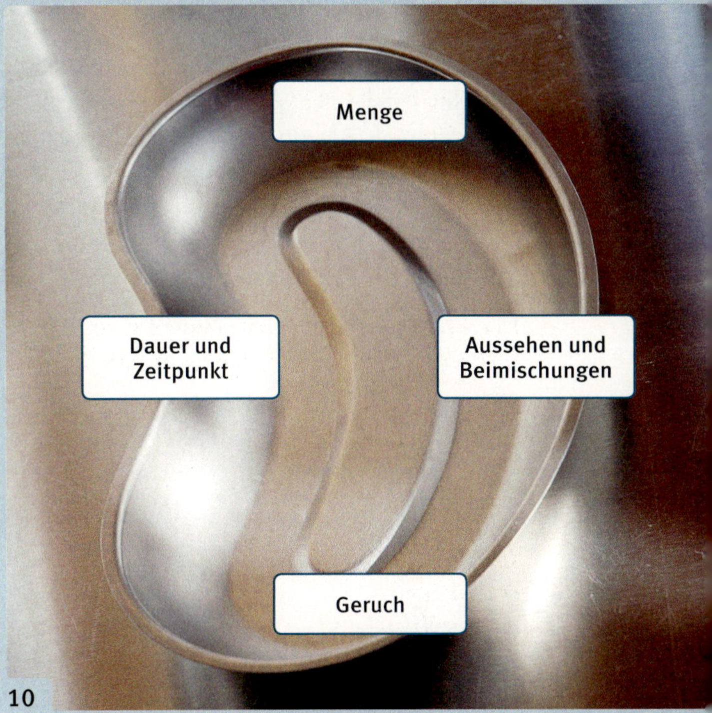

10
Beobachtungskriterien für Erbrochenes

1 Beobachtungskriterien beim Erbrechen

Form	• schwallartig • würgend • schlaff fließend
Farbe, Konsistenz, Beimengung	• schleimig-klar • hellrot • kaffeesatzartig • bräunlich
Zeitpunkt	• vor dem Essen • nach dem Essen • längere Zeit nach dem Essen • abhängig von Ereignissen
Geruch	• stuhlig • säuerlich • gallig • unangenehm süßlich

9.2.6 Nahrungsverweigerung

Eine Nahrungsverweigerung von Bewohnern kann auch die Pflegenden an die Grenzen ihrer Belastbarkeit führen. Sie müssen akzeptieren, dass die Bewohner ihre Unterstützung nicht annehmen wollen und etwas ablehnen, was eigentlich gut und wichtig für sie ist. Für solche Situationen gibt es keine Standardlösungen.

Ursachen

Es ist unbedingt zu klären, ob die Nahrungsverweigerung auf körperliche Beschwerden oder das psychische Befinden des Bewohners zurückzuführen ist.

Körperliche Ursachen sind z. B.:

- Übelkeit oder Schmerzen,
- Müdigkeit bzw. Kraftlosigkeit,
- schlecht sitzende Prothese,
- Verstopfung,
- Entzündungen im oberen Magen-Darm-Trakt,
- Medikamentenunverträglichkeit,
- tumorbedingte Erkrankungen,
- Appetitlosigkeit bzw. fehlendes Hungergefühl.

Psychische Ursachen sind z. B.:

- Angst vor Verschlucken,
- Antipathie gegenüber Pflegenden,
- psychische Erkrankungen,
- fehlender Lebenswille.

Sonstige Ursachen sind z. B.:

- religiöse Vorschriften,
- unangenehme Gerüche,
- Abneigung gegen angebotenes Lebensmittel.

Bedenke

Wenn Gepflegte Nahrung verweigern, kann dies bei Pflegepersonen Aggressionen und Gewalt auslösen.

11
Anzeichen für Nahrungsverweigerung

Nahrungsverweigerung erkennen

Solange ein Mensch sagen kann: „Ich will nicht essen!“, sind die Zeichen einer Ablehnung von Nahrung offensichtlich. Anders verhält es sich bei Menschen, die keine Möglichkeit haben, sich verbal zu äußern 11.

Es ist daher umso wichtiger, auf nonverbale Zeichen und andere Äußerungen zu achten. Öffnet der zu Pflegende den Mund, ist dies oft ein Zeichen dafür, dass er essen möchte.

Folgende Signale können auf eine Nahrungsverweigerung hindeuten:

- Kopf vom Essen wegdrehen,
- Lippen fest zusammenpressen,
- Besteck wegschlagen,
- Augen bleiben geschlossen,
- Essen ausspucken oder im Mund behalten,
- Schreien.

Bei allen Reaktionen kann es sich aber auch um Missverständnisse zwischen der Pflegenden und der Bewohnerin handeln. Bei jeder Situation muss deshalb mit Vorsicht, z. B. in Absprache mit dem Pflegeteam, gehandelt werden.

9.2.7 Schluckstörungen

Schluckstörungen

Problem bei der Beförderung von fester Nahrung und Flüssigkeit von der Mundhöhle in den Magen durch einen gestörten Schluckvorgang.

Schluckstörungen entstehen aufgrund der Kreuzung von Luftweg und Nahrungsweg im Kehlkopfbereich. Nahrung gelangt in die Luftröhre, wenn der Kehlkopfdeckel nicht richtig geschlossen ist. Ein Hustenreflex wird ausgelöst, um den Nahrungskrümel aus der Luftröhre herauszupressen. Grundsätzlich werden Schluckstörungen in zwei Gruppen unterschieden.

Primäre Schluckstörungen sind durch normale Alterungsprozesse hervorgerufen, z. B. allgemeine Schwäche und nachlassende Muskelspannung von Lippen, Wange, Zunge und Kehlkopf.

Sekundäre Schluckstörungen entstehen in Folge von neurologischen Erkrankungen, z. B. ein Schlaganfall oder die Parkinson-Erkrankung, und Erkrankungen im Mund- und Rachenbereich, z. B. Entzündungen. Auch bei Menschen mit einer Demenzerkrankung oder Bewusstseinsstörungen besteht die Möglichkeit von Schluckstörungen.

Die Folgen von Schluckstörungen können lebensbedrohlich sein. Bei einer starken **Aspiration** kann der zu Pflegende ersticken. Weiterhin besteht die Gefahr einer Aspirationspneumonie, die besonders für alte Menschen gefährlich werden kann. Es ist deshalb sehr wichtig, eine Schluckstörung rechtzeitig zu erkennen.

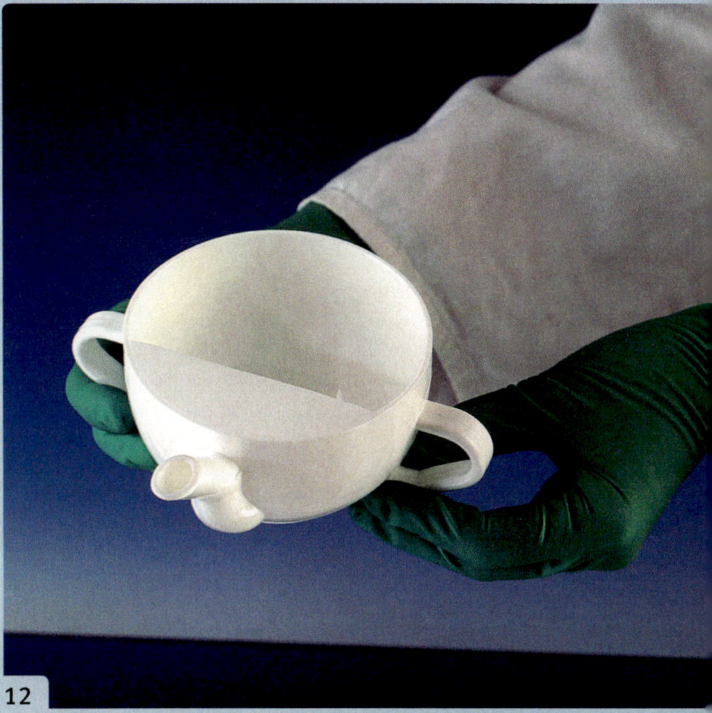

12
„Schnabeltasse“

Unabhängig von dieser Unterscheidung können folgende **Beobachtungen** gemacht werden:

- häufiges Verschlucken,
- Geräusche beim Schlucken,
- lang andauernde Nahrungsaufnahme,
- raue, belegte Stimme,
- Speisereste im Mund (Wangentaschen),
- unvollständiges Schließen der Lippen,
- unkontrolliertes Rinnen von Speichel aus dem Mund oder der Nase,
- wiederholtes Räuspern während des Essens,
- blaue Verfärbung der Haut bei der Nahrungsaufnahme durch Atemnot (Zyanose).

Übung

Kauen Sie etwas sehr trockenes und brösliges. Vergleichen Sie Ihr Kauverhalten, indem Sie ein Lebensmittel mit hohem Feuchtigkeitsgehalt essen. Wie fühlt es sich an?

9.3 Pflegepraxis

Pflegende sollten gerade beim Essenanrichten viel Mühe investieren. Für viele Bewohner sind die täglichen Mahlzeiten oft die Höhepunkte des Tages. Appetitanregende Speisen fördern das individuelle Wohlbefinden.

9.3.1 Essen anrichten

Im Alter lassen **Sehkraft** und **Geruchssinn** nach. Die Speisen und Getränke sollten daher altersentsprechend gewürzt werden. Zu scharfes Essen verursacht Abneigungen und kann unter Umständen zu Nahrungsverweigerung führen. Süße Getränke können als bitter empfunden werden.

Bedenke

Gegessen wird mit allen Sinnen: Sehen, Riechen, Schmecken, Fühlen, Hören.

Speisen und Getränke anrichten

Beobachtet man Bewohner während der Mahlzeiten, stellt man nicht selten fest, dass das Essen und Trinken freudlos stattfindet. Wie kann man diesem Problem entgegenwirken?

Grundsätzlich muss für ein **angenehmes Umfeld** gesorgt werden. Angemessene Beleuchtung, Hintergrundmusik, Tischdekoration, Kerzen oder Blumen vermitteln eine freundliche Atmosphäre.

Die Auswahl des **Geschirrs** und Bestecks ist im Hinblick auf das Selbstwertgefühl wesentlich. Keramikgeschirr wirkt feierlich. Plastikgeschirr kann das Gefühl der Hilflosigkeit und Abhängigkeit verstärken. In zittrige Hände gehört nicht automatisch eine Schnabeltasse 12. Eine bis zur Hälfte gefüllte Tasse kann sich auch bewähren.

Gerüche beeinflussen ebenfalls den Appetit. Die Essbereiche sollten deshalb vor dem Essen gelüftet werden.

13
Essen in Gesellschaft

Menschen können auch die Lust am Essen verlieren, wenn sie allzu große Portionen vor sich stehen haben. Es soll kein Berg erklommen werden. Geeigneter sind **kleine Portionen**. Sie haben den Vorteil, dass nichts weggeworfen werden muss. Viele alte Menschen sind von der Weltkriegszeit und der Nachkriegszeit geprägt worden. Nie wurden Lebensmittel weggeworfen, da sie ein wertvolles Gut waren.

Wenn es irgendwie möglich ist, sollten zu Pflegende ihre Mahlzeiten gemeinsam mit den Pflegenden 13 und anderen Bewohnern am Tisch zu sich nehmen. Hier ist der Appetit in der Regel größer als beim Sitzen im Bett.

Speisen für Sehgeschädigte anrichten

Um auch Sehgeschädigten ein Maximum an **Selbstständigkeit** beim Essen zu gewährleisten, müssen die Speisen strukturiert und geordnet serviert werden.

Die Mahlzeiteneinnahme sollte für diese Bewohner immer an **gleicher Stelle**, nah an der Eingangstür im Speiseraum stattfinden, damit zusätzliche Stolperfallen vermieden werden. Wenn die Pflegende einer Sehgeschädigten weitere Hilfe anbieten muss, kann sie ihr z. B. Getränke einschenken, Fleisch schneiden, Kartoffeln zerdrücken oder Brötchen belegen.

Dabei sollten dem Bewohner immer die Speisen auf seinem Teller beschrieben werden. Es wird erläutert, welche Speisen angeboten werden und wo sie sich auf dem Teller befinden. Dabei ist die Verwendung des analogen **Uhrzeigersystems** 14 recht nützlich.

14
Speiseanordnung für Blinde

Übung

Richten Sie für Ihren „blinden" Mitschüler auf einem Teller verschiedene Speisen an. Erklären Sie ihm, wo sich welche Speise befindet. Konnte er gezielt danach greifen?

Essen für Demenzerkrankte anrichten

Diese Bewohnergruppe weist einen erhöhten Energiebedarf auf, weil viele Demenzerkrankte einen starken Bewegungsdrang haben. Sie können nicht lange Zeit am Essplatz sitzen oder laufen stetig hin und her. Oft verlieren sie das Hunger- und Durstgefühl, aber auch die Fähigkeit, selbstständig zu essen und zu trinken.

Einige **Tricks** für die Unterstützung beim Essen und Trinken Demenzerkrankter (→ 11.4.3):

- als Pflegende gemeinsam mit dem zu Pflegenden essen,
- regelmäßige Essenzeiten einhalten,
- für gewohnte Umgebung sorgen (Sitzordnung, Rituale, Geschirr),
- kontrastreiche Nahrung anbieten,
- Essen in Gesellschaft fördern,
- Fingerfood anbieten,
- Essen appetitlich anrichten,
- Zwischenmahlzeiten anbieten,
- für gute Beleuchtung des Essens sorgen,
- Lieblingsspeisen und Getränke anbieten,
- Besteckwahl den Bedürfnissen anpassen.

9.3.2 Beim Essen unterstützen

Welche und wie viel Unterstützung ein Bewohner benötigt, ist individuell verschieden. Maßgebend dafür sind persönliche Bedürfnisse und Vorlieben, Ressourcen und krankheitsbedingte Defizite der alten Menschen. Die Unterstützung umfasst Maßnahmen der Vorbereitung, Durchführung und Nachbereitung der Nahrungsaufnahme.

Bedenke

Demenzerkrankte brauchen regelmäßige und vor allem ruhige Tagesstrukturen. Stress und Hektik von Seiten des Personals verunsichern die Bewohner zusätzlich.

Einige Bewohner benötigen lediglich Unterstützung bei der Nahrungszubereitung, andere bei der Nahrungsaufnahme. Auch die Überwachung und Dokumentation des Essens und Trinkens sind Aufgaben der Pflegenden.

Ursachen für die Inanspruchnahme notwendiger Unterstützung können sein:

- eingeschränkte Gehfähigkeit,
- Koordinationsstörungen,
- Demenz,
- Lähmungen,
- Nahrungsverweigerung,
- Schluckstörungen,
- akute oder chronische Erkrankungen,
- appetithemmende Medikamente.

Je nach Einschränkung und Bedürfnis des Bewohners wird die pflegerische Unterstützung geplant. Ebenso werden spezielle Hilfsmittel verwendet.

Hilfsmittel

Ess- und Trinkhilfen sind genau den Bedürfnissen des Bewohners angepasst **15** und meist mit handelsüblichen Geschirren verbindbar. Die Anwendung ermöglicht Bewohnern ein Maximum an Selbstständigkeit. Diese stärkt die Unabhängigkeit, das Selbstbewusstsein und die Motivation wesentlich. Beispielsweise ermöglichen besonders geformte Griffe an Bestecken, Bewohnern mit Handgelenksdeformierungen das unabhängige Essen. Häufig werden auch verschiedene Trinkbecher oder Teller mit einer Randerhöhung verwendet.

Die alten Menschen sollten zur Anwendung dieser Hilfsmittel von den Pflegenden motiviert und angeleitet werden, möglichst bevor ihnen die Nahrung komplett von den Pflegenden angereicht wird.

Auch ist es für viele Bewohner hilfreich, wenn sie die Nahrung mundgerecht serviert bekommen.

15
Verschiedene Hilfsmittel

Beim Essen im Bett unterstützen

Beim Essenreichen im Bett sollte Folgendes beachtet werden:

- aufrechte Sitzposition im Bett ermöglichen **16**, **17**,
- Lagerungskissen aus dem Bett entfernen,
- Wäscheschutz anlegen,
- Essen ansprechend servieren,
- Bewohner nach Möglichkeit selbst essen lassen,
- beim Essenreichen auf gleiche Augenhöhe gehen,
- Mahlzeit möglichst von vorne anreichen.

Bedenke

Essenreste im Bett sind nicht nur ein hygienisches Problem, sondern erhöhen die Dekubitusgefahr.

Bei Schluckstörungen unterstützen

Bei Bewohnern mit Schluckstörungen sind folgende Maßnahmen während und nach der Nahrungsaufnahme notwendig:

- Ablenkung des zu Pflegenden beim Essen vermeiden,
- geeignete Konsistenz der Speisen anbieten,
- Zeit beim Essen lassen,
- Oberkörper beim Essen aufrechthalten und Kopf leicht nach vorne neigen lassen,
- falls nötig den Bewohner beim Sitzen stützen,
- kleine Bissen anbieten,
- nach dem Essen Mund auf Speisereste kontrollieren,
- Mund-, Zahn-, Prothesenpflege durchführen.

Bedenke

Eine aufrechte Position während des Essens reduziert die Aspirationsgefahr 16 , 17 .

Bei Nahrungsverweigerung unterstützen

Nahrungsverweigerung ist und bleibt ein **moralisch** schwer zu lösendes Problem. Einerseits soll der Wille des Betroffenen respektiert werden. Andererseits ist das Leben des Betroffenen in Gefahr, wenn die schwerwiegenden Folgen einer Mangelernährung zum Tragen kommen. Was kann unterstützend geleistet werden?

- Ursachen für die Nahrungsverweigerung ausfindig machen,
- Essgewohnheiten aus früherer Zeit ermöglichen,
- Lieblingsspeisen anbieten,
- kleine Bissen appetitlich anrichten.

Über die Möglichkeit, mit einer Nahrungsverweigerung umzugehen, sollte eine Pflegende nie alleine entscheiden, sondern immer Unterstützung im **Pflegeteam** und bei den Angehörigen suchen.

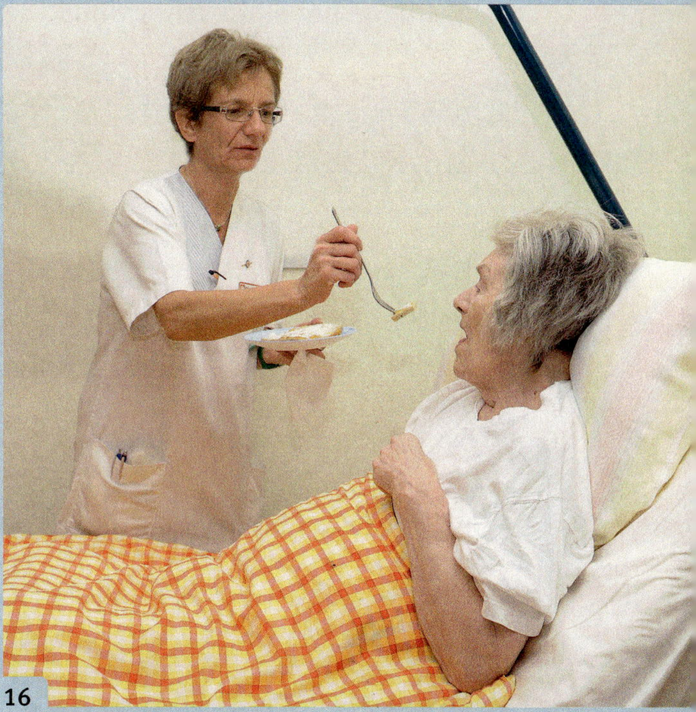

16
Essenanreichen im Bett

17
Richtige Sitzposition im Bett

9.3.3 Pflege bei eingeschränkter Kautätigkeit

Im Alter zeigen sich physiologische Veränderungen im Mund-, Kiefer- und Rachenbereich. Dies betrifft vor allem Kieferveränderungen, Kaumuskelabbau und Zahnverlust. Aber auch fehlender Zahnersatz behindert den normalen Kauvorgang.

„Alles Püree oder was?"

Es ist zu beobachten, dass **pürierte Kost** 18 gern älteren Menschen angeboten wird. Grundsätzlich darf dies nicht negativ gesehen werden, weil:

- dem Verschlucken vorgebeugt werden kann,
- die nur im Fleisch enthaltenen Vitamine zugeführt werden können,
- umfangreiche Nahrungszufuhr trotz fehlender Zähne gewährleistet werden kann.

Dagegen sprechen folgende Fakten:

- Essen wirkt weniger appetitlich.
- Der Kaumuskelabbau wird dadurch weiter verstärkt.

Alternativ zur pürierten Kost sollte Kost angeboten werden, die ballaststoffreich, leicht verdaulich und von weicher Konsistenz ist. Dazu bieten sich Fischgerichte 19 besonders gut an.

9.3.4 Ess- und Trinkverhalten überwachen

Um den Ernährungszustand sowie dessen Verlauf zu beobachten, ist die Nutzung von verschiedenen Kontrollinstrumenten notwendig. Hierzu zählen **Trink- und Essprotokolle** 20 sowie die Gewichtsmessung.

Bedenke

Achten Sie auf eine optimale Konsistenz der Speisen. Große und harte Lebensmittel bergen die Gefahr des Erstickens in sich.

18
Pürierte Kost

19
Lecker, weich und leicht verdaulich

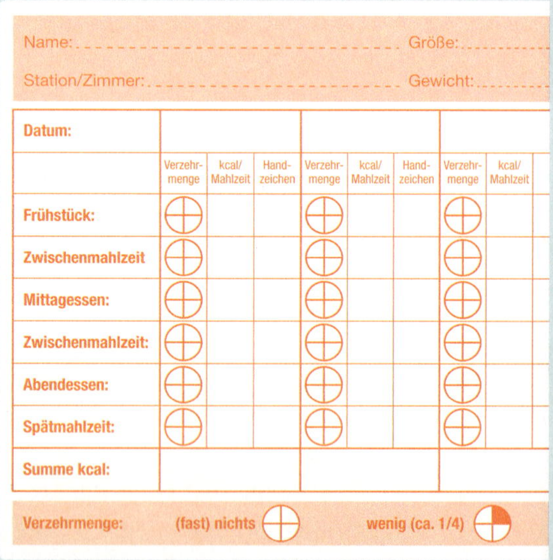

Name: .... Größe: ....
Station/Zimmer: .... Gewicht: ....

Datum:								
	Verzehr-menge	kcal/ Mahlzeit	Hand-zeichen	Verzehr-menge	kcal/ Mahlzeit	Hand-zeichen	Verzehr-menge	kcal/ Mahlzeit
Frühstück:								
Zwischenmahlzeit								
Mittagessen:								
Zwischenmahlzeit:								
Abendessen:								
Spätmahlzeit:								
Summe kcal:								

Verzehrmenge: (fast) nichts ... wenig (ca. 1/4)

20
Essprotokoll

Flüssigkeiten und Essen protokollieren

Flüssigkeiten und Essen werden immer dann protokolliert, wenn eine dauerhafte Veränderung des normalen Ess- und Trinkverhaltens vorliegt. Mit der Auswertung des Protokolls können Rückschlüsse auf die **Ursache** gezogen werden, z. B.:

- psychische Störungen,
- Krankheiten,
- Schmerzen,
- prägende Ereignisse.

Übung

Protokollieren Sie für 24 Stunden, was Sie essen und trinken. Essen und trinken Sie genug oder zu viel?

Protokolliert werden alle angebotenen Speisen und Flüssigkeiten, die messbar sind. Für die Protokollierung sind folgende Kriterien maßgebend:

- Was wurde getrunken bzw. gegessen?
- Wann wurde getrunken bzw. gegessen?
- Wie viel wurde getrunken bzw. gegessen?

Bedenke

Für eine exakte Flüssigkeitsmessung müssen die genauen Inhaltsangaben der Gefäße ermittelt werden.

Gewicht messen

In der Regel sollte das Gewicht einmal pro Woche ermittelt und dokumentiert werden. Eine häufigere Messung ist nicht immer sinnvoll. Gerade bei Bewohnern mit enormen Gewichtsproblemen kann sich Unzufriedenheit einstellen, wenn sich der Zeiger der Waage nicht in die gewünschte Richtung bewegt.

Je nach Mobilität des Bewohners kann auf verschiedene **Waagen** 21 zurückgegriffen werden:

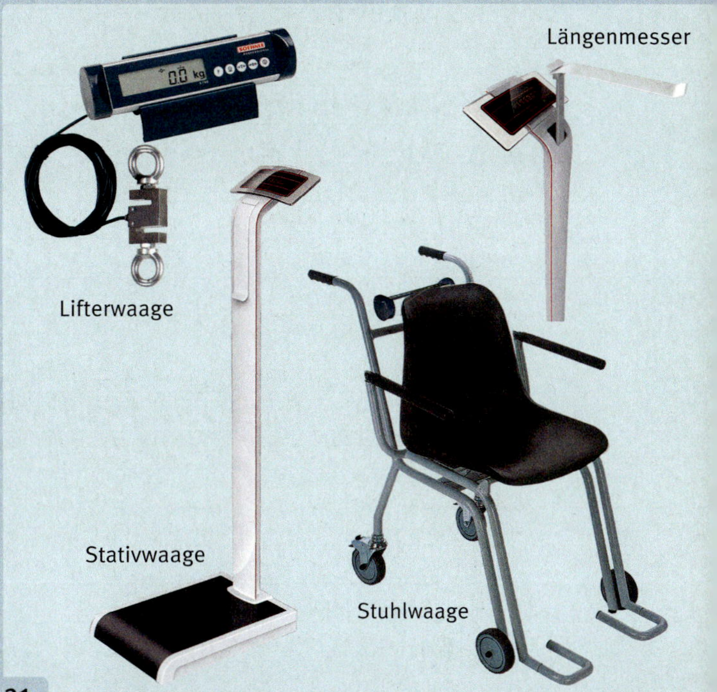

21
Verschiedene Waagetypen

- einfache Stehwaage,
- Sitzwaage,
- Rollstuhlwaage,
- Bettwaage,
- Hebewaage.

Um genaue Messergebnisse zu erzielen, sind an die Durchführung besondere **Anforderungen** gestellt:

- Waage regelmäßig eichen lassen,
- Bewohner immer zur selben Tageszeit wiegen,
- Gewicht der Bekleidung berücksichtigen,
- möglichst dieselbe Waage benutzen,
- Harnblase vor dem Wiegen entleeren.

Bedenke

Eine schnelle Gewichtszunahme kann auch durch massive Wasseransammlungen (Ödeme) im Körper verursacht werden.

9.3.5 Pflege bei Erbrechen

Erbrechen geht mit einer Reihe von **Begleiterscheinungen** einher:

- Übelkeit,
- Schweißausbruch,
- Schwächegefühl,
- Zittern, Tränenfluss,
- Erstickungsangst,
- Urin- und Stuhlinkontinenz.

Hinzu kommen oft Schamgefühle, da die Pflegepersonen das Erbrochene beseitigen, die Bettwäsche neu aufziehen oder den Bewohnern beim Umkleiden behilflich sein müssen. Umso wichtiger ist es, den Betroffenen in dieser Situation angemessen und umsichtig zu betreuen 22.

Materialien

Unabhängig vom Bewusstseinsgrad des Bewohners müssen folgende Materialien bereitgestellt werden:

- mehrere Brechschalen,
- Zellstoff,
- Handtücher bzw. Unterlagen als Wäscheschutz,
- Mundpflegeset,
- evtl. saubere Wechselwäsche,
- Handschuhe.

Unterstützung von Bewohnern mit Bewusstsein

Wenn der bettlägerige Bewohner bei Bewusstsein ist, sollten folgende Prinzipien eingehalten werden:

- Körper in eine aufrechte Sitzposition bringen oder seitlich lagern,
- selber ruhig auftreten und Bewohner beruhigen,
- Handschuhe für Selbstschutz anlegen,
- Nierenschale und Zellstoff reichen,
- Bewohner nicht allein lassen,
- evtl. Zahnprothese entfernen.

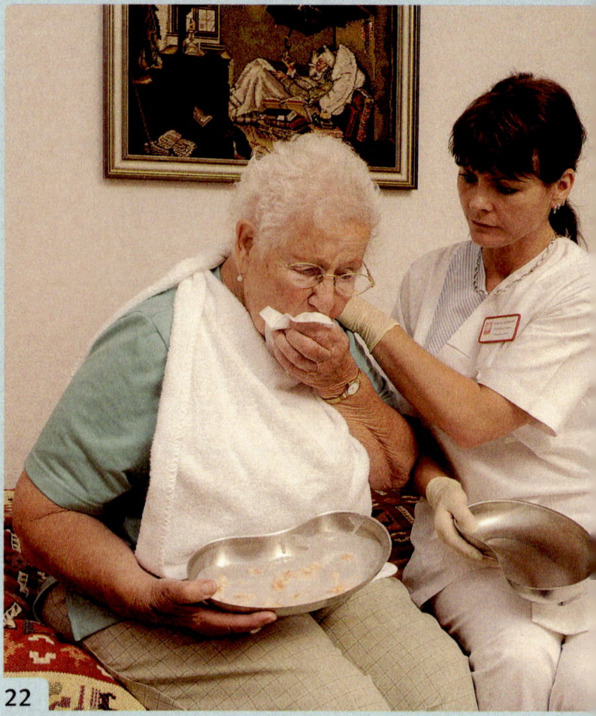

22
Hilfestellung beim Erbrechen

Nachbereitung

- Bewohner zunächst in Ruhe lassen,
- Erbrochenes entsorgen,
- nach Menge, Farbe, Konsistenz, Geruch beurteilen,
- saubere Nierenschalen und Zellstoff in Reichweite stellen,
- Bewohner erfrischen und evtl. neu ankleiden,
- Mundspülung,
- evtl. Zähneputzen,
- evtl. Wäschewechsel durchführen,
- Zimmer lüften,
- vorläufig keine Nahrung anreichen,
- Information an Vorgesetzte weiterleiten.

Bedenke

Wiederholtes Erbrechen kann zu einer Dehydration führen. Es sollte für eine ausreichende Flüssigkeitszufuhr gesorgt werden.

9.4 Prophylaxen

Im Zusammenhang mit der Ernährung können für die alten Menschen Probleme und Erkrankungen entstehen, denen mit entsprechenden Pflegemaßnahmen vorgebeugt werden kann. Dazu gehören die:

- Verstopfung (Obstipation),
- Austrocknung (Exsikkose).

9.4.1 Obstipationsprophylaxe

Obstipation

Entleerungsstörung, bei der nur verlangsamt oder mangelhaft Stuhl abgesetzt wird: nur maximal alle drei Tage mit hartem Stuhl.

Mit dem Urin und dem Stuhl scheiden Menschen auch Giftstoffe aus. Diese Funktion ist lebensnotwendig. Damit sich die zu Pflegenden wohlfühlen und schwerwiegende Erkrankungen verhindert werden können, sind Maßnahmen gegen die Entstehung einer Obstipation notwendig.

Symptome

- sehr fester Stuhl,
- schmerzhafte Stuhlentleerung,
- gespannter Bauch mit Blähungen,
- Übelkeit und Völlegefühl,
- Pressen beim Stuhlgang,
- kleine Mengen von dünnem Stuhl.

Ursachen

- Bewegungsmangel 23,
- ballaststoffarme Ernährung,
- zu schnelles Essen bzw. „Herunterschlingen“,
- geringe Flüssigkeitsaufnahme,
- Medikamente,
- verengte Darmpassage,
- krankhaft veränderte Darmausstülpungen (Divertikel),
- Zurückhalten der Stuhlentleerung.

23
Darmbewegung durch Bewegung

Folgen von Obstipation

Eine dauerhafte (chronische) Verstopfung kann weitere Auswirkungen auf den Körper haben:

- Entzündungen der Divertikel,
- Bildung von Hämorriden,
- Verletzungen der Schließmuskeln und des umliegenden Gewebes (Fissuren),
- bei Bindegewebsschwäche durch starkes Pressen hervorgerufene Darmvorfälle (Prolaps),
- Schädigung der Darmschleimhaut durch Verbleib der Giftstoffe im Darm,
- depressive Verstimmung.

Bedenke

Aus Schamgefühlen unterdrücken die Bewohner häufig ihren Stuhlgang. Ein ungestörtes Ausscheiden sollte möglich sein, z. B. den Toilettenstuhl ins Bad schieben.

Prophylaktische Maßnahmen

Es gibt vielfältige Möglichkeiten, einer Obstipation vorzubeugen. Nicht jeder Mensch reagiert jedoch in gleicher Weise auf prophylaktische Maßnahmen. Daher ist eine individuelle Aufwand-Nutzen-Abwägung sinnvoll. Auch sollten eventuell bestehende Erkrankungen oder Einschränkungen des Betroffenen berücksichtigt werden, z. B. Bewegungseinschränkungen.

Wenn die Obstipation plötzlich auftritt und Blut im Stuhl erkennbar ist, wird umgehend die Pflegefachkraft oder der Arzt informiert. Dasselbe gilt, wenn Obstipation und Stuhl sich abwechseln.

Möglichkeiten der Prophylaxe sind z. B.:

- Bewohner ermuntern, den Darm möglichst regelmäßig zu entleeren,
- körperliche Aktivität fördern,
- ballaststoffreiche Ernährung anbieten,
- zum Durchkauen der Nahrung anregen,
- vermehrte Flüssigkeitszufuhr gewährleisten,
- Darmmassage 24 durchführen,
- bei Stuhldrang möglichst früh zu Toilettengängen motivieren,
- zu tiefer Bauchatmung motivieren,
- eine ungestörte Ausscheidung ermöglichen.

Die **Darmmassage** regt die Darmbewegung an. Sie kann besonders gut während der Körperpflege und etwa eine Stunde nach der letzten Mahlzeit durchgeführt werden. Dabei wird entlang des Dickdarmes im Uhrzeigersinn kreisförmig massiert. Der Magen wird ausgespart. Beim Ausatmen wird mit leichtem Druck, beim Einatmen ohne Druck massiert. Unterstützend können Massageöle mit Kümmelextrakt verwendet werden.

Bedenke

Beim Einsatz von Ölen und Extrakten sollte auf mögliche Allergiereaktionen beim Bewohner geachtet werden.

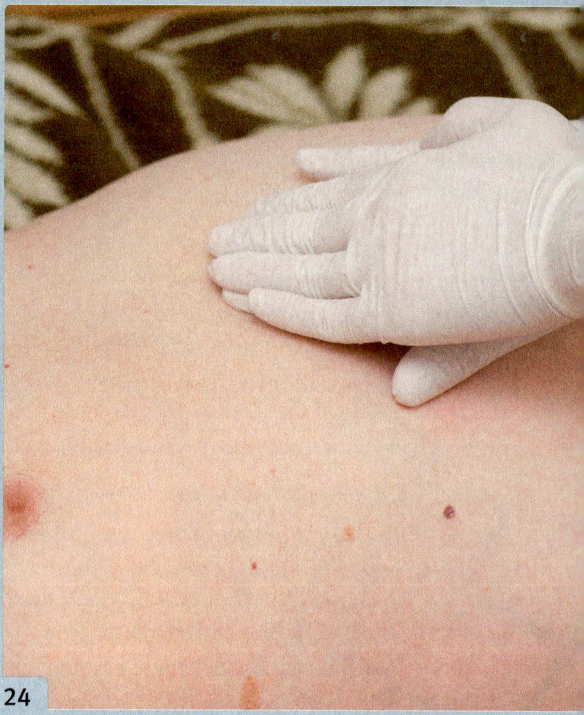

24
Darmmassage

Auch ein **feuchtwarmer Leibwickel** ist hilfreich. Dabei wird ein feuchtwarmes, gut ausgewrungenes Handtuch faltenfrei auf den Bauch gelegt und mit einem trockenen Tuch umwickelt.

Der Wickel wird häufiger gewechselt, da das warme Tuch schnell auskühlt und damit dem gesamten Körper Wärme entzieht. Weiterhin:

- eine Stunde nach der Mahlzeit warten,
- Tücher zusätzlich mit einer Wolldecke umwickeln,
- Bewohner gut zudecken,
- bei Schweißbildung den Wickel entfernen.

Bedenke

Abführtees können bei dauerhafter Einnahme den Darm schädigen. Besser sind bewährte Hausmittel, z. B. Bonbons oder Getränke mit Süßstoffen oder trüber Apfelsaft.

9.4.2 Exsikkoseprophylaxe

Exsikkose

Austrocknung des Körpers als Folge von Flüssigkeitsmangel.

Die Exsikkose ist bei der Pflege von alten Menschen ein weit verbreitetes Problem. Neben dem verringerten Durstgefühl im Alter sind auch zahlreiche Medikamente dafür verantwortlich, dass der Wasserverlust im Körper beschleunigt wird.

Viele Bewohner trinken bewusst wenig, damit sie mühsame Toilettengänge vermeiden können oder ihre Inkontinenz nicht zeigen müssen. Die Bitte um Unterstützung bei den Toilettengängen durch die Pflegenden ist häufig mit Scham besetzt. Auch im Alter vorkommende demenzielle Erkrankungen führen dazu, dass das Trinken häufig vergessen wird.

Die Folgen einer Exsikkose sind für den menschlichen Organismus schwerwiegender als bei einer Dehydration. Wenn die Exsikkose nicht behandelt wird, ergeben sich Gefahren wie:

- Kreislaufzusammenbrüche,
- Stürze,
- Thrombosen,
- Embolien (ein in die Lunge geschwemmtes Blutgerinsel),
- steigendes Infektionsrisiko.

Prophylaktische Maßnahmen

Eine Exsikkose kann schwerwiegende Folgen für das gesamte Körpersystem nach sich ziehen. Dies betrifft vor allem das Herzkreislaufsystem, aber auch die Nieren- und Gehirnfunktion. Werden keine Maßnahmen eingeleitet, so kann dies zu einem Organversagen und somit zum Tod führen. Eine konsequente Überwachung des Betroffenen mit der entsprechenden Protokollierung 25 und Dokumentation sind daher notwendig.

Name: ______ Vorname: ______ Datum: ______

Tagesmindest-Trinkmenge (ml): ______ Tageshöchst-Trinkmenge (ml): ______

	Uhrzeit	Angebot und Bemerkungen	Einfuhr (in ml)	Hdz.
Frühdienst				
	Gesamtwert Frühdienst			

	Uhrzeit	Angebot und Bemerkungen	Einfuhr (in ml)	Hdz.
Spätdienst				

Tageswert:

= 250 ml = 150 ml = 150 ml

25
Trinkprotokoll

Um eine ausreichende Flüssigkeitszufuhr zu gewährleisten, können folgende prophylaktische Maßnahmen durchgeführt werden:

- Trinkzeiten planen, z. B. alle zwei Stunden ein Getränk anbieten,
- Getränk in erreichbarer Nähe des Bewohners bereitstellen,
- Getränk auf Temperatur prüfen,
- Trinkmenge den Wetterbedingungen anpassen, z. B. bei großer Hitze die Trinkmenge erhöhen,
- prüfen, ob angereichte Getränke genießbar und noch haltbar sind,
- prüfen, dass Bewohner aus Scham ihre Getränke nicht „heimlich“ entsorgen.

Bedenke

Kein Bewohner darf zur Versorgung mit Flüssigkeit gezwungen werden.

Geeignete Lebensmittel und Getränke

Ein wichtiger Bestandteil der Obstipations- und auch Exsikkoseprophylaxe ist die Auswahl geeigneter Nahrungsmittel und Getränke. Hilfreich ist schon der Verzicht auf Weißmehlprodukte, Schwarztee oder Schokolade. Der Bewohner sollte eher ballaststoffreiche und darmanregende Kost zu sich nehmen, z. B.:

- Vollkornbrotprodukte, Müsli,
- abends ein Glas Pflaumensaft,
- Knollengemüse,
- rohe Salate,
- getrocknete Pflaumen oder Feigen,
- Joghurt oder Buttermilch.

Als Flüssigkeitsspender eignet sich Wackelpudding 26, da dieser fast vollständig aus Wasser besteht. Bei hohen Außentemperaturen helfen Wassereis, -melonen und andere flüssigkeitsreiche Speisen. Kaffee wird als Flüssigkeitszufuhr angerechnet.

26
Beliebter Flüssigkeitsspender

✔ Selbst-Check

Fallbeispiel: Frau Kaiser lebt seit zwei Jahren im Pflegeheim Abendsonne. Kurz vor ihrem Einzug erlitt sie einen Schlaganfall. Seither hat sie Lähmungserscheinungen in der rechten Körperhälfte.

Trotz umfangreicher Rehabilitationsmaßnahmen sind Probleme beim Schlucken und Sprechen zurückgeblieben. Ihre Stimmung ist deshalb schwankend. Manchmal ist sie sehr gesellig, dann zieht sie sich wieder in ihr Zimmer zurück. Letzteres geschieht immer dann, wenn sie sich vor den anderen mit Essen beschmutzt oder beim Essen einen starken Hustenanfall erlitten hat.

Schon seit einer Woche verlässt Frau Kaiser ihr Zimmer nicht. Sie klagte anfangs über Übelkeit, Schmerzen im Bauch und allgemeines Unwohlsein. Am nächsten Morgen erbrach sie. Das Erbrechen hält schon mehrere Tage an, mal erbricht sie mehr, mal weniger. Sie zeigt kein Interesse an beruhigenden Getränken oder Schonkost. Sie will nur noch ihre Ruhe haben.

Welche Beobachtungen können Sie bei Schluckstörungen machen?

Benennen Sie die Ursachen von Erbrechen.

Welche Beobachtungskriterien sind bei Erbrochenem anzuwenden?

Wie können Sie Frau Kaiser beim Erbrechen unterstützen?

10 Ausscheidung

10.1 Anatomie und Physiologie

Der Mensch besteht zu über 60 % aus Wasser. Die Flüssigkeiten transportieren lebenswichtige Stoffe, z. B. Sauerstoff, zu den Körperzellen, sind in allen Organsystemen vorhanden und finden sich wieder als Hauptbestandteil von z. B.:

- Blut,
- Tränenflüssigkeit,
- Schweiß,
- Urin.

Neben dem Darm ist die Niere ein wichtiges Ausscheidungsorgan. Regelmäßige Stuhl- und Urinentleerung ist für das persönliche Wohlbefinden notwendig. Wenn jedoch Probleme auftreten, wird oft nur mit vorgehaltener Hand darüber gesprochen.

Ausscheidungen werden plötzlich als vermeintlich Unnatürliches, Schamhaftes und auch Ekelerregendes gesehen. Verstärkt werden diese Gefühle in Abhängigkeit von Geruch, Farbe und Konsistenz der Ausscheidung.

Das umfassende Harnsystem 1 besteht aus mehreren Organen:

- Nieren,
- Harnleiter,
- Harnblase,
- Harnröhre.

10.1.1 Niere

Die Niere ist ein paariges Organ. Es befindet sich recht und links unmittelbar neben der Wirbelsäule unterhalb des Zwerchfells. Ihre typische **bohnenartige Form** und ihre rotbraune Färbung 2 sind wesentliche Unterscheidungsmerkmale zu anderen Organen. Eine gesunde Niere ist etwa 10 cm lang und etwa 5 cm breit und hat ein Gewicht von ca. 150 g.

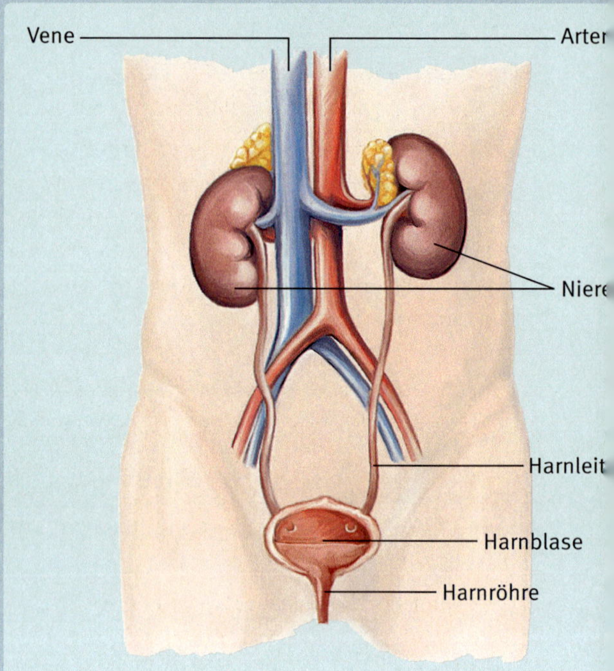

1
Harnsystem

Aufgaben der Niere

Die Niere produziert nicht nur den **Harn**, sondern ist auch ein wichtiges **Regulationsorgan**. Ihre Hauptaufgaben bei der Ausscheidung sind:

- Regulierung des Wasserhaushaltes,
- Ausscheidung harnpflichtiger Substanzen,
- Entgiftung des Körpers von Toxinen und Medikamenten,
- Regulierung des Elektrolythaushaltes,
- Hormonproduktion, z. B. zur Anregung der Blutbildung im Knochenmark,
- Steuerung des Blutdrucks.

Die Niere baut sich aus folgenden Teilen auf:

- Nebenniere,
- Nierenkapsel,
- Nierenrinde und Nierenmark,
- Nierenpyramiden,
- Nierenbecken.

Aufbau der Niere

Oberhalb jeder Niere befindet sich eine **Nebenniere**. Sie ist kappenförmig und kastaniengroß. Ihre Funktion steht mit der Urinproduktion nicht im direkten Zusammenhang, auch wenn der Name dies nahelegt. Ihre Aufgabe besteht hauptsächlich in der Produktion von Hormonen. Die **Nierenkapsel** umschließt die Niere mit einer Hülle aus Bindegewebe.

In der **Nierenrinde** befinden sich kleinste Strukturen (Nephron) 3. Sie filtrieren das ankommende Blut. Dabei werden verschiedene Giftstoffe sowie Flüssigkeit förmlich herausgesiebt und in den **Nierenkanälchen** ins Innere der Niere geleitet.

Die Nierenkanälchen winden sich im **Nierenmark**. Dort sind die Kanälchen mit kleinen Blutgefäßen umschlossen, damit überflüssige Flüssigkeit in den Blutkreislauf zurückgewonnen werden kann.

Durch die Rückgewinnung überschüssiger Flüssigkeit entsteht der endgültige auszuscheidende Harn. Über die Nierenpyramiden gelangt der Urin ins **Nierenbecken** und wird dort über den Harnleiter abgeführt.

Bedenke

Zu den ableitende Harnwegen gehören neben dem Harnleiter, der Blase und Harnröhre bereits das Nierenbecken.

10.1.2 Harnleiter

Der Harnleiter ist etwa 30 cm lang und von dünner schlauchförmiger Form. Er schließt sich unmittelbar an das Nierenbecken an und leitet den Harn von der Niere zur Harnblase. Harnleiter und Blase sind miteinander verbunden. Dadurch kann Urin von der Harnröhre in die Blase fließen, aber nicht umgekehrt. Ist diese Ventilfunktion gestört, kann Urin in die Niere zurückfließen und dort Krankheitserreger einbringen.

2
Ausgusspräparat einer Niere

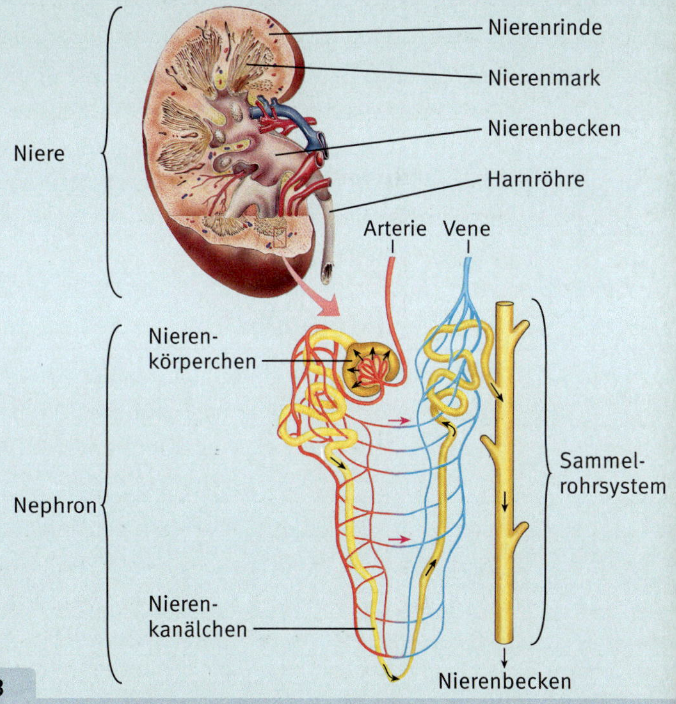

3
Niere und Harngewinnung

10.1.3 Harnblase

Die Harnblase ist ein Hohlorgan, in dem Urin für kurze Zeit gespeichert wird. Das Fassungsvermögen beträgt etwa 1–1,5 Liter. Bei einer Urinmenge von etwa 500 ml tritt der Harndrang ein und es kommt zur Entleerung.

Miktion

Vorgang der Urinentleerung.

Anatomisch gesehen befindet sich die Harnblase direkt hinter dem **Schambein**. Die Begrenzung nach hinten ist abhängig vom Geschlecht. Bei der Frau grenzt die Blase an Scheide und Gebärmutter an, beim Mann an Samenblase und Enddarm.

Am Blasengrund befindet sich die Öffnung zur **Harnröhre**. Sie ist verschlossen durch einen inneren und äußeren Blasenmuskel, die ein unkontrolliertes Abfließen des Urins verhindern sollen.

Der Vorgang des Urinlösens ist ein reflektorischer und weitestgehend automatisch ablaufender Prozess, der über Hirnvorgänge gesteuert wird. Kommt es zu Ausfällen in bestimmten Hirn- und Rückenmarkbereichen sind **Miktionsstörungen** schwerwiegende Folgeerscheinungen, z. B. bei Querschnittslähmungen.

10.1.4 Harnröhre

Die Entleerung des Urins aus der Harnblase erfolgt über die Harnröhre nach außen. Ihre Länge unterscheidet sich zwischen Mann und Frau aufgrund ihrer anatomischen Unterschiede.

Bedenke

Die Harnröhre ist besonders bei Frauen aufgrund ihrer Kürze anfällig für Infektionen. Bei der Intimpflege besonders auf Sauberkeit achten.

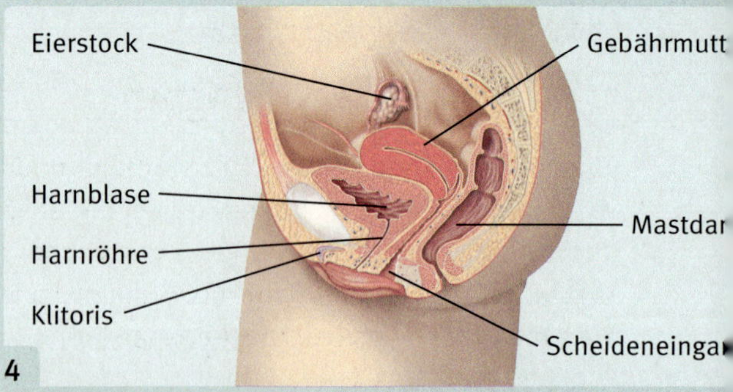

4
Weibliches Becken

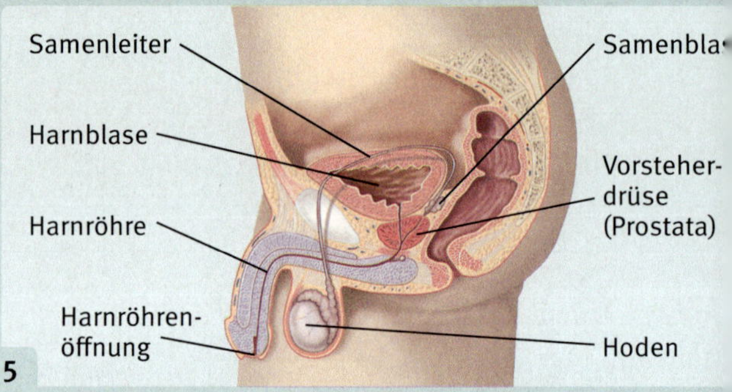

5
Männliches Becken

Die Länge der Harnröhre bei Frauen beträgt etwa 3 bis 5 cm und mündet in den vorderen Scheidenvorhof zwischen Scheideneingang und Klitoris **4**.

Beim Mann ist die Länge der Harnröhre etwa 20 bis 25 cm. Direkt unterhalb der Blase durchtritt die Harnröhre die **Prostata**. In diesem Bereich münden beide Samenleiter in die Harnröhre. Von diesem Abschnitt an dient die Harnröhre gleichzeitig dem Samentransport. Deshalb wird dieser Teil auch als **Harn-Samenröhre** bezeichnet **5**.

Prostata

etwa kastaniengroße Vorsteherdrüse. Sie dient der Produktion von Ejakulat, das beim Orgasmus dem Samen zugeführt wird. Dieses begünstigt die Überlebenschancen der Spermien in der Scheide.

10.2 Pflegerische Beobachtungen

Sorgfältige Beobachtungen bei der Ausscheidung können Rückschlüsse auf verschiedene Krankheiten bieten. Eine frühzeitige Erkennung von Veränderungen ist maßgebend für Heilungschancen und Therapieansätze eines Bewohners.

10.2.1 Urin beobachten

Über den Urin werden etwa 60 % der zugeführten Flüssigkeiten ausgeschieden. Nicht nur Flüssigkeit wird ausgeschieden, sondern auch harnpflichtige Substanzen. Bei einer Fehlfunktion der Niere können diese für den menschlichen Körper zu lebensbedrohlichen Toxinen werden.

Urinfarbe und Aussehen

Normaler Urin hat eine **helle** bis **dunkelgelbe** Farbe 6. Je konzentrierter er ist, desto dunkler ist er in seiner Erscheinung. Die Urinkonzentration ist abhängig von der Menge der Flüssigkeitszufuhr oder der körperlichen Anstrengung und dem Schwitzen.

1 Ursachen für Farbveränderungen des Urins

bierfarben mit Schaum	Leber- und Gallenerkrankung
trüb, flockig	Entzündung der Harnwege
frischblutig (Hämaturie)	• Verletzung der Harnwege bzw. Niere, z. B. nach Kathetereinlage • blutende Tumore in Blase oder Niere • Entzündung im Nierenbecken
grün, blau, türkis	Ausscheidung von Kontrastmittel
orange	Medikamente, vor allem Vitaminpräparate

6
Aussehen und Farbe von Urin

Geruch

Frischer Urin ist unauffällig und **geruchlos**. Ausnahmen bilden bestimmte Lebensmittel, wie zum Beispiel Spargel oder Kaffee, die den Uringeruch physiologisch verändern. Wenn Urin länger stehen bleibt, kann man den typischen Ammoniakgeruch wahrnehmen.

2 Ursachen für Geruchsveränderungen des Urins

faulig stinkend	Tumorzerfall in Blase oder Niere
säuerlicher, acetonartig bzw. obstartig	Diabetes mellitus
erdig	Lebererkrankung
ammoniakartig und übel riechend	Harnwegsinfekt

Menge

Die normale Urinproduktion liegt bei etwa 1,5 Liter am Tag. Dies steht jedoch immer Verbindung mit:

- der Menge der Flüssigkeitszufuhr,
- der Qualität der Flüssigkeit (Kaffee, Wasser),
- den klimatischen Bedingungen, z. B. mehr Flüssigkeit bei Hitze,
- körperlichen Anstrengungen.

Krankhafte Veränderungen

Problematisch für den Menschen ist:

- das Ausbleiben der Urinausscheidung,
- die zu geringe Urinausscheidung,
- die zu hohe Urinausscheidung.

Ein **Ausbleiben** der Urinausscheidung (**Anurie**) muss schnellstmöglich untersucht werden, da dies unter Umständen zu einer lebensbedrohlichen Situation führen kann.

Ursachen hierfür sind z. B.:

- Nierenversagen,
- verstopfte Dauerkatheter,
- neurologische Störungen, z. B. Bandscheibenvorfall oder Multiple Sklerose,
- Abflussstörungen durch Prostatavergrößerung oder Blasensteine.

Menschen, deren Nierenfunktion ausgefallen ist, sind später auf Organspenden oder technische Geräte angewiesen, die ihr Blut reinigen 7. Dazu muss der Bewohner zum Besuch eines Krankenhauses oder Dialysezentrums regelmäßig die Pflegeeinrichtung verlassen.

Dialyse

wird auch als künstliche Niere bezeichnet. Sie filtert harnpflichtige Substanzen und Wasser direkt über die Blutbahn.

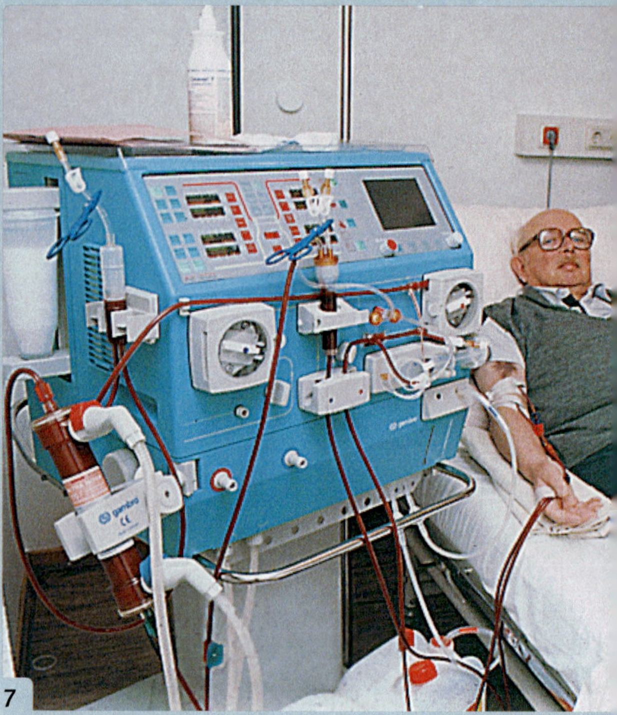

7
Dialysepatient

Bei einer zu **geringen** Urinausscheidungsmenge (**Oligourie**) werden weniger als 500 ml Urin pro 24 Stunden ausgeschieden.

Ursachen dafür sind:

- zu geringe Flüssigkeitszufuhr,
- starkes Schwitzen,
- Durchfälle,
- Nieren- und Herzerkrankungen.

Werden am Tag mehr als drei Liter ausgeschieden, ist dies eine **hohe** Urinausscheidung (**Polyurie**).

Ursachen dafür sind:

- schlecht eingestellter Diabetes mellitus,
- Medikamente zur vermehrten Urinausscheidung,
- Erholungsphase nach einem Nierenversagen,
- Störung der Hormonsteuerung,
- Alkoholgenuss.

10.2.2 Störungen der Blasenentleerung

Zu den wesentlichen Ausscheidungsproblemen gehören vor allem Miktionsstörungen wie:

- Harnverhalt,
- Urininkontinenz.

Harnverhalt

Harnverhalt tritt dann auf, wenn die Blase nicht oder nur teilweise entleert werden kann.

Ursachen dafür sind:

- Vergrößerung der Vorsteherdrüse (Prostata),
- Querschnittslähmung,
- Verletzung der für die Miktion verantwortlichen Nerven,
- Multiple Sklerose.

Multiple Sklerose

entzündliche und irreversible Erkrankung des zentralen Nervensystems (Gehirn und Rückenmark).

Besonders deutlich kann diese Störung bei einer Vergrößerung der **Prostata** 8 beobachtet werden. Urin kann nur in kleinen Mengen und mit hoher Anstrengung aus der Blase gepresst werden. Betroffene haben das Gefühl, dass ihre Blase nicht vollständig geleert ist.

Bereits nach kurzer Zeit verspüren sie wieder Harndrang, können aber nur geringe Mengen absetzen. Folgeschäden wie **Harnwegsinfektionen** und **Nierenversagen** können sich zu lebensbedrohlichen Komplikationen entwickeln.

Bedenke

Ein Harnverhalt kann, muss aber keine Schmerzen verursachen.

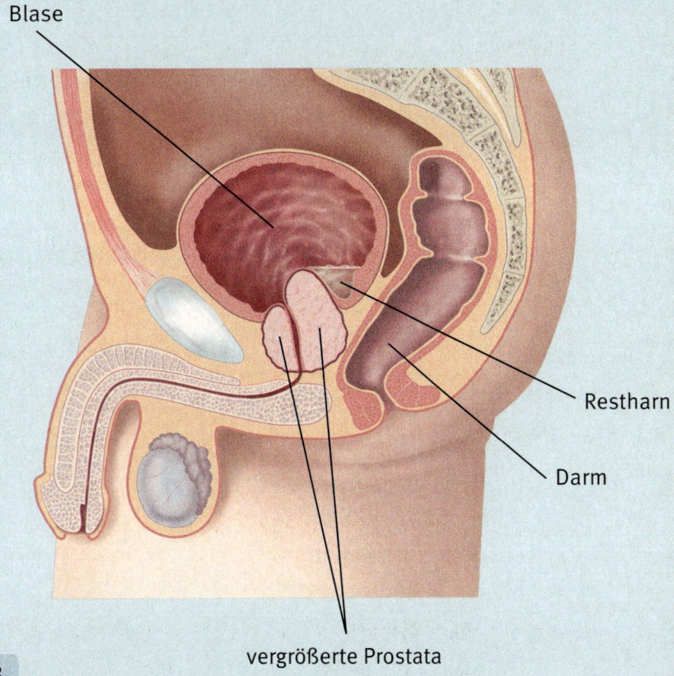

8
Vergrößerte Prostata

Urininkontinenz

Inkontinenz

unfreiwilliges und unkontrolliertes Entleeren von Urin oder Stuhl.

Mit zunehmendem Alter steigt das Risiko für die Urininkontinenz. In den Heimen leiden bis zu 90 % der Bewohner an Inkontinenz. Damit stellt sie eines der zentralen Probleme in der Altenpflege dar, das nicht bagatellisiert werden darf.

3 Inkontinenz im Alter

Alter	Frauen	Männer
15–44 Jahre	5–7 %	3 %
45–64 Jahre	8–15 %	3 %
› 65 Jahre	10–20 %	7–10 %

Ursachen für die Verbreitung von Inkontinenz in den Heimen sind z. B.:

- dementielle Erkrankungen in jeder Form,
- neurologische Erkrankungen, z. B. Parkinson und Multiple Sklerose,
- Einschränkungen der Bewegungsfähigkeit.

Die **Folgeerscheinungen** für die Betroffenen sind tiefgreifend:

- sozialer Rückzug mit möglicher Isolationsgefahr,
- Resignation und depressive Verstimmungen,
- Schamgefühl,
- Ekel vor sich selbst,
- Hauterkrankungen,
- Dekubitusgefahr,
- Schlafstörungen.

4 Arten von Inkontinenz

Dranginkontinenz	Urinabgang bei intensivem Harndrang
Stressinkontinenz	Harnverlust bei Belastung (Husten, Niesen)
Überlaufinkontinenz	Harnverlust bei chronisch gefüllter Blase

10.2.3 Stuhl beobachten

Stuhl, oder auch Kot genannt, besteht bei der Ausscheidung trotz enormer Flüssigkeitsresorption im Dickdarm aus noch immer etwa 70% Wasser. Der restliche Anteil setzt sich aus Schleim, Bakterien, Zellulose, Salzen und Epithelien zusammen.

Hämorrhoiden 9

Gefäßaussackungen der anusversorgenden Gefäße. Mögliche Begleiterscheinungen sind dabei Brennen, Juckreiz, Blutungen und Schmerzen am Anus.

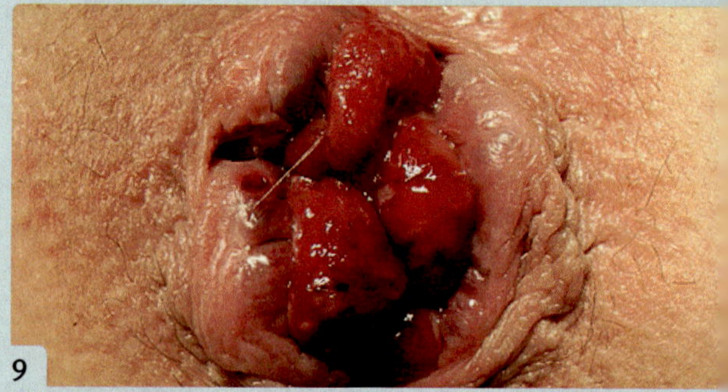

9
Hämorrhoiden

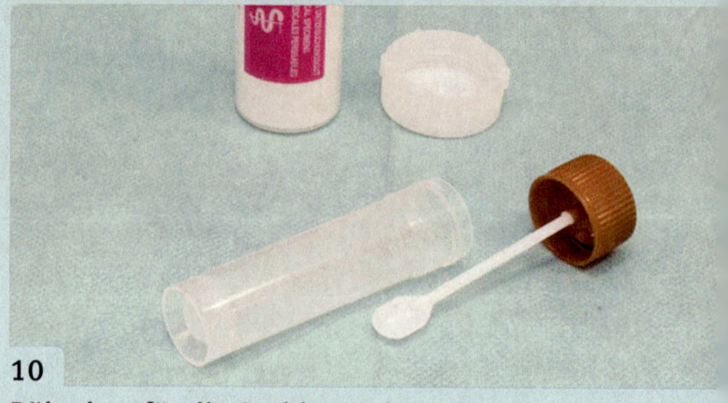

10
Röhrchen für die Stuhlentnahme

Die Zusammensetzung sowie Aussehen, Beschaffenheit und Geruch des Stuhls sind stark abhängig von der Ernährung. Grundsätzlich kann die Stuhlausscheidung unter folgenden Kriterien beobachtet werden.

5 Beobachtungskriterien und physiologische Werte

Menge	100 bis 300 Gramm pro Portion
Farbe	hell bis mittelbraun
Konsistenz	weich, homogen, geformt
Häufigkeit	1 x täglich bis 2 x wöchentlich
Geruch	abhängig von Lebensmittelkonsum

Werden Veränderungen beobachtet, muss der Stuhl in speziellen Gefäßen 10 aufgehoben werden. Diese werden dann zur Diagnosefindung herangezogen.

6 Krankhaft veränderter Stuhl und deren Ursache 11

schwarz (Teerstuhl)	massive Blutung im oberen Magen-Darm-Abschnitt
tonig, grau	Erkrankung von Galle oder Bauchspeicheldrüse
trocken, hart (Kotsteine)	massive Obstipation
frischblutige Auflage	Blutung von Hämorrhoiden oder Analfissuren
rot bis dunkelrot	Blutung im Darm durch blutenden Tumor

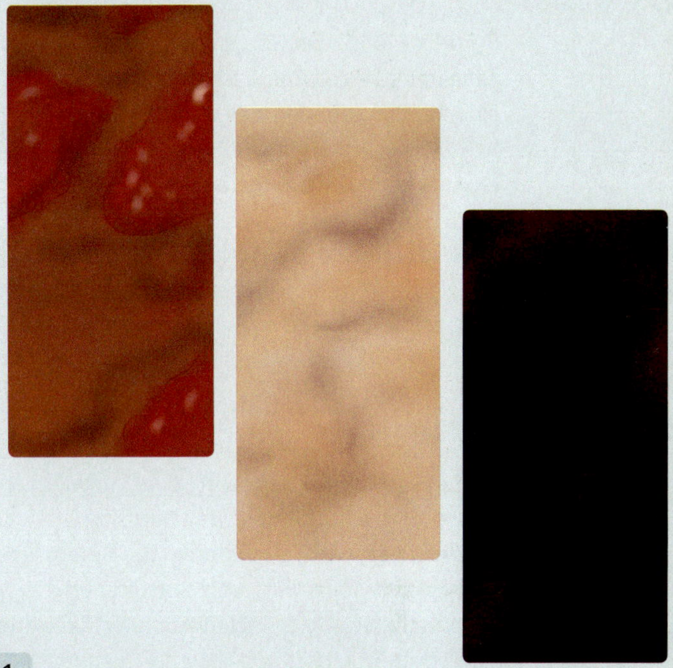

11 Stuhlfarben

10.2.4 Störungen der Stuhlausscheidung

Stuhlentleerungsstörungen nehmen mit zunehmendem Alter zu. Mögliche Ursachen dafür:

- altersbedingter Muskelabbau,
- Bewegungseinschränkungen,
- Schwächung der Immunabwehr,
- neurologische Störungen,
- psychische Erkrankungen,
- Missbrauch von Abführmitteln.

Durchfall (Diarrhö)

Merkmale von Durchfall sind z. B.:

- häufige Stuhlgänge von 3 bis 20 x pro Tag,
- erhöhtes Druckgefühl im Bauch,
- krampfartige Bauchschmerzen,
- explosionsartige Defäkation,
- Konsistenz: flüssig bis wässrig,
- Geruch: übelriechend.

Ursachen für den gestörten Prozess der Stuhleindickung sind folgende:

- Darminfektionen,
- Entzündungen im Magen-Darm-Trakt,
- psychische Reize (Angst, Nervosität, Schreck),
- Lebensmittelvergiftungen oder Lebensmittelunverträglichkeit,
- Medikamente oder Abführmittel.

Häufig werden Durchfälle von Blähungen, Bauchschmerzen und allgemeinem Unwohlsein begleitet. Kommt Erbrechen hinzu, handelt es sich oft um eine Magen-Darm-Infektion.

Bedenke

Leiden Betroffene über längeren Zeitraum unter Diarrhö, können akute Verwirrtheitszustände durch eine ausgeprägte Dehydratation beobachtet werden.

Tenesmus

Ständiger und schmerzhafter Stuhldrang wird als Tenesmus bezeichnet. Dessen Ursachen finden sich bei Erkrankungen im Bereich des Enddarmes bzw. des Schließmuskels, wobei sich der Schließmuskel krampfartig verschließt.

Eine dauerhafte **Schmerzproblematik** wird zur physischen und psychischen Belastung und verursacht Stimmungsschwankungen, sozialen Rückzug und Verzweiflung.

Stuhlinkontinenz

Stuhlinkontinenz bedeutet eine unwillentliche Entleerung des Darmes. Der Betroffene ist nicht in der Lage, den Stuhldrang zu unterdrücken. Stuhlinkontinenz wird von Betroffenen als vielfach unangenehmer erlebt als Urininkontinenz. Begründet wird dies vor allem im Zusammenhang mit Geruch und Konsistenz. Es kann weitaus weniger vor Fremden versteckt oder verheimlicht werden.

Ursachen für Stuhlinkontinenz sind z. B.:

- Durchfall,
- Erschlaffung des inneren Schließmuskels,
- Funktionseinschränkung der Darmmuskulatur,
- Gehirnerkrankungen mit Beeinträchtigung der zentralen Entleerungsfunktion,
- psychische Belastung (Stress).

10.2.5 Erbrochenes beobachten

Erbrechen

unfreiwilliges Entleeren des Magens und Dünndarms durch die Speiseröhre und den Mund.

Ursachen für das Erbrechen sind oft Infektionen des Verdauungstraktes, z. B. durch Colibakterien 12, die Aufnahme von verdorbenen Lebensmitteln oder bestimmte Medikamente.

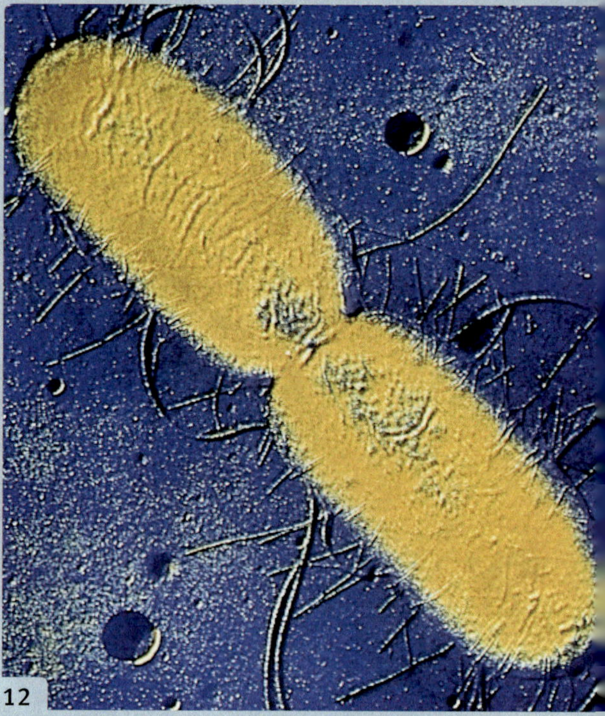

12
Colibakterien

Wichtig in Bezug auf die Beobachtung ist vor allem die **Menge** des Erbrochenen. Bei großen Mengen entsteht schnell ein Flüssigkeitsdefizit.

Dauer und **Zeitpunkt** des Erbrechens können Aufschluss über die Ursache geben. Erfolgt das Erbrechen in engem Zusammenhang mit einer Lagerung oder Mobilisation, kann diese auch der Auslöser sein. Es sollte ebenfalls dokumentiert werden, ob das Erbrechen morgens oder abends, einmalig oder mehrmals am Tag stattfindet.

Unverdaute Medikamente sollten sich nicht im Erbrochenen befinden, ihre Wirkung könnte beeinflusst werden.

Bedenke

Beim Erbrechen besteht Aspirationsgefahr mit dem Risiko einer Lungenentzündung. Bewohner auf der Seite lagern.

10.3 Pflegepraxis

Hilfe beim Toilettengang oder bei der Intimpflege anzunehmen, ist für Betroffene besonders schwer. Es bedeutet für sie einen Eingriff in die Intimsphäre – in das ganz Persönliche. Es wundert also nicht, dass sich einige Betroffene aus ihrer Umgebung zurückziehen und versuchen, in irgendeiner Weise allein damit zurechtzukommen.

Übung

Versetzen Sie sich in die Lage eines Bewohners und überlegen Sie, wo Sie sich von fremden Personen ohne Weiteres berühren lassen würden und wo nicht.

10.3.1 Bei der Ausscheidung unterstützen

Pflegende unterstützen bei der Urin- und Stuhlausscheidung in kompetenter, respektvoller und wertschätzender Art und Weise. Unsicherheiten sowie Schamgefühl von Seiten des Betroffenen können somit gemindert oder vermieden werden.

Anforderungen an die Pflegenden

- geduldiges Auftreten, besonders bei Demenzerkrankten,
- einfühlsames Respektvolles und Verhalten,
- Wahrung der Intimsphäre,
- eigene Ekelgefühle nicht zeigen,
- im Umgang mit Ausscheidungen Handschuhe tragen.

Anpassung der Umgebung

Kleine Veränderungen im Bereich der Wohnumgebung und die richtige Kleiderwahl können dem Bewohner in seiner **Selbständigkeit** und **Selbsthilfe** wesentlich unterstützen. Ziel der Pflege ist, diese beiden Faktoren so lang wie möglich zu erhalten, weil sie Einfluss auf das Selbstwertgefühl des Bewohners haben.

13
Barrierefreie Nasszelle

Anforderungen an die **Wohnumgebung** 13 und **Kleidung** sind:

- Toilette in der Nähe bzw. im Zimmer,
- Hilfsmitteln im Toilettenraum deponieren,
- Toilettenraum mit Schildern kennzeichnen,
- Haltegriffe im Toilettenraum anbringen,
- ausreichende Beleuchtung der Toilettenräume,
- bei Dunkelheit Nachtlicht anbringen,
- Stolperfallen beseitigen,
- leicht zu öffnende Kleidung,
- weniger Kleidungsschichten anlegen,
- pflegeleichte Kleidung.

Bedenke

Feuchtigkeit und Kälte oder große Temperaturunterschiede, z. B. vom warmen Zimmer schnell nach draußen ins Kalte, verstärken die Inkontinenz.

Mobilitätseingeschränkte Bewohner

Solange die Bewohner nicht an das Bett örtlich gebunden sind, sollte immer eine **Mobilisation** auf den **Nachtstuhl** oder besser noch auf die Toilette im Nasszellenbereich ermöglicht werden. Neben der prophylaktischen Wirkung der Mobilisation wird den Betroffenen wegen der aufrechten Position eine einfache und bequeme Blasen- und Darmentleerung ermöglicht.

Bedenke

Mobilisation als pflegerische Maßnahme trägt zur Vermeidung von Dekubitus, Thrombose und Kontrakturen bei.

Zur Vorbereitung für den Transfer vom Bett auf den Nachtstuhl ist zu beachten:

- Nachtstuhl bereitstellen,
- Handschuhe bereitlegen,
- Inkontinenzmaterial und Hygieneartikel für die Intimpflege vorbereiten,
- für Sichtschutz sorgen,
- Fenster schließen.

Die Durchführung der Mobilisation auf den Nachtstuhl erfolgt immer nach individuellem Tempo des Bewohners. Dabei sollte **rückenschonend** und nach **kinästhetischen** Gesichtspunkten gearbeitet werden:

- Bewohner am Bettrand mobilisieren,
- festes Schuhwerk und evtl. wärmende Oberbekleidung anlegen,
- Betthöhe der Größe des Bewohners anpassen,
- Nachtstuhl in Position bringen und Bremse fixieren,
- Unterbekleidung öffnen,
- Bewohner auf den Nachtstuhl mobilisieren,
- für sicheren Sitz auf Nachtstuhl sorgen,
- Zimmer ggf. verlassen zum Schutz der Intimsphäre oder Bewohner mit dem Nachtstuhl in den Toilettenraum fahren.

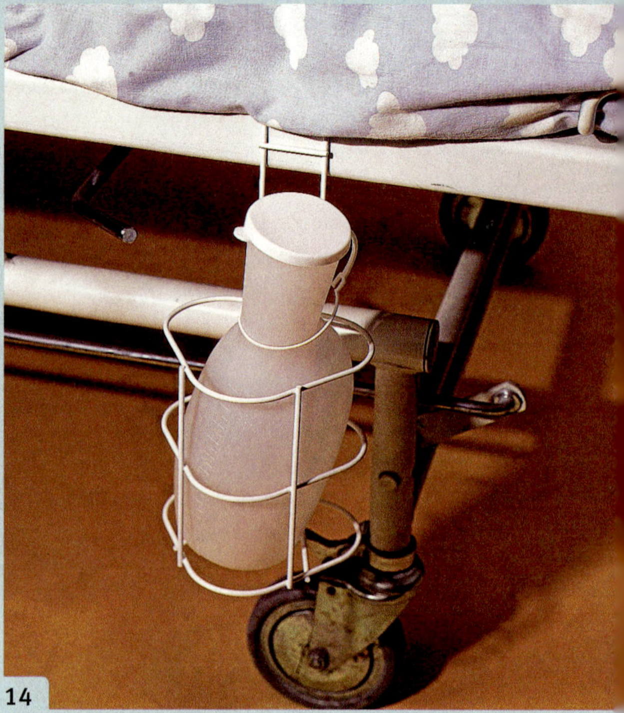

14
Urinflasche

Nach dem Toilettengang wird eine hygienische Intimpflege durchgeführt, der Bewohner ins Bett zurückmobilisiert und Ausscheidungsprodukte beobachtet und entsorgt. Anschließend wird das Zimmer gelüftet.

Urinflasche bei bettlägerigen Bewohnern

Die Urinflasche 14 kann bei männlichen Bewohnern entweder in **Rückenlage** 15 oder in **Seitenlage** 16 angelegt werden. Die Lage ist abhängig von der Gewohnheit des Bewohners sowie von der Anatomie des Penis. Unabhängig davon sind beim Anlegen der Urinflasche folgende Richtlinien zu beachten:

- Urinflasche nicht länger als notwendig anlegen,
- für Nässeschutz im Bett sorgen,
- bei Bedarf Inkontinenzeinlagen bereitstellen,
- für sicheren Halt der Urinflasche sorgen,
- Urinflasche abschließend desinfizieren.

Die **Intimsphäre** bleibt bewahrt. Bei Bedarf wird für eine eigenständige Intimpflege gesorgt und eine entsprechende Händehygiene für den Bewohner angeboten.

Sind die Betroffenen in der Lage, selbstständig die Urinflasche anzulegen, müssen weitere Anforderungen erfüllt sein. Auch hier gilt es, Hilfe zur **Selbsthilfe** zu leisten:

- Urinflasche mittels spezieller Halterung am Bett anbringen,
- Ersatzflasche in Reichweite legen,
- individuelle Hygieneartikel bereitstellen.

Bedenke

Umfassende Hygienemaßnahmen, wie Händedesinfektion, das Tragen von Handschuhen und eine korrekte Entsorgung der Ausscheidungsprodukte, sind unverzichtbar.

Steckbecken bei bettlägerigen Bewohnern

Es gibt zwei Möglichkeiten, das Steckbecken unterzulegen. Wenn der Bewohner weitestgehend bettmobil ist, kann er das Gesäß selbstständig heben und die Pflegende schiebt das Steckbecken vorsichtig unter das Gesäß.

Bei der anderen Methode dreht sich der Bewohner auf die Seite 17. Dabei wird das Steckbecken angelegt. Dreht sich der Bewohner zurück in die Rückenlage, sitzt das Steckbecken gut positioniert unter dem Gesäß. Urinflaschen und Steckbecken werden vor und nach Gebrauch nicht auf den Fußboden gestellt.

Bedenke

Beim Anlegen des Steckbeckens besteht wegen des harten Materials (Druckstellen), aber auch wegen der enormen Scherkräfte hohe Dekubitusgefahr.

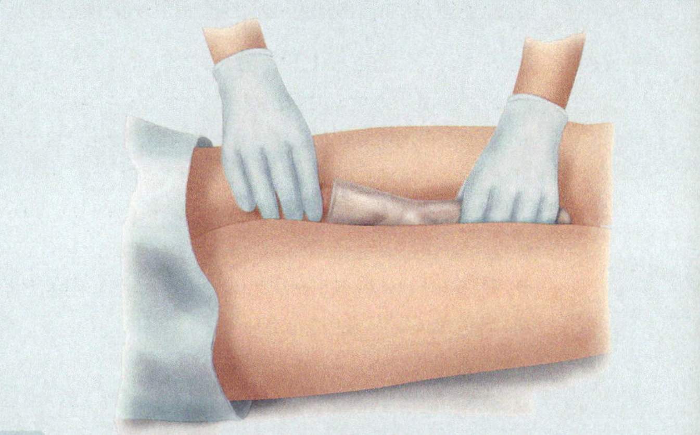

15
Urinflasche in Rückenlage anlegen

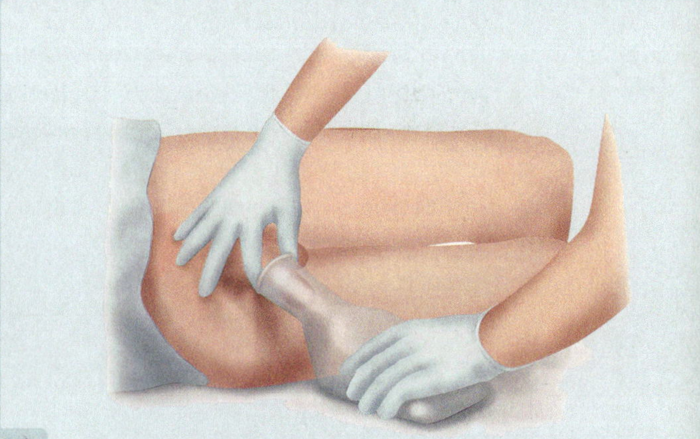

16
Urinflasche in Seitenlage anlegen

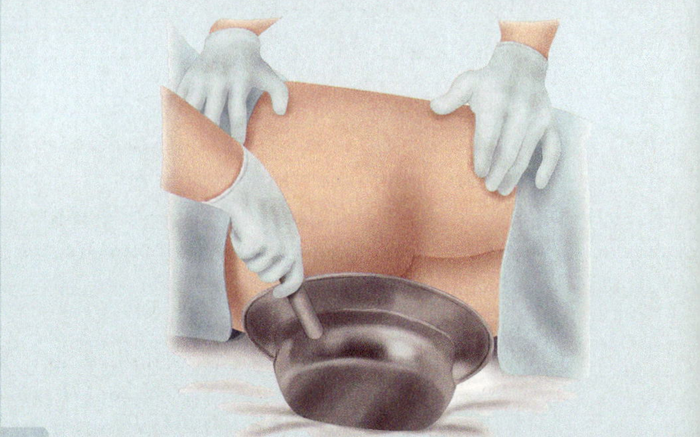

17
Steckbecken über die Seitenlage anlegen

Notwendige Materialien bei der Unterstützung mit dem Steckbecken:

- angewärmtes Steckbecken,
- Einmalunterlage als Wäscheschutz,
- Einmalhandschuhe,
- Händedesinfektionsmittel,
- Zellstoff oder Toilettenpapier,
- Wasser zur Nassreinigung,
- eventuell Pflegecreme.

Bei der Benutzung des Steckbeckens gelten folgende Regeln:

- Bewohner nicht länger als notwendig auf Steckbecken belassen,
- Sichtschutz gewährleisten,
- Bewohner nach Möglichkeit in aufrechte Position bringen, um Ausscheidung zu erleichtern,
- für Nässe- und Wäscheschutz im Bett sorgen,
- bei Stuhlgang anschließend Zimmer lüften,
- Steckbecken niemals auf Fußboden stellen,
- eigene Gefühle wie Ekel nicht zeigen,
- Intimbereich reinigen und pflegen.

Übung

Üben Sie gegenseitig in Ihrem Praxisraum das Anlegen eines Steckbeckens. Wie fühlt es sich an?

Urinbeutel bei Katheterträgern leeren

Blasenkatheter, die entweder über die Harnröhre oder über die Bauchdecke in die Blase eingeführt werden, leiten den Urin kontinuierlich in einen Ablaufbeutel ein, der je nach Füllzustand regelmäßig geleert wird. Ursachen für das Einführen eines Katheters sind:

- Harnverhalt aufgrund einer vergrößerten Vorsteherdrüse,
- offene Wunden im Genitalbereich,
- kontrollierte Harnableitung,
- Operationen.

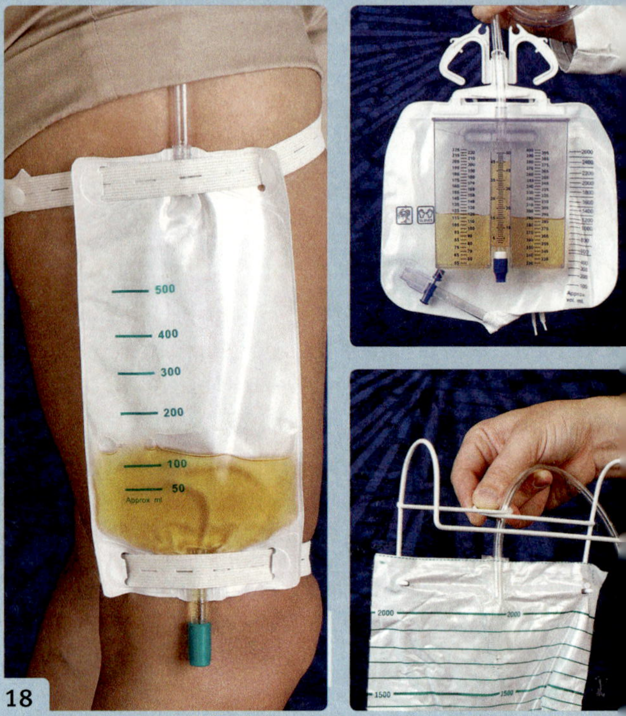

18
Verschiedene Urinbeutelsysteme

Die Urinbeutel werden immer unterhalb des **Blasenniveaus** angebracht, damit mithilfe der Schwerkraft der Urin ungehindert in den Beutel abfließen kann. Bei mobilen Bewohnern werden die Urinbeutel mit speziellen Halterungen am Ober- oder Unterschenkel 18 angebracht, während bei Bettlägerigen der Urinbeutel am Bett befestigt wird.

Das Leeren von Urinbeuteln verlangt von den Pflegenden ein hohes Maß an hygienischer Umsichtigkeit, da Katheterträger stark infektionsgefährdet sind. Leicht können Mikroorganismen entlang des Katheters in die Blase und weiter in Richtung Niere wandern, sich vermehren und infektionstypische Symptome hervorrufen, die auch zu lebensbedrohlichen Zuständen führen können. Auch sollte der **Zug am Katheter**, z.B. beim Lagern, wegen der Verletzungsgefahr unbedingt vermieden werden.

Für das Leeren des Urinbeutels werden folgende Materialien benötigt:

- Einmalhandschuhe,
- Händedesinfektionsmittel,
- Sprühdesinfektionsmittel,
- verschließbarer Sammelbehälter,
- Materialwagen mit Abfallbehälter.

Bei der Durchführung der Entleerung müssen die nachfolgenden Schritte beachtet werden:

- Sammelbehälter unter den Urinbeutel stellen,
- Handschuhe anlegen,
- Sprühdesinfektion des Ablaufhahnes 19 und Einwirkzeit beachten,
- Ablaufhahn öffnen, Urin vollständig entleeren,
- Resturin abtropfen lassen und Sammelbehälter verschließen,
- erneute Sprühdesinfektion des Ablaufhahnes,
- Handschuhe abziehen und entsorgen,
- Händedesinfektion durchführen,
- evt. Füllmenge ablesen und dokumentieren.

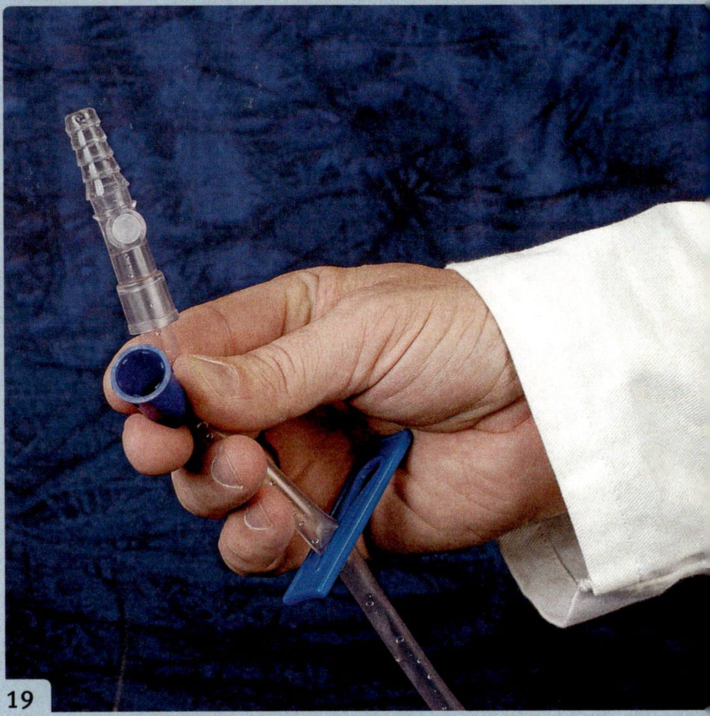

19
Ablaufhahn vom Urinbeutel

Bedenke

Bei allen pflegerischen Tätigkeiten versteht es sich von selbst, den Bewohner über entsprechende Maßnahmen fachgerecht zu informieren.

10.3.2 Bei Inkontinenz unterstützen

Abhängig von der Kontinenzart können pflegerische Maßnahmen getroffen werden, die das Miktionsverhalten positiv beeinflussen können. Meist werden Mischformen von einzelnen Inkontinenzarten diagnostiziert, sodass im Folgenden allgemeine Maßnahmen benannt werden:

- Miktionsprotokoll anlegen,
- regelmäßigen Toilettengang ermöglichen,
- Beckenbodentraining anbieten,
- evtl. Einmalkatheterisierung durch Pflegefachkraft.

Beckenbodentraining ist z. B. das bewusste Anspannen und Entspannen der Becken und Gesäßmuskulatur.

Weitere Maßnahmen sind:

- angepasste Inkontinenzmaterialien bereitstellen,
- Gehhilfen für schnellere Mobilität bereitstellen,
- Hilfsmittel wie Urinflasche oder Steckbecken in Bewohnernähe stellen.

Produkte bei Harninkontinenz

Die Vielzahl von Inkontinenzprodukten erscheint vielen Betroffenen sehr unübersichtlich. Jedoch ist jedes Einmalprodukt den individuellen Bedürfnissen eines Bewohners angepasst. Je nach Geschlecht, Größe und Menge des Urinverlusts wird das entsprechende Produkt ausgewählt.

Inkontinenzprodukte 20 sind:

- kleine, bindenähnliche Einlagen, die sehr unauffällig sind und in die Unterwäsche gelegt werden können,
- große Einlagen, die den gesamten Schambereich abdecken und schützen,
- große Einlagen mit Klebeverschüssen an der Seite, um sicheren Sitz zu gewährleisten,
- Unterhosen mit integrierter Saugeinlage zum leichten An- und Ausziehen.

Ein spezielles Inkontinenzhilfsmittel für Männer ist das **Urinalkondom**. Es wird wie ein Kondom über den Penis gestreift. Das Urinalkondom hat an der Spitze eine Öffnung, an der ein Ablaufbeutel angeschlossen werden kann. Der Vorteil besteht in der sauberen und unauffälligen Entleerung der Blase und der Infektionsminderung für das ableitende Harnsystem.

Produkte bei Stuhlinkontinenz

Für Betroffene mit einer Stuhlinkontinenz eignen sich ebenfalls Einlagen in entsprechender Größe. Kleine, bindenähnliche Einlagen sowie Unterhosen mit integrierter Saugeinlage sind aus praktischen Gründen eher ungeeignet.

Analtamponaden 21 sind für Betroffene geeignet, die Stuhlgang verspüren, es jedoch nicht rechtzeitig auf Toilette zur Entleerung schaffen. Die Analtamponade wird vorsichtig in den After eingeführt. Tritt Stuhldrang ein, so läuft der Betroffene auf Toilette und entfernt die Tamponade. Der Stuhl kann in der Toilette entsorgt werden.

Fäkalkollektoren 22 sind geeignet für immobile Dauerstuhlausscheider. Der Kollektor ist in der Mitte oval ausgespart. Um diese Aussparung herum befindet sich eine gut haftende Klebefläche. Diese wird unmittelbar um den After befestigt. Fäkalkollektoren schützen die umliegende Haut vor Rötungen oder Entzündungen durch massive, dünnflüssige und aggressive Stuhlgänge.

20
Materialien bei Harninkontinenz

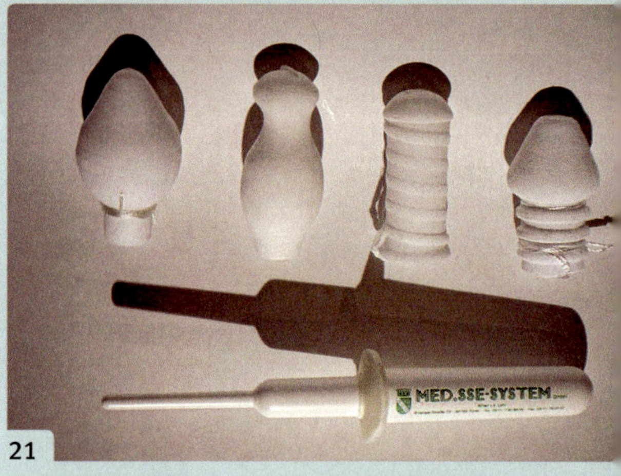

21
Analtamponade

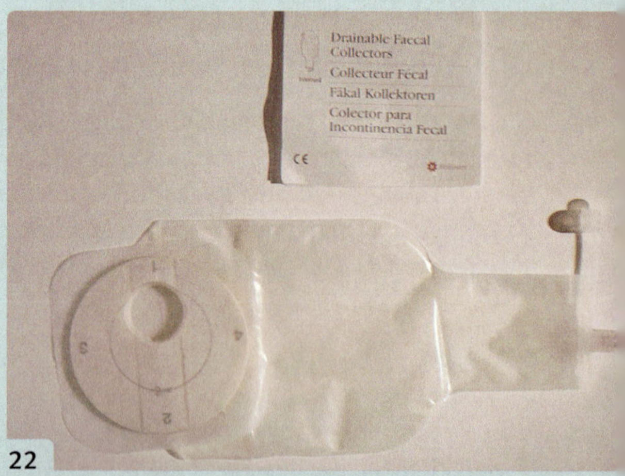

22
Fäkalkollektor

10.4 Prophylaxen

Zu den prophylaktischen Maßnahmen für den Themenkomplex Ausscheidung gehören:

- Prophylaxe bei Harnwegsinfektionen,
- Inkontinenzprophylaxe.

10.4.1 Prophylaxe bei Harnwegsinfektionen

Infektionen der ableitenden Harnwege, z. B. Harnwegsinfektion und Blasenentzündung (Zystitis), werden durch aufsteigende Bakterien verursacht. Sie dringen über die Harnröhre ein und vermehren sich vorwiegend in der Harnblase. Frauen sind von Harnwegsinfektionen deutlich häufiger betroffen als Männer. Grund ist die unterschiedlichen Länge der Harnröhre.

Kennzeichen einer Harnwegsinfektion

- ständiger Harndrang,
- Ausscheidung von sehr kleinen Urinportionen,
- schmerzhaftes Urinlösen,
- übelriechender Urin, evtl. blutiger Urin.

Bedenke

Nicht die Einzelsymptome weisen auf eine Harnwegsinfektion hin, sondern die Summe aller Symptome.

Faktoren für eine Harnwegsinfektion

Nicht jeder Mensch ist in gleichem Maße gefährdet, eine Harnwegsinfektion zu bekommen. Neben der Begünstigung durch die **Geschlechtszugehörigkeit** spielen weitere Faktoren eine Rolle:

- trockenes Scheidenmilieu,
- Urin- und insbesondere Stuhlinkontinenz,
- feuchte Kälte im Genitalbereich,
- ungenügende Intimpflege,
- mangelnde Abwehrkräfte,
- Restharn in der Blase.

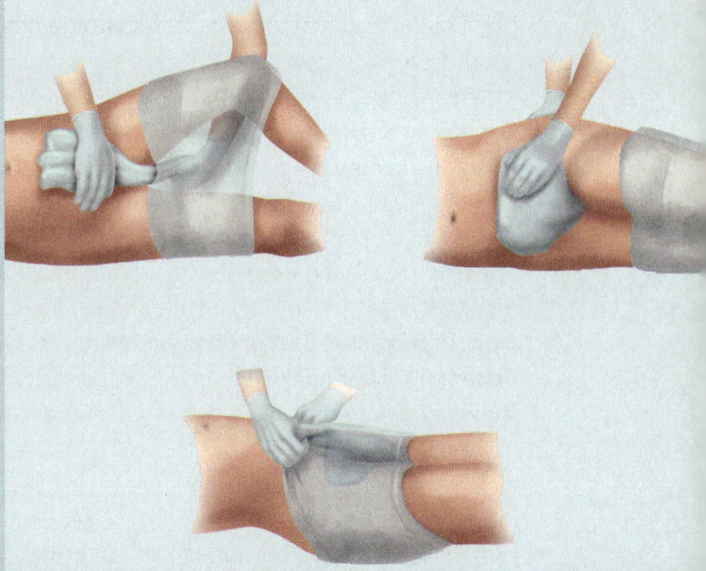

23
Vorlage anlegen

Auch über eine Kathetereinlage über die Harnröhre oder Bauchdecke kann eine Infektion begünstigt werden. Um eine Harnwegsinfektion zu vermeiden, sollte grundsätzlich für eine ausreichende Trinkmenge gesorgt werden.

Pflegerische Maßnahmen

Pflegerische Maßnahmen zur Verhinderung einer Harnwegsinfektion orientieren sich an den begünstigenden Faktoren:

- für saubere und trockene Inkontinenzeinlagen sorgen 23,
- regelmäßige und reguläre Intimpflege durchführen,
- Waschrichtung beachten,
- ausreichende Trinkmenge anbieten,
- Hygiene beim Leeren des Katheterbeutels beachten,
- auf hygienisch saubere Toilettensitzfläche bzw. sauberen Nachtstuhl achten.

10.4.2 Inkontinenzprophylaxe

Das grundsätzliche Problem bei der Inkontinenz liegt in der Erschlaffung der Beckenbodenmuskulatur. Sie wird durch viele Muskeln im unteren Teil des Beckens gebildet. Neben den bandförmigen Muskeln gehören auch die inneren und äußeren Schließmuskeln von Darm und Urinsystem dazu.

Pflegerische Maßnahmen zur Inkontinenzprophylaxe (→ 11.4.4) bestehen hauptsächlich aus dem Training der **Beckenbodenmuskulatur** 24. Physiotherapeuten leisten mit ihren speziellen Übungsprogrammen einen wesentlichen Beitrag.

Übung

Versuchen Sie einmal, den Urinstrahl zu unterbrechen. Dabei kommt es zu einer Anspannung der Beckenbodenmuskulatur. Eine gute Übung auch für den Bewohner.

24
Beckenbodengymnastik

✔ Selbst-Check

Fallbeispiel: Herr May ist ein 89-jähriger Bewohner des Altenheims „Am Weinberg". Hier lebt er seit neun Jahren. Sein gesamtes Leben war von schwerer Arbeit geprägt. Selten hatte er Zeit, sich um seine Gesundheit zu kümmern.

Seit seinem Heimeinzug leidet Herr May an unkontrolliertem Urinverlust. Zunehmend häufen sich Blasen- und Nierenbeschwerden. Er musste vor kurzer Zeit ins Krankenhaus, weil er hohes Fieber und blutigen Urin ausgeschieden hatte. Seit diesem Ereignis fühlt sich Herr May erschöpft. Wegen der anhaltenden Schwäche isst er wenig und trinkt weniger als vier Gläser Flüssigkeit am Tag. Er hat für sich beschlossen, nicht mehr als nötig zu trinken, um nicht so oft auf Toilette gehen zu müssen.

Pflegerische Maßnahmen wie Körperpflege, Mobilisation und Gespräche lehnt er oft ab. Herr May möchte sich nur ausruhen und schlafen.

Welche Zeichen einer Harnwegsinfektion zeigen sich bei Herrn May?

Welche prophylaktischen Maßnahmen können Sie ergreifen, um eine Harnwegsinfektion zu vermeiden?

Welche Hilfsmittel zur Ausscheidung würden Sie Herrn May anbieten?

11 Menschen mit Demenz

11.1 Anatomie und Physiologie

Demenz ist eine fortschreitende Erkrankung des Gehirns, bei der wichtige Funktionen wie das Gedächtnis, die Orientierung oder Sprache zunehmend schlechter funktionieren. Auch die Persönlichkeit eines Menschen mit demenziellen Beeinträchtigungen verändert sich.

Der Betroffene verliert im Laufe der Zeit seine Selbstständigkeit und ist bei der Bewältigung seines Alltags zunehmend auf die Hilfe der Pflegenden angewiesen. Für Betroffene und Angehörige ist dieser Prozess oft schwer erträglich.

Heute zeigen zwei Drittel der Heimbewohner Symptome einer demenziellen Erkrankung. Der Umgang mit den Betroffenen ist für die Pflegenden eine fachliche und psychische Herausforderung.

11.1.1 Das Nervensystem

Nervensystem

Gesamtheit aller Nervenzellen in einem Organismus, die Informationen aus der Umwelt aufnehmen, verarbeiten und eine Reaktion einleiten.

Das Nervensystem des Menschen besteht aus einem Geflecht von ca. 100 Milliarden **Nervenzellen** (Neuronen). Diese nehmen Informationen auf und geben sie weiter an das Gehirn. Die Befehle des **Gehirns** werden an die **Muskulatur** weitergeleitet. Zusammen mit dem **Hormonsystem** regelt das Nervensystem die Funktion aller menschlichen Organe und die Anpassung des Organismus an die Außenwelt.

Das Nervensystem ist unterteilt in das:

- zentrale Nervensystem (ZNS),
- periphere Nervensystem (PNS).

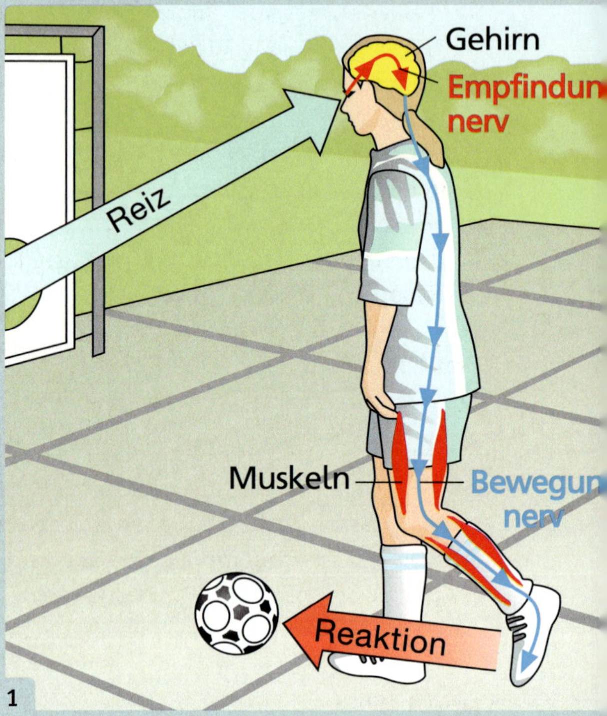

1
Reizverarbeitung

11.1.2 Zentrales Nervensystem

Zentrales Nervensystem (ZNS)

Teil des Nervensystems, dessen Nervenstrukturen im Gehirn innerhalb des Schädels und im Rückenmark innerhalb des Wirbelkanals liegen.

Ohne ein funktionierendes zentrales Nervensystem sind lebensnotwendige Prozesse im menschlichen Körper nicht möglich, z. B.:

- Bewusstsein,
- Sprache und Denkvermögen,
- Körperhaltung und Bewegungen (Motorik),
- Zusammenspiel aller lebensnotwendigen Systeme, z. B. Atmung und Schlaf-Wach-Rhythmus, Gefühle und Triebe,
- Verarbeitung von Informationen (Reizen) aus der Umwelt und dem Körperinneren 1.

Das zentrale Nervensystem umfasst das Gehirn und das Rückenmark. Das Rückenmark verbindet das Gehirn mit den **Spinalnerven**.

Die Nervenzellen tauschen mithilfe von chemischen **Botenstoffen** (Transmitter, Neurotransmitter) untereinander Informationen aus. Die Informationsschnittstellen oder auch Kontaktstellen werden **Synapsen** genannt.

Das Großhirn

Typische menschliche Eigenschaften wie logisches Denken, Planen und soziale Fähigkeiten werden vom Großhirn gesteuert. Dieser Bereich im Gehirn 2 ist für „höhere" Funktionen verantwortlich. Über dem Großhirn liegt die **Großhirnrinde** (Cortex). Sie enthält 70 % aller Nervenzellen.

Das Zwischenhirn

Das Zwischenhirn besteht aus dem **Thalamus**, die Schaltstelle für sensible und motorische Signale. Nur was als wichtig erachtet wird, gelangt ins menschliche Bewusstsein.

Der **Hypothalamus** verbindet das Nervensystem mit dem Hormonsystem und steuert das innere Gleichgewicht des Menschen, z. B. Hunger, Durst, die innere Uhr und den Sexualtrieb. Daran ist auch das periphäre Nervensystem beteiligt.

Die **Hypophyse** (Hirnanhangsdrüse) ist mit dem Hypothalamus verbunden. Beide sind für die Regulation des Hormonhaushalts verantwortlich.

Das Kleinhirn

Das Kleinhirn ist für die Steuerung der **Feinmotorik** zuständig, sodass Bewegungen präzise und flüssig ablaufen. Der **Mandelkern** (Amygdala) ist für das menschliche Gefühlsleben verantwortlich, besonders für Wut und Angst. Bedrohliche Ereignisse werden im Mandelkern mit den entsprechenden Emotionen verknüpft und gespeichert.

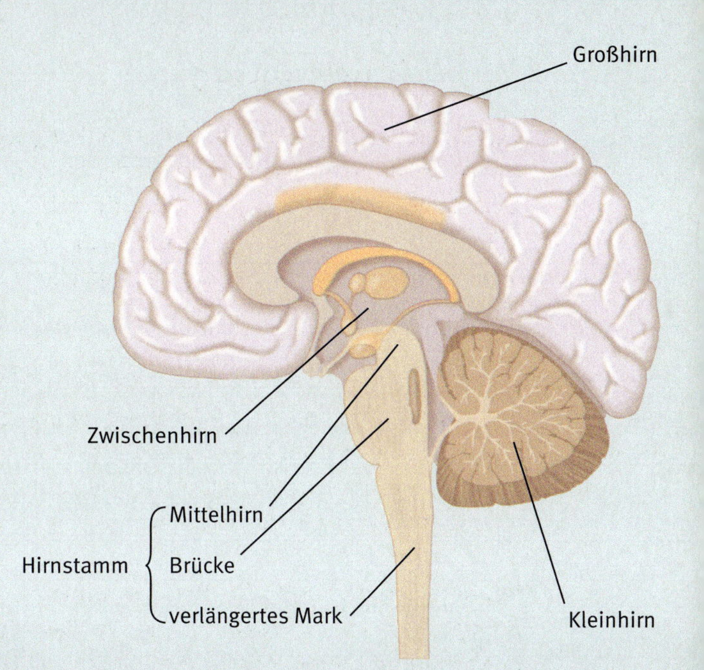

2
Aufbau des Gehirns

Der Hirnstamm

Der Hirnstamm ist der unterste Abschnitt des Gehirns und besteht aus:

- dem Mittelhirn (Übergang Zwischenhirn und Brücke),
- der Brücke (Verbindung von Großhirn und Rückenmark),
- dem verlängerten Mark (Übergang Gehirn zum Rückenmark).

Der Hirnstamm ist für die Steuerung von grundlegenden und lebenswichtigen Funktionen verantwortlich, z. B. Atmung, Herzschlag, Blutdruck und Körpertemperatur.

Bedenke

Schädigungen der Nervenzellen im zentralen Nervensystem können demenzielle Erkrankungen auslösen.

11.1.3 Peripheres Nervensystem

Peripheres Nervensystem (PNS)

Teil des Nervensystems, der außerhalb des Gehirns und Rückenmarks liegt und das zentrale Nervensystem mit allen Körperteilen verbindet.

Die Informationen vom zentralen Nervensystem zum Körper und zurück in das Gehirn werden über die Nervenbahnen des peripheren Nervensystems übertragen. Die Unterscheidung von ZNS und PNS bezieht sich nur auf die Lage der Nervenbahnen. Ansonsten sind sie eng miteinander verbunden und bilden keine getrennten Systeme.

Das periphere Nervensystem wird weiterhin unterteilt in das:

- **willkürliche** (somatische) Nervensystem,
- **unwillkürliche** (vegetative) Nervensystem, steuert z. B. die Verdauung und den Herzschlag.

Somatisches Nervensystem

Im somatischen Nervensystem werden alle sensorischen Informationen, z. B. Berührungen, verarbeitet und an das Gehirn geleitet. Weiterhin steuert es die **Motorik**. Alle willentlichen Bewegungsimpulse gelangen über das somatische Nervensystem zu den Muskeln, die diese umsetzen.

Das willkürliche Nervensystem regelt das Wechselspiel des menschlichen Organismus mit der Außenwelt.

Vegetatives Nervensystem

Das vegetative Nervensystem arbeitet ohne bewusste Kontrolle. Es erhält das innere Gleichgewicht des Menschen, indem es die **Vitalfunktionen** wie Verdauung und Herzschlag aufrechterhält und automatisch an die äußeren Lebensbedingungen wie Hitze oder Kälte anpasst.

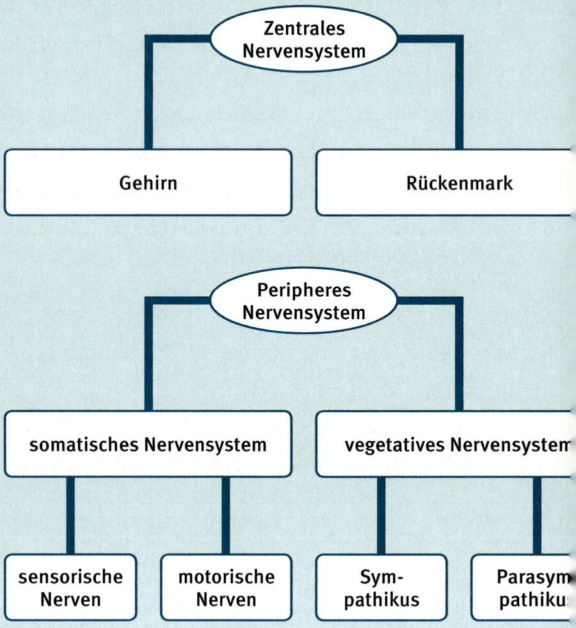

3
Übersicht Nervensystem

Sympathikus und Parasympathikus

Sympathikus und Parasympathikus

Funktionen des vegetativen Nervensystems mit anregender und mobilisierender bzw. beruhigender Wirkung auf den Organismus.

Der Parasympathikus wird auch als **„Ruhenerv“** bezeichnet. Überwiegt sein Einfluss, ist der Körper entspannt und kann neue Kraftreserven aufbauen. Das Herz und die Atmung werden etwas langsamer, dagegen wird die Verdauung angeregt.

Die überwiegende Wirkung des Sympathikus dagegen baut Energiereserven ab. Er bringt den Körper in **Leistungsbereitschaft**. Atmung und Herzfrequenz werden schneller, der Blutdruck steigt. Ein Ausgleich zwischen den Gegenspielern bzw. Kräften wird über verschiedene Neurotransmitter hergestellt.

11.2 Was ist Demenz?

Demenz

(lat. dementia) leitet sich von „de mente" ab, was „ohne Geist" oder „von Sinnen" bedeutet. Krankheitsbedingte Hirnleistungsstörung, bei der das Gedächtnis und die Denkfähigkeit abnehmen.

An einer Demenz erkrankt zu sein, bedeutet, dass mehrere geistige und verstandesmäßige Bereiche 4 beeinträchtigt sind, z. B. die Orientierung oder die Lern- und Urteilsfähigkeit. Die Betroffenen sind je nach Erkrankungsstadium im Alltag beeinträchtigt bis stark pflegebedürftig.

11.2.1 Symptome der Demenz

Hauptsymptom einer Demenzerkrankung ist die nachlassende **Gedächtnisleistung**.

Gedächtnis

Fähigkeit des Menschen, wahrgenommene Informationen zu behalten, zu ordnen und wieder abzurufen.

Weitere mögliche Symptome einer Demenzerkrankung sind:

- Denk- und Konzentrationsstörungen,
- Verlust von Interessen und Hobbys,
- Störungen der Gefühlswelt,
- Orientierungsstörungen,
- Antriebs- und Verhaltensstörungen,
- Störungen der Sprache, des Erkennens,
- Störungen bei zielgerichteten Bewegungen.

Bedenke

Demenz ist nicht der „Verlust der Seele". Äußerungen wie „abgebaut", „gefühllos" oder „verblödet" sind nicht zutreffend.

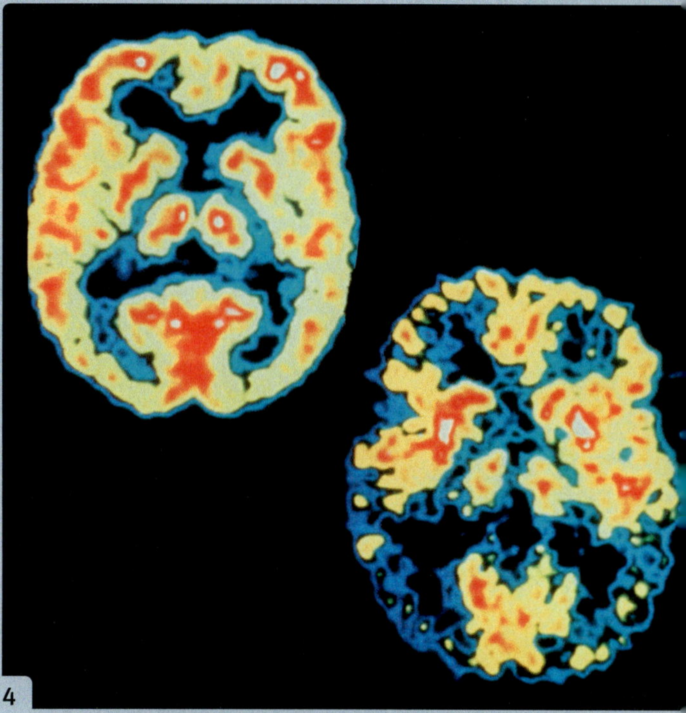

4
Gehirnaktivität (rot-gelb) bei Demenz (rechts)

11.2.2 Stadien der Demenz

Je nachdem, wie ausgeprägt die Beeinträchtigungen sind, wird allgemein das leichte, das mittlere und das schwere Stadium einer Demenz unterschieden.

Der Schweregrad einer Demenz ist niemals als Richtmaß für die **Lebensqualität** des Betroffenen zu sehen. Menschen, die sich im schweren Stadium der Krankheit befinden, können unter Umständen eine tiefere Lebensfreude genießen als weniger gesunde oder weniger demenziell beeinträchtigte Menschen.

Übung

Stellen Sie sich vor, Sie sind in einem unbekannten Land. Sie haben keine Orientierung und verstehen die Sprache nicht. Wie fühlen Sie sich, wenn Sie daran denken?

11.2.3 Formen der Demenz

Je nach **Art** und **Ursache** der Entstehung von Demenzen wird unterschieden in:

- **primäre Demenzen:** als Folge einer direkten Hirnschädigung, z. B. Morbus Alzheimer, Lewy-Body-Demenz. Bei 90 % aller Demenzfälle handelt es sich um eine primäre Demenz.
- **sekundäre Demenzen:** als Folge einer anderen Krankheit, z. B. Demenzen als Folge einer Hypothyreose (Schilddrüsenunterfunktion), Infektionen des zentralen Nervensystems, z. B. HIV-Infekt, oder auch von Arzneistoffen sowie Alkohol und Drogen.

Je nach dem **Ort** der Entstehung von Demenzen wird unterschieden in:

- **kortikale Demenzen:** Schädigung der Großhirnrinde (Cortex),
- **subkortikale Demenzen:** keine Schädigung der Großhirnrinde, sondern neurologische Störungen.

5
Bei komplexen Tätigkeiten unterstützen

1 Stadien der Demenz

Leichtes Stadium	**Mittleres Stadium**	**Schweres Stadium**
• Störungen des Kurzzeitgedächtnisses: neue Informationen können nur schwer aufgenommen werden • abnehmende Leistungsfähigkeit • Unsicherheiten bei praktischen Verrichtungen • Stimmungsschwankungen • Schwierigkeiten, mit komplexen Situationen umzugehen, z. B. Umgang mit Finanzen 5	• Störungen des Langzeitgedächtnisses • sozialer Rückzug, Resignation, Gereiztheit • Orientierungsstörungen • zwanghaftes Verhalten • eingeschränktes Erinnerungsvermögen • Verwechslungen von vertrauten Personen • Unruhe, gestörter Tag-Nacht-Rhythmus	• Sprachverlust, Gefühlsleben bleibt erhalten • Immobilität bis hin zur Bettlägerigkeit • Inkontinenz • enge Angehörige werden nicht mehr erkannt • Schluckstörungen (Gefahr einer Mangel- und Unterernährung) • stereotype Verhaltensweisen, z. B. Nesteln • erhöhte Gefahr von Dekubiti und Infektionen (spezielle Prophylaxen erforderlich)
(noch) selbstständige Lebensführung in gewohnter Umgebung	Lebensführung nur mit regelmäßiger Unterstützung bzw. Anleitung	Hilfen bei allen Aktivitäten des täglichen Lebens

Kognitive Störungen sind z. B.:

- Gedächtnisverlust und Sprachstörungen,
- Störungen im Umgang mit Zahlen,
- Störungen zielgerichteter Bewegungen.

Neurologische Störungen sind z. B.:

- Sprach- und Sehstörungen,
- Konzentrationsstörungen,
- Verlangsamung.

Bei einer kortikalen Demenz treten im Verlauf der Erkrankung zunächst kognitive und später neurologische Störungen auf. Bei subkortikalen Demenzen zeigen sich dagegen zuerst neurologische Störungen, später treten kognitive Störungen auf.

11.2.4 Morbus Alzheimer

Morbus Alzheimer

krankhafter Verlust von Nervenzellen und Schrumpfung des Gehirns. Morbus Alzheimer ist die häufigste Form der Demenz.

Dr. Alois Alzheimer entdeckte im Gehirn einer Patientin **Ablagerungen** (Plaques). Die Krankheit kann vor dem 65. Lebensjahr auftreten (früher Beginn), aber auch danach (später Beginn). Morbus Alzheimer schreitet fortlaufend voran und ist nicht heilbar. Medikamente und nichtmedikamentöse Therapien können den Verlauf jedoch verzögern und die Symptome lindern.

Ursachen

Die Ursachen für Morbus Alzheimer sind noch nicht geklärt. Lediglich vermutet werden z. B.:

- Vererbung,
- Bildung von Amyloid-Plaques (Eiweißablagerungen) über den Synapsen bis hin zum Absterben der Nervenfasern,
- Umweltfaktoren und Hirnverletzungen.

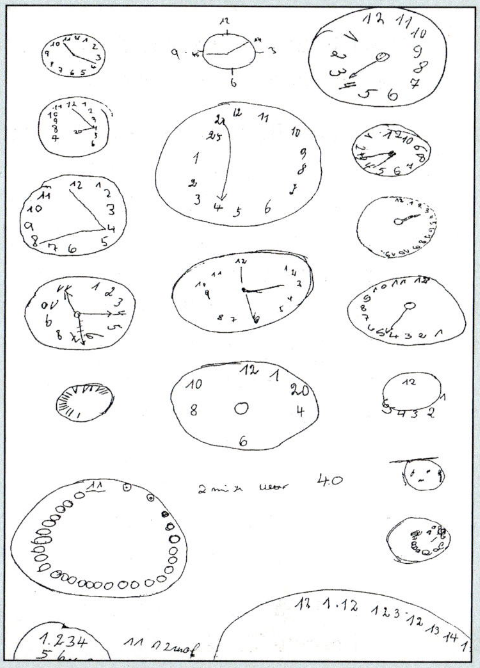

6
Zeichnungen eines Alzheimer-Erkrankten

Symptome

- zu Beginn Merkschwäche, Störungen des Kurzzeitgedächtnisses, Wortfindungsstörungen,
- zunehmende Ratlosigkeit, depressive Stimmung, im weiteren Verlauf kognitive Defizite 6, z. B. Wortfindungsstörungen bis Sprachstörungen,
- später Verlust des Langzeitgedächtnisses, Verlust der Sprache,
- zunehmender Verlust der Selbstständigkeit bei der Bewältigung des täglichen Lebens,
- schließlich vollständige Übernahme der Pflege.

Bedenke

Oft werden die ersten Symptome von den Betroffenen überspielt oder gar verleugnet. Daher ist der Beginn der Alzheimer-Erkrankung eher unauffällig.

11.2.5 Vaskuläre Demenz

Vaskuläre Demenz

Erkrankung des Gehirns, die durch Durchblutungsstörungen im Gehirn ausgelöst wird und häufig zu Schlaganfällen (Apoplexie) führt. Sie wird auch Multiinfarktdemenz (MID) genannt.

Die vaskuläre Demenz ist nach Morbus Alzheimer die zweithäufigste Form der Demenz. Sie ist ebenfalls nicht heilbar, dafür aber gut zu behandeln, z. B. mit Medikamenten, die die Durchblutung fördern, um weitere Schlaganfälle zu vermeiden.

Ursachen

Sind die Blutgefäße zum Gehirn geschädigt und kann nicht ausreichend Blut, und damit auch Sauerstoff, zum Gehirn transportiert werden, sind **Schlaganfälle** (Apoplexie) die Folge. Mehrere dieser Hirninfarkte können schließlich zu einer Demenz führen. **Arteriosklerose** ist eine häufige Ursache dafür. Sie tritt aufgrund des Lebensstils junger Menschen 7 immer früher auf.

Arteriosklerose

Erkrankung der Schlagadern, bei der sich Ablagerungen an den Wänden der Blutgefäße bilden, die zu Durchblutungsstörungen führen.

Symptome

- plötzlicher Krankheitsbeginn,
- schubweiser, wechselhafter Verlauf der Erkrankung,
- zeitweise Besserung der Symptome möglich,
- zeitweise Orientierungsstörungen,
- Verstärkung von Persönlichkeitsmerkmalen,
- Bewegungsabläufe gestört, unsicherer Gang,
- Blasenstörungen (Inkontinenz).

7
Risiken für Arteriosklerose

11.2.6 Lewy-Body-Demenz

Lewy-Body-Demenz

Erkrankung des Gehirns, bei der sich in den Nervenzellen des Gehirns dauerhaft Eiweißreste (Lewy-Körperchen) ablagern.

Diese **Lewy-Körperchen** lagern sich an den Nervenzellen der Großhirnrinde sowie im Hirnstamm ab und stören die Kommunikation der Nervenzellen. Die Lewy-Body-Demenz ist derzeit nicht heilbar.

Symptome

- wechselnde Verwirrtheit,
- Halluzinationen,
- Bewegungsstörungen, z. B. häufige Stürze,
- wechselnder, schwankender und voranschreitender Krankheitsverlauf.

11.3 Therapeutische Ansätze in der Pflege

Menschen mit Demenz werden aufgrund ihrer scheinbar unlogischen Verhaltensweisen oft als „problematisch" und „störend" bezeichnet.

Verschiedene therapeutische Ansätze und eine angemessene Kommunikation können jedoch dazu beitragen, dass sich Menschen mit Demenz und Pflegende miteinander wohlfühlen.

Eine besondere Bedeutung kommt einer angemessenen **Kommunikation** zwischen Pflegenden und Menschen mit Demenz zu.

Bedenke

Das Verhalten der Pflegenden hat einen entscheidenden Einfluss auf das Verhalten von Menschen mit Demenz.

8
Verständigung ohne Worte

11.3.1 Kommunikation

Mit fortschreitender Demenz verlieren die Betroffenen nach und nach die Fähigkeit zu kommunizieren. Normale Gespräche mit den Erkrankten werden zunächst schwierig, dann unmöglich.

Dennoch ist Kommunikation mit Menschen mit Demenz jederzeit möglich. Wenn Pflegende die **Körpersprache** der demenziell veränderten Person beobachten und verstehen, können sie diese ebenfalls anwenden und darüber mit dem Menschen in Kontakt treten. Manche Berührung drückt mehr aus als viele Worte und vermittelt Nähe und Verständnis 8.

Bedenke

Verständnis und Bereitschaft, sich in den Erkrankten hineinzuversetzen, sind sichere Wege, um miteinander in Kontakt zu bleiben.

Kommunikationsprobleme bei Demenz

- Es entstehen zunehmend Schwierigkeiten, Personen und Gegenstände immer mit Namen zu benennen. Betroffene benutzen Umschreibungen oder Füllwörter.
- Dem Erkrankten fallen immer weniger Worte ein. Die Worte werden unverständlich, es entstehen „Wortneuschöpfungen".
- Sprachschöpfungen führen schließlich zum Wiederholen von Silben verbunden mit melodischem Singen.
- schließlich verebbt die Sprache ganz, Person mit Demenz spricht gar nicht mehr, sondern äußert sich durch Lautbildung.

Bedenke

Wichtig ist das Verständnis dafür, dass Menschen mit Demenz oft Vergangenheit und Gegenwart verwechseln.

Mit Menschen mit Demenz kommunizieren

Gutes Zureden und Argumente holen die Betroffenen nicht aus ihrer Realität zurück. Pflegende sollten sich also auf diese Realität einlassen. Dazu gehört, die Äußerungen, Gefühle und das Verhalten der Menschen mit Demenz ernst zu nehmen. Das bedeutet z. B.:

- den Betroffenen nicht darauf hinzuweisen, dass Sie ihm eine Frage bereits vor fünf Minuten beantwortet haben,
- geduldig auf Wiederholungen zu reagieren, auch wenn es schwerfällt,
- Diskussionen zu vermeiden, auch wenn Sie aus Ihrer Sicht im Recht sind,
- geschlossene Fragen zu stellen und kurze Sätze zu verwenden.

Im Verlaufe der Erkrankung tritt die **verbale** Kommunikation mehr und mehr in den Hintergrund und die **nonverbale** Kommunikation, also Körpersprache, Mimik, Gestik treten in den Vordergrund.

Übung

Wählen Sie während Ihres Praktikums eine Bewohnerin mit demenziellen Beeinträchtigungen aus und beobachten Sie diese genau. Notieren Sie Auffälligkeiten, die Sie im Gespräch mit ihr wahrnehmen.

11.3.2 Mit herausforderndem Verhalten umgehen

Verhält sich eine Person mit Demenz nicht situationsgerecht oder sozial unangepasst 9, wird dieses Benehmen häufig als herausforderndes Verhalten bezeichnet. Oft handelt es sich dabei nicht um ein durch einen schwierigen Charakter bedingtes, problematisches oder aggressives (zielgerichtetes) Handeln. Vielmehr ist es eine **Aufforderung** des Erkrankten an seine Umwelt, auf seine Bedürfnisse einzugehen. Andere Ausdrucksmöglichkeiten sind oft nicht mehr vorhanden.

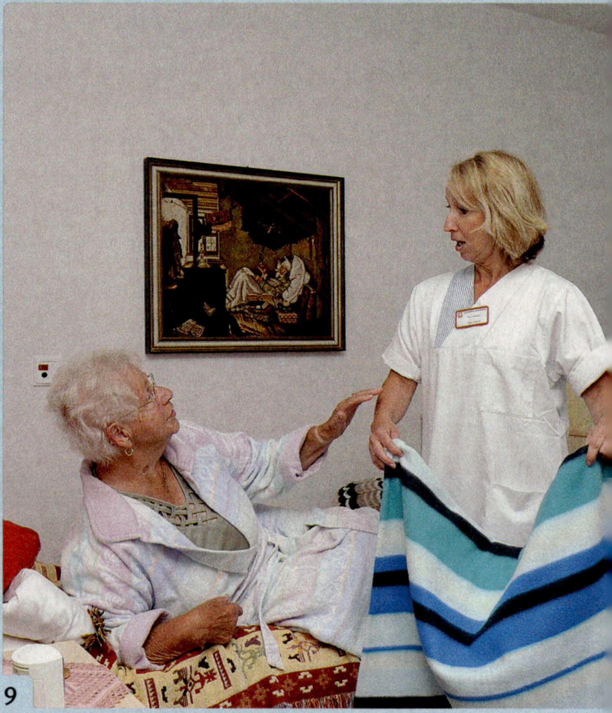

9
Herausforderndes Verhalten

Empathie

Empathie

Einfühlungsvermögen. Fähigkeit, die Gefühle eines anderen Menschen zu erkennen und angemessen darauf zu reagieren.

Die Person mit Demenz kann ihr Verhalten nicht willentlich kontrollieren, denn das Verhalten ist ein Symptom der Gehirnerkrankung. Im Umgang mit Menschen mit einer demenziellen Erkrankung sowie zur Verhinderung von herausfordernden Verhaltensweisen ist Empathie ein professionelles Werkzeug für die Pflege.

Bedenke

Menschen mit Demenz führen das sogenannte herausfordernde Verhalten nicht mit Absicht herbei.

Auf herausforderndes Verhalten reagieren

Der Blick auf die Gründe, warum sich ein Mensch mit Demenz herausfordernd verhält, ist eine hilfreiche Perspektive. Eventuell empfindet der Bewohner Schmerzen oder Durst und kann diese Bedürfnisse nicht zum Ausdruck bringen. Deshalb ist eine intensive **Beobachtung** 10 des Bewohners wichtig, z. B.:

- Gibt es Anzeichen einer Erkrankung?
- Hat der Bewohner Schmerzen?
- Gibt es „wunde“ Punkte in der Lebensgeschichte des Betroffenen, an die er sich erinnert fühlt?

Weitere Regeln im Umgang mit herausforderndem Verhalten:

- Streit vermeiden, besser singen statt schreien,
- gemütliches, heimisches Umfeld schaffen (Milieutherapie),
- Wertschätzung, Lob und Anerkennung zeigen,
- Orientierung und Zuwendung gewährleisten,
- für regelmäßige Bewegung und Aufenthalte im Freien sorgen,
- regelmäßige, sinnvolle Aktivitäten anbieten,
- feste Bezugspersonen gewährleisten.

11.3.3 Realitätsorientierungstraining (ROT)

Realitätsorientierungstraining (ROT)

therapeutischer Ansatz, der in der Betreuung von Menschen mit Demenz in einem frühen Stadium zum Erhalt der zeitlichen und räumlichen Orientierung angewandt wird.

ROT wurde bereits 1960 von Lucille R. Taulbee und James C. Folsom in den USA für desorientierte Menschen entwickelt. Realitätsorientierungstraining sollte im Anfangsstadium der Erkrankung und nur bei Akzeptanz seitens des Betroffenen von allen an der Pflege Beteiligten konsequent erfolgen.

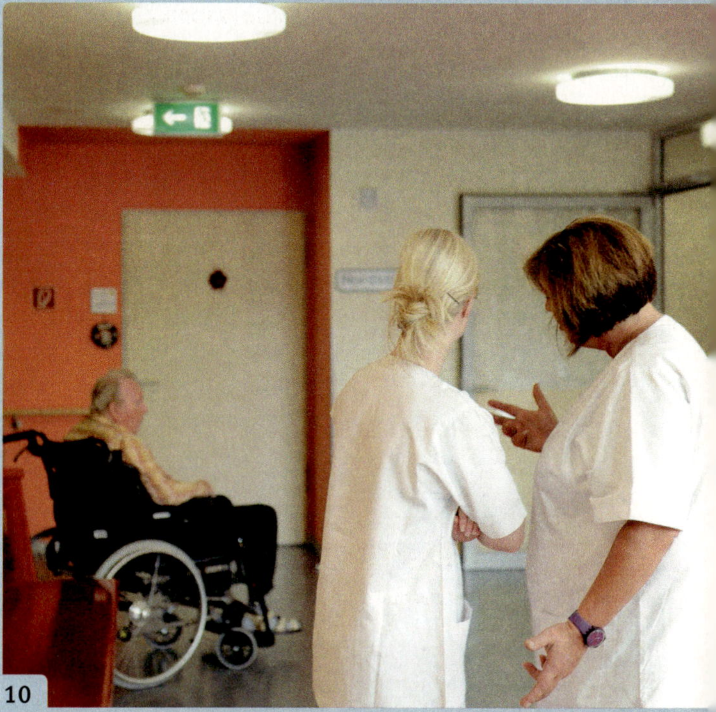

10
Verhalten beobachten und deuten

Zielsetzung von ROT

Das gesamte Umfeld und der Tagesablauf des Bewohners werden mit **Orientierungshilfen** gestaltet mit dem Ziel:

- Orientierungsfähigkeit und Gedächtnisleistung zu verbessern,
- Gefahrensituationen zu reduzieren,
- Selbstständigkeit, Selbstwertgefühl und die Identität zu erhalten sowie soziale Integration zu fördern,
- Angst und Stress zu reduzieren,
- Kreativität zu fördern und Lebensqualität zu erhöhen.

Bedenke

Bei fortgeschrittener Demenz kann das ständige Hinweisen auf die Realität zu Überforderungs- und Versagensgefühlen führen. Ängste und Rückzug können die Folge sein.

Maßnahmen von ROT

ROT ist nur sinnvoll, wenn alle Pflegenden und Begleiter diesem Betreuungsansatz folgen. Die Orientierung bezieht sich nicht nur auf den **Umgebungsbereich** (große Uhren, Kalender und Hinweisschilder), sondern auch auf den Bereich der **Kommunikation**, sowohl in der direkten Ansprache als auch durch optische oder akustische Orientierungshilfen.

In einer Pflegeeinrichtung können z.B. folgende Orientierungshilfen sinnvoll und in begrenztem Maß eingesetzt werden:

- Namensschilder und Fotografien an den Türen der Bewohnerzimmer 11,
- Kennzeichnung der Nasszellen 12 (WC-Schilder evtl. Piktogramme),
- Tafeln und Pinnbretter mit Orientierungshinweisen,
- Uhren und Kalender in jedem Bewohnerzimmer und im Kontaktbereich,
- großer Spiegel 13,
- jahreszeitliche Dekoration auf den Wohnbereichen 14,
- Gewohnheiten einführen, festen Tagesablauf einhalten (vermittelt Sicherheit),
- Pflegehandlungen kommentieren,
- direkte Ansprache mit Namen und Blickkontakt.

ROT hilfreich einsetzen

ROT kann bei Menschen mit beginnender Demenz hilfreich sein, z.B.:

- zur Orientierung in fremder Umgebung eines Pflegeheimes,
- in bestimmten Stresssituationen, etwa nach Heimeinzug oder Tod eines Lebenspartners,
- bei Desorientierung als Nebenwirkung von Medikamenten oder als Folge anderer Grunderkrankungen,
- zur Vorsorge von Vergesslichkeit für „jüngere“ bzw. psychisch gesunde Bewohner.

11
Bewohnerzimmer mit Foto

12
Verschlossene WC-Tür

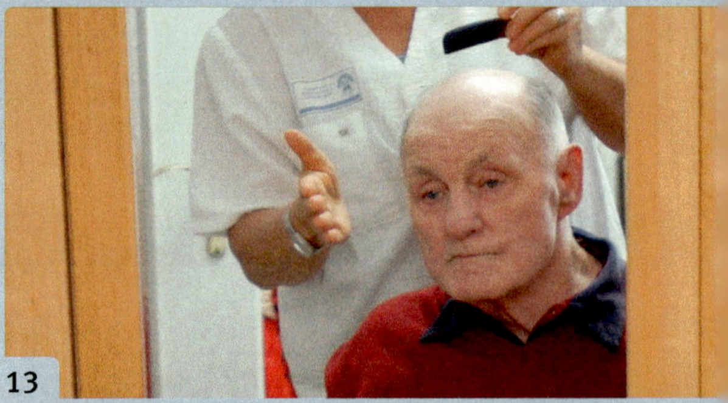

13
Selbstbild im Spiegel

14
Dekoration nach Jahreszeiten

11.3.4 Gedächtnistraining

Gedächtnistraining

Betreuungsangebot, dessen Ziel es ist, auf spielerische Weise die kognitiven Fähigkeiten zu erhalten und zu fördern.

Zu den kognitiven Prozessen gehören Intelligenz, Wahrnehmung, Aufmerksamkeit, Denken, Gedächtnis und Sprache. Kognitive Fähigkeiten sind notwendig, um sich mit der Umwelt auseinandersetzen und eine **Individualität** ausprägen zu können. Mit ihnen kann sich der Mensch Wissen aneignen und Probleme lösen.

Kognitive Störungen treten bei Menschen mit Demenz auf. Für sie bietet sich das Gedächtnistraining zur Intervention oder Prävention an. Die Begriffe „Gehirnjogging" oder „Hirnleistungstraining" werden oft als Synonyme benutzt.

15
Gemeinsam Zeitung lesen

Ziele

- Verlauf von demenziellen Erkrankungen verzögern,
- Erfolgserlebnisse ermöglichen,
- Langeweile verkürzen,
- Wortschatz erhalten,
- Selbstwertgefühl steigern.

Maßnahmen

- Schlager, Personen oder Sprichwörter raten,
- Begriffe merken, Wortketten bilden,
- Spiele oder Pantomimenspiel,
- mit Fotoalben Erinnerungen aktivieren,
- Tageszeitung gemeinsam lesen 15 und Inhalte wiederholen lassen.

Bedenke

Gute Ergebnisse liefert die Kombination aus Gedächtnis- und Bewegungstraining.

Durchführung

Bei der Durchführung sind folgende Regeln zu beachten:

- spielerischen Faktor in den Vordergrund stellen,
- Leistungsdruck vermeiden,
- freiwillige Teilnahme gewährleisten,
- Teilnehmer für gute Leistungen loben,
- sinnvolle Übungen anbieten, damit sich die Teilnehmer nicht wie „kleine Kinder" fühlen.

Um **Über- und Unterforderungen** zu vermeiden, können die Teilnehmer in verschiedene Gruppen unterteilt werden, z. B. in:

- Bewohner ohne kognitive Einschränkungen,
- Bewohner mit leichten kognitiven Einschränkungen,
- Bewohner mit fortgeschrittener Beeinträchtigung der Gedächtnisfähigkeit.

11.3.5 Validation

Validation

Umgangsform mit Menschen mit Demenz, in der diese Wertschätzung, Anerkennung und Akzeptanz erfahren. Validieren bedeutet, die Realität des anderen für „gültig“ zu erklären und nicht zu korrigieren.

Validation ist eine besondere Form der Kommunikation, die sich im Umgang mit Menschen mit Demenz sehr bewährt hat. Voraussetzung für Validation ist, dass Pflegende eine **wertschätzende Grundhaltung** gegenüber den Menschen mit Demenz entwickeln und versuchen, sich in die Realität ihres Gegenübers hineinzuversetzen und diese zu akzeptieren.

Die Amerikanerin **Naomi Feil** 16 entwickelte das Konzept der Validation für einen Weg der Kommunikation zur Innenwelt von Menschen mit Demenz. Das innere Gefühlsleben der Betroffenen bleibt bis ins schwere Stadium erhalten.

Übung

Stellen Sie sich folgende Situation vor oder spielen Sie diese nach: Sie kommen in Ihre Klasse und alle behaupten, Sie nicht zu kennen und jemals gesehen zu haben. Die Lehrerin bittet Sie, den Klassenraum zu verlassen. Womit könnte man Ihnen helfen?

Ziele der Validation

- Ich-Identität und das Gefühl von Zugehörigkeit unterstützen,
- Zugang zur Gefühls- und Erlebniswelt von Menschen mit Demenz erhalten,
- Würde des Bewohners erhalten,
- Spannungen reduzieren und Beziehungen ermöglichen,
- für die Pflegenden Stress reduzieren.

16
Naomi Feil

Techniken der Validation

- Menschen mit Demenz nicht widersprechen,
- Warum-Fragen vermeiden,
- Menschen mit Demenz beobachten und die Antriebe ihres Verhaltens erkennen (Wichtig: Kenntnis der Biografie),
- Blick- und Körperkontakt halten,
- Fragen zur Vergangenheit des Bewohners stellen,
- Gefühle des Betroffenen nicht herunterspielen.

2 Grundsätze der Validation

Akzeptanz	wertschätzen statt widersprechen
Empathie	einfühlend begleiten
Kongruenz	spürbar echt und ehrlich sein

11.3.6 Erinnerungspflege

Die Erinnerungspflege (**reminiscence**) trägt ebenfalls zur Lebens- und Pflegequalität von Menschen mit Demenz bei.

Ziele

- Unterstützung des Wohlbefindens,
- Verbesserung des Selbstgefühls,
- Stärkung der Identität des Betroffenen.

In einer konfliktfreien Atmosphäre werden (einzeln oder in der Gruppe) mit Hilfe von bestimmten Aktivitäten positive Erinnerungen angestoßen, belebt und ausgetauscht. Dies fördert die soziale Integration sowie die kommunikativen Fähigkeiten der erkrankten Person.

Erinnerungspflege hilft auch dabei, herausfordernde Verhaltensweisen zu verhindern bzw. zu reduzieren und das Wohlbefinden des Menschen mit Demenz zu verbessern.

17
Erinnerungen an die Schule

Erinnerungen pflegen

Unter der Anleitung einer gelassenen Moderatorin können in der Gruppe Gespräche geführt werden über Themen wie:

- Kindheit,
- Schule 17,
- Ernährung,
- Bedeutung und Gestaltung des Sonntags.

Reminiszenz-Therapie (REM)

Der amerikanische Psychiater Robert N. Buttler entwickelte die Reminiszenz-Therapie in den 70er-Jahren des letzten Jahrhunderts speziell für Menschen mit Demenz.

Bedenke

Im Gegensatz zu ROT ist die REM auf die Vergangenheit ausgerichtet.

Nach der REM darf der desorientierte Mensch reminiszieren, das bedeutet, in Erinnerungen schwelgen, die Realität verlassen, ohne dass Pflegende einschreiten oder korrigieren. Zurückliegende Erlebnisse werden wachgerufen. So können Stärken und Fähigkeiten (Ressourcen) des Menschen mit Demenz betont und eine Konfrontation mit seinen Defiziten vermieden werden. Der Betroffene gewinnt mehr Selbstvertrauen.

Zum Reminiszieren bieten sich z.B. folgende **Hilfsmittel** an:

- alte Filme,
- Heimatmuseen und Ausstellungen,
- eine Tanzveranstaltung in alten Kostümen,
- gemeinsam „alte“ Gerichte zubereiten,
- am Nachmittag in einer „guten Stube“ Kaffee trinken, der zuvor in einer alten Kaffeemühle gemahlen und in einer Porzellankanne aufgebrüht wurde.

11.3.7 Körperliche Aktivierung

Aktivierung

etwas oder jemanden in Tätigkeit oder in Gang bringen. Das Gegenteil ist Hemmung.

Der menschliche Körper ist keinesfalls auf längeres Stillsitzen, Stillliegen oder Verharren in einer bestimmten Position ausgerichtet. Nach längerem Sitzen verspürt jeder einen gewissen Bewegungsdrang. Langes Sitzen lässt auch eher ermüden als körperliche Aktivitäten.

Bedenke

Menschen mit Demenz verspüren neben dem ohnehin bestehenden Symptom der Unruhe oft einen großen Bewegungsdrang.

Demenz und Bewegung

Es gibt Menschen mit Demenz, die ständig aufstehen und herumlaufen wollen, sei es bei pflegerischen Maßnahmen wie der Körperpflege, während der Mahlzeiten oder auch nachts **18**.

Wenn Pflegende die Gründe für den Bewegungsdrang nicht erkennen und die Situation entsprechend nicht richtig deuten, können die Betreffenden unter Umständen mit sogenanntem herausforderndem Verhalten reagieren.

Wahrnehmung und **Bewegung** sind stark voneinander abhängig: je weniger sich ein Mensch mit Demenz bewegt, umso weniger nimmt er von seiner Umwelt wahr. Die fehlende Bewegung bedeutet eine weitere Abnahme der Hirnleistung.

Bedenke

Im Umherlaufen und Herumnesteln drücken Menschen mit Demenz das Bedürfnis aus, die Umwelt und sich selbst weiter zu spüren.

18
Bewegungsdrang in der Nacht

Prophylaxe

Bewegung ist eine ganz wesentliche Prophylaxe, um **Immobilität** und **Bettlägerigkeit** zu verhindern oder so lange wie möglich hinauszuzögern.

Bewegung beugt damit Komplikationen vor wie:

- Dekubitus,
- Pneumonie,
- Atemproblemen,
- schmerzhaften Muskelkontrakturen.

Die Fähigkeiten des täglichen Lebens bleiben länger erhalten, so z. B. das Gehen, Körperpflege und selbstständiges Essen und Trinken.

Bedenke

Bewegung ist für Menschen mit Demenz kein Störfaktor, sondern eine wichtige Ressource.

Aktivierende Pflege

Regelmäßige Bewegung gehört zu einer aktivierende Pflege von Menschen mit Demenz.

Im weiteren Verlauf der Krankheit beeinträchtigt die Gehirnschädigung die Körperfunktionen. Menschen mit einer demenziellen Erkrankung fällt es zunehmend schwerer zu gehen, sich zu setzen, wieder aufzustehen oder sich überhaupt körperlich zu betätigen.

Bedenke

Motorische Grundfähigkeiten bleiben bis in das fortgeschrittene Stadium der Demenz erhalten.

Damit sie möglichst lange mobil bleiben können, ist es wichtig, dass Pflegende ihnen regelmäßig Gelegenheiten zur Bewegung anbeten und sie all das selbstständig tun lassen **19**, wozu sie in der Lage sind. Auf die fachgerechte Durchführung kommt es dabei nicht an, z. B. Mithilfe:

- bei der Körperpflege,
- beim Ankleiden,
- beim Eindecken des Frühstückstisches,
- bei der Hausarbeit.

Den Bewohner möglichst viel Selbstständigkeit zu belassen, benötigt Zeit und Geduld. Aber gerade dieser Rest an Selbstständigkeit für die eigenen Belange ermöglicht dem Bewohner ein Gefühl von **Würde** und **Respekt.** Beides wirkt sich positiv auf den weiteren Verlauf der Demenz aus.

Übung

Tragen Sie alle Kleidungsstücke eines Menschen für den Aufenthalt im Haus zusammen und legen Sie diese so zurecht, dass ein Mensch mit Demenz sie leichter anziehen kann.

19
Typische Aktivität bei Menschen mit Demenz

Wandering

Das unruhige und ziellose „Umherwandern" („Wandering") ist ein typisches Verhalten bei Menschen mit Demenz und zählt in der Praxis zu den herausfordernden Verhaltensweisen. Ursache ist häufig Langeweile und das Gefühl, nicht an dem richtigen Ort zu sein. Die Erkrankten wissen weder warum noch wohin sie wandern.

Pflegende sollten dieses **Bewegungsverhalten** beobachten: Wirkt der Betreffende aufgeregt, ängstlich oder hilflos? Hat er Schmerzen, Angst oder wünscht er sich an einen bestimmten Ort?

Bedenke

Eine vertraute Umgebung gibt Menschen mit Demenz Sicherheit. Möglichst Veränderungen der Räumlichkeiten und wechselnde Bezugspersonen vermeiden.

In der Pflegepraxis ist es wichtig zu erkennen, wo Bewegung und Bewegungsdrang gefördert werden können, wo sie ein Risiko darstellen und welche Maßnahmen getroffen werden müssen, um Gefahrensituationen zu vermeiden.

Zur **Beruhigung** bieten sich z. B. an:

- gemeinsamer Spaziergang 20,
- einfache Beschäftigung, z. B. Tisch wischen oder Gegenstände sortieren,
- Gespräche und zuhören.

Die Intervention kann ganz individuell sein, je nach den Bedürfnissen und Interessen des Menschen mit Demenz.

Bedenke

Möglichen Bewegungsfreiraum schaffen, das hilft den Erkrankten, Pflegenden und Angehörigen.

20
Gemeinsamer Spaziergang

3 Ursachen für das Weg- und Herumlaufen bei Menschen mit Demenz

organische Faktoren	biografische Faktoren	soziale Faktoren	psychische Faktoren
• Bewegungsmangel • Hunger oder Durst • Harn- oder Stuhldrang • Schmerzen	• frühere Gewohnheit, Stress mit Bewegung abzubauen (Spaziergänge) • Pflichtbewusstsein: Wunsch „zur Arbeit“ zu gehen und nicht zu spät zu kommen • Bedürfnis, den Haushalt in Ordnung bringen • Sorge um die Kinder, „nach den Kindern“ sehen	• Langeweile • Einsamkeit • innere Leere, die der Betroffene zu füllen sucht • Verlust einer nahen Bezugsperson	• Unsicherheit und Angstgefühle, die die gegenwärtige Situation auslöst • Aufgeregtheit, weil für den Betroffenen eine schwierige und ungewohnte Situation bevorsteht • Rückzug aufgrund belastender Situationen • Suche nach dem früheren „Zuhause“, in dem sich der Betroffene wähnt, oder z. B. der Toilette

11.3.8 Musik- und Kunsttherapie

Musik- und Kunsttherapie

Therapieverfahren, die sich auf die Emotionalität und die Kreativität von Menschen mit Demenz beziehen.

Menschen mit Demenz, denen aufgrund der Erkrankung durch fortschreitende Defizite lebenslang praktizierte Wege der Kommunikation nur noch in geringerem Maße zur Verfügung stehen, haben hier die Möglichkeit, mithilfe künstlerischer Gestaltung Gefühle wieder zu erleben.

Musik

Das **Singen** alter Lieder oder auch einfach passives **Musikhören** ruft Erinnerungen wach und knüpft an Vertrautes an. Sobald Musik erklingt, singen, summen, klatschen oder bewegen sich Menschen mit Demenz meist sofort mit. Sie haben Spaß daran, lassen womöglich tabuisierte Gefühle zu und können sie „selbst“ sein.

Musik und **Tanz** fördern kreative Bewegungen. Bewegung wiederum aktiviert und fördert soziale Kompetenzen. Herausfordernde Verhaltensweisen wie Unruhe, Aggressivität und Weglauftendenz nehmen ab.

Kunsttherapie

Eine Methode der Kunsttherapie ist das Geben von **Sinnesreizen**, z. B.:

- Aromen,
- Farben,
- Klänge.

Kunsttherapeutische Angebote können Menschen mit Demenz motivieren, ihre **Ressourcen** zu entdecken und sich auszudrücken und verständlich zu machen. Indem die Betroffenen selbst tätig werden, wird ihr Selbstvertrauen gestärkt.

21
Konzentration beim Gestalten

Vorteile von Malen und Gestalten für Menschen mit Demenz sind z. B.:

- Konzentration 21, Aufmerksamkeit, Motivation erhöhen,
- Kommunikationsmöglichkeit durch verbalen Dialog über Bilder fördern,
- Gedächtnis und Merkfähigkeit erhalten bzw. kognitiven Abbau verzögern,
- positive und negative Gefühle ausdrücken können,
- Ängste und Aggressionen abbauen,
- inneres Gleichgewicht der Betroffenen stärken.

Bedenke

Kunst kann Brücken bauen zwischen Pflegenden und Betroffenen. Dabei unbedingt die eigene Belastbarkeit und die psychischen Grenzen von Menschen mit Demenz beachten.

11.3.9 Sensorische Verfahren

Sensorik

Gesamtheit aller Vorgänge von Sinneswahrnehmungen bei Lebewesen.

sensorisch

die Sinnesorgane bzw. die Aufnahme von Sinnesempfindungen betreffend.

Sensorische Verfahren geben unterschiedliche Reize, die Menschen mit Demenz unmittelbar ansprechen, z.B. Berührungen, Düfte oder Klänge. Sie schaffen positive Gefühle, rufen Erinnerungen hervor und zielen auf die Förderung und Erhaltung der **Sinneswahrnehmung** bei Menschen mit Demenz ab. Dazu gehören z. B.:

- Aromatherapie,
- Basale Stimulation,
- Snoezelen.

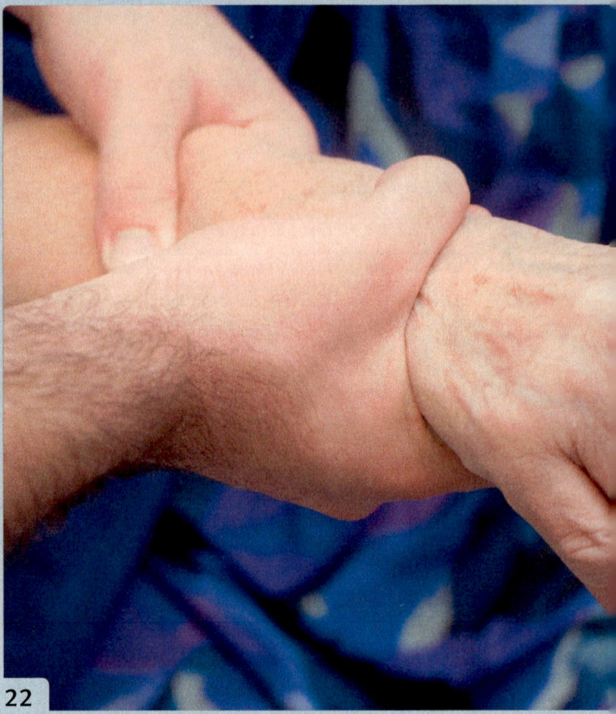

22
Eindeutige Berührungen

Basale Stimulation

Basale Stimulation

Konzept für den Umgang mit Menschen mit Wahrnehmungseinschränkungen mit dem Ziel, die Wahrnehmung und Bewegungsfähigkeit der Betroffenen zu stärken.

Basale Stimulation wird eingesetzt, wenn eine Kontaktaufnahme zum Menschen mit Demenz durch Sprache nicht möglich ist.

Dem Betroffenen werden Informationen über sich oder die Umwelt (Stimulation) angeboten, die er als angenehm empfindet und in ihm Erinnerungen an bekannte Sinneserfahrungen wecken. Dabei wird vorzugsweise **Berührung** in unterschiedlicher Intensität eingesetzt 22. Ein häufiger Wechsel der angebotenen Reize kann die Wirkung erhöhen. Durch die Reize wird dem Betroffenen die Umwelt wieder zugänglich. Er kann sie „spüren".

Beispiele für die Basale Stimulation bei Menschen mit Demenz:

- bei der Körperpflege unterschiedliche Reize einsetzen, z. B. leichter Druck beim Einseifen, wechselnder Einsatz von Schwämmen, Waschlappen und Wassertemperatur,
- Einreiben, Massieren oder bekannte Düfte verwenden,
- Geruchs-, Tast- oder Geschmackssinn, z. B. durch Bestreichen von Lippen, Gaumen und Mund oder „mobil" kochen am Bett,
- taktile Wahrnehmung fördern durch Igelball oder Materialien wie Holz und Stein,
- gemeinsam tanzen, wiegen oder schaukeln.

Bedenke

Für Menschen mit Demenz gewinnt die Kommunikation über Berührung immer mehr an Bedeutung.

Snoezelen

Snoezelen

leitet sich aus zwei niederländischen Worten ab: „snuffelen" (schnüffeln und tun, was man will) und „doezelen" (dösen, entspannen).

Snoezelen bedeutet in der Pflege und Betreuung von Menschen mit Demenz Entspannen, Wohlfühlen, Genießen und Erleben durch verschiedene Anreize wie Licht oder Düfte.

Beim Snoezelen werden in einem **Raum** mit angenehmer Atmosphäre Klänge, Düfte und Lichteffekte dargeboten 23. Es stehen außerdem meist Möbelstücke oder Gegenstände mit unterschiedlicher Oberflächentextur zum Ertasten und Erfühlen zur Verfügung. Oft reicht auch ein mobiler **Snoezelen-Wagen**, auf dem die Snoezelen-Instrumente auch zu den Bettlägerigen gebracht werden können.

Studien haben ergeben, dass Snoezelen bei den Bewohnern einen deutlichen Rückgang von aggressivem Verhalten und eine positive Grundstimmung bewirkt hat. Snoezelen tut auch Pflegenden gut, um sich vom Alltag mit den Menschen mit Demenz zu erholen und Kraft zu schöpfen.

Bei jedem Menschen gibt es andere Reize, die eine entspannende Wirkung auslösen. Die sogenannten „Türöffner" können aber auch unerwartete Reaktionen auslösen, wenn der Betroffene sich an negative Erlebnisse aus der Vergangenheit erinnert fühlt, z. B. Erinnerungen an Bombennächte durch Lichteffekte.

Bedenke

Die reizvolle Atmosphäre kann Menschen mit Demenz überfordern. Snoezelen sollte deshalb immer in Begleitung erfolgen und bei Bedarf rechtzeitig abgebrochen werden.

23
Snoezelenraum

11.3.10 Milieutherapie

Milieutherapie

Gestaltung des räumlichen und sozialen Umfelds nach den Bedürfnissen und Gewohnheiten des Bewohners.

Das soziale und räumliche Umfeld ist für jeden Menschen von Bedeutung und beeinflusst sein Wohlbefinden. Jeder gestaltet es nach seinen Bedürfnissen. Das Zuhause, die eigene Wohnung ist für jeden Menschen ein individuell gestalteter Ort, seine **Privatsphäre**.

Menschen mit Demenz können sich mit fortschreitender Erkrankung ihr Umfeld nicht mehr selbst gestalten. Aufgrund ihrer beeinträchtigten Wahrnehmung und Orientierung sind sie auf die Aufmerksamkeit anderer angewiesen. Für sie spielt das Milieu der Vergangenheit eine große Rolle.

Aus diesem Grund zählt die Milieutherapie zum festen Bestandteil **ganzheitlicher Pflege** und Betreuung von Menschen mit Demenz. Die Gestaltung bezieht sich auf:

- zwischenmenschliche Beziehungen, z. B. Angebote für Gespräche und gemeinsame Aktivitäten,
- Wohn- und Lebensraum, z. B. Gestaltung des Essraumes nach dem Geschmack aus der Jugendzeit der Bewohner 24,
- das Alltagsgeschehen und die Betreuungsatmosphäre, z. B. Angebote der Aktivierung und Beschäftigung und der Umgang der Pflegenden mit den Bewohnern.

Wichtige Ziele der Milieutherapie sind:

- Angst, Unruhe und Aggression lindern,
- Fähigkeiten zur Alltagsbewältigung erhalten und fördern,
- Symptome der Erkrankungen akzeptieren lernen,
- Lebensqualität und Wohlbefinden verbessern.

Bedenke

Menschen mit Demenz fühlen sich in vertrauter Umgebung sicherer. An diesem Bedürfnis setzt die Milieugestaltung an.

Räumliche Gestaltung

Die Aufenthalts- oder Wohnräume sollten:

- übersichtlich gestaltet sein,
- ausreichend Bewegungsfreiheit bieten,
- frei von gefährlichen Kanten und Gegenständen sein.

Lieblingsfarben sollten sich in den Räumen wiederfinden, z. B. in Bildern, Vorhängen oder Tagesdecken. Persönliche Gegenstände wie eigene Fotos, alte Möbel, selbst gehäkelte Deckchen und damit verbundene Erinnerungen sind ebenfalls wichtig.

24
Millieugestaltete Sitzecke

Einfache Gegenstände wie eine Duftlampe, ein Windspiel oder ein frischer Strauß Blumen sprechen gleichzeitig verschiedene Sinne an. Kuscheltiere, Decken oder ein Berg mit Stoffresten regen zum Anfassen und Streicheln an.

Öffentlich zugängliche Räume ermöglichen es dem Bewohner, soziale Kontakte zu knüpfen, an Aktivitäten teilzunehmen sowie das Gefühl von Autonomie zu empfinden.

Entscheidend für das Wohlbefinden des Bewohners ist auch, ob er in einem Einzel- oder Mehrbettzimmer lebt. Diese Frage hängt wesentlich von der Biografie des Bewohners ab.

Bedenke

Je weniger die Umgebung an eine Institution bzw. eine Pflegeeinrichtung erinnert, desto besser.

Zeitliche Orientierung

Eine wichtige Rolle spielt die Tagesgestaltung. **Tagesstrukturierende Maßnahmen** helfen bei der zeitlichen Orientierung. Dabei sollte so wenig wie möglich in den Lebensrhythmus des Bewohners eingegriffen werden. Tägliche Angebote bieten lediglich einen Orientierungsrahmen.

Vertraute Abläufe vermitteln ein Gefühl von Sicherheit und Geborgenheit, z. B.:

- feste Schlafens- und Aufwachzeiten,
- Spaziergang am Vormittag,
- nachmittägliches Kaffeetrinken,
- gemeinsame Ausflüge,
- persönliche Rituale, z. B. die Tasse Kakao am Morgen oder das Glas Rotwein vor dem Einschlafen.

Bedenke

Die Tagesstruktur sollte von den Gewohnheiten und Bedürfnissen der Bewohner und nicht von den Vorstellungen Pflegender geprägt sein.

Zu tagesstrukturierenden Maßnahmen zählen auch Verrichtungen des täglichen Lebens, z. B.:

- Wäsche falten,
- abwaschen, aufräumen oder Blumen gießen,
- schrauben, hämmern und kleistern.

Bekannte Utensilien wie Töpfe, Lappen, Besen und Staubtücher sollten immer sichtbar sein, um die Bewohner zur Beschäftigung anzuregen. Der an Demenz erkrankte Bewohner fühlt sich „gebraucht" und in seinem Selbstvertrauen gestärkt.

Bedenke

Aktivitäten und Ruhepausen sollten sich abwechseln, damit die Bewohner nicht überfordert werden.

25
Gruppenaktivität

Soziale Beziehung

Kontakte zu anderen Menschen, Angehörigen und Mitbewohnern sowie die Teilnahme an **Gruppenaktivitäten** 25 sind für Menschen mit Demenz von großer Bedeutung und fester Bestandteil der sozialen Milieugestaltung.

Menschen mit Demenz fühlen sich hilflos, wenn sie sich ständig umorientieren und auf neue Personen einstellen müssen. Grundvoraussetzung für die Milieutherapie ist deshalb die Bezugspflege. Danach sollte ein häufiger Wechsel des Personals verhindert werden. **Bezugspflege** ermöglicht dem Bewohner eine vertraute Bezugsperson.

Übung

Erstellen Sie einen Tagesplan mit Uhrzeit für eine Bewohnerin, die ihr Leben lang in der Altenpflege gearbeitet hat.

11.3.11 Die 10-Minuten-Aktivierung

10-Minuten-Aktivierung

Betreuungsform für Menschen mit Demenz, bei der Gegenstände aus der Vergangenheit Erinnerungen aktivieren sollen. Dabei wird die geringe Konzentrationsfähigkeit des Bewohners und die häufig begrenzte Zeit der Pflegenden berücksichtigt.

Die 10-Minuten-Aktivierung wurde von Ute Schmidt-Hackenberg speziell für Menschen mit Demenz entwickelt. Das Verfahren berücksichtigt dabei besonders, dass die Betroffenen nur kurze Zeit konzentriert einer Beschäftigung nachgehen können. Aufgrund der einfachen Verfahrensweise ist die 10-Minuten-Aktivierung ohne großen Aufwand spontan in den **Tagesablauf** und somit in den **Pflegealltag** zu integrieren.

Bedenke

Die Aktivierung soll Leben in den Alltag des Menschen mit Demenz bringen und seine Kommunikations- und Wahrnehmungsfähigkeit fördern.

Ziele der Aktivierung

Die 10-Minuten-Aktivierung fördert:

- die **Feinmotorik**: z. B. Handarbeiten, Wäsche falten, Servietten falten,
- die **Mobilität**: z. B. Kaffeemahlen, Wäsche zusammenlegen, Laubsägearbeiten, Abwaschen oder Tisch für Mahlzeiten eindecken,
- das **Selbstwertgefühl**: Beteiligung in der Gruppe, miteinander ins Gespräch kommen, in der Einzelaktivierung Erfolge erleben,
- die **Erinnerungsfähigkeit** durch einen mehrkanaligen Zugang: z. B. Fühlen von Filz, Wolle, Seide, Holz, Steinen; Duft von Blumen, Kaffee, Seife oder Parfüm; Betrachten von Fotos, alten Zeitungen, Büchern, Gegenständen.

26
Themenbox Küche

Materialien

Für den Erfolg dieser Methode ist es wichtig, dass sie möglichst täglich zur Anwendung kommt, z. B. vor den Mahlzeiten oder wenn ein Betroffener den Wunsch nach Aktivität signalisiert, und zehn Minuten nicht überschritten werden.

Es werden verschiedene Materialien als Schlüsselreize eingesetzt. Sie werden dem Menschen mit Demenz gezeigt und es werden ihm Fragen dazu gestellt, die Erinnerungen aus dem Langzeitgedächtnis wachrufen und zur Kommunikation anregen. Auch wird der Bewohner gebeten, Dinge anzufassen und Sinneseindrücke zu schildern.

Die Materialien können gesammelt bzw. mit dem Betroffenen angefertigt werden. Sie können in **Themenboxen** 26, z. B. Schuhkartons, aufbewahrt werden und schnell zur Anwendung kommen. Zur Vertiefung der Methode können sich Pflegende fortbilden lassen.

Neben wiederverwendbaren Gegenständen können auch jahreszeitlich gebundene Materialien wie im Herbst Laub, Eicheln oder Kastanien verwendet werden. Sogenannte Gedächtniskisten können nach bestimmten Themen 27 geordnet sein:

- Thema Küche: alte Rezepte, bekannte Utensilien zum Kochen und Backen wie Töpfe, Geschirr, Besteck, Fleischklopfer, Teigschaber,
- Thema Meer: Muscheln, Steine, Gefäß mit Sand, Badekleidung, Fotos von alten Strandkörben,
- Thema Reisen: alte Fahrkarten, Stadtpläne, Ansichtskarten, Koffer, Urlaubsandenken,
- Thema Wäsche: Waschbrett, alte Kleidungsstücke, Kernseife, Waschbürste, altes Bügeleisen.

Übung

Stellen Sie jeweils eine Kiste für die 10-Minuten-Aktierung zu folgenden Themen zusammen: Schule, Weihnachten, Heimwerker.

27
Themenbox Kindheit

11.3.12 Biografiearbeit bei Menschen mit Demenz

Die Biografie (→ 3.5.1) eines Menschen bezeichnet den von ihm selbst bewerteten **Lebenslauf** im Zusammenhang mit seiner gesellschaftlichen und zeitgeschichtlichen Prägung.

Biografiearbeit bei Menschen mit Demenz

Jeder Mensch hat eine individuelle Lebensgeschichte. Die Höhen und Tiefen eines langen Lebens haben den Menschen mit Demenz geformt und bestimmen heute sein Verhalten, seine Gewohnheiten, Vorlieben und Empfindlichkeiten.

Bedenke

Das Wissen über die Lebensgeschichte hilft dabei, den Menschen mit Demenz und sein Verhalten zu verstehen.

Biografische Informationen

Folgende Informationen werden im Rahmen der Biografiearbeit bei Menschen mit Demenz erhoben, z. B.:

- familiäre Situation,
- regionale Herkunft,
- Schulbildung,
- berufliche Ausbildung,
- ausgeübter Beruf,
- Tagesgestaltung, Gewohnheiten,
- Sprache, Dialekt,
- Verhaltensweisen, Traditionen, Rituale, kultureller Hintergrund,
- prägende Ereignisse,
- Gesundheitsgeschichte.

Oft reicht es, dem Erkrankten **Impulse** zu geben, z. B. durch Fragen nach dem früheren Arbeitsleben, der ersten großen Liebe, Hobbys oder Lieblingsspeisen.

Menschen mit Demenz vergessen viele Dinge, da sich ihre Erinnerungen und gegenwärtige Lebensorientierung zunehmend auflösen und teilweise nur noch aus einzelnen Puzzleteilen bestehen. Sie leben in der Vergangenheit mit den Erinnerungen an ihre Kindheit oder ihr mittleres Alter, z. B. die Zeit als Familienvater und im Beruf.

Formen der Biografiearbeit

In der Biografiearbeit werden drei Formen unterschieden:

- **gesprächsorientiertes Arbeiten**: Bei Gesprächen können sich Menschen mit Demenz gut erinnern.
- **aktivitätsorientiertes Arbeiten**: Durch gemeinsame Aktivitäten wie Singen, Malen, Basteln oder Ausflüge kann erreicht werden, dass Menschen mit leichter bis mittelschwerer Demenz sich an Orte der Vergangenheit erinnern.
- **dokumentationsorientiertes Arbeiten**: Gerade bei älteren Menschen mit Demenz sollten vorhandene Dokumente, z. B. Fotos, Bilder, Gegenstände und Andenken, in die Biografiearbeit einbezogen werden, um Erinnerungsanreize zu schaffen.

Hilfsmittel

Hilfsmittel für die Biografiearbeit sind z. B.:

- Fotos der Klienten (aus ihrer Jugend, alte Bilder aus der Stadt und der Region) 28,
- Gegenstände aus den ersten Jahrzehnten des vorigen Jahrhunderts, z. B. altes Bügeleisen, Möbel, Kochgeräte vom Flohmarkt oder aus Wohnungsauflösungen,
- Musik aus der damaligen Zeit,
- Musikinstrumente,
- Liederbücher,
- Geschichten aus alten Lesebüchern,
- Erinnerungskoffer, den Angehörige vor dem Heimeinzug packen, mit kleinen Erinnerungsstücken, an denen die Bewohner hängen, z. B. Bücher, Bilder, Werkzeug.

28
Fotos als Gedächtnisstütze

Weitere Anreize bieten z. B.:

- Tische mit Kerzen, Bibeln,
- Handarbeiten: (alte) Stricknadeln, Häkelnadeln, Fingerhüte, Wolle oder ein Stopfei,
- Gerüche: Kernseife, Wachs oder Möbelpolitur und Parfüm sowie Blumendüfte, Holzgeruch oder Küchendüfte.

Die gesammelten Informationen über den Bewohner werden in der Pflegedokumentation auf dem **Biografiebogen** schriftlich dokumentiert. Dort können sie auch später ergänzt werden.

Übung

Stellen Sie Fragen zur Biografie eines Menschen zusammen. Befragen Sie anschließend eine Bewohnerin oder eine Verwandte nach ihrer Biografie und notieren Sie diese in Stichworten.

11.4 Spezielle Prophylaxen

Prophylaxen werden in allen Bereichen der Pflege eingesetzt. Immer geht es darum, das Risiko einer Erkrankung richtig einzuschätzen und geeignete Interventionen durchzuführen, bevor es zu einer Entstehung bzw. Verschlimmerung der Erkrankung kommt.

Bei einer Demenzerkrankung gibt es bis heute keine spezifische Prophylaxe wie z.B. bei einer Pneumonie. Dafür ist über die Ursachen noch zu wenig bekannt. Es besteht lediglich die Vermutung, dass körperliche Aktivität, geistige Regsamkeit, die richtige Ernährung und eine Bluthochdruckbehandlung vorbeugende Wirkung haben.

Sichere Erkenntnis ist jedoch, dass andere Erkrankungen oder Mangelzustände die Symptome einer Demenzerkrankung verschlechtern. Gleichzeitig können diese nur schwer erkannt werden. Die folgenden Prophylaxen spielen deshalb bei der Demenz eine wichtige Rolle.

11.4.1 Schmerzprophylaxe

Schmerz ist ein subjektives Empfinden und nicht immer sofort ersichtlich. Er ist die komplexeste Wahrnehmung, die ein Mensch haben kann. Kein Mensch ist in der Lage, die Schmerzen eines anderen Menschen zu fühlen. Dadurch fällt es Pflegenden schwer, Schmerzen bei anderen Menschen zu erkennen.

Unbehandelte Schmerzen sind eine Qual für die Betroffenen und können weitere Erkrankungen bzw. Einschränkungen nach sich ziehen und die Symptome einer Demenz verstärken, z.B.:

- Depression und Rückzug,
- Schlafstörungen,
- verringerte kognitive Fähigkeiten,
- Unruhe,
- Aggression.

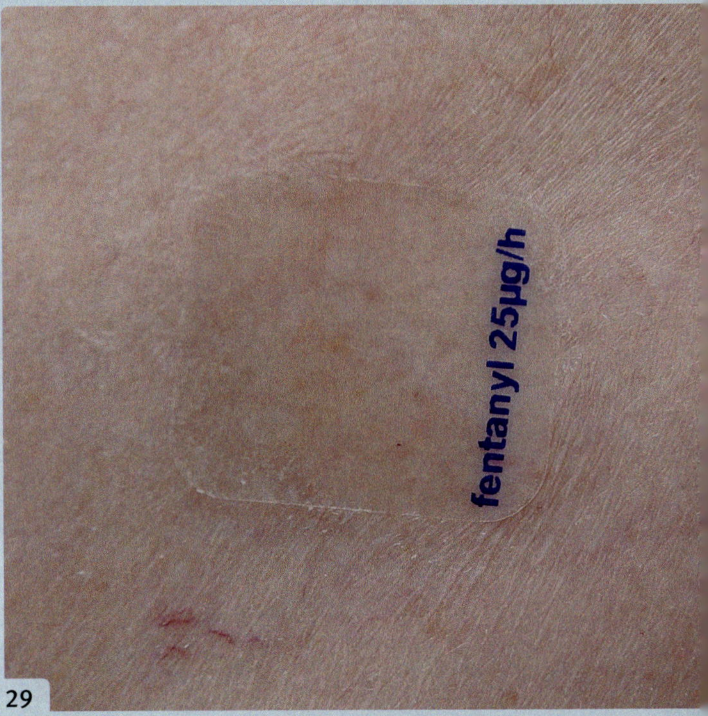

29
Schmerzpflaster

Schmerzen bei Menschen mit Demenz

Die einzige Möglichkeit für Menschen mit einer fortgeschrittenen Demenz, Schmerzen mitzuteilen, ist die **nonverbale** Sprache. Oft reagieren die Betroffenen auf den Schmerz mit Verhaltensweisen, die von der Umwelt oft als ablehnend und störend empfunden werden.

Wenn sich Pflegende allerdings bewusst sind, dass der Auslöser dieses Verhaltens möglicherweise Schmerzen sein könnten, wäre es ihnen möglich, darauf Einfluss nehmen, z.B. mit einer richtigen **Schmerzeinschätzung** und einer angemessenen **Schmerztherapie** 29.

Bedenke

Schmerzen können bei Menschen mit Demenz zu herausforderndem und ablehnendem Verhalten führen.

Selbsteinschätzung und Fremdeinschätzung

Bei Menschen mit Demenz ist eine Selbsteinschätzung häufig nicht mehr oder nur eingeschränkt möglich.

Bei einer **leichten Demenz** können Betroffene ihre Schmerzen noch äußern und beschreiben. Pflegende und Begleiter versuchen, im Gespräch herauszufinden, ob der Bewohner, und wenn ja, wie stark, an Schmerzen leidet. Verschiedene Skalen stehen zur Verfügung, um den Schmerz bei Demenzerkrankten einzuschätzen.

Menschen mit einer **fortgeschrittenen Demenz** sind in besonderem Maße darauf angewiesen, dass Pflegende ihre Schmerzen rechtzeitig erkennen und richtig einschätzen.

Beobachtung und **Wahrnehmung** spielen bei der Fremdeinschätzung eine ganz wesentliche Rolle, denn hier kommt es darauf an, Verhaltensweisen richtig zu deuten und entsprechend darauf zu reagieren. Wenn bestimmte Verhaltensweisen auf Schmerzen zurückzuführen sind, sollten unbedingt geeignete Maßnahmen 30 eingeleitet werden, um Schmerzen zu lindern.

Bedenke

Bei der Fremdeinschätzung spielt die Beobachtung nonverbaler Schmerzzeichen eine besondere Rolle.

Schmerzen erkennen

Folgende Verhaltensweisen von Menschen mit Demenz können einen Hinweis auf Schmerzen geben:

- gebückte Körperhaltung,
- schlurfender Gang, „hinken“ oder „humpeln“,
- Schutz- beziehungsweise Schonhaltung,
- „Zusammenzucken“ bei Berührungen, z. B. bei der Körperpflege oder Transfers.

30
Mittel gegen Schmerzen

Hinweise auf stärkere Schmerzen sind z. B.:

- „Wegziehen“ von Körperteilen,
- sich steif machen oder sich wehren, schlagen,
- grimassieren, weinen, stöhnen, wimmern, geschlossene Augen,
- streicheln oder reiben bestimmter Körperteile, z. B. Kopf, Gliedmaßen, Ohren oder Magen,
- lautstarkes, angestrengtes Atmen,
- Unruhe oder schnelle Atmung,
- nervös hin- und hergehen,
- „nesteln“: ruhelose, sich wiederholende Bewegung,
- sich nicht ablenken oder trösten lassen.

Bedenke

Werden die Schmerzen z. B. durch Medikamente behandelt, ist es wichtig, auf Verhaltensänderungen von Bewohnern mit Demenz zu achten.

11.4.2 Sturzprophylaxe

Stürze sind bei Menschen mit Demenz allgegenwärtig. Oft müssen Pflegende zwischen dem Bedürfnis nach **Autonomie** des Betroffenen und der **Fürsorge** für seine Gesundheit abwägen.

Sturzgefahr bei Demenz

Bei Menschen mit Demenz wächst die Sturzgefahr erheblich aus folgenden Gründen, z. B.:

- Fehlinterpretationen von Umgebungsbedingungen, z. B. ein Teppich wird für ein Loch gehalten,
- verminderte Fähigkeit, Balancestörungen zu korrigieren und damit Stürze abzufangen,
- falsche Einschätzung von Gefahren, z. B. sichere Aktionen können von gefährlichen nicht unterschieden werden.

Menschen mit Demenz bringen sich oft selbst in gefährliche Situationen. Stolpern, Ausrutschen und Balanceverlust sind die Folge.

Sturzgefahr reduzieren

Bei der Sturzprophylaxe soll keinesfalls die **Bewegungsfreiheit** von Menschen mit Demenz eingeschränkt, sondern vielmehr eine größtmögliche, sichere Mobilität der Betroffenen erhalten oder wieder hergestellt werden.

Untersuchungen haben ergeben, dass **freiheitsentziehende Maßnahmen** das Gefahrenpotential für sturzbedingte Verletzungen erhöhen, z. B. Klettern über Bettgitter, Strangulierungsgefahr durch Fixiergurte an Rollstühlen. Einschließen, Einengungen oder Fixierungen müssen immer über das Gericht genehmigt werden.

Bedenke

Freiheitsentziehende Maßnahmen sind keine Maßnahmen zur Sturzprophylaxe!

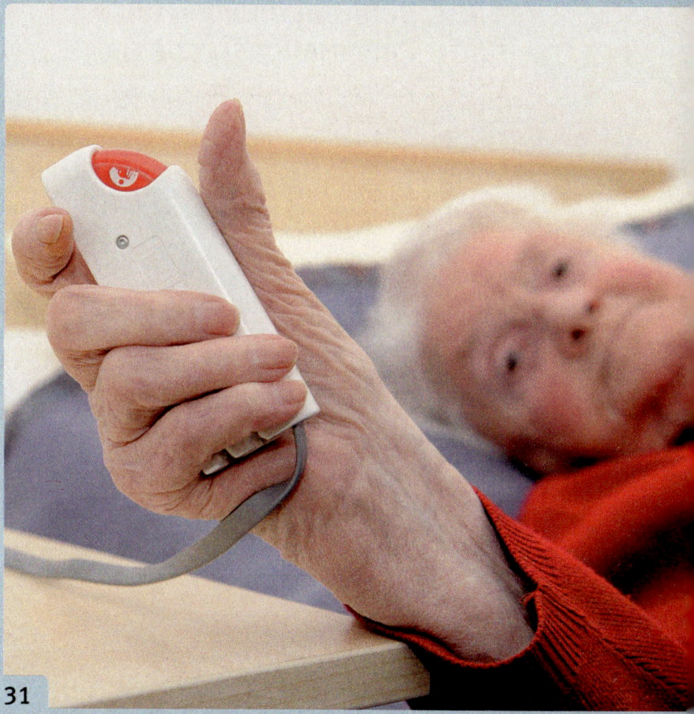

31
Klingel in Reichweite

Grundsätzliche Maßnahmen, um Stürze bei Menschen mit Demenz zu reduzieren, sind z. B.:

- Klingel und Lichtschalter in Reichweite der Bewohner anbringen (auch beim Essen am Tisch, beim Waschen und auf der Toilette) **31**,
- generell auf Stolperfallen in der Umgebung des Menschen mit Demenz achten,
- Reaktionen auf Medikamente, z. B. Psychopharmaka überwachen,
- Menschen mit einer demenziellen Erkrankung niemals allein lassen,
- Bremsen an Betten oder Rollstühlen feststellen,
- Fußstützen an Rollstühlen nach unten klappen, beim Aufstehen Fußstützen wegklappen, damit der Betreffende nicht mit dem Rollstuhl vornüberkippt,
- regelmäßige Bewegungsübungen zur Schritt- und Standfestigkeit durchführen,
- Gehhilfen anbieten.

11.4.3 Unterernährungs- und Dehydrationsprophylaxe

Essen und Trinken sind nicht nur Voraussetzungen zum Überleben, indem die nötige Energie zur Aufrechterhaltung der Körperfunktionen zugeführt wird, sondern erfüllen auch eine **soziale Funktion**. Sie beeinflussen das Wohlbefinden der Menschen mit Demenz und sind wichtige Bestandteile ihrer kulturellen und sozialen Identität.

Unterernährung und Dehydration bei Demenz

Veränderungen in der Nahrungs- und Flüssigkeitsaufnahme sind bei Menschen mit Demenz häufig, z. B.:

- nachlassendes Hunger- und Durstgefühl (wie bei psychisch gesunden Bewohnern),
- Vergesslichkeit,
- Desorientierung,
- Antriebslosigkeit.

Ein **Gewichtsverlust** wird unter Umständen erst spät erkannt. Eine **Dehydration** dagegen kann sich relativ schnell entwickeln. Die Symptome können innerhalb weniger Tage sichtbar sein.

Bedenke

Unruhe und Desorientiertheit können bei Menschen mit Demenz durch Flüssigkeitsmangel zunehmen.

Problematisch bei Menschen mit Demenz ist, dass sie die Folgen einer mangelnden Flüssigkeitszufuhr nicht verstehen. In ihrer Wahrnehmung haben sie ausreichend getrunken und gegessen, obwohl sie sich an die letzte Mahlzeit nicht erinnern können.

Menschen mit Demenz wollen sich von den Pflegenden nicht bevormunden lassen und wehren sich oft gegen die gut gemeinten Aufforderungen, etwas zu essen oder zu trinken.

32
Mahlzeiten selbst zubereiten (lassen)

Wenn sich Menschen mit Demenz mit Worten oder Argumenten nicht mehr zum Essen und Trinken anleiten lassen, müssen sie mit anderen Mitteln behutsam dazu motiviert werden.

Gefühl der Kontrolle

Das Gefühl, Dinge kontrollieren zu können, kann sich positiv auf die Nahrungsaufnahme bei Menschen mit Demenz auswirken. Oft verschwinden nicht organisch bedingte Probleme beim Kauen oder Schlucken, wenn die Betroffenen ihre Mahlzeiten selbst herrichten 32, sich ein Marmeladenbrot streichen oder eine Orange schälen.

Bedenke

Biografiearbeit ist auch für die Unterstützung bei der Nahrungsaufnahme unerlässlich. Was und wie hat der Mensch mit Demenz früher gegessen und getrunken?

Ernährungs- und Essgewohnheiten

Ernährungs- und Essgewohnheiten beeinflussen den Appetit und die Nahrungsmenge. Lokale, biografisch orientierte Speisen sowie Lieblingsspeisen lassen die Mahlzeiten zu einem Ereignis werden.

Indem sich die Betroffenen selbst bedienen und die Größe der Portionen bestimmen, werden **Wahlmöglichkeiten** eingeräumt, die Würde geschützt sowie die **Autonomie** gefördert.

Ernährungsumstellungen sind nicht sinnvoll. Es sollten vielmehr Speisen angeboten werden, die dem Betroffenen schmecken. Sind Veränderungen aus gesundheitlicher Sicht unumgänglich, sollten sie schrittweise eingeführt werden.

Bedenke

Die Freude am Essen und Trinken steht an erster Stelle. Weniger „gesund“ essen und trinken ist besser als gar nichts.

Konzentration auf die Mahlzeiten

Eine normale und **angenehme Atmosphäre** fördert die Konzentration auf die Mahlzeiten. Der Duft der Speisen und eine leise Unterhaltung mit dem Betroffenen können anregend sein und die Erinnerung an frühere Restaurantbesuche wecken.

Bei fortgeschrittener Demenz ist der Betroffene überfordert, aus einer Vielzahl Lebensmitteln eine Wahl zu treffen. Der Tisch sollte mit wenig Besteck (nur einen Löffel oder eine Gabel) und anderen Dingen, die ablenken können, gedeckt sein.

Bedenke

Zu viel Stimulierung kann sich aber negativ auswirken. Der Betroffene ist unkonzentriert oder verhält sich auffällig.

33
Übersichtliche Tischgestaltung

Bei der Nahrungsaufnahme unterstützen

Die Selbstständigkeit sollte so lange wie möglich erhalten bzw. gefördert und durch den Gebrauch von Hilfsmitteln unterstützt werden:

- dünnflüssige Nahrungsmittel (Getränke, Suppen) für Demenzerkrankte mit Schluckstörung vermeiden,
- Bewohner stets aufrecht sitzen lassen,
- Löffel nicht überladen und den Mund „vollstopfen“,
- Tempo an den Pflegebedürftigen anpassen, nicht drängen oder bevormunden,
- dem Betroffenen immer erklären, was man tun wird bzw. sensorischen Hinweis geben (mit der Hand berühren),
- dem Bewohner nicht den Mund abwischen, weil das leicht mit dem Eingeben des Essens verwechselt werden kann,
- Tischdecken und Geschirr mit unruhigem Muster vermeiden 33.

Weitere Unterstützung durch die Pflegenden:

- Betroffene Löffel in der Hand halten lassen,
- Schluckreflex mit aromatischen Eiswürfeln zum Lutschen stimulieren oder Speicheldrüsen unter dem Kinn leicht massieren,
- feuchte und weiche Speisen anbieten, die einer Erwachsenenkost entsprechen, z. B. Kartoffelpüree, Schmorgerichte, Pudding, Rührei,
- Speisen vermeiden, die gut gekaut werden müssen, z. B. Nüsse, Gemüsestücke, und unterschiedliche Bestandteile aufweisen (flüssig und fest), z. B. Joghurt mit Früchten,
- Ess- und Ernährungsgewohnheiten respektieren: Wo und wann mag der Bewohner essen? Welche Speisen bevorzugt er?
- dem Menschen mit Demenz Aufmerksamkeit widmen, z. B. Unterhaltungen nebenher vermeiden,
- Speisen nacheinander und nicht alle auf einmal servieren, jeweils nur ein Gericht,
- Selbstständigkeit beim Essen erhalten, z. B. durch Fingerfood und „eat by walking“ (Bewohner herumwandern lassen) 34.

34
Eat-by-walking

Übung

Stellen Sie eine Auswahl an Fingerfood für Menschen mit Demenz zusammen, die er beim Gehen gut transportieren und zu sich nehmen kann.

Bei der Flüssigkeitsaufnahme unterstützen

Im mittleren bis fortgeschrittenen Stadium der Demenzerkrankung reicht es nicht mehr, den Bewohner zum Trinken zu motivieren. Die eigentliche Aufgabe für die Pflegenden liegt nun im Erhalt und der Förderung der **Selbstständigkeit** beim Trinken.

Die Betroffenen verspüren den Durst, wissen aber nicht mehr, was sie dagegen tun können. Es fällt ihnen schwer, das Glas zu ergreifen und zum Mund zu führen.

Um den Menschen mit Demenz zum Trinken zu motivieren, können Pflegende:

- möglichst leichtes Trinkgefäß verwenden und dieses nur halb füllen,
- Getränke nicht im Stehen anreichen,
- das Trinken vorbereiten: Trinkgefäß zeigen und dem Betroffenen sagen, was er tun kann,
- Hilfsmittel einsetzen, z. B. Strohhalm oder Esslöffel zum „Essen“ der Flüssigkeit,
- den Betroffenen bitten, das Glas leer zu trinken, damit es gespült werden kann,
- bevor das Getränk angereicht wird, gegebenenfalls die Lippen stimulieren,
- erst nach Ende des Schluckaktes den nächsten Schluck anbieten,
- nur ganz kleine Schlucke nehmen lassen,
- dem Betroffenen den Geschmack des Getränkes beschreiben,
- den Bewohner zum Probieren der Getränke motivieren.

11.4.4 Förderung der Kontinenz

Die Inkontinenz ist eine der größten Herausforderungen für die Pflege und für viele alte Menschen ein Grund, in eine Pflegeeinrichtung ziehen. Während psychisch gesunde Menschen jedoch lernen können, auf „diskrete" Weise, z. B. mit dem Gebrauch von Inkontinenzmitteln, mit dem Problem umzugehen, sind Menschen mit Demenz auf die Anleitung und Unterstützung der Pflegenden angewiesen.

Demenz und Inkontinenz

Bei einer Demenz sterben Hirnbahnen und Nervenzellen ab, wobei die Gehirnregion, die für die Steuerung der Blase verantwortlich ist, eher frühzeitig beeinträchtigt ist. Dies führt zur **Harninkontinenz.** Seltener in voller Ausprägung und erst in einem späten Stadium der Demenz kann es auch zur Stuhlinkontinenz kommen.

In der Regel ist nicht die Demenzerkrankung der Auslöser für eine Inkontinenz, sondern eher die Symptome, z. B.:

- **Desorientierung:** Menschen mit Demenz finden den Weg zur Toilette nicht 35,
- **eingeschränkte Mobilität:** Menschen mit Demenz schaffen es nicht „rechtzeitig" zur Toilette, können sich nicht vollständig entkleiden,
- **Vergesslichkeit:** das Gefühl, das mit einer vollen Blase einhergeht, kann nicht mehr gedeutet werden.

Menschen mit Demenz erleben das Eingreifen der Pflegenden, z. B. die Anwendung von Inkontinenz-Material, oft als Störung ihrer Intimsphäre und lehnen die Unterstützung der Pflegenden ab.

Bedenke

Eine Ursache von Inkontinenz bei Menschen mit Demenz ist der unauffindbare Weg zur Toilette.

35
Irrweg zur Toilette

Ziele der Kontinenzförderung

Die Ziele der Kontinenzförderung von Menschen mit Demenz sind:

- eine Inkontinenz zu vermeiden bzw. so lange wie möglich hinauszuzögern,
- die Selbstständigkeit und das Selbstwertgefühl der Menschen mit Demenz und Inkontinenz zu fördern,
- die Möglichkeit, am gesellschaftlichen und sozialen Leben teilzunehmen,
- die kognitiven Fähigkeiten zu trainieren und weitestgehend zu erhalten,
- die Lebensqualität zu erhöhen.

Bedenke

Eine vollständige Kontinenz ist bei Menschen mit Demenz nicht zu erwarten. Auch kleine Erfolge sind wichtig.

Signale erkennen

Aufgrund von Sprachstörungen und Gedächtnisverlust kann der Mensch mit einer demenziellen Erkrankung nicht mehr sagen: „Ich muss jetzt auf die Toilette" oder „Wo ist die Toilette?"

Signale diesbezüglich sind z. B.:

- zunehmende Unruhe des Betroffenen,
- Nesteln an der Kleidung, besonders an Hose und Unterhose oder Inkontinenzmaterial,
- Umherlaufen, Suchen nach einer Toilette,
- Ausziehen von Kleidungsstücken, insbesondere Hosen, Unterhosen,
- Entfernen von Inkontinenz-Material, weil es z. B. schmutzig, feucht oder unangenehm ist.

Bedenke

Menschen mit fortgeschrittener Demenz können ihren Harn- oder Stuhldrang nicht verbal äußern.

36
Erhöhter Toilettensitz

Der Weg zur Toilette

Der Weg zur Toilette ist für Menschen mit **fortgeschrittener Demenz** nur schwer auffindbar. Sie vergessen, vor dem Hinsetzen den Toilettendeckel aufzuklappen, sich die Kleider herunterzuziehen oder sie verwechseln einfach andere Plätze oder Orte mit der Toilette, z. B. Mülleimer.

Folgende Maßnahmen können helfen, z. B.:

- Weg zur Toilette freihalten von Hindernissen und gut beleuchten,
- Weg zur Toilette im Wohnbereich markieren,
- Toilettentür auffällig kennzeichnen, z. B. Piktogramme oder Schilder mit „WC" oder „Toilette", „Abort", oder „oo" aufstellen,
- Toilette selbst gut ausleuchten und „gemütlich" gestalten,
- erhöhte WC-Sitze verwenden 36, sie fördern selbstständige Blasen- und Stuhlentleerung.

Weiterhin sollte:

- auf „praktische" Kleidung geachtet werden, z. B. Kleidung, die Bewohner selbst ausziehen können wie Hosen mit Klettverschlüssen und Gummizügen anstatt mit Reißverschlüssen und Knöpfen,
- den Betroffenen keine Vorwürfe gemacht werden, wenn mal etwas „daneben" geht,
- herausgefunden werden, wann der Betroffene inkontinent ist und er dann zu diesen Zeiten zur Toilette begleitet werden,
- die Würde des Menschen gewahrt bleiben.

Übung

Sammeln Sie Ideen zur Gestaltung einer Toilette für Menschen mit Demenz. Beziehen Sie dabei auch die Umgebung bzw. den Weg zur Toilette mit ein.

Toilettentraining

Toilettentraining

regelmäßiges Aufsuchen der Toilette zu bestimmten Tages- oder Uhrzeiten oder in bestimmtem Abstand nach Mahlzeiten.

Das Toilettentraining ist der Versuch, der Inkontinenz aktiv zu begegnen, indem die Pflegende den Bewohner regelmäßig dazu ermuntert, die Toilette aufzusuchen. Dies geschieht entweder in einem vorgegebenen Rhythmus, z. B. alle zwei Stunden, oder zu individuellen Zeiten, z. B. immer nach dem Mittagessen.

Voraussetzung für den Erfolg ist, dass der Bewohner mit der Begleitung auf die Toilette einverstanden ist und den Sinn dieser Vorgehensweise noch nachvollziehen kann, z. B. bei leichter bis mittlerer Demenz. Zu beachten ist dabei:

- mit dem Training möglichst schon vor dem Einsetzen der Inkontinenz beginnen,
- beim Training „kleinschrittig" vorgehen, mit der Ermunterung zum Toilettengang beginnen,
- klare und für den Erkrankten unmissverständliche Anleitung geben,
- dem Betroffenen ausreichend Zeit zur Darmentleerung lassen,
- Geräusch von fließendem Wasser erzeugen 37,
- auf der Toilette Beschäftigung anbieten, z. B. Musik, Zeitung lesen, Fotos anschauen,
- eigene Aktivitäten zulassen,
- evtl. Hilfsmittel einsetzen, z. B. Urinflasche, Toilettenstuhl.

Bedenke

Inkontinenz-Material sparsam und nur nach Bedarf einsetzen. Es könnte sonst die Inkontinenz fördern.

37
Geräusch von fließendem Wasser

Herausforderndes Verhalten

Menschen mit Demenz können oftmals die Situation, in der sie sich gerade befinden, nicht angemessen einschätzen und reagieren mit herausfordernden Verhaltensweisen: Sie lehnen die Maßnahme ab, wehren sich und schreien.

Ursache dafür ist, dass sie ihre Hilflosigkeit und Abhängigkeit erleben sowie Scham und Angst empfinden, die sie mit bestimmten **Verhaltensweisen** zu äußern versuchen. Ablehnendes Verhalten verstärkt sich, wenn sich der Mensch mit Demenz nicht akzeptiert, angenommen und verstanden fühlt.

Bedenke

Hinter der Inkontinenz können auch der Wunsch nach Beachtung und Zuwendung oder Stress oder Schmerzen stehen.

11.4.5 Prophylaxe bei sensorischer Deprivation

Deprivation

Zustand des Mangels und der ausbleibenden Bedürfnisbefriedigung.

Bei der Deprivation wird unterschieden in die:

- **soziale Deprivation:** Mangel an sozialer Zugehörigkeit,
- **sensorische Deprivation:** Mangel an Außenreizen, Sinneswahrnehmungen,
- **emotionale Deprivation:** Mangel an emotionaler Zuwendung, Gefühlswelt,
- **kognitive Deprivation:** Mangel an geistiger Anregung und Auseinandersetzung.

Der Zustand der Deprivation wurde zunächst bei Säuglingen und Kindern nach längeren Krankenhausaufenthalten erforscht. Die Situation vieler Heimbewohner ist jedoch sehr ähnlich: aufgrund der fehlenden Ansprache, Mobilität und Aufgaben sowie einer eingeschränkten Sinneswahrnehmung, z. B. Schwerhörigkeit, entsteht ein Zustand der **Reizarmut**.

Symptome

- Gefühllosigkeit, Rückzug in sich selbst,
- Gefühl, nicht mehr lebendig zu sein,
- Distanz zum eigenen Körper, fehlendes Gefühl der eigenen Körpergrenzen.

Die Pflegenden können eine Deprivation erkennen an:

- Desinteresse,
- Schweigen,
- sich wiederholenden Bewegungen, z. B. schaukeln oder rufen, nesteln,
- Depression, Wunsch zu sterben,
- später nicht demenziell bedingte Denk- und Sprachstörungen, z. B. wirre und fahrige Sätze.

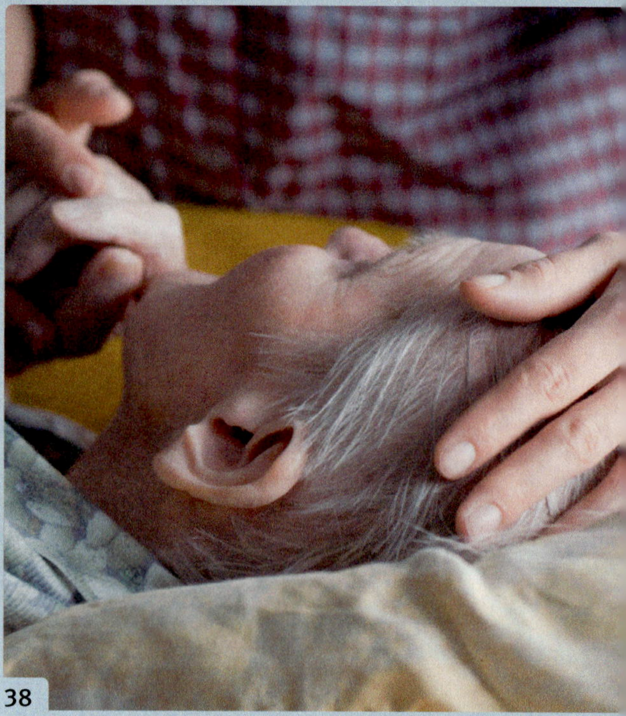

38
Deprivationsprophylaxe

Demenz und Deprivation

Pflegebedürftigkeit, verbunden mit einer demenziellen Erkrankung, erhöht das Risiko einer sensorischen und sozialen Deprivation, z. B. durch:

- Immobilität, z. B. Bettlägerigkeit 38,
- eingeschränkten Geruchs- und Geschmackssinn,
- Verlust des Tastsinns, z. B. Sensibilitätsverlust an Handflächen und Fußsohlen,
- Verlust der vestibulären Wahrnehmung (Gleichgewichtswahrnehmung),
- eingeschränkte sensorische Wahrnehmung durch sedierende (beruhigende) Medikamente,
- Verlust der Fähigkeit, sich auszudrücken und Kontakt mit anderen Menschen aufzunehmen und zu pflegen,
- Defiziterleben, z. B. kann sich ein Mensch mit Demenz defizitär erleben, er isoliert sich,
- herausforderndes Verhalten.

Reizüberflutung bei Menschen mit Demenz

Menschen mit Demenz fällt es sehr schwer, auf viele gleichzeitig auf sie einströmende Reize zu reagieren. Sie fühlen sich überfordert und reagieren mit Unsicherheit, Angst oder Rückzug.

In Pflegeeinrichtungen geht es häufig laut und hektisch zu. **Dauerreize** werden von den Betroffenen nicht mehr als Abwechslung wahrgenommen, sondern als monoton, besonders, wenn der Reiz nur schwach bleibt, z. B. werden Radio oder TV nicht mehr wahrgenommen, wenn sie den ganzen Tag „nebenbei" laufen 39.

Die Schaffung eines anregenden Umfelds, z. B. Milieutherapie, Nähe und Berührung, wechselnde Aktivitäten und Stimulation, wirken einer Reizarmut entgegen. **Reizüberflutung** ist dabei unbedingt zu vermeiden.

39
Dauerberieselung durch Fernseher

Übung

Verbinden Sie sich die Augen, verschließen Sie die Ohren, z. B. mit Ohropax, und setzen sich ca. 30 Minuten in einen Sessel, ohne die Position zu verändern. Beschreiben Sie anschließend, was Sie gefühlt haben.

Angemessene Reize anbieten

Es ist wichtig, dass Pflegende die Wahrnehmungsbereiche erkennen, in denen der Betroffene Defizite hat. Um **sensorischer Deprivation** vorzubeugen, sollte für Stimulierung auf allen Wahrnehmungsebenen gesorgt werden. Dazu gehören Maßnahmen wie:

- Mund, Ohren und Nase regelmäßig reinigen, damit Hör-, Geruchs- und Geschmacksfähigkeit lange erhalten bleiben,
- beim Anlegen von Hör- und Sehhilfen unterstützen sowie die Funktionsfähigkeit prüfen,
- mobilisieren sowie vestibuläre Wahrnehmung (Richtung wahrnehmen) fördern.

Weitere Maßnahmen:

- regelmäßige Kontakte zum Betroffenen, Zuwendung, Nähe,
- Gespräche pflegen,
- Kontakte zu Angehörigen fördern und erhalten,
- Tag-Nacht-Rhythmus herstellen,
- Radio gezielt einsetzen, individuelle Wünsche und Fähigkeiten beachten,
- Körperpflege als Erlebnis der Sinne gestalten, z. B. duftende Zusätze verwenden,
- Bewegung und Mobilisation, z. B. den Betroffenen in sitzender Position hin- und herwiegen oder schaukeln.

Bedenke

Angemessene Reize sind Alltagsreize, die der Mensch mit Demenz einordnen und erinnern kann.

11.5 Rechtliche Grundlagen

Menschen mit Demenz sind in der Regel nicht mehr ausreichend dazu fähig, ihre persönlichen Angelegenheiten zu regeln und Entscheidungen in Bezug z. B. auf ihr Eigentum, ihren Wohnort oder ihre gesundheitliche Versorgung zu treffen.

Diese Aufgabe können Angehörige oder Pflegende nicht einfach für die Betroffenen übernehmen. Sie müssen dabei im Interesse des Menschen mit Demenz gesetzliche Bestimmungen berücksichtigen.

11.5.1 Rechtliche Betreuung

Rechtliche Betreuung

gerichtlich bestellter Betreuer, der die rechtlichen Angelegenheiten für jemanden erledigt, der dazu nicht mehr in der Lage ist. Dabei sollen verbliebene Fähigkeiten zur Selbstbestimmung möglichst berücksichtigt werden.

Die Voraussetzungen für eine rechtliche Betreuung sind im § 1896 des **Bürgerlichen Gesetzbuches** geregelt.

Einen **Betreuer** können erwachsene Menschen demnach erhalten, wenn sie aufgrund einer psychischen Krankheit oder einer körperlichen, geistigen oder seelischen Behinderung ihre Angelegenheiten ganz oder teilweise nicht mehr regeln können. Das Vormundschaftsgericht bestellt dann für sie einen Betreuer.

Ein Betreuer darf nur für solche **Aufgabenbereiche** bestellt werden, in denen eine Betreuung wirklich erforderlich ist, z. B. bei der Vermögenssorge oder auch nur einzelnen Situationen wie einer Krankenhausentlassung.

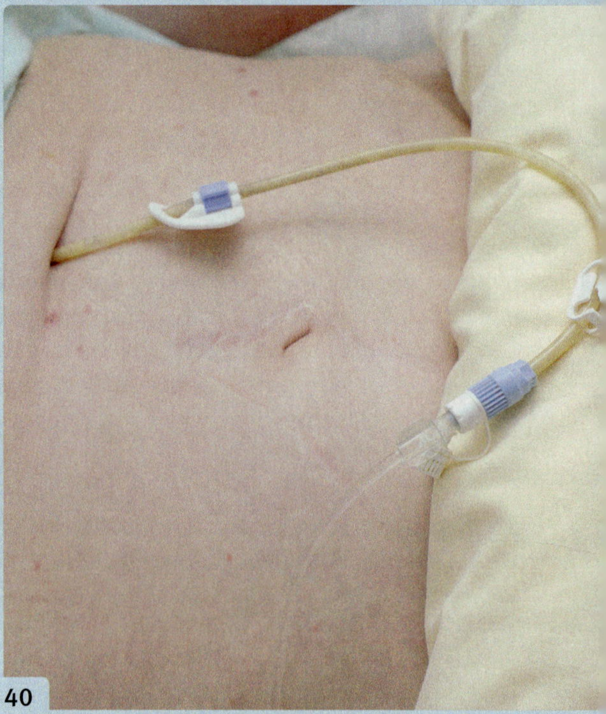

40
Bewohner mit Ernährungssonde

In Bezug auf die medizinische und pflegerische Versorgung des Menschen mit Demenz muss der Betreuer in die Entscheidungsfindung mit einbezogen werden, z. B. hat er Einsicht in die Behandlungs- und Pflegedokumentation.

Ethisch bedenklich sind Entscheidungen über:

- Ernährung 40 bzw. Zwangsernährung,
- Medikamenteneinnahme,
- Anwendung von freiheitsentziehenden Maßnahmen, lebensverlängernde Maßnahmen.

Liegt eine **Einwilligungsfähigkeit** des Menschen mit Demenz dazu nicht mehr vor, muss das Betreuungsgericht gesondert hinzugezogen werden, auch wenn eine Betreuung bereits eingerichtet wurde. Die Einwilligungsfähigkeit des Menschen mit Demenz beurteilt der behandelnde Arzt. Die Wünsche und das Wohl eines Menschen mit Demenz haben weiterhin Vorrang.

11.5.2 Patientenverfügung

Patientenverfügung

schriftliche Willenserklärung eines Menschen, in welcher Art und Weise er medizinisch behandelt werden will, wenn er nicht selbst darüber entscheiden kann.

In einem späten Stadium der Demenz können Angehörige, Pflegende oder Ärzte oft nicht mehr eindeutig den Willen des Erkrankten erkennen. Das betrifft z. B. die Frage, was getan werden kann, wenn sich die Ernährung des Betroffenen rapide verschlechtert.

Für so einen Fall gibt es für den Erkrankten die Möglichkeit, seine Wünsche dazu z. B. im Frühstadium der Erkrankung oder bei der Feststellung einer Diagnose vorzugeben. Für alle am Pflegeprozess Beteiligten kann die Patientenverfügung 41 eine Beruhigung und später große Entlastung sein.

Trotzdem ist es für einen Menschen nicht leicht, sich den Zustand einer späten Demenz vorzustellen und zum Zeitpunkt des Verfassens einer Patientenverfügung schon zu wissen, wie er tatsächlich in diesem Fall versorgt werden will.

Pflegende tragen deshalb eine große Verantwortung, durch intensive **Wahrnehmung** und **Beobachtung** den aktuellen Wunsch des Menschen im späten Stadium der Demenz zu vermuten. Ihre Erlebnisse und Erfahrungen mit dem Betroffenen sollten unbedingt bei Anwendung der Patientenverfügung zu Rate gezogen werden.

Dazu gehören z. B.:

- Beobachtungen aus dem Alltag,
- Spontanäußerungen während der Pflegemaßnahmen oder Betreuung,
- nonverbale Willenserklärungen.

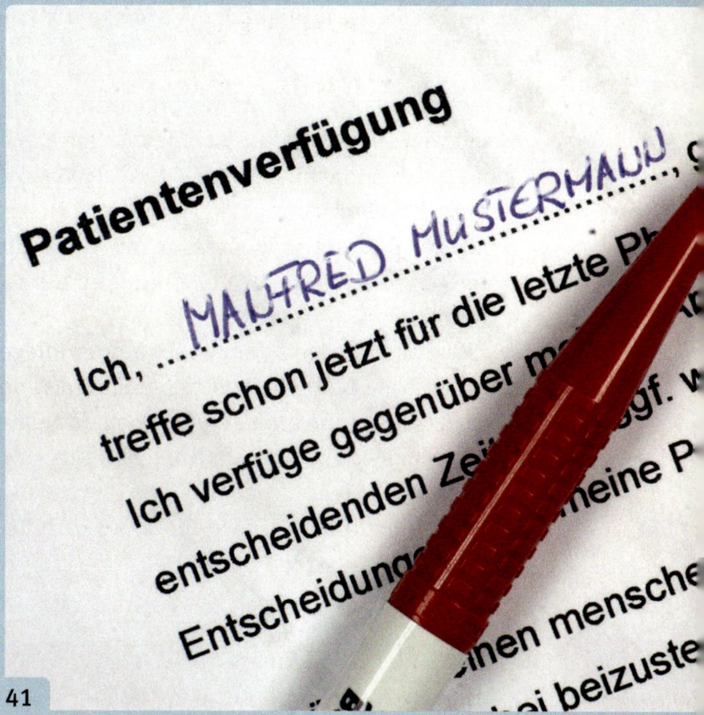

41
Schriftliche Willenserklärung

11.5.3 Freiheitsentziehende Maßnahmen

Freiheitsentziehende Maßnahmen

alle Schutzmaßnahmen, die eine willkürliche Bewegung oder Fortbewegung zum Schutz vor Selbstgefährdung verhindern sollen.

Freiheitsentziehende Maßnahmen schränken die Bewegungsfreiheit von Menschen ein. Grundsätzlich stellen freiheitsentziehende Maßnahmen eine Form der Gewalt in der Pflege von Menschen mit Demenz dar.

Sie sind deshalb grundsätzlich genehmigungspflichtig, es sei denn, der Betroffene wünscht es für seine eigene Sicherheit selbst. Oft sind freiheitsentziehende Maßnahmen durch eine intensive Begleitung der Bewohner vermeidbar.

Zu den freiheitsentziehenden Maßnahmen gehören z. B.:

- Verschließen der Bewohnerzimmertür, z. B. um zu verhindern, dass der Mensch mit Demenz die Einrichtung verlässt und sich selbst in Gefahr bringt,
- Bauchgurt, Hand-, Fuß- oder Beingurte im Bett oder im Stuhl,
- Bettgitter 42, Vorsatztische,
- Pflegestühle, die so gebaut sind, dass der Mensch mit Demenz sie nicht verlassen kann,
- Medikamente, die mit der Absicht verabreicht werden, den Betroffenen in seiner Bewegung einzuschränken,
- Entziehung von Hilfsmitteln, die der Betroffene zur Fortbewegung benötigt.

Bedenke

Jemandem seine Freiheit zu entziehen, bedeutet Gewaltanwendung und ist strafbar.

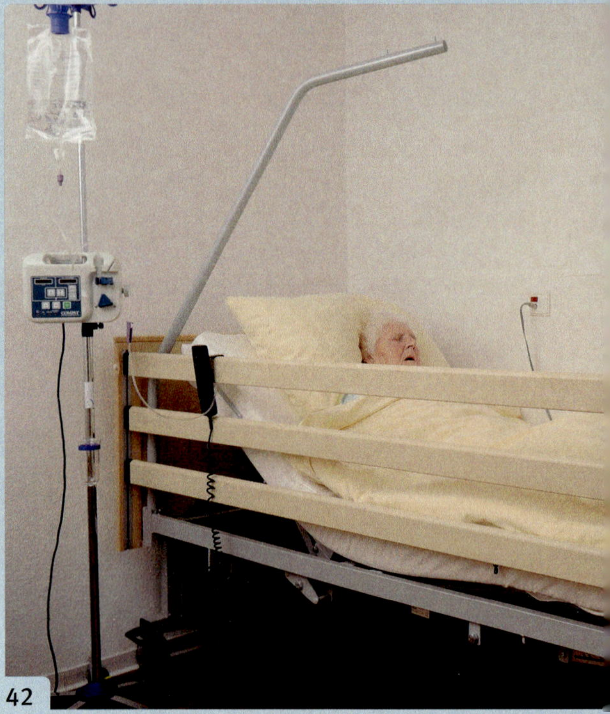

42
Bettgitter nur mit richterlicher Genehmigung

✔ Selbst-Check

Fallbeispiele: Frau Müller und Herr Koll leben in einer Pflegeeinrichtung. Beide sind an Demenz erkrankt. Bei Frau Müller begann alles mit schleichender Vergesslichkeit. Herr Koll hatte bereits mehrere kleine Schlaganfälle hinter sich, als sich plötzlich sein Gangbild verschlechterte und er mit der Orientierung Probleme hatte.

Frau Müller möchte oftmals nach Hause und verlässt spontan die Einrichtung. Sie ist unruhig, läuft umher, als wenn sie auf der Suche ist. Manchmal lässt sie sich kaum beruhigen.

Herr Koll ist inkontinent. Er uriniert nachts oft ins Bett und tagsüber benutzt er zum Ausscheiden den Mülleimer in seinem Zimmer. Auf Hilfsangebote Pflegender reagiert er gereizt.

Frau Müller hat an Gewicht verloren. Sie lehnt immer häufiger Nahrung und Flüssigkeit ab. Sie läuft dann einfach vom Tisch im Speisesaal weg und geht in ihr Zimmer. Dort nascht sie heimlich Süßigkeiten.

Um welche Formen der Demenz handelt es sich? Beschreiben Sie wesentliche Symptome.

Was könnten Sie tun, damit sich Frau Müller wohl fühlt?

Welche Ursachen gibt es für das Verhalten von Herrn Koll und Frau Müller?

Wie würden Sie intervenieren?

12 Vitalzeichen

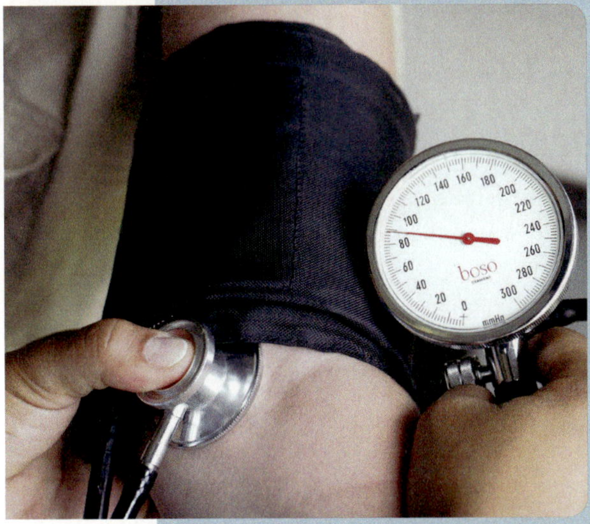

12.1 Anatomie und Physiologie

Die Voraussetzung für menschliches Leben ist:

- ein funktionierender Herz-Kreislauf,
- eine ausreichende Atmung,
- eine regulierte Körpertemperatur.

Puls, Blutdruck, Atmung und Körpertemperatur gehören zu den **Vitalfunktionen** des menschlichen Körpers. Bewegen sich alle Werte im Normbereich, nimmt sie der gesunde Mensch gar nicht wahr. Weicht aber nur ein Wert ab, empfindet der Mensch Unwohlsein, z. B. Herzrasen, Atemnot.

Das Leben des Menschen ist gefährdet, wenn eine Vitalfunktion stark eingeschränkt ist oder ausfällt. Dabei handelt es sich um eine Notfallsituation, in der Erste Hilfe geleistet werden muss.

12.1.1 Herz-Kreislauf

Herz-Kreislauf

transportiert das Blut durch den Körper. Dadurch wird das Gewebe mit Sauerstoff und anderen Nährstoffen versorgt.

Das Herz

Das Herz 1 ist einer der stärksten und ausdauerndsten Muskeln im Körper. Es schlägt an jedem Tag 24 Stunden und hört auf, wenn der Mensch verstirbt. Es liegt mittig im Brustkorb zwischen den Lungenflügeln und hat die Größe der Faust des Trägers. Das Herz ist ein Hohlmuskel mit vier verschiedenen **Kammern**:

- zwei Vorhöfe (Atrium),
- zwei Kammern (Ventrikel).

Die Kammern entstehen durch eine waagerechte und eine senkrechte **Scheidewand**, die über verschiedene Herzklappen den Blutfluss regulieren.

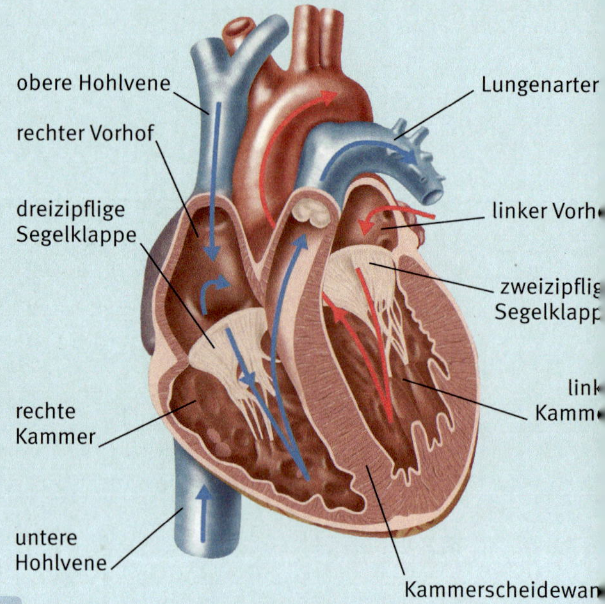

1
Herz

An den Scheidewänden befinden sich die **Herzkranzgefäße**, die den Herzmuskel mit Sauerstoff und Nährstoffen versorgen.

Der Herzmuskel funktioniert von selbst. Grund dafür ist das **Reizleitungssystem**. Im Vorhof mit dem Sinusknoten existiert eine Art Schrittmacher, der elektrische Impulse regelmäßig auf tiefer liegende Stationen überträgt.

Der Reiz wird so lange weitergeleitet, bis er im Muskel angekommen ist und dort das **Zusammenziehen** (Kontraktionen) des Muskels veranlasst.

Auf diese Weise funktioniert das Herz wie eine Druck-Saug-Pumpe, denn mit jeder Kontraktion wird Blut ins Herz gesogen und gleichzeitig, jedoch seitengetrennt über die Gefäße, in den Körper hinausbefördert.

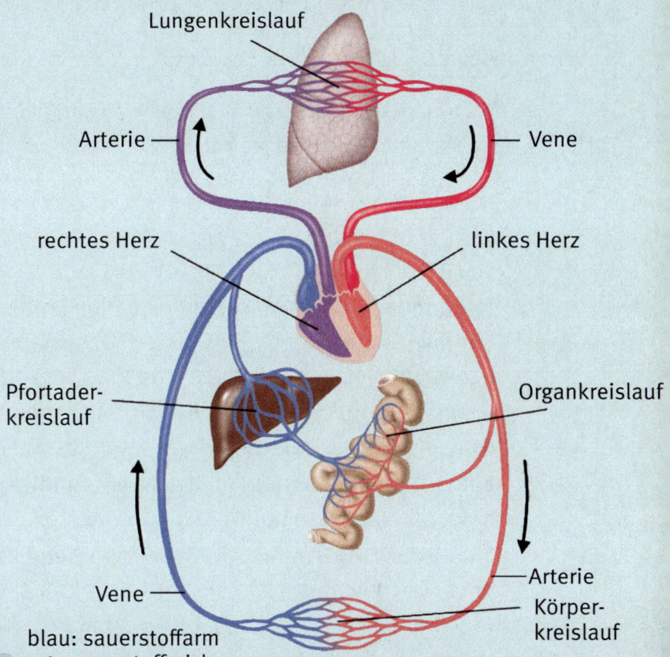

2 **Körper- und Lungenkreislauf**

Der Herz-Kreislauf

Das Herz hat an jeder der Hohlkammern große **Gefäße**: In den rechten Vorhof mündet die obere und untere **Hohlvene** (Vena cava superior und inferior) und werden über die dreizipflige Segelklappe in die rechte Kammer übergehen.

Aus der linken Kammer kommt die **Lungenarterie**, die nach Passage der Lungenklappe, einer Taschenklappe, immer noch sauerstoffarmes Blut in die Lungen zur Sauerstoffanreicherung transportiert. Damit ist sie die einzige Arterie, die sauerstoffarmes Blut transportiert.

In der Lunge erfolgt einerseits die Abgabe des **Kohlendioxids** aus dem Körper an die Ausatemluft und andererseits die Aufnahme des lebenswichtigen Sauerstoffs aus der Raumluft in das Blut.

In den linken Vorhof münden vier Lungenvenen, die das sauerstoffangereicherte Blut aus der Lunge über die zweizipflige Segelklappe an die linke Kammer weiterleiten. Es sind die einzigen Venen, die sauerstoffreiches Blut befördern.

Aus der linken Kammer wird das Blut über die nächste Taschenklappe, die das Herz von der Körperschlagader trennt, mit hohem Druck in die **Aorta** gepumpt. Die Höhe des Druckes entspricht dabei dem **Blutdruck**.

Großer (arterieller) Kreislauf

Über die Aorta der Körperschlagader wird das Blut an die Organe des Körpers 2 verteilt. Organe, die viel sauerstoffreiches Blut benötigen, sind Gehirn, Nieren und Leber.

Bei der Verteilung an die Organe erfolgen weitere Aufzweigungen in kleinere arterielle Gefäße, bis in die sogenannten **Haargefäße**, wo am „Ende“ in den jeweiligen Organen eine **Membran** (Kapillarmembran) die natürliche Schranke darstellt. Hier gibt es eine arterielle Seite mit sauerstoffreichem Blut und eine venöse Seite, die sauerstoffarmes Blut abtransportiert.

Die Membran ist der Ort, wo die sogenannte Zellatmung stattfindet. Der Sauerstoff wird an der Kapillarschranke in das Organ aufgenommen und dort über chemische Prozesse verstoffwechselt. Die Abbauprodukte, z. B. Kohlendioxid, werden mit dem Blut abtransportiert.

Das sauerstoffarme Blut wird über **Venen** in Richtung Herz zurückbefördert. Dabei bündeln sich die verschiedenen Venen immer mehr. Sie vereinigen sich im Verlauf zur unteren Hohlvene und münden ins rechte Herz ein. Dort wird das sauerstoffarme Blut (blau) über die rechte Kammer in die Lungenarterie geführt und in der Lunge wieder mit Sauerstoff angereichert. Das Kohlendioxid wird wieder an die Umgebungsluft abgegeben. Der Kreislauf beginnt erneut.

12.1.2 Atmung

Atmung

Lungenfähigkeit. Versorgung des Körpers mit Sauerstoff und Abtransport von Kohlenstoffdioxid (verbrauchte Luft) aus dem Körper hinaus.

Atmung ist für den menschlichen Organismus lebensnotwendig. Sie erfolgt über die **Lunge.** Diese hat zwei Flügel und liegt im Brustkorb. Die Atemmechanik wird kopfwärts vom Kehlkopf begrenzt, ist vom Rippen- und Lungenfell umgeben und wird gegen den Bauchraum durch das Zwerchfell abgegrenzt. Beim Einatmen ziehen sich der Zwerchfellmuskel und die äußere Zwischenrippenmuskulatur zusammen 3.

Luftwege

Von Mund und Nase gelangt die eingeatmete und angewärmte Umgebungsluft vom Kehlkopf über die Luftröhre in die Hauptbronchien. Diese teilen sich in die rechte und linke Lunge auf und verjüngen sich in die kleineren Lappenbronchien, weiter über Segmentbronchien in die kleineren Bronchiolen bis zu den **Lungenbläschen**, den **Alveolen** 4.

Alveole sind mit einem Gefäßnetz aus Kapillaren umspannt. Beide sind durch eine halbdurchlässige Membran, der Alveolarmembran, voneinander getrennt. Halbdurchlässig heißt, dass die Membran für Gase, aber nicht für Flüssigkeit wie Blut passierbar ist.

Atemrhythmus

Im verlängerten Mark des Gehirns befindet sich das **Atemzentrum**, das den regelmäßigen Atemrhythmus steuert. Über die sogenannten **Chemorezeptoren** misst das Atemzentrum die Konzentration von Kohlendioxid, Sauerstoff und den Wasserstoffionen (pH-Wert) im Blut.

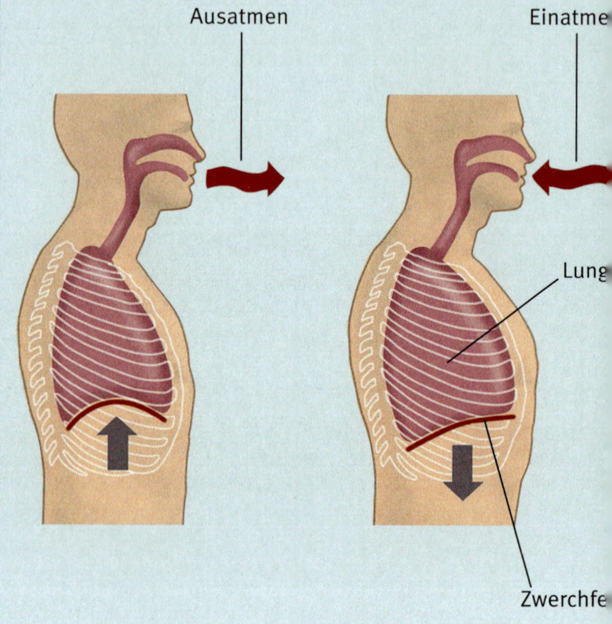

3
Lage und Bewegung des Zwerchfells

Wenn sich die Konzentration von Kohlendioxid (Partialdruck) im Blut stark erhöht, erfolgt ein Impuls zur Atmung.

Die Chemorezeptoren befinden sich:

- am Aortenbogen kurz hinter dem Herzen,
- in der Halsschlagader,
- in der Lungenarterie,
- in der Nähe des verlängerten Marks.

Einen weiteren Impuls zur Dehnung der Lunge geben die Dehnungsrezeptoren in den Lungenbläschen. Werden diese zu klein, kommt es zur Atmung.

Bedenke

Die Hauptsteuerung der Atmung erfolgt bei gesunden Personen über die Konzentration des Kohlendioxids im Blut.

Gasaustausch

Gasaustausch

Aufnahme von Sauerstoff aus den Alveolen in das Blut und Abgabe von Kohlendioxid aus dem Blut in die Alveolarluft.

Der Gasaustausch 5 erfolgt durch eine **Diffusion**, das heißt, einen Konzentrationsausgleich von Stoffen auf beiden Seiten der Alveolarmembran.

Äußere Atmung wird der Gasaustausch an der Alveolarmembran genannt. Hier bringt die zuführenden Kapillare sauerstoffarmes und kohlendioxidreiches Blut heran.

An der Membran findet der Gasaustausch statt. Kohlendioxid (CO_2) geht über in die Ausatemluft. Der Sauerstoff (O_2) in der Alveole geht über ins Blut der abführenden Kapillare. Sauerstoff bindet sich im Blut ans Eisen und wird darüber in die Arterien zum jeweiligen Organ transportiert.

Innere Atmung ist der Gasaustausch in der Zelle. Auch hier wird Sauerstoff in das Blut aufgenommen und Kohlendioxid abgegeben.

Übung

Atmen Sie halb so lange ein wie aus, z. B. drei Sekunden ein und sechs Sekunden aus. Das entspannt.

Beim Gasaustausch sind folgende Blutgase beteiligt:

- Atemluft, die eingeatmet wird, enthält: 78 % Stickstoff, 21 % Sauerstoff, 1 % Edelgase und 0,03 % Kohlendioxid,
- Ausatemluft nach durchlaufenem Gasaustausch in der Lunge misst folgende Werte: 78 % Stickstoff, 16 % Sauerstoff, 1 % Edelgase und 4 % Kohlendioxid.

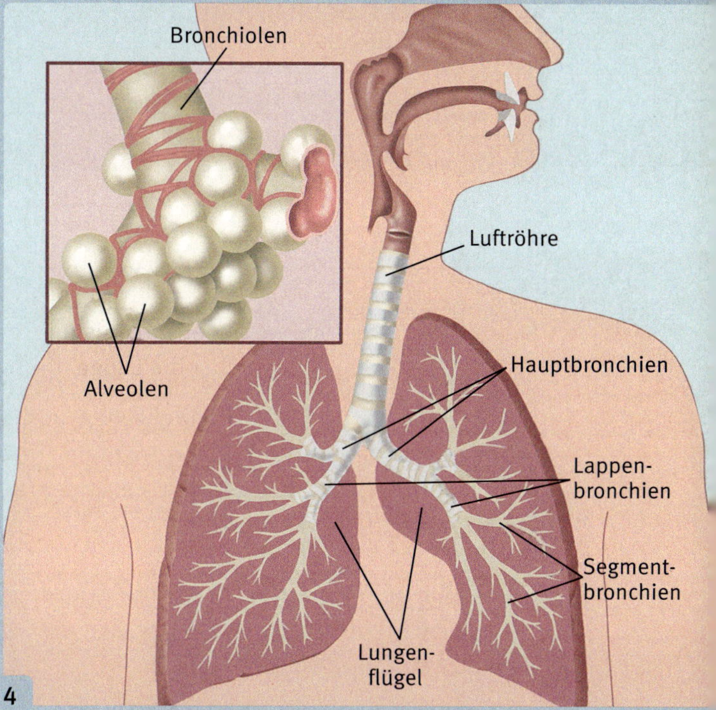

4
Bronchien bis Alveolen

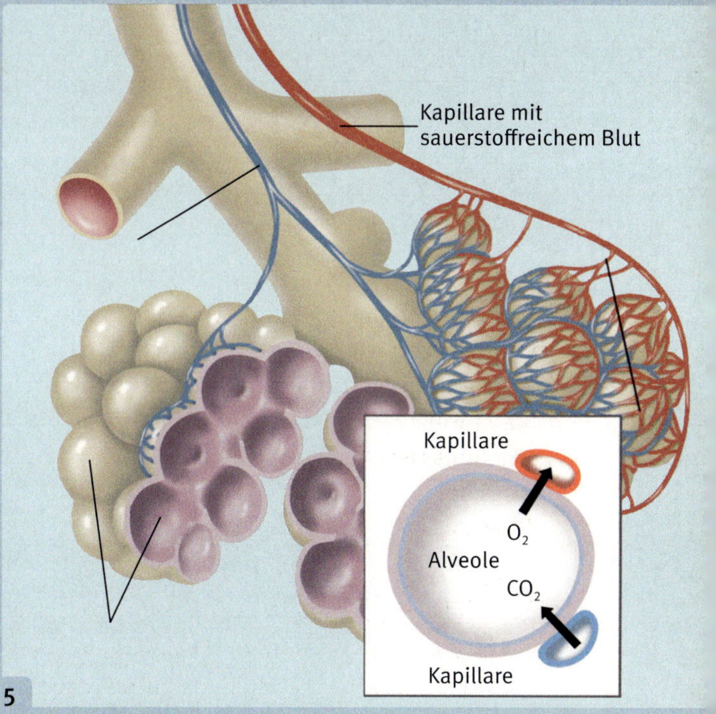

5
Gasaustausch

12.1.3 Temperaturregulation im Gehirn

Körpertemperatur

Wärme im Inneren des Körpers, die durch Energie bzw. Verbrennung von Nahrungsstoffen erzeugt wird.

Der **Hypothalamus**, ein evolutionsgeschichtlich sehr alter Teil des Gehirns, steuert den Wärmehaushalt des Körpers. Dort wird ein Sollwert von grob 36,5 bis ca. 37,5 °C vorgegeben und bei Bedarf gegenreguliert. Schwankungen im Tagesverlauf sind beim erwachsenen Gesunden sehr gering: max. +/– 0,5 °Celsius.

Messpunkte, die auf Temperaturschwankungen reagieren (**Thermorezeptoren**), messen die Temperatur an verschiedenen Stellen:

- im Körperinneren,
- an der Haut,
- im Rückenmark.

Die Thermorezeptoren melden die gemessenen Werte über Nerven an das entsprechende Zentrum im Hypothalamus.

Wechselnde Wärmemengen

Der Mensch kann in den unterschiedlichsten Umweltbedingungen, z. B. Hitze, Kälte, Stress, seine Körpertemperatur konstant halten. Auch produzieren die für das menschliche Leben notwendige n Stoffwechselprozesse Wärme, die an die Umgebung abgeführt werden muss.

Wenn sich die Wärmeproduktion mit der Abgabe der Wärme an die Umgebung im Gleichgewicht befindet, ist der **Wärmehaushalt** im Körper ausgeglichen. Dadurch werden lebenswichtige Vorgänge im Körper gesichert, die sonst in ihrer Funktion beeinträchtigt wären, z. B. die Atmung, der Herz-Kreislauf und das Bewusstsein.

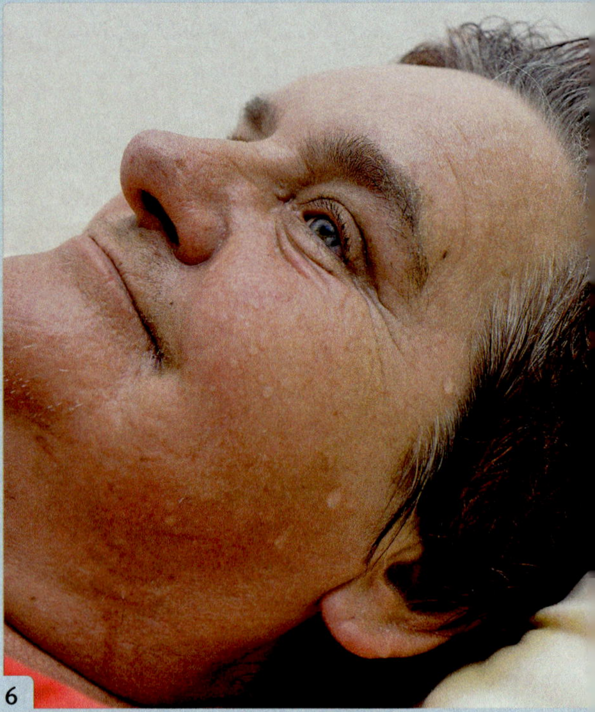

6
Schwitzender Mensch

Körpertemperatur ändern

Wenn die Temperatur des Körperkerns geändert werden muss, so kann durch die mehr oder weniger starke Durchblutung der Haut die Wärmeabgabe gesteigert oder vermindert werden. Je nachdem, ob Körperwärme abgegeben oder zurückgehalten werden muss, erweitern oder verengen sich die Gefäße.

Wärmeabgabe geschieht z. B. durch Wasserverdunstung über die Schweißdrüsen (Schwitzen) 6. **Wärmeproduktion** entsteht z. B. durch Muskelzittern (unwillkürliche Muskelkontraktionen) oder die Entwicklung einer Gänsehaut. Die aufgestellten Härchen bilden eine Art wärmende Isolierschicht um den Körper.

Bewusst kann der Mensch die Körpertemperatur z. B. durch Bewegung und warme Kleidung beeinflussen.

12.2 Puls und Blutdruck beobachten

Die Beobachtung der Vitalfunktionen gibt Aufschluss über das Wohlbefinden des Menschen und die Risiken, denen er ausgesetzt ist. Die regelmäßige Kontrolle gibt Aufschluss darüber, ob mit dem Bewohner oder Patienten alles in Ordnung ist oder, wenn dem nicht so ist, ein Arzt oder Notarzt gerufen werden muss.

12.2.1 Der Puls

Puls

an einer Schlagader fühlbarer Anstoß der Blutwelle, die mit jedem Herzschlag in die Blutgefäße gepumpt wird und sich dadurch im Körper ausbreiten kann.

Die Wände der Körperschlagader erweitern sich durch den Druckanstieg und kehren durch ihre Elastizität wieder in die Ausgangsstellung zurück. Es entsteht die **Pulswelle**, die gefühlt werden kann.

Puls tasten

Der Puls ist ein wichtiges Kriterium zur Beobachtung der Herz-Kreislauf-Funktion. Er kann überall dort getastet werden, wo eine Arterie oberflächlich verläuft und gegen eine harte Unterlage gedrückt werden kann, z. B. einen Knochen.

Typische Taststellen 7 sind z. B.:

- Speichenschlagader (A. radialis),
- Leistenschlagader (A. femoralis),
- Halsschlagader (A. carotis).

Üblicherweise wird der Puls an der Innenseite des Handgelenks auf der Daumenseite gefühlt. Damit der Puls eindeutig spürbar ist, sollte die Arterie nicht zu stark gedrückt werden, sonst wird der Puls unterdrückt.

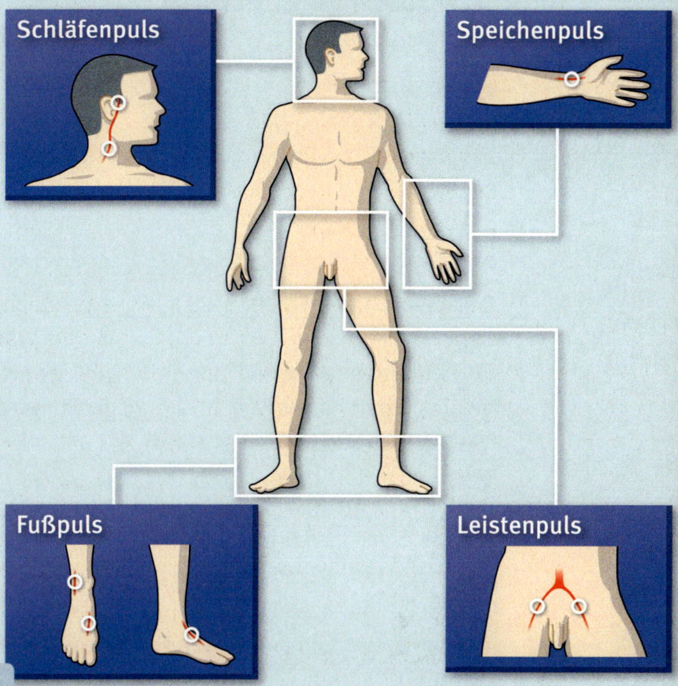

7
Messorte Puls

Puls messen

Der Puls wird immer mit drei eng nebeneinander liegenden Fingern gemessen, damit der Tastende die ganze Welle erspüren kann 8 .

Bedenke

Den Puls nicht mit dem Daumen ertasten, da hier der eigene Puls mit dem Puls des Bewohners verwechselt werden kann.

Bei einer Routinekontrolle des Pulses ist die Pulsmessung genauer, wenn der Bewohner sich vorher mindestens 15 Minuten in Ruhe befindet und seinen Arm entspannt ablegen kann.

Gemessen wird mit einer Uhr mit Sekundenzeiger oder einer Pulsuhr. Ist der Puls am Handgelenk nicht spürbar, kann er auch an einer der beiden Halsschlagadern ertastet werden.

Bei der Dauer der Messung gibt es zwei verschiedene Techniken:

- bei Herzgesunden 15 Sekunden lang zählen und die Zahl mit 4 multiplizieren, z. B. 15 Schläge gezählt x 4 = 60 Schläge pro Minute,
- bei Herzkranken, bei denen Störungen im Rhythmus zu erwarten sind, unbedingt eine Minute durchzählen.

Die Zählung beginnt auf der Uhr bei „0“. Anschließend werden die Werte in einem Dokumentationsblatt schriftlich festgehalten.

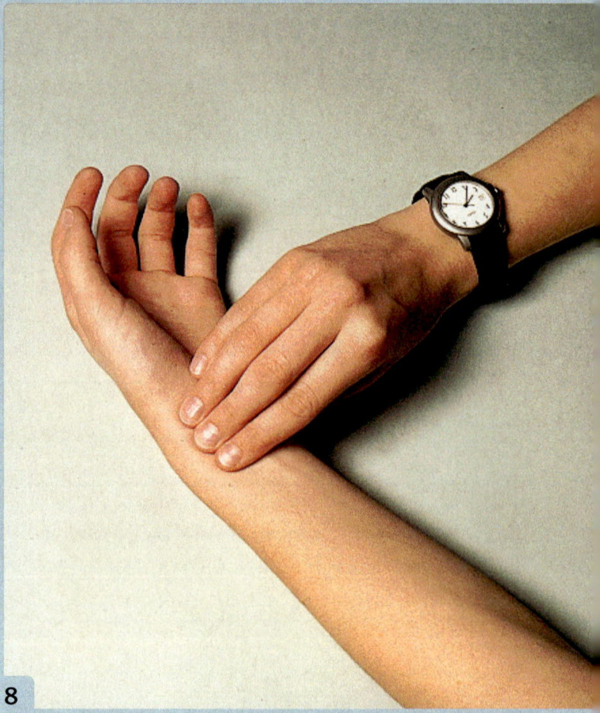

8
Pulsmessung

Übung

Messen Sie bei einer anderen Person den Puls. Einmal 15 Sekunden lang mal 4 und beim zweiten Mal eine Minute durchgängig. Vergleichen Sie.

12.2.2 Grenzwerte Puls

Um einen normalen von einem abweichenden Pulswert unterscheiden zu können, müssen Pflegende bei der Beobachtung und Messung drei Pulskriterien im Blick haben:

- Herzfrequenz,
- Pulsqualität,
- Pulsrhythmus.

Herzfrequenz

Die Anzahl der tastbaren Pulswellen pro Minute wird **Herzfrequenz** genannt. Das Herz pumpt ein Volumen von 70 bis 100 ml Blut pro Herzkontraktion oder Puls- bzw. Herzschlag in das arterielle System.

Normwerte des Pulses eines erwachsenen herzgesunden Menschen liegen bei ca. 60 bis 80 Schläge pro Minute (Schl./min). Bei alten Menschen ist die Herzfrequenz von 80 bis 95 noch normal.

Eine Abweichung zu diesem Normwert ist eine **Tachycardie**, ein schneller Puls von über 100 Schl./min. Er ist bei körperlicher Anstrengung wie beim Sport oder der Arbeit normal. In gewissem Rahmen ist er auch bei Fieber normal, wobei Fieber selbst das Symptom einer Erkrankung ist.

Tachycardien treten auf z. B. bei:

- Flüssigkeitsmangel im Körper (Volumenmangel),
- Herzerkrankungen,
- Überfunktion der Schilddrüse,
- Alkohol- und Drogenmissbrauch.

Bedenke

Flüssigkeitsmangel kann durch starke Blutungen, zu geringes Trinken oder tagelange Durchfälle ausgelöst werden.

Das Gegenteil der Tachycardie ist die **Bradycardie**, der verlangsamte Puls mit weniger als 60 Schl./min. Normalerweise tritt er im Schlaf oder bei tiefer Entspannung, z. B. durch Yoga, manchmal auch bei sehr gut trainierten Sportlern auf.

Krankhafte Bradycardien treten bei schweren Kopfverletzungen oder einer Schilddrüsenunterfunktion auf.

Bedenke

Viele alte Menschen erhalten das Arzneimittel Digitalis (Fingerhut) 9. Bei Überdosierung kann es zu einer Bradycardie kommen.

Viele alte Menschen bekommen Medikamente, damit sich ihr Puls und Blutdruck normalisieren. Es sind sogenannte **Beta-Blocker**. Sie halten den Puls künstlich tief, das heißt, dass auch bei einem Volumenmangel der Puls nicht ansteigen würde.

9
Roter Fingerhut

Pulsqualität

Das Schlagvolumen des Herzens beeinflusst den Füllungszustand der Arterie und damit die Pulswelle. Die **Pulsqualität** beschreibt die Spannung und Füllung des Blutgefäßes. Beides ist nicht leicht voneinander abzugrenzen. Es benötigt viel Übung, um Abweichungen durch das Tasten einschätzen zu können.

Normal ist eine gute spürbare Pulswelle mit gut gefülltem Blutgefäß und ohne zu großen Widerstand. Das ist z. B. der Fall, wenn der Flüssigkeitshaushalt im Körper ausgeglichen ist. Bei abweichenden Pulsqualitäten ist es sinnvoll, immer auch gleich den Blutdruck zu messen.

Bedenke

Ein fadenförmiger Puls kann ein Zeichen für eine bedrohliche Kreislaufsituation sein.

Abweichende Pulsqualitäten sind z. B.:

- **Harter Puls:** schwer oder gar nicht durch Druck auf das Gefäß abzudrücken, z. B. oft bei Menschen mit einem Bluthochdruck,
- **Weicher Puls:** sehr leicht unterdrückbar, z. B. bei Menschen mit einem niedrigen Blutdruck oder einer Herzinsuffizienz,
- **Fadenförmiger Puls:** „kleiner", weicher und vor allem schneller Puls.

Pulsrhythmus

Der Herz- oder Pulsrhythmus meint die Regelmäßigkeit des Pulses, wie er bei einem gesunden Menschen zu tasten ist. Rhythmusabweichungen sind bei alten Menschen zwar häufig vorhanden, aber deswegen nicht normal. Unregelmäßigkeiten im Pulsrhythmus weisen oft auf eine unregelmäßige Herztätigkeit und damit auf eine Erkrankung hin.

Im Folgenden werden Abweichungen des Pulsrhythmus genannt, die Pflegende selbst ertasten können. Es gibt noch mehr Abweichungen 10, die aber nur über EKG (Elektrodiagramm)-Ableitungen erfassbar sind.

Extraschläge (Extrasystolen) sind zusätzliche, vorzeitige Pulswellen, denen eine Pause folgt. Die Betroffenen merken diese häufig als „Herzstolpern". Vereinzelte Extraschläge sind harmlos. Treten sie gehäuft auf, kann dies ein Anzeichen z. B. für einen Herzinfarkt sein.

Bei einem **„Zwillingspuls"** (Bigeminus) folgt über längere Zeit immer ein Extraschlag. Fühlbar sind zwei dicht aufeinander folgende Pulsschläge mit einer anschließenden Pause. Er ist deswegen so wichtig, weil es ein charakteristisches Zeichen für eine Digitalis-Überdosierung ist.

Eine **absolute Rhythmuslosigkeit** (Arrhythmia absoluta) liegt vor, wenn die Pflegenden völlig unregelmäßig kommende Pulswellen ertasten, meist in einer beschleunigten Form. Häufig steht diese Abweichung mit einem Herzinfarkt in Zusammenhang. Es kann sich also um eine Notfallsituation handeln.

Bei einer **Pulslosigkeit** (Asystolie) kann weder an kleinen noch an großen Gefäßen ein Puls getastet werden. Diese Situation ist lebensbedrohlich und damit ebenfalls eine Notfallsituation. Meist ist zu erkennen, dass der Betroffene auch nicht mehr atmet und die Hautfarbe ungesund blass oder bläulich aussieht. Hier muss umgehend mit der Wiederbelebung durch eine Fachkraft begonnen werden, wenn es keine andere Vorgabe seitens der Ärzte gibt.

Bedenke

Bei Abweichungen des Pulsrhythmus sollte unmittelbar eine examinierte Pflegekraft informiert werden.

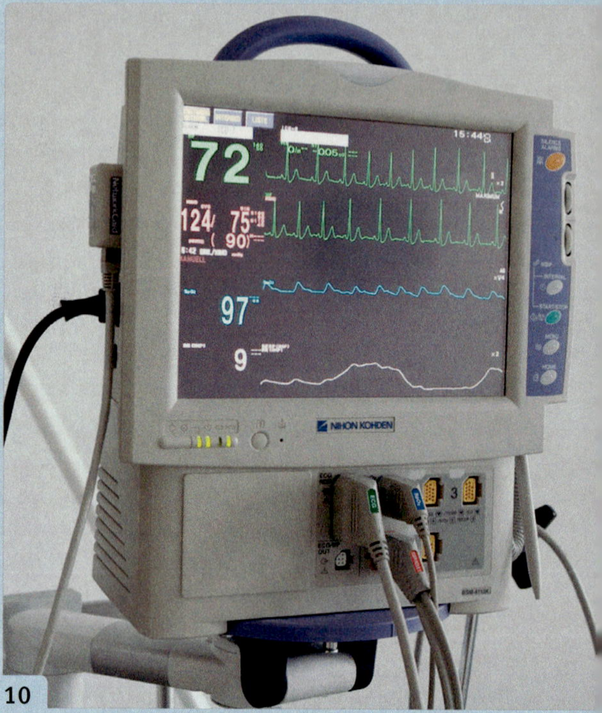

10
Vitalwerte

12.2.3 Der Blutdruck (RR)

Blutdruck

Kraft, die das Blut auf die Gefäßwände der Arterien und Venen ausübt. Er wird in der Einheit mmHG (Millimeter Quecksilber) gemessen.

Die Regulierung des Blutdrucks erfolgt über druckempfindliche **Zellen** (Pressor-Rezeptoren) im Aortenbogen und an der Teilungsstelle der Halsschlagader. Sie messen den Druck jeder Pulswelle und geben diesen Wert an das entsprechende Zentrum ins Gehirn. Hier sorgen Nerven (insbesondere der Sympathikus) dafür, dass die Blutdruckwerte angepasst werden.

Es gibt auch in den Venen einen Blutdruck. Dort ist der Druck deutlich niedriger und kaum noch zu hören.

Blutdruck messen

Der Blutdruck wird in der Regel gemessen:

- bei Neuaufnahmen in die Einrichtung,
- bei Rückkehr aus dem Krankenhaus,
- nach ärztlicher Anordnung, z. B. bei medikamentöser Therapie eines Bluthochdrucks (ACE-Hemmer, Betablocker),
- bei allen plötzlichen Veränderungen des Kreislaufs, z. B. Luftnot, Herzrasen, Fieber, Durchfällen, Bewusstlosigkeit,
- bei stark schwankenden Werten.

Bei der Messung des Blutdrucks werden immer zwei Werte gemessen:

- **Systole** (oberer Wert): Druck des Blutes bei Kontraktion der Herzkammern, wenn das Blut vom Herzen in den Kreislauf gepumpt wird,
- **Diastole** (unterer Wert): Druck des Blutes bei der Erschlaffung der Herzkammern.

Der Blutdruck kann blutig sowie unblutig mit der Manschette und dem Stethoskop gemessen werden. Er wird meist als „RR“ bezeichnet und geht auf Dr. Riva-Rocci zurück, der die Möglichkeit der unblutigen Blutdruckmessung erkannt hat.

Bedenke

Der Blutdruck wird in der Dokumentation mit der Abkürzung RR angegeben, z. B. RR 130 (Systole)/80 (Diastole).

Material

- passende Druckmanschette,
- ein Stethoskop,
- Blutdruckmessgerät nach Riva-Rocci, das mit einer Quecksilbersäule ausgestattet ist.

Häufiger ist die Druckmanschette nach von Recklinghausen **11** im Einsatz, die aus einer aufpumpbaren Manschette und einem Manometer besteht.

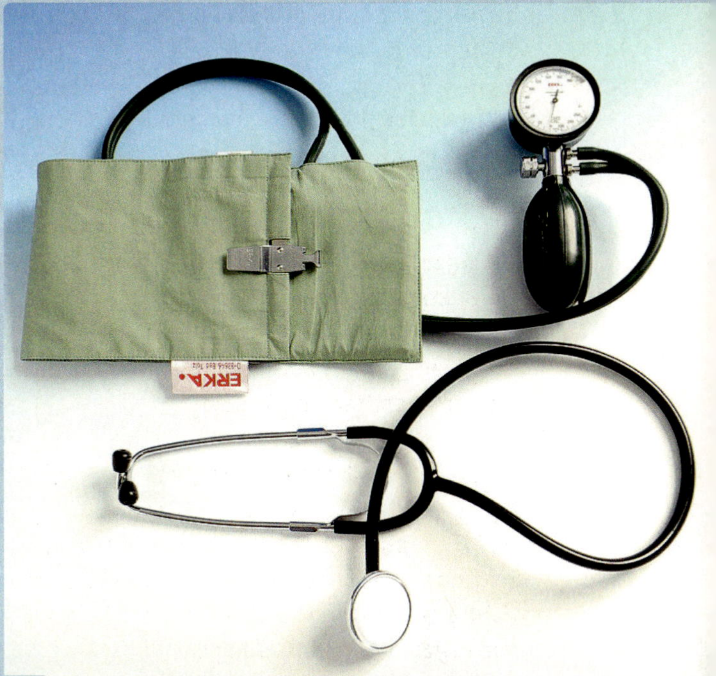

11
Blutdruckmessgerät

Zudem gibt es heute sowohl in den Einrichtungen als auch zu Hause elektronische Geräte. Diese sollten nur dann verwendet werden, wenn sie ebenso regelmäßig geeicht werden wie die „Handgeräte“.

Die Manschettengröße ist wichtig. Sie muss:

- so breit sein, dass sie ca. Dreiviertel des Oberarmes umschließen kann,
- so lang sein, dass sie sicher den Arm umschließt. Es kommen sonst fehlerhafte Werte zustande.

Wenn auf der Basis falscher Werte Blutdruckmedikamente verabreicht werden, kann der Betroffene Schaden erleiden. Für Erwachsene mit einem normalen Körpergewicht hat sich eine Manschettenbreite von 18 cm bewährt. Bei übergewichtigen Personen ist eine entsprechend größere Manschettenbreite notwendig.

Die Technik des RR-Messens bedarf einiger Koordination und Übung:

Vorbereitung

- Bewohner über die Messung informieren,
- Bewohner zuvor 15 Minuten zur Ruhe kommen lassen,
- in vergleichbarer Körperposition messen, z. B. wenn immer sitzend gemessen wurde, dann weiter sitzend,
- immer am gleichen Arm messen, denn Arme können insbesondere bei Herzerkrankungen unterschiedliche RR-Werte haben,
- Manschetten auswählen und samt Stethoskop bereitlegen.

Durchführung

- Arm des Betroffenen in etwa auf Herzhöhe legen, z. B. im Sitzen auf den Tisch,
- darauf achten, dass der Arm nicht in der Luft gehalten werden muss,
- Kleidung vom Oberarm entfernen und darauf achten, dass sie beim Hochschieben nicht schnürt,
- Manschette nicht über die Kleidung anlegen,
- Manschette straff anlegen ① ohne einzuschnüren,
- Manschette mit geöffnetem Pumpventil so anlegen, dass die Gummischläuche oben aufliegen.

Der Rand der Manschette hat einen Abstand von ca. 2 bis 3 cm zur Ellenbeuge. Wird mit elektronischen Handgelenksgeräten gemessen, muss das Handgelenk auf Herzhöhe sein, d. h. der Arm sollte angewinkelt werden.

Bedenke

Eine 24-Stunden-Blutdruckmessung ermöglicht es, einen Tagesverlauf der Blutdruckwerte festzustellen. Dazu wird das Gerät für einen Tag am Bewohner befestigt.

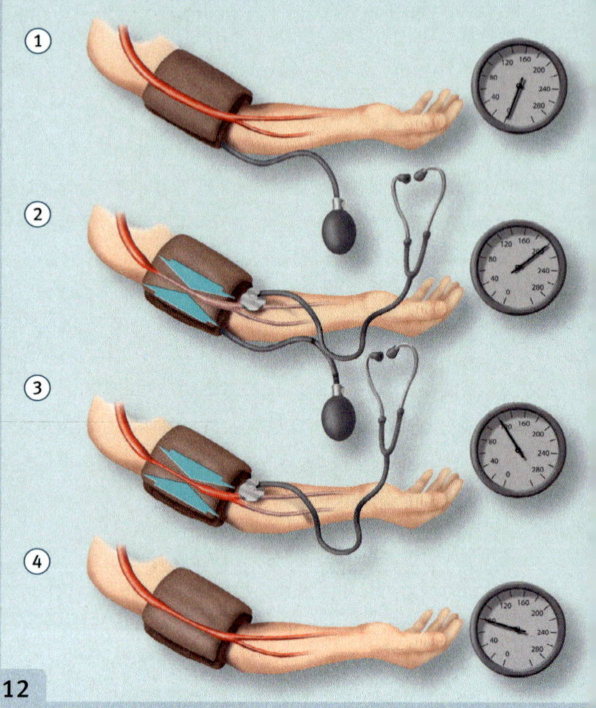

12
Messung Blutdruck

Weiter in der eigentlichen Messung 12:

- Ohr-Oliven vom Stethoskop aufsetzen,
- Speichenpuls am Messarm fühlen und die Manschette mit der anderen Hand aufpumpen, bis kein Puls mehr tastbar ist ②,
- den Druck in der Manschette weiter um max. 20 mmHg aufpumpen,
- Stethoskop mit dem Schallempfänger in der Ellenbeuge aufsetzen und mit der Hand festhalten, mit der der Puls getastet wurde. Das geschieht so, dass es keine Nebengeräusche gibt,
- Ventil mit der anderen Hand langsam öffnen, Druckablass etwa 3 bis 5 mmHg pro Sekunde ③,
- beim ersten hörbaren Ton den Stand des Manometers oder der Quecksilbersäule ablesen (systolischer RR-Wert),
- Töne weiter verfolgen, die pulssynchron sind,
- beim letzten hörbaren Ton den Wert erneut ablesen (diastolischer Wert) ④.

Bedenke

Wenn der Ton nicht gehört wurde, muss neu gemessen werden. Zunächst eine Minute warten. Die Manschette muss völlig luftleer sein, weil sonst zu hohe Werte gemessen werden.

Nachbereitung

- Blutdruckmanschette entlüften und abnehmen,
- den Wert an den Betroffenen weitergeben, wenn er Interesse signalisiert,
- beim Ankleiden behilflich sein,
- Wert dokumentieren,
- Gerät und Stethoskop entsprechend den Vorschriften in der Einrichtung reinigen und warten,
- bei Bedarf Maßnahmen entsprechend dem Messergebnis einleiten.

Am Oberarm darf nicht gemessen werden, wenn:

- ein Arm ein Lymphödem hat, z. B. nach einer Brustamputation,
- an einem Arm ein Dialyseshunt angelegt ist,
- ein Arm Wunden hat,
- an einem Arm ein Gefäßzugang 13 gelegt ist.

12.2.4 Grenzwerte Blutdruck

Eine deutliche Abweichung der RR-Werte von den altersgemäßen Normwerten macht in der Regel eine ärztliche Behandlung und gezielte Pflegemaßnahmen notwendig. Langfristig kann eine Therapie bis zu einer Änderung des Lebensstils führen.

Bedenke

Stets an beiden Armen messen, nachfolgend an dem Arm mit dem höheren Ausgangswert. Dies ist in der Dokumentation zu vermerken.

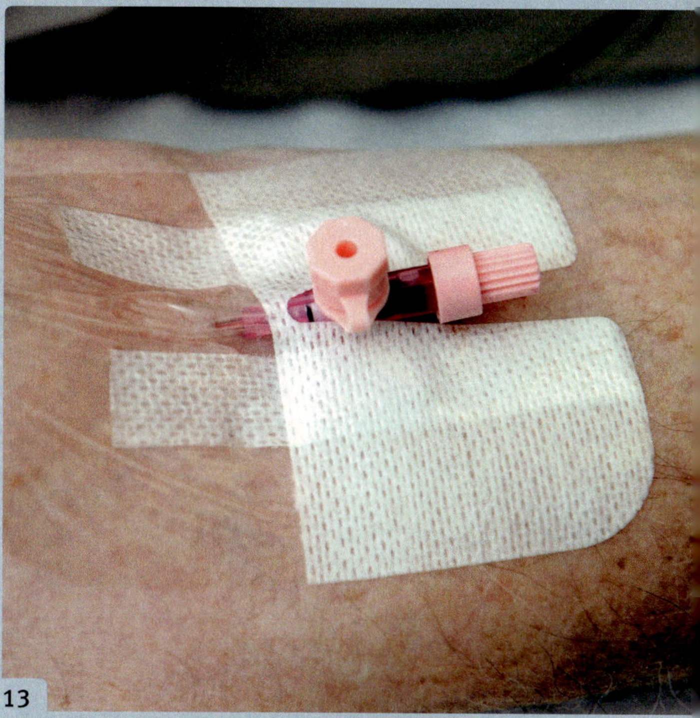

13
Gefäßzugang am Arm

Die Weltgesundheitsorganisation (WHO) gibt Grenzen des RR von 140/90 mmHg vor. In der aktuellen Praxis werden derzeit viele Menschen mit Bluthochdruck unterhalb dieser Grenzen medikamentös eingestellt. Dabei wird ein dauerhafter Normwert von 120/80 mmHg angestrebt. Auch dauerhaft geringfügig erhöhte RR-Werte können zu Langzeitschäden wie Schlaganfall oder Herzinfarkt führen.

Hypertonie

Liegt der systolische RR-Wert höher als 180 mmHg sollten die Betroffenen Ruhephasen einlegen, sich ggf. hinlegen und nur langsam wieder aktiver werden.

Hypertonie

Bluthochdruck. Die gemessenen Werte liegen höher als die altersgerechten Normwerte.

Liegt der diastolische Wert höher als 100 mmHg ist die Situation der Betroffenen gefährlicher, weil das Herz keine Entspannungsphasen bekommt. Die Betroffenen geben meist erhebliche Herz- und bzw. oder Atemprobleme an. Hier muss die Pflegefachkraft bzw. der Arzt umgehend informiert werden. Bettruhe ist angezeigt, bis die Medikation wirkt.

Ursachen für einen Hypertonus sind z. B.:

- familiäre Veranlagung,
- Übergewicht und Bewegungsmangel,
- Alkohol und Nikotin.

Bei einer Hypertonie helfen Medikamente und eine gesunde Lebensweise:

- fettarme und salzarme Ernährung,
- wenig Stress,
- vermehrte Bewegung.

Hypotonie

Hypotonie

niedriger Blutdruck. Die gemessenen Werte liegen unterhalb der altersgerechten Normwerte.

Bei einem Hypotonus gibt es keine einheitlichen Grenzwerte. Ob der gemessene RR-Wert problematisch ist, hängt davon ab, ob er dauerhaft erniedrigt ist oder plötzlich abfällt.

Einige alte Menschen mit **dauerhaft niedrigen** Blutdrücken **14** fühlen sich bei einem RR von 90 bis 95 mmHg wohl und sind aktiv. Trotzdem muss die Person weiter beobachtet werden.

Gehandelt werden sollte, wenn die Person:

- sich kühl anfühlende Hände hat,
- auffällig blass aussieht,
- nur wenig Kraft hat, sich zu bewegen.

14
Anzeichen von Hypotonie

Wenn der Blutdruck plötzlich absinkt, ist Gefahr im Verzug. Bei einem Abfall des RR auf 75 bis 70 mmHg treten in der Regel Symptome auf wie Herzklopfen, „Schwarz werden vor Augen“ oder Schwindelgefühl. Ist die betroffene Person nicht ansprechbar, handelt es sich um einen Notfall.

Ursachen für einen Hypertonus sind z. B.:

- Blutungen,
- Herzschwäche,
- Exsikkose.

Bei einem Flüssigkeitsmangel sollte dringend ein **Trinkprotokoll** geführt und vermehrt Flüssigkeit angereicht werden. Wechselduschen und Bürstenmassagen der Arme und Beine sowie das Wippen mit den Füßen zur Muskelkontraktion in den Beinen helfen ebenfalls bei einem Hypotonus.

12.3 Körpertemperatur und Atmung beobachten

Neben dem Herz-Kreislaufsystem sichern die Körpertemperatur und die Atmung die Stoffwechselprozesse im menschlichen Körper. Eine eingeschränkte Funktion der Temperaturregelung oder Atmung kann die Leistungsfähigkeit eines Menschen erheblich einschränken.

12.3.1 Körpertemperatur

Durch Verbrennung von Nahrungsstoffen wird im menschlichen Körper Energie und dadurch Wärme erzeugt. Menschen sind „gleichwarme" Wesen und halten die Körpertemperatur durch eine Art Wärmezentrum im Gehirn dauerhaft stabil.

Die Körpertemperatur hat einen 24-Stundenrhythmus mit Tagesschwankungen von etwa +/–0,5 °C. Sie ist früh morgens gegen 3.00 Uhr am niedrigsten und am frühen Abend gegen 18.00 Uhr am höchsten. Bei Frauen ist die Körpertemperatur wechselnd: Innerhalb des Monatszyklus nimmt sie nach dem Eisprung bis ca. 1 °C zu.

Die Haut und Extremitäten sind kälter (Schalentemterpatur). Bei ca. 20 °C in der Umgebung und einer Kerntemperatur (Körperinneres, z.B. Herz, Nieren, ZNS) von 37 °C sind Füße und Hände im Durchschnitt nur 28 °C warm.

1 Übersicht über Fieberstufen

normale Körperkerntemperatur	36,0–37,0 °C
subfebrile Temperatur	37,1–37,9 °C
leichtes Fieber	38,0–38,5 °C
mäßiges Fieber	38,6–39,0 °C
hohes Fieber	39,1–39,9 °C
sehr hohes Fieber	40,0–und mehr

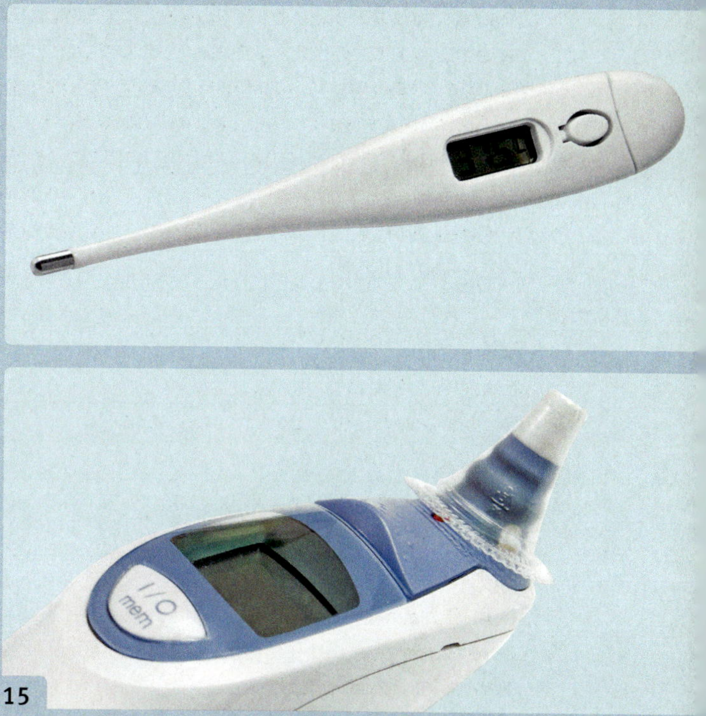

15
Elektronische Fieberthermometer

Temperatur messen

Das notwendige Material für eine Messung der Körpertemperatur besteht aus:

- Fieberthermometer (aus Quecksilber oder elektronisch 15),
- Schutzhüllen oder Kappen,
- ggf. Handschuhe bei der Messung im After,
- Pflegedokumentation (Vitalwerte).

Bedenke

Anlass zum Messen der Körpertemperatur ist der Ausschluss von Fieber.

Bei der Messung müssen die Hygienerichtlinien der Einrichtungen unbedingt eingehalten werden. Der Hygieneplan schreibt vor, wann, wie und womit Messinstrumente und andere Gegenstände desinfiziert werden müssen.

Weitere Hinweise zur Durchführung der Messung sind:

- Wünsche des Bewohners bei der Messung berücksichtigen,
- Quecksilberthermometer „herunterschlagen", bis die Säule sich unten an der Skala befindet,
- Verletzungen des Bewohners bei der Einführung des Thermometers ausschließen.

Messorte

Es gibt verschiedene Stellen am Körper 16, an denen die Temperatur gemessen werden kann. Hier laufen größere Blutgefäße, sodass die Körpertemperatur von der Außentemperatur nur wenig beeinflusst wird.

Ohr: Die Ohrmuschel wird ein wenig nach oben gezogen, damit der Temperaturfühler sicher in der Nähe des Trommelfells liegt.

Mund: Unter der Zunge neben dem Lippenbändchen. Der Mund ist geschlossen, es wird nicht gesprochen. Vorher warme oder kalte Speisen vermeiden.

After: Die Person liegt idealerweise auf der linken Seite, um die anatomische Form des Darmes zu nutzen. Das Thermometer wird leicht drehend und ohne Kraft eingeführt.

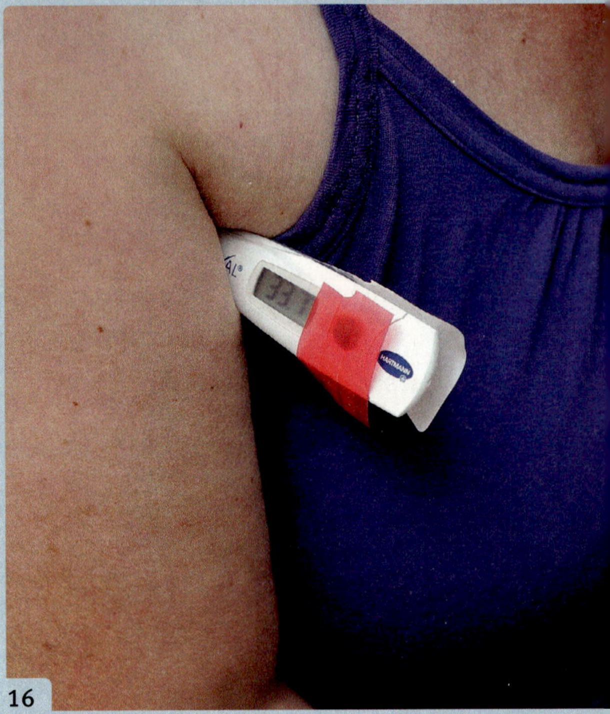

16
Messort Achsel

Achsel: Diese Art der Messung soll nur bei Bewohnern erfolgen, die Aufforderungen sicher folgen können. Das Thermometer sollte bei angewinkeltem Arm mittig in die saubere Haut der Achsel gelegt werden. Dabei den Arm nah an den Körper legen und nach 5–10 Minuten Messdauer wieder öffnen.

2 Messmethoden

Messart	Messort	Messdauer	Normale Temperaturen in Grad Celsius	Dokumentationssymbol
axillar	in der Achsel	7 bis 10 Minuten	36,1 bis 36,9	Kreis ausgefüllt
rectal	im After	ca. 3 Minuten	36,5 bis 37,4	Kreis leer
oral	unter der Zunge entlang der Zahnreihe	ca. 5 Minuten	36,3 bis 37,1	Kreis mit Punkt
aurical	im Ohr	ca. 15 Sekunden	36,5 bis 37,3	Kreuz

12.3.2 Grenzwerte Körpertemperatur

Fieber

Erhöhung der Körpertemperatur auf über 38 °C. Tritt auf bei einer Störung im Körper, z. B. beim Abwehrmechanismus.

Fieber über längeren Zeitraum hat negative Auswirkungen auf die Herzkreislauffunktion, auf den Wasserhaushalt, auf die Nierenfunktion und auf Bewusstsein und Muskelkraft.

Bei Fieber sind folgende Pflegemaßnahmen für den Betroffenen wichtig:

- Zuspruch und Aufmerksamkeit geben,
- in der Phase des Fieberanstiegs Wärme, z. B. durch Wärmflasche oder Decke, und Ruhe gewährleisten,
- während der Fieberhöhe wärmende Maßnahmen beenden, viel Flüssigkeit 17.

17
Bei Fieber viel Flüssigkeit

3 Vier Phasen des typischen Fieberverlaufs

Fieberanstieg	• Frieren bis Schüttelfrost • Anstieg von Puls, Atemfrequenz und Temperatur
Fieberhöhe	• Wärme- bzw. Hitzeempfinden, gerötete Haut, z. B. im Gesicht • noch steigende Puls- und Atemfrequenz • Lichtempfindlichkeit in den Augen, erhebliches Krankheitsgefühl • Schmerzen, insbesondere, wenn zuvor ein Schüttelfrost erfolgt ist • evtl. Unruhe und Ängste in Abhängigkeit von der Temperaturhöhe
Fieberabfall	• sinkende Temperatur, zunehmende Hautdurchblutung • langsamer Fieberabfall (Lysis): warmer Schweiß mit großen Perlen auf der Haut, sich langsam normalisierende Puls- und Atemfrequenz • keislaufbelastender Fieberabfall, z. B. nach Gabe von fiebersenkender Medikation (Krisis): kühler Schweiß, klebende Haut, kleine Perlen, die oft nur als Film auf der Haut zu sehen sind • blasse Haut und oft weiter ansteigender Puls
Erschöpfung	• Schwächegefühl, großes Schlafbedürfnis

Bei Fieberabfall sollte wiederholt der Allgemeinzustand geprüft und die Körperpflege durchgeführt werden, da der Betroffenen viel schwitzt.

Fiebersenkende Medikamente, Wadenwickel oder Waschungen dürfen nur auf Anordnung des Arztes durchgeführt werden. Sie können den Kreislauf erheblich belasten. Nach einer Fieberphase fühlen sich alte Menschen oft sehr schwach. Sie benötigen verstärkt Unterstützung bei ihren Aktivitäten.

Übung

Überlegen Sie, warum bei Fieber die Aufnahme von Flüssigkeit wichtig ist.

12.3.3 Atmung

Die Atmung stellt sicher, dass:

- genügend Sauerstoff für alle Körperfunktionen zur Verfügung steht,
- verbrauchte Luft aus dem Körper abtransportiert werden kann.

Normale Atmung

Die Häufigkeit des Atmens (Atemfrequenz) hängt vom Alter des Menschen ab. Ein gesunder Erwachsener atmet 16 bis 20 Mal pro Minute mit einem Atemzugvolumen **18** von ca. 500 ml. Das entspricht ca. 5 bis 7 ml pro Kilogramm seines Körpergewichtes. Für ein Neugeborenes sind 40 bis 44 Atemzüge normal.

Eine **Eupnoe** ist die normale Atmung: Die Bauchatmung mit dem Zwerchfell bzw. die Brustatmung. Manche Menschen atmen stärker durch Anspannen des Zwerchfells ein.

Andere nutzen die Brustatmung und betonen die Arbeit des knöchernen Brustkorbs stärker. Jeder Mensch kann mit beiden Mechanismen gleichzeitig atmen.

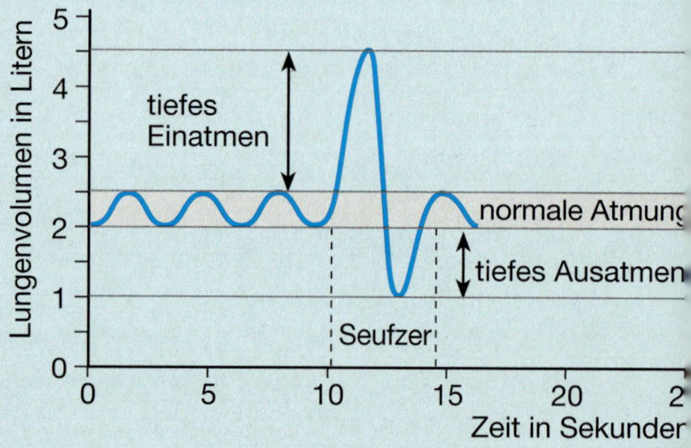

18
Atemvolumen

Normale Atemzüge sind ruhig und regelmäßig, der Brustkorb (Thorax) hebt und senkt sich auf beiden Seiten gleich. Ein- und Ausatmung treten im Verhältnis von einer Sekunde Einatmung zu anderthalb Sekunden Ausatmung auf. Der Grund dafür ist, dass Kohlendioxid ca. 20-mal schneller abgeatmet wird als Sauerstoff.

Normalerweise ist der Atem geruchslos und produziert keine Geräusche. Husten als Schutzreflex ist ebenfalls normal. Krankhafter Husten wird von der Pflegefachkraft beobachtet.

Übung

Üben Sie Folgendes im Beisein einer anderen Person: Atmen Sie 10 bis 15-mal tief durch die Nase ein. Was bemerken Sie? Atmen Sie anschließend 30 bis 60 Sekunden besonders schnell ein. Was bemerken Sie?

Atmung beobachten

Anlässe zur Atmungsbeobachtung sind:

- auffällige Veränderung der Atmung,
- Atembeschwerden, die vom Bewohner geäußert werden,
- Geräusche beim Atmen,
- Verfärbungen der Fingerspitzen, der Lippen und Ohrläppchen ins Bläuliche.

Die Beobachtung sollte:

- ohne Information an den Bewohner durchgeführt werden, z. B. beim Schlafen oder Messen des Pulses,
- konzentriert mindestens über eine Minute erfolgen,
- durch eine Uhr mit Sekundenzeiger oder einem Stethoskop unterstützt werden.

Bei einer **Kontaktatmung** 19 können die Bewegungen des Brustkorbes unmittelbar gefühlt werden. Dazu werden die Handinnenflächen der Pflegenden auf den **Brustkorb** (Thorax) des Beobachteten gelegt.

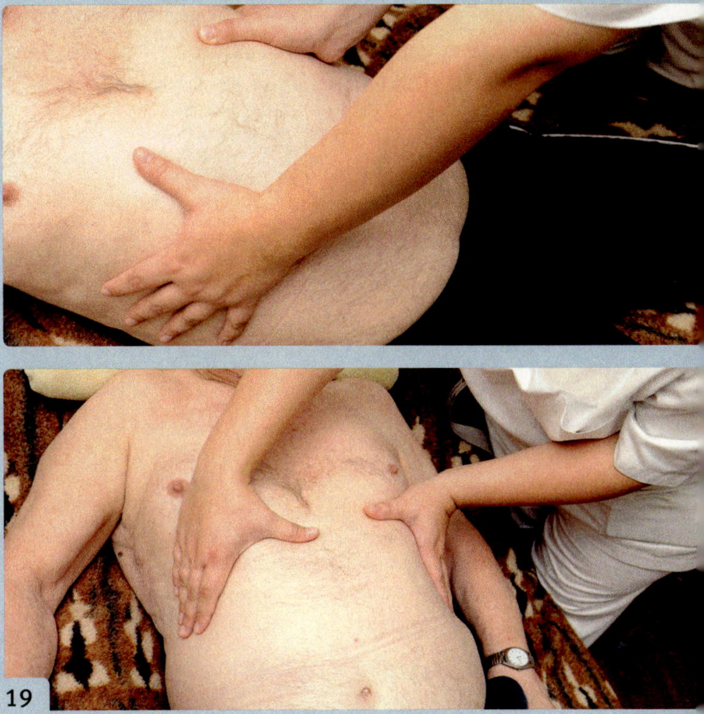

19
Kontaktatmung

Bedenke

Beim Zählen der Atemzüge (AZ/min.) wird das Ein- und Ausatmen als ein Atemzug gerechnet.

12.3.4 Grenzwerte Atmung

Abweichungen von der normalen Atmung können sehr vielfältig sein und weisen häufig auf eine Erkrankung oder einen Notfall hin. Die Beobachtungen müssen dokumentiert und an die Pflegefachkraft weitergegeben werden.

Dyspnoe

Eine eingeschränkte Atmung wird im Gegensatz zur Eupnoe **Dyspnoe** (Luftnot) genannt. Eine Belastungsdyspnoe tritt bei körperlicher Aktivität auf. Die Ruhedyspnoe beschreibt die Luftnot im Ruhezustand. Sie kann beim Einatmen (inspiratorisch), aber auch als erschwerte Ausatmung (exspiratorisch) auftreten: Die Erkrankung **Asthma** ist typisch, weil die Betroffenen zwar einatmen, aber nicht mehr ausatmen können.

Atemfrequenz

Eine **Tachypnoe** ist die zu schnelle Atmung mit einer Atemfrequenz dauerhaft von über 20 Atemzügen pro Minute.

Bei zu hoher Atemfrequenz muss ein Sauerstoffmangel aufgefüllt werden. Normal ist sie bei Anstrengung, Nervosität und Angst und kann für eine bestimmte Zeit ohne weitere Schäden aufrechterhalten bleiben. Krankhaft ist sie bei etlichen Herz- und Lungenerkrankungen, Fieber und größeren Blutungen. Auch bei Schmerzen ist die Atemfrequenz deutlich höher als normal.

Die **Bradypnoe** ist die verlangsamte Atmung mit einer Atemfrequenz von unter 12 Atemzügen pro Minute. Normal ist sie im Schlaf, krankhaft bei:

- einigen Tablettenvergiftungen,
- deutlichen Unterkühlungen,
- bestimmten Entgleisungen im Stoffwechsel,
- einer starken Kopfverletzung (Schädelhirntrauma).

Die **Apnoe** ist der Atemstillstand und zeigt Atempausen über 20 bis 25 Sekunden. Unbehandelt führt der Atemstillstand in drei bis fünf Minuten zu unwiderruflichen Schäden und weiter bis zum Hirntod.

Ein deutliches Anzeichen für einen Sauerstoffmangel im Blut ist die **Zyanose**, eine Blaufärbung der Lippen. Sie tritt häufig in Verbindung mit Atemwegs- und Herz-Kreislauf-Erkrankungen auf.

Atemintensität

Hypoventilation ist die verminderte Atmung: Möglich sind die zu langsame und die zu flache Atmung, z. B. bei Sterbenden.

Hyperventilation beschreibt eine Atmungsveränderung im Zusammenhang mit mentaler Aufregung wie Angst oder Panik. Der Bewohner atmet sehr schnell mit tiefen Atemzügen ein und gibt damit in sehr kurzer Zeit sehr viel Kohlendioxid ab. Sein Bewusstsein nimmt ab und die Hände bekommen eine typische „Pfötchenstellung" 20 .

Dabei handelt es sich um einen Notfall, bei dem die Pflegefachkraft herbeigerufen werden muss. Bei einer **Orthopnoe** ist die Atmung nur noch in sitzender Haltung möglich.

Bedenke

Einschränkungen in der Atmung machen Angst. Pflegende sollten Ruhe und Zuversicht vermitteln.

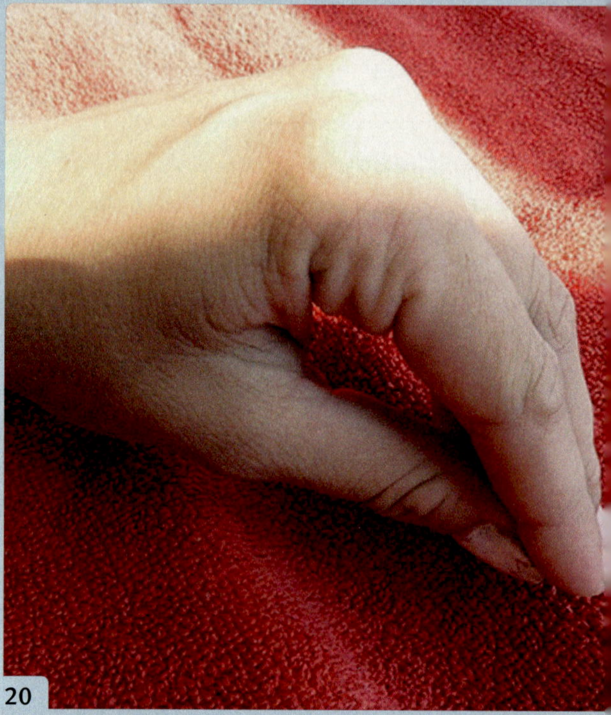

20
Pfötchenstellung

Atemgeräusche

Die normale Atmung ist geräuschlos. Verengungen der Luftwege verursachen ein Pfeifen oder „Giemen", z. B. bei einer akuten Bronchitis.

Beim **Schnarchen** erschlafft die Muskulatur, die das Gaumensegel strafft, und die Zunge fällt zurück. **Keuchen** entsteht bei körperlicher Anstrengung, z. B. Treppenlaufen. **Rasseln** bzw. Brodeln entsteht durch Sekret in der Trachea, im Kehlkopf oder Wasser in den Bronchien, z. B. bei einem Lungenödem.

Keuchender, aber trockener **Husten** ist meist der Beginn einer Erkältung, produktives Husten hat der Raucher morgens beim Abhusten der Sekrete.

Bedenke

Bei Notfällen für die Pflegefachkraft eine Plastiktüte bereitstellen.

12.4 Schmerz

Schmerz

unangenehmes Sinnes- und Gefühlserlebnis, das zumeist mit einer Schädigung des Körpers einhergeht. Schmerz erlebt jeder Mensch anders und ist nicht messbar.

Schmerzen, die neu auftreten, haben eine **Warnfunktion**. Oft weisen sie auf eine Gefahr hin und müssen unbedingt ernst genommen werden. Grundsätzlich gilt:

- Schmerzursachen müssen gesucht werden.
- Schmerzursachen müssen schnell behandelt werden.
- Der Schmerz muss gelindert werden.

Ansonsten kann sich der Schmerz „verselbstständigen". Es entsteht eine eigenständige Erkrankung („Schmerzkrankheit") mit anhaltenden Schmerzen, die ihre Warnfunktion verloren haben.

Bedenke

Frühzeitige und effektive Behandlung von Schmerzen ist unerlässlich.

Schmerzarten

Akute Schmerzen treten plötzlich auf und dauern unter sechs Monate an, z. B.:

- Schmerzen nach einer Operation („post-op"-Schmerzen),
- verletzungsbedingte Schmerzen.

Chronische Schmerzen halten in wechselnder Intensität über mehrere Monate und länger an, z. B.:

- Schmerzen, die aus dem Bewegungsapparat kommen, z. B. Rückenschmerzen,
- Gelenkerkrankungen, z. B. Arthrose und andere Rheumaformen,

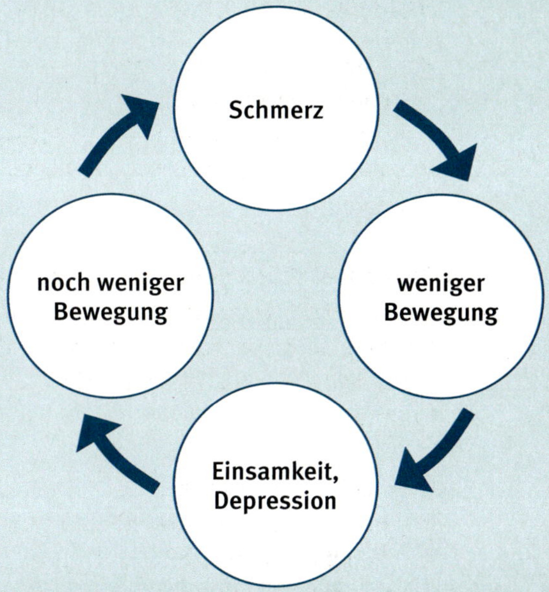

21
Schmerzspirale

- Osteoporose („Knochenschwund"),
- Nervenschmerzen („Polyneuropathien"), z. B. unter einem Diabetes mellitus,
- Tumorschmerzen im Rahmen von Krebserkrankungen,
- psychische Erkrankungen, z. B. Depression.

Folgen von Schmerz

Die Folgen von Schmerz zeigen sich in der sogenannten **Schmerzspirale 21**:

- zunehmende Ängste,
- Autonomieverlust,
- Einsamkeit,
- Hoffnungslosigkeit bis zur handfesten Depression,
- Appetitlosigkeit,
- Übelkeit,
- Erbrechen,
- Schlaflosigkeit,
- Immobilität.

Schmerzen beobachten

Im Umgang mit Schmerz ist es wichtig, die Zeitspanne zwischen der Entstehung und der Behandlung von Schmerzen so gering wie möglich zu halten. Der Beobachtungsfähigkeit von Pflegenden kommt daher eine besondere Bedeutung zu.

Die Betroffenen sollten die Schmerzen so exakt wie möglich selbst einschätzen und beschreiben mithilfe folgender Fragen:

- Was ist der Schmerzauslöser?
- Welcher Art ist der Schmerz, z. B. ist er dumpf, brennend oder stechend?
- Wo tritt der Schmerz auf?
- Hat sich der Schmerz verändert?
- Wie stark bzw. intensiv ist der Schmerz (mind. einmal pro Arbeitsschicht erfragen)?
- Zu welchem Zeitpunkt tritt der Schmerz auf (Zeitverlauf)?
- Verändert sich die Schmerzwahrnehmung?
- Wie ist der Allgemeinzustand?

Hilfsmittel bei der Beobachtung von Bewohnern mit Schmerzen sind z. B.:

- numerische Schmerzskala (NRS) 22, auf der die Bewohnerin das Ausmaß der Schmerzen bestimmen kann.
- „Smiley"-Skala, eine Art der visuellen Analogskala (VAS),
- Befragung von Bezugspersonen und Kollegen,
- Schmerztagebuch, in dem der Bewohner täglich seine Schmerzen beschreibt.

Numerische Schmerzskala (NRS)

Skala mit einem Zahlenstrang von 0 = keine Schmerzen bis 10 = nicht auszuhaltende, stärkste Schmerzen, deren Werte der Bewohner ankreuzt. Ziel ist ein Wert < 3 in Ruhe und < 5 unter Belastung.

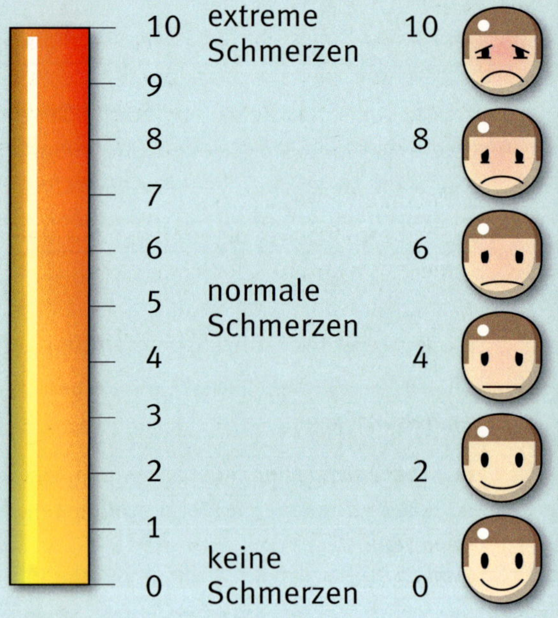

22
Numerische Schmerzskala

Bei Menschen, deren Sprachvermögen oder Selbstwahrnehmung eingeschränkt ist, z. B. aufgrund einer Demenzerkrankung, erfordert die Schmerzbeobachtung wesentlich mehr Aufmerksamkeit.

Nonverbale Anzeichen für Schmerzen sind z. B.:

- Appetitlosigkeit,
- zunehmendes Ruhebedürfnis,
- Unruhe,
- Schlaflosigkeit,
- Interesselosigkeit,
- Aggressivität,
- Abwehr bei Berührung.

Bedenke

Ein Mensch, der über Schmerzen klagt, hat immer Recht. Schmerzäußerungen müssen ernst genommen werden.

12.5 Prophylaxen

Bei einer eingeschränkten Herz-Kreislauf-Funktion oder Atmung können Erkrankungen entstehen, denen mit entsprechenden Pflegemaßnahmen vorgebeugt werden kann. Dazu gehört z. B. die:

- Pneumonieprophylaxe,
- Schmerzlinderung als vorbeugende Maßnahme gegen chronische Schmerzen.

12.5.1 Pneumonieprophylaxe

Pneumonie

Lungenentzündung. Akute oder chronische Infektion des Lungenbläschengewebes hauptsächlich durch Bakterien, Schadstoffe oder Allergien.

Die Symptome einer **Lungenentzündung** sind Fieber, Schüttelfrost und Atembeschwerden. Oft sind diese aber nur leicht ausgeprägt und deshalb schwer zu erkennen. Ist eine Pneumonie bei jungen Menschen in der Regel mit einer Therapie nach zwei bis drei Wochen überstanden, kann sie für alte und geschwächte Menschen lebensbedrohlich sein. Bekommt ein Mensch keine Luft mehr, werden alle anderen Bedürfnisse unwichtig.

Ziel der Prophylaxe ist die optimale Belüftung und Befeuchtung der Atemwege durch:

- Verbesserung der Lungenbelüftung,
- Förderung der Sekretbewegung,
- Vermeidung von Aspiration,
- Vermeidung von Infektionen der Atemwege.

Aspiration

An- oder Einatmung fester oder flüssiger Substanzen, z. B. Nahrung, Erbrochenes oder kleine Gegenstände, in die Atemwege.

23
Luft zum Atmen

Bewegung fördern

Als Merksatz sollte gelten: Gehen ist besser als Sitzen, Sitzen ist besser als Liegen und die Oberkörperhochlagerung ist besser als die Flachlage.

Die Umsetzung bedeutet: Der Bewohner sollte so häufig wie möglich aus dem Bett aufstehen oder zumindest im Bett einen Lagewechsel erfahren.

Bedenke

Jede Bewegung ist eine Universalprophylaxe und daher so oft wie möglich durchzuführen.

Wie oft und wie lange die jeweiligen Maßnahmen der Mobilisierung andauern bzw. die Bewegungsfähigkeit trainiert werden kann, hängt vom Gesundheitszustand des Bewohners sowie seiner „Rest-Kondition“ ab.

Lagerung wechseln

Wenn der Bewohner sich selbst ohne weitere Unterstützung umlagern und mobilisieren kann, sollte er das auch regelmäßig tun. Dabei ist es hilfreich, wenn dieser sein Bett selbstständig „verstellen“ kann.

Bei **immobilen Bewohnern**, die bei sich selbst keine Lagewechsel vornehmen können, ist ein Rhythmus der Lagerung durch die Pflegenden von ca. zwei bis drei Stunden anzustreben.

Durch Lagerungen kann eine Verbesserung der Belüftung der Lungenareale oder Sekretmobilisation erreicht werden. Die Atemfläche wird vergrößert, indem die Lungenabschnitte gedehnt werden.

Die verschiedenen Lagerungspositionen sind mit Kissen so zu unterstützen, dass eine möglichst effizienten aber doch bequeme Lagerung erreicht wird. In der **Seitenlage** wird der Rücken unterstützt, bei der **Oberkörperhochlagerung** können die Arme beidseitig auf (Keil-)Kissen gelegt werden, um die Atmung zu erleichtern.

Für die folgenden Lagerungen werden zwei nicht prall gefüllte längliche Kissen verwendet, die zu „Schiffchen“ geformt werden:

- A-Lagerung: verbesserte Lungenbelüftung der oberen Lunge. Schulterblätter des Bewohners liegen direkt auf der Spitze des „A“ 24.
- V-Lagerung: verbesserte Lungenbelüftung der unteren Lunge. Kreuzbeinbereich des Bewohners liegt genau auf der Spitze des „V“ 25.
- T-Lagerung: verbesserte Lungenbelüftung der mittleren Lunge. Das waagerechte Kissen zieht sich von der linken zur rechten Schulter, das senkrechte entlang der Wirbelsäule 26.

Atemunterstützende Lagerungen können die Gefahr eines Dekubitus vergrößern. Sie sollten nur für etwa 10 bis 15 Minuten angewendet werden.

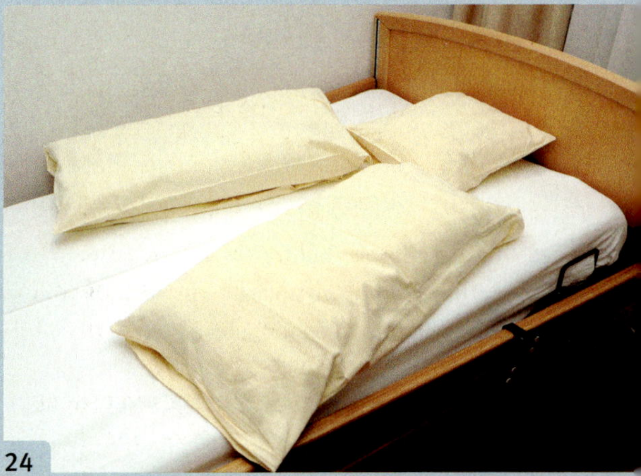

24
A-Lagerung

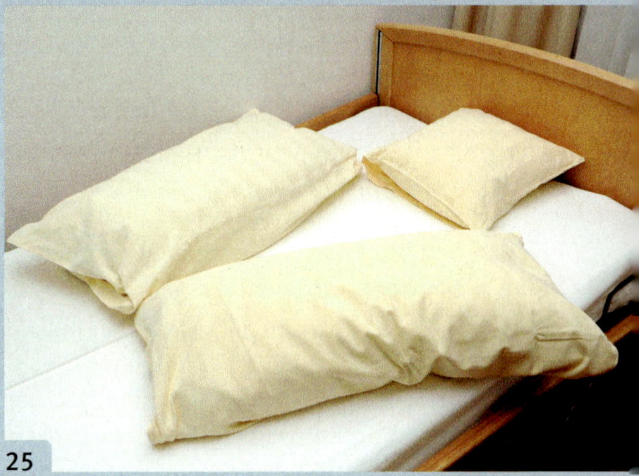

25
V-Lagerung

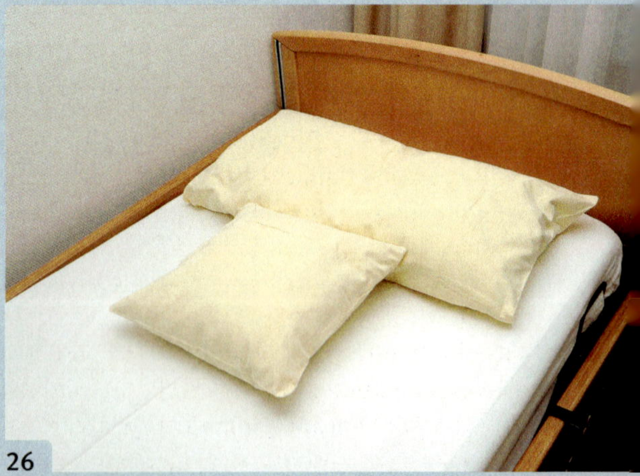

26
T-Lagerung

Atemgymnastik mit oder ohne Hilfsmittel

Ziel der Atemgymnastik ist es, die Lunge mittelfristig besser zu belüften und den Selbstreinigungsmechanismus der Atemwege anzuregen.

Atemgymnastik ohne Hilfsmittel ist z. B.:
- tiefes Ein- und Ausatmen über die Nase,
- „Äpfelpflücken" (Arme im Wechsel hochstrecken und so tun, als wollte man einen Apfel vom Baum pflücken),
- dosierte Lippenbremse (bei geschlossenem Mund durch die Nase einatmen und durch locker aufeinander liegende Lippen Luft wieder entweichen lassen),
- Bauchatmung trainieren,
- Thoraxatmung trainieren,
- Flankenatmung üben.

Für das Atmungstraining die Hände der Pflegenden oder des Bewohners auf den Bauch, seitlich an den Brustkorb oder in die Nierengegend legen. Der Bewohner soll dabei zu den Händen „hinatmen". Manchmal hilft die Absprache, dass die Hände „weggeatmet" werden sollen.

Atemübungen mit Hilfsmitteln sind z. B.:

- Luftballon aufpusten,
- Windrad anblasen,
- Wattebausch oder Tischtennisball wegpusten.

Übung

Erstellen Sie ein „Tischfußballfeld" für den Wattebausch. Damit können besonders dementiell veränderte Menschen zur Atemgymnastik motiviert werden.

Das „Blubberglas" 27: ein Strohhalm wird in ein mit Wasser gefülltes Glas gesteckt. Es wird nicht wie beim Trinken am Strohhalm gezogen, sondern hineingeblasen. Die Tiefe des Strohhalms im Wasser macht die Schwierigkeit aus: Je tiefer er drinsteckt, desto anstrengender ist das Pusten.

27
Atemübung

Flüssigkeitszufuhr sichern

Eine ausreichende Flüssigkeitsmenge ist notwendig, um ggf. vorliegendes **Sekret** zu lockern und den Auswurf zu erleichtern. Das Sekret bildet einen Nährboden für Krankheitserreger.

Die Flüssigkeitszufuhr sollte mindestens 1,2 bis 2 Liter am Tag betragen. Das ist wichtig, wenn sekretlösende Medikamente verabreicht werden. Diese wirken nur mit Flüssigkeit. Gibt es gesundheitliche Einschränkungen, z. B. Herz-Lungen- oder Nierenerkrankungen, müssen diese in Rücksprache mit der Pflegefachkraft beachtet werden.

Bedenke

Atemgymnastik vorher mit Pflegefachkraft abklären. Liegt eine „obstruktive" Lungenerkrankung, z. B. COPD, vor, werden Luftballon und Blubberglas nicht eingesetzt.

Zur Befeuchtung der Atemwege und Schleimlösung ist die **Inhalation** mit **NaCl 0,9 %** (Natriumchlorid bzw. Kochsalzlösung) oder Aqua injectabilia, z. B. mit einem Ultraschallvernebler 28 oder Pariboy®, hilfreich. Die Inhalation von Medikamenten, die die Bronchien erweitern, wird nach ärztlicher Anordnung verabreicht.

Beim Abhusten unterstützen

Abhusten ist ein beabsichtigtes und kontrolliertes Husten, um Sekret aus den Bronchien und der Lunge zu befördern. Es kann Sekrete in einer Menge von ca. 30 ml in 24 Stunden mobilisieren.

Bedenke

„Hüsteln" ist besser. Zu starkes Husten kann die Schleimhäute reizen.

Das Abhusten wird unterstützt durch:

- Hochlagerung des Oberkörpers und Sitzen am Bettrand,
- Ausatmen auf die vom Bewohner gesprochene Silbe „haff"! Das löst eine Reizung der Hustenrezeptoren aus und lässt meist einen Hustenstoß folgen,
- produktiv hüsteln oder tief räuspern,
- Auflegen der flachen Hand auf den Brustkorb oder den Bauch und leicht gegendrücken lassen.

Bedenke

Wenn Schmerzen vorliegen, die ein tiefes Durchhusten verhindern, müssen diese zunächst behandelt werden.

Beim Inhalieren mit einem **Wasserdampfbad** sollte der Bewohner stabil sitzen und den Dampf fünf bis zehn Minuten tief einatmen. Wegen der Verbrennungsgefahr darf das Wasser nicht zu heiß sein. Als Zusatz bietet sich Kamillentee an.

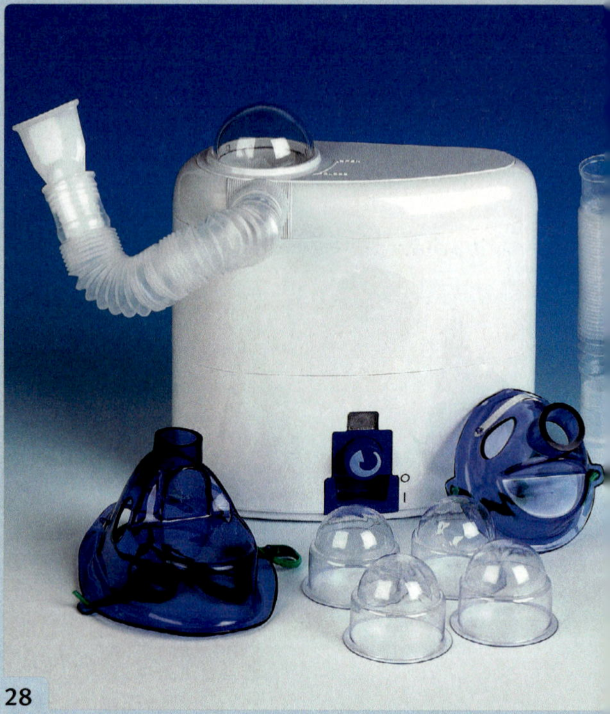

28
Ultraschallvernebler

Inhalationen werden grundsätzlich vom Arzt angeordnet. Sie sollten nicht unmittelbar vor oder nach einer Mahlzeit durchgeführt werden.

Es gibt drei verschiedene Inhalationen:

- Dampf: größte Moleküle, gelangt bis in den Nasenrachenraum, nicht bis in das Bronchialsystem, bei Erkrankungen der oberen Atemwege,
- Aerosole: kleinere Molekühle, gelangen bis in das Bronchialsystem, bei der Einnahme von Flüssigmedikamenten,
- Nebel: kleinstes Molekül, z. B. am Meer, gelangt am tiefsten ins Lungengewebe.

Bedenke

Das Kopfdampfbad ist bei dementen Bewohnern tabu. Verbrühungsgefahr, da Betroffene sich nicht artikulieren können.

12.5.2 Schmerzen lindern

Die effektive Schmerzbekämpfung ist insofern eine Prophylaxe, als dass sie einer „Verselbstständigung“ der Schmerzen und chronischen Schmerzen vorbeugt.

Mit Schmerzmitteln lindern

Die beste Schmerzlinderung ist die Beseitigung der Ursache. Das ist jedoch nicht immer möglich. Schmerzen können durch Schmerzmittel (Analgetika) oder nicht-medikamentöse Maßnahmen gelindert werden.

Bedenke

Pflegemaßnahmen im Rahmen der medikamentösen Therapie von Schmerzen werden von der Pflegefachkraft erbracht.

Die Pflegehilfskraft kann jedoch die Pflegefachkraft bei der Beobachtung der Bewohner unterstützen. Wurden Medikamente 29 oral gegeben, z. B. mit Tabletten, ist spätestens eine Stunde später die Wirkung zu überprüfen, wenn akute Schmerzen gelindert werden sollen:

- bei einer Injektion spätestens nach 30 Minuten die Wirkung überprüfen,
- täglich nach dem Stuhlgang fragen und frühzeitig gegensteuern (spätestens nach drei Tagen ohne Stuhlgang),
- beobachten, ob Übelkeit und Erbrechen auftritt,
- wenn Übelkeit und Erbrechen auftritt, gilt: Ernährung für ein paar Tage anpassen, z. B. Wunschkost in kleinen Portionen und mehr flüssige als feste Nahrung,
- Beobachtungen zeitnah an die Pflegefachkraft weitergeben,
- bei Verabreichung der Schmerzmittel über Schmerzpflaster unbedingt auf die Anweisungen der Pflegefachkraft und auch auf die korrekte Handhabung achten.

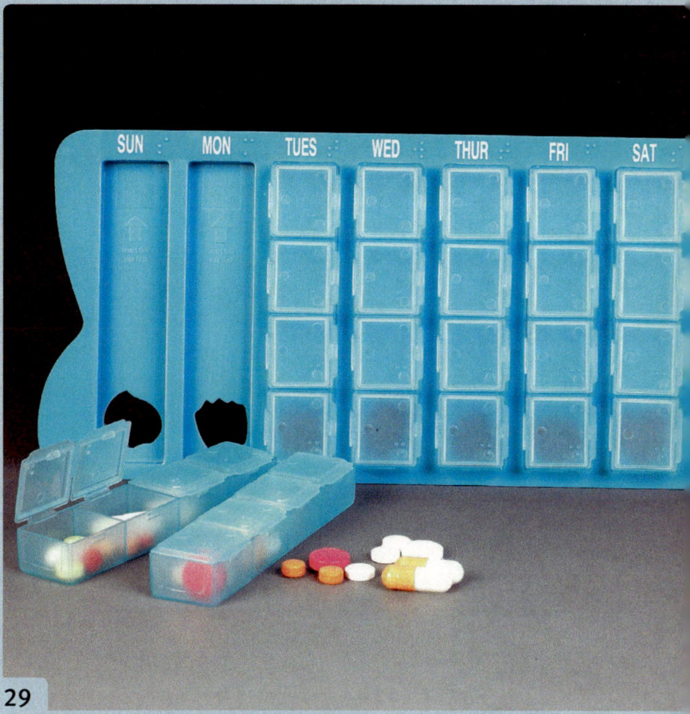

29
Wochendispenser für Medikamente

Ohne Schmerzmittel lindern

Das Schmerzempfinden ist bei jedem unterschiedlich und von außenstehenden Faktoren abhängig. So ist es z. B. erwiesen, dass Aufmerksamkeit und Zuwendung für den Betroffenen bis zu 30 % der erfolgreichen Schmerztherapie ausmachen.

Menschen mit Schmerzen haben oft Angst:

- nicht ernst genommen zu werden,
- vor Ausgrenzung,
- vor Verstärkung der Schmerzen.

Übung

Neben Trost und Verständnis hilft den Schmerzpatienten die Ermutigung, nach eigenen Wegen gegen den Schmerz zu suchen, diese auszuprobieren und zu dokumentieren.

Eine entspannte und patientenorientierte Lagerung kann ebenfalls gegen den Schmerz helfen, z.B. einfaches Hochlagern des betroffenen Armes oder Beines oder die Bauchdeckenentspannung durch das Anheben von Kopf- und Fußteil des Bettes 30.

Weitere Maßnahmen gegen Schmerzen sind z.B.:

- Massagen der Hände,
- Wärme oder Kälte über Cool- und Hotpacks,
- Progressive Muskelentspannung nach Jacobsen,
- Visualisierung nach Simonton,
- Ablenkung: Bewohner bewusst atmen lassen,
- Musik und Beschäftigung.

Übung

Wenn Sie wütend auf jemand sind, suchen Sie sich einen ruhigen Platz und stellen sich den Raum komplett in der Farbe „Blau" vor.

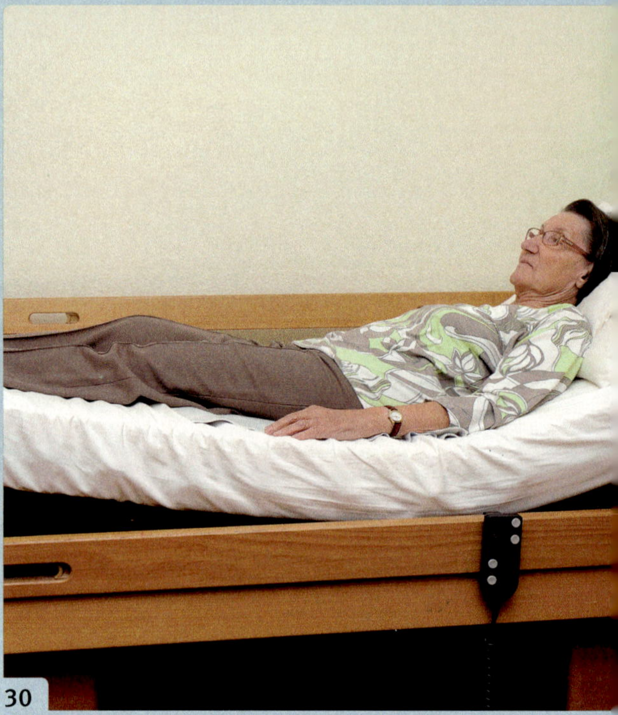

30
Lagerung zur Entspannung der Bauchdecke

✔ Selbst-Check

Fallbeispiel: Herr Paul ist 69 Jahre alt, 174 cm groß und wiegt 93 kg. Er lebt mit seiner Frau am Stadtrand in einer ebenerdigen Wohnung. Dort wollten sie ihren Ruhestand nach einem arbeitsreichen Leben gestalten.

Doch es kam anders: Herr Paul wurde vor einiger Zeit von seiner Frau morgens vorgefunden: Er war nicht richtig ansprechbar, sein Puls war unregelmäßig. Frau Paul hatte den Bereitschaftsdienst der Ärzte angerufen. Beim Eintreffen war Herr Paul bei Bewusstsein und hat einen RR von 100/70 mmHg und 56 Schl./min. und eine Temperatur von 38,6 °C. Dem Arzt fiel auf, dass Herr Paul leicht und viel schwitzte und überhaupt nicht belastbar zu sein schien. Die Atemfrequenz ist deutlich erhöht mit ca. 28 Züge/min. und er hustete immer mal wieder. Er wurde dann ins Krankenhaus gebracht.

Herr Paul hat sich dort nicht richtig erholt und benötigt seitdem von seiner Frau tatkräftige Unterstützung bei der Körperpflege.

Was beachten Sie bei der Messung des unregelmäßigen Pulses von Herrn Paul?

Benennen Sie den RR-Wert mit dem Fachbegriff und nennen Sie den Normwert.

Mit welcher Methode sollten Sie die Temperatur messen und warum?

13 Sterben und Tod

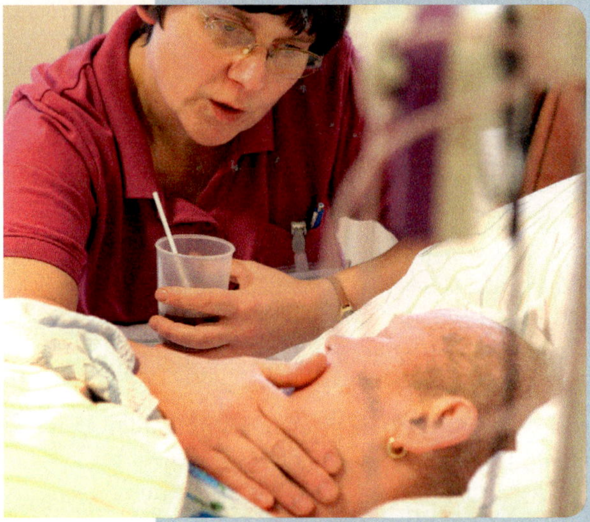

13.1 Was bedeutet Sterben und Tod?

Aus dem Leben eines Menschen ist das Sterben nicht wegzudenken. Beides gehört untrennbar zusammen. Den meisten Menschen ist es jedoch unangenehm, über den Tod zu sprechen oder sich zu diesem Thema Gedanken zu machen. Die Angst vor dem eigenen Sterben 1 wird aus dem Bewusstsein und dem Alltag verdrängt.

In stationären Altenpflegeeinrichtungen haben es die Pflegenden mit sehr alten Menschen zu tun, denen das Sterben nah bevorsteht. Eine würdevolle und sinnstiftende Begleitung der Sterbenden ist nur möglich, wenn sich die Pflegenden mit dem Sterben an sich und mit der Angst vor dem eigenen Sterben auseinandersetzen.

Bedenke

Die Auseinandersetzung mit dem Sterben kann eine persönliche Bereicherung sein. Ist die Belastung zu groß, sollte die Pflegefachkraft informiert werden.

1
Kampf mit dem Tod

13.1.1 Der Vorgang des Sterbens

Sterben

Übergang vom Leben zum Tod, bei dem alle körperlichen, seelischen und sozialen Funktionen eines Menschen erlöschen.

Der **Zeitpunkt** des Todes ist immer das Ende des Sterbens, während sein Anfang nicht genau festgelegt werden kann. Bei einem Unfall kann der Tod sehr plötzlich eintreten, während das (bewusste) Sterben bei einer schweren Erkrankung über Monate andauern kann. Ein längerer **Sterbeprozess** bietet die Chance, ungeklärte Fragen oder Beziehungen zu Angehörigen zu klären. Für Pflegende ist das eine große Herausforderung.

Rein biologisch betrachtet sind Sterbende Kranke oder Verletzte mit nicht mehr zu stoppendem Versagen einer oder mehrerer Vitalfunktionen. Der Ausfall von Atmung und Herzschlag verhindert, dass die Zellen mit Sauerstoff versorgt werden. Die Funktion der Körperorgane kann nicht mehr erhalten oder wiederhergestellt werden.

Wichtige **Anzeichen** eines bevorstehenden Todes sind z. B.:

- motorische Unruhe,
- Angst und Verwirrtheit, z. B. häufiges Aufstehen und Umherwandern,
- verringerte Nahrungs- und Flüssigkeitsaufnahme,
- rascher, flacher und unregelmäßiger Puls,
- kalter, klebriger Schweiß,
- Temperatur- und Blutdruckabfall,
- kalte Extremitäten,
- marmorierte Haut,
- weißes Nasen-Mund-Dreieck.

Ein häufiger Hinweis auf das Sterben eines Menschen ist auch die sogenannte **Schnappatmung**. Dabei wechseln einzelne schnappende Atemzüge mit langen Atempausen ab.

Bedenke

Der veränderte Atemrhythmus eines Sterbenden kann auf begleitende Angehörige bedrohlich wirken. Sie sollten vorher informiert werden.

13.1.2 Der Eintritt des Todes

Tod

Zustand, in dem alle Lebensfunktionen eines Organismus endgültig stillstehen.

Der Eintritt des Todes passiert nicht auf einmal, sondern findet in Phasen statt. Dabei wird der klinische Tod vom Hirntod unterschieden.

Klinischer Tod und Hirntod

Vom **klinischen Tod** wird gesprochen, wenn der Kreislauf für mindestens drei Minuten stillsteht. Herzschlag und Atmung setzen aus 2. Dies kann plötzlich und unerwartet passieren, z.B. in Zusammenhang mit einem Herzinfarkt oder auch bei einem Unfall. Es kann jedoch auch das Ende eines langen Krankheitsprozesses sein.

Beim klinischen Tod könnte der Mensch z.B. durch Herzmassage oder Beatmung wiederbelebt (reanimiert) werden. Oft ist er dann aber nicht mehr fähig, Reize von außen zu verarbeiten.

Beim **Hirntod** ist die Steuerungszentrale außer Kraft gesetzt und hat ihre Funktionen eingestellt. Das zentrale Nervensystem funktioniert nicht mehr. Impulse können nicht geleitet werden, eine Versorgung der Organe findet nicht mehr statt. Der Hirntod gilt als offizieller Todeszeitpunkt.

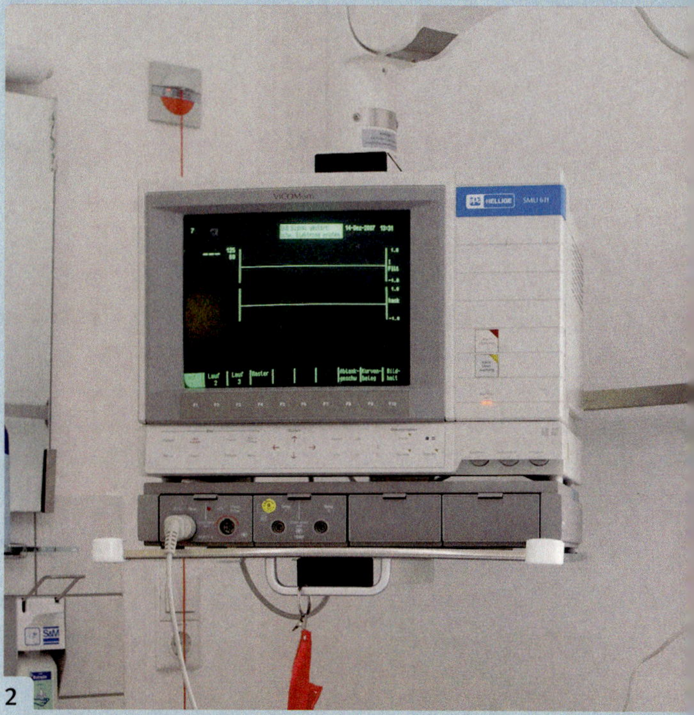

2
Nulllinie nach dem Herzstillstand

Todeszeichen

Nach dem Eintritt des Hirntodes kommt der Stoffwechsel in allen Geweben und Organen zum Erliegen. Anschließend können deutliche Hinweise auf das Versterben eines Menschen wahrgenommen und beobachtet werden.

Unsichere Todeszeichen sind:

- Bewusstlosigkeit,
- Totenblässe, Nase-Mund-Dreieck,
- Leichenkälte,
- Atemstillstand,
- nicht messbarer Puls und Blutdruck,
- erschlaffte Muskeln, fehlende Reflexe.

Bedenke

Es gibt auch andere Erkrankungen, bei denen diese Symptome auftreten. Sie müssen jedoch nicht mit dem Tod enden.

Sichere Todeszeichen sind:

- Totenflecke (blass-rote bis später grau-blaue Verfärbung (muribunt) an tiefer gelegenen Körperstellen (Füßen, Gesäß, Fingern),
- Leichenstarre,
- Fäulnis-, Verwesungsprozess,
- Mumifizierung.

Die **Leichenstarre** ist eine fortschreitende Muskelstarre. Der Körper versteift zunehmend. Diese Entwicklung beginnt am Kiefer und zieht sich bis zu den Füßen hin. Der Vorgang dauert ca. 48 Stunden und löst sich danach in der Reihenfolge der Entstehung wieder auf.

Der **Fäulnis- und Verwesungsprozess** wird von Bakterien ausgelöst und begleitet. Tote Zellen und Gewebe lösen sich auf, zersetzen sich. Dabei spielt auch die Außentemperatur eine Rolle. Der Zersetzungsprozess beginnt meist im Darmbereich.

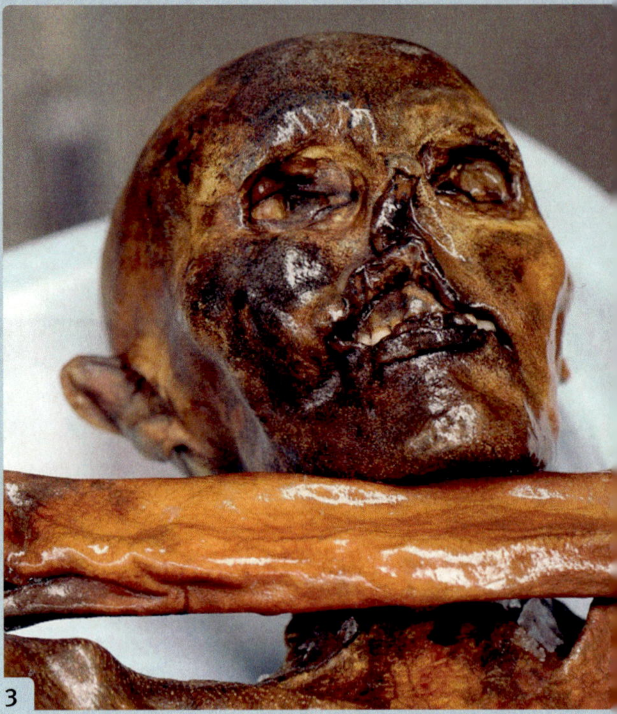

3
Mumifizierte Leiche von „Ötzi“

Die **Mumifizierung** ist eine Art der Konservierung (durch Einbalsamierung) des Körpers. Ausschlaggebend dafür sind trockene Luftverhältnisse. Ein bekanntes Beispiel ist „Ötzi, der Mann aus dem Eis“, der vor etwa 5000 Jahren lebte 3.

Nach Eintritt des Todes

Der Tod eines Menschen kann nur von einem Arzt festgestellt werden. Bei der sogenannten **Leichenschau** hat er folgende Aufgaben:

- den Tod feststellen,
- die Ursache für den Tod ermitteln,
- prüfen, ob Anhaltspunkte für einen nicht natürlichen Tod vorliegen.

Bedenke

Der Eintritt des Todes muss mit genauer Uhrzeit in der Pflegedokumentation vermerkt werden.

Nach der Feststellung des Todes müssen notwendige Formalitäten organisiert werden, z. B. wie der Verstorbene an den Bestattungsort kommt.

Ein im Vorfeld ausgewähltes **Bestattungsinstitut** wird mit der Abholung des Toten beauftragt. Das Bestattungsinstitut erhält die vom Arzt ausgestellten Totenscheine. Für die Erdbestattung gibt es einen, für die Feuerbestattung zwei Totenscheine. Dieser wird beim zuständigen Standesamt abgegeben, damit die **Sterbeurkunden** ausgestellt werden können. Das Bestattungsinstitut kümmert sich um sämtliche Verwaltungs- und Versicherungsangelegenheiten.

Bedenke

Pflegende wählen kein Bestattungsinstitut aus. Sie könnten für die zusätzlichen Kosten aufkommen müssen.

13.2 Wege des Sterbens

Das Sterben und der Tod haben nicht nur Auswirkungen auf den Körper, sondern vor allem auf die Psyche des Menschen. Das Sterben bereitet Angst vor der Ungewissheit. Es gibt Wünsche und Erwartungen an das Leben, die nicht erfüllt wurden, oder Dinge, die nicht getan wurden.

Die amerikanische Sterbeforscherin **Elisabeth Kübler-Ross** hat nach vielen Gesprächen mit den Betroffenen den Weg sterbender Menschen in fünf Phasen eingeteilt. Nicht jeder Mensch muss diese Phasen durchleben. Die Phasen kommen in unterschiedlicher Reihenfolge, treten wiederholt auf oder wechseln sich ab. Als **Modell** helfen Kübler-Ross' Gedanken, die Gefühle und das Verhalten eines Sterbenden zu verstehen.

13.2.1 Sterbephasen

Unabhängig davon, an welchem Ort sich der Sterbende befindet, wird er meist von jemandem begleitet, z. B. Angehörigen oder Pflegenden. Sie sind als **Trauernde** ebenfalls betroffen, können aber durch das richtige Verhalten die Angst des Sterbenden lindern 4.

Aktive Verweigerung

Die Sterbenden nehmen die **Wahrheit** nicht an. Sie glauben nicht an den bevorstehenden Tod, verharmlosen die Situation, beharren auf einem Irrtum und versuchen, sich abzulenken. Es erfolgt die Verdrängung, Isolierung und der Rückzug. Diesem Verhalten liegen Panik und Angst zugrunde.

In dieser Phase können Pflegende z. B.:

- den Sterbenden nicht die Wahrheit aufdrängen,
- den Sterbenden ernst nehmen, ihm Mut machen,
- zuhören und Zeit nehmen für Gespräche,
- Hilfe anbieten, die erkannte Wahrheit „ich sterbe" zu verarbeiten.

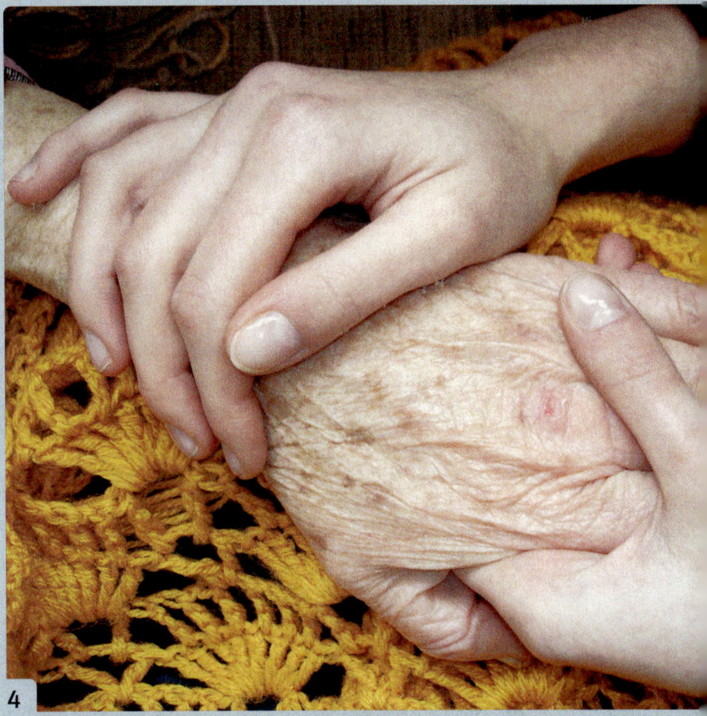

4
Wortloses Verstehen

Zorn

Der Sterbende empfindet Wut: warum ich und warum jetzt schon? Die Wut zeigt sich in **aggressivem Verhalten** gegenüber den vertrauten Personen, z. B. Unzufriedenheit, Beschimpfungen, Beschuldigungen. Oft wird die Nahrungsaufnahme abgelehnt. Es ist die Suche nach Zuwendung, die der Sterbende aber noch nicht annehmen kann.

In dieser Phase können Pflegende z. B.:

- Anschuldigungen nicht persönlich nehmen,
- Geduld haben,
- dem Betroffenen die Möglichkeit geben, seine Ängste mitzuteilen.

Bedenke

Bei aller Pflege und Fürsorge für den Sterbenden darf die Selbstpflege der Pflegenden nicht vergessen werden.

Verhandeln

In dieser Phase hat der Sterbende die **Hoffnung**, weiterleben oder den Zeitpunkt des Todes verschieben zu können. Er hat das Bedürfnis nach Information und Kontrolle, was mit ihm geschieht. Vielleicht gibt es z. B. bei einer Neuorientierung im Leben doch noch Heilungschancen?

Sterbende sind in der Phase sehr sensibel und benötigen besondere Fürsorge. In dieser Phase können Pflegende z. B.:

- den Sterbenden in die Pflege einbeziehen,
- therapeutische Maßnahmen erläutern,
- Hoffnung des Sterbenden verstehen, diese nicht in Frage stellen und nicht bestätigen.

Traurigkeit und Depression

Der Sterbende spürt, dass seine Kraft schwindet. Er beginnt, sich mit dem Sterben auseinanderzusetzen. Diese Phase ist geprägt von **Trauer** und Depression, aber auch von neuer Aktivität, z. B. Pläne noch umzusetzen, sich mit Angehörigen auszusöhnen und ein Testament aufzusetzen.

In dieser Phase können Pflegende z. B.:

- da sein, wenn man gebraucht wird, jedoch auch situativ „zurücktreten",
- Wünsche des Sterbenden erfüllen, nur soweit es die Pflegenden nicht selbst zu sehr belastet,
- dem Sterbenden signalisieren, dass er seinen Gefühlen freien Lauf lassen darf, jedoch nicht allein gelassen wird: „Sie dürfen traurig sein", „Sie dürfen weinen",
- darauf achten, dass der Sterbende sich nicht überfordert.

Bedenke

Für Pflegende ist es entlastend, im Pflegeteam über die eigenen Gefühle zu sprechen und sich abzuwechseln.

5
Ein Leben bilanzieren

Todesannahme

Der Sterbende akzeptiert, dass er bald sterben muss, regelt die letzten Angelegenheiten und versucht, soweit es geht, noch sein Leben zu ordnen. Oft ist der Sterbende in dieser Phase schon stark beansprucht durch die Anzeichen des nahenden Todes, z. B. Schwäche oder Schmerzen.

In dieser Phase können Pflegende z. B.:

- die Intimsphäre akzeptieren, für Ruhe sorgen,
- eine angenehme Atmosphäre, z. B. mit Licht, Raumtemperatur, herstellen,
- Hautkontakt 5, Hand halten.

Bedenke

Bei der Begleitung des Sterbenden auf die Angehörigen achten und diese in die Pflege und Betreuung mit einbeziehen, sofern sie es möchten.

13.2.2 Bedürfnisse von Sterbenden

Sterbende haben Bedürfnisse, die nicht immer auf den ersten Blick von Pflegenden erkannt werden können. Daher ist es wichtig, dass sie die Botschaften der Sterbenden mit allen Sinnen wahrnehmen: sehen, hören, riechen, tasten. Diese sind in ihrer Situation oft zu geschwächt, um Bedürfnisse verbal zu äußern. Die **nonverbale Kommunikation** rückt in den Vordergrund, z.B. von den Lippen oder Augen ablesen.

Situatives Handeln

Jemandem einen letzten Wunsch zu erfüllen, ist für Pflegende auch eine organisatorische Herausforderung. Beim Vergleich der Situation mit dem Drehen eines Filmes haben die Sterbenden in den letzten Szenen die Regie übernommen und bestimmen den Ablauf und das Ende des Filmes. Dabei kann das Drehbuch kurzfristig umgeschrieben werden.

Pflegende müssen sich den Bedürfnissen des Sterbenden anpassen, das heißt, sie müssen der Situation entsprechend und nicht nach einem Tagesplan handeln **(situatives Handeln)**. Reguläre Abläufe im Arbeitsalltag werden außer Kraft gesetzt. Es muss umorganisiert werden, damit auch spontane Wünsche erfüllt werden können 6.

Bedenke

Während einer Sterbebegleitung sind viele Absprachen mit den Kolleginnen zur Zeiteinteilung notwendig.

Die Art und Weise, wie Sterbende in einer Pflegeeinrichtung betreut werden, hängt auch von den Rahmenbedingungen vor Ort ab. Eine Begleitung zwischen Tür und Angel ist für alle Beteiligten belastend. Die Pflegenden sollten sich dafür einsetzen, eine Art **Sterbekultur** in der Einrichtung aufzubauen.

6
Sterbebegleitung im Dienst einplanen

Wünsche der Sterbenden

Die Wünsche können sehr unterschiedlich sein, z.B.:

- Ich möchte wissen, was nach dem Tod kommt.
- Ich möchte nicht allein sterben.
- Ich möchte ohne Schmerzen sterben.
- Ich möchte noch etwas regeln.
- Ich möchte mit einer Person Frieden schließen.
- Ich möchte den Sinn des Lebens suchen.

Eine gelingende Kommunikation mit Sterbenden verläuft nach den gleichen Prinzipien wie mit anderen Bewohnern. Im Mittelpunkt der Gespräche steht häufig eine **Bilanzierung** des eigenen Lebensweges, die eine aufmerksame Zuhörerin finden muss.

Es gibt keine Regel, wie die Wünsche erfüllt werden sollen. Kein Mensch stirbt wie ein anderer. Jeder Weg zum Tod ist einzigartig.

13.3 Sterbende pflegen

Die Versorgung der Sterbenden gehört zu den Aufgaben von Pflegenden. Dabei hat das **Wohlbefinden** der Betroffenen absoluten Vorrang. Nicht jede Pflegemaßnahme ist notwendig. Auf Reinlichkeit und Ordnung kann verzichtet werden, es sei denn, der Sterbende hat dazu besondere Wünsche.

13.3.1 Minimal handling

minimal handling

Einschränkung pflegerischer und medizinischer Maßnahmen auf das Unerlässliche, insbesondere, wenn die Eingriffe schmerzhaft oder belastend sind.

Eigentlich kommt das Prinzip mimimal handling aus der Säuglingspflege. Es kann aber gut auf die Pflege von Sterbenden übertragen werden, z. B.:

- Pflegemaßnahmen aufeinander abstimmen, z. B. nicht zu viele Belastungen auf einmal bzw. dem zu Pflegenden Pausen einräumen,
- Pflegemaßnahmen schonend anwenden, z. B. mit zwei Pflegenden umlagern,
- zu Pflegenden während der Pflegemaßnahme beobachten und ggf. die Maßnahme abbrechen.

Die Pflege Sterbender ist weniger aktivierend, sondern eher übernehmend **(kompensierend)**. Jede unnötige Anstrengung sollte für den Sterbenden vermieden werden. Teilwaschungen sind schonender als eine Ganzkörperwaschung und auch auf das Beziehen des Bettes nach Plan kann verzichtet werden.

Bedenke

Die Pflegefachkraft informieren, wenn der Sterbende Hinweise gibt, dass er Schmerzen hat.

7
Mundpflegeset

13.3.2 Mundpflege

Nicht mehr richtig essen und trinken zu können, verändert die Mundschleimhaut besonders in der Phase des Sterbens. Diese trocknet aus. Das Schlucken wird beschwerlich, da sich nicht mehr viel Speichel bildet. Der **Schluckreflex** verringert sich oder versagt ganz. Zusätzlich verstärkt sich das **Durstgefühl** in der Sterbephase. Zum Wohlbefinden des Sterbenden ist eine spezielle Mundpflege 7 erforderlich.

Gründe für die Mundtrockenheit sind z. B.:

- Atmung durch den Mund,
- speichelreduzierende Medikamente,
- Angst und Depression.

Bedenke

Durch das erschwerte Schlucken besteht Aspirationsgefahr.

Folgende **Maßnahmen** der Mundpflege können für den Sterbenden angenehm sein:

- ausreichend und regelmäßig trinken lassen, möglichst nur kleine Mengen,
- Flüssigkeit evtl. auch mithilfe eines Strohhalms 8 oder teelöffelweise zuführen,
- möglichst stündlich Mundpflege oder lediglich Munderfrischung durchführen,
- mit Pflegestäbchen oder Pipette die Mundschleimhaut anfeuchten, dabei verschiedene Geschmacksrichtungen verwenden,
- halb gefrorene Fruchtsäfte oder Eiscreme lutschen lassen,
- Lippen dünn einfetten, z. B. mit Honig oder Olivenöl.

Bedenke

Der Sterbende bestimmt Tempo und Umfang der Maßnahme.

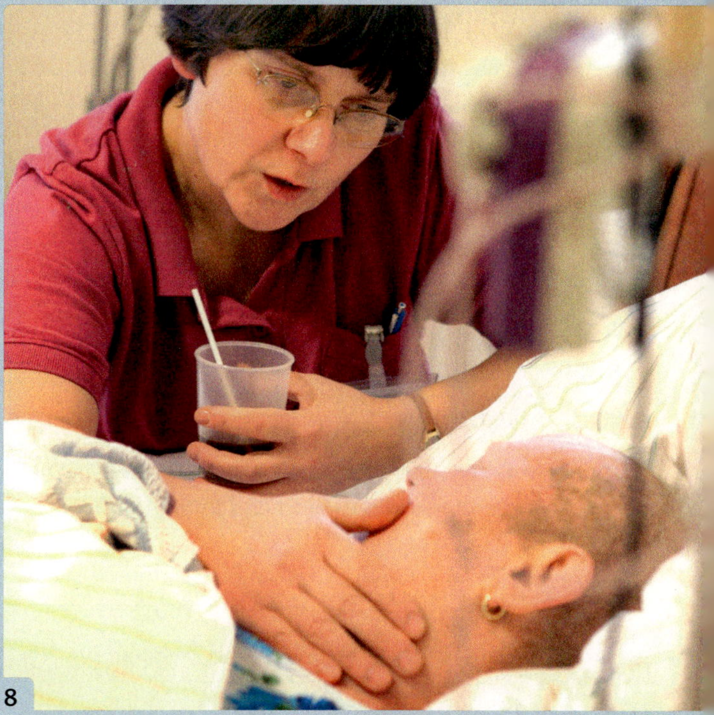

8
Beim Trinken unterstützen

13.3.3 Atmung und Ernährung

Sterbenden fällt die Atmung zunehmend schwerer. **Atemerleichternde Lagerungen** wie die Oberkörperhochlagerung können für ihn eine große Entlastung sein. Dabei kann frische Luft zugeführt werden. Der Sterbende sollte jedoch gut zugedeckt sein und warm gehalten werden, ohne zu schwitzen.

Leidet der Sterbende unter Atemnot, weil er keinen Schleim mehr abhusten kann, muss die Pflegefachkraft informiert werden. Diese kann bei Bedarf das **Absaugen** der oberen Atemwege veranlassen. Auch das Einreiben des Rückens kann beim Atmen für Erleichterung sorgen.

Bedenke

Prophylaxen wie Aspirations- oder Dekubitusprophylaxe durchführen, damit nicht weitere Beschwerden entstehen.

Sterbende haben kaum noch Appetit und trinken nur kleine Mengen. Die **Wunschkost** kann jedoch eine Abwechslung bieten. Dabei sollte Nahrung und Flüssigkeit nicht nach Plan, sondern nach den Bedürfnissen des Sterbenden angereicht werden.

Der Bewegungsmangel kann beim Sterbenden eine **Obstipation** verursachen, die wiederum Schmerzen verursachen kann. Darmgeräusche können darüber Aufschluss geben. Alternative Maßnahmen wie Trockenpflaumen, warmes Wasser oder Buttermilch erleichtern das Abführen. Ansonsten sollte der Arzt nach einer medikamentösen Unterstützung befragt werden.

Bedenke

Sterbende bemerken, wenn Pflegende hilflos oder „auf der Flucht" sind und nicht genügend Zeit für sie haben.

13.3.4 Sterberituale

Das Sterben ist ein endgültiger Abschied. Oft konzentriert sich der Sterbende am Ende auf wesentliche Sinnfragen, z. B. mithilfe der **Religion**.

Jede Religion hat im Sterben und im Tod unterschiedliche Rituale und Symbole 9. Pflegende sollten sich beim Sterbenden selbst oder bei den Angehörigen informieren, welche religiösen oder kulturellen Handlungen gewünscht werden.

9
Glaubenssymbole

Christentum

Christen glauben an ein Leben nach dem Tod und werden durch Gebete und Rituale auf dieses Dasein vorbereitet.

Zu den Ritualen katholischer Christen gehört die **Beichte** mit anschließender **Absolution**, die von einem katholischen Priester abgenommen werden. Dabei wird dem Gläubigen eine Hostie gereicht. Möglich ist auch die **letzte Ölung**, die auch nach dem Versterben durchgeführt werden kann. Gegenstände sind dabei: Kerzen, Kruzifix, Bibel.

Protestantische Christen bevorzugen das Gebet und das Gespräch mit einem Pastor. Auf Wunsch wird das Abendmahl zelebriert.

Judentum

Sterbende dürfen nach dem jüdischen Glauben nicht umgebettet werden. Diese Handlung könnte dazu führen, dass der Tod verfrüht eintritt. Sterbende dürfen nicht allein gelassen werden. Auch die Anwesenheit des **Rabbiners** ist wichtig. Nach dem Versterben sollten die **Angehörigen** die Versorgung des Toten übernehmen dürfen.

Bedenke

Für Menschen jüdischen oder islamischen Glaubens ist die Anwesenheit der Angehörigen besonders wichtig.

Islam

Der Umgang mit dem Sterben ist den meisten Menschen schon von frühester Kindheit vertraut. Der Tod wird im islamischen Glauben als die wichtigste Erfahrung irdischen Daseins betrachtet. Daher sollte der Tod weder verdrängt noch aufgehalten werden.

Der Sterbende soll die **Nähe** der **Familie** und **Freunde** spüren können. Viele Angehörige wollen noch Konflikte oder letzte Fragen mit dem Sterbenden klären. Beide Seiten brauchen die Gelegenheit, sich um Verzeihung bitten zu können.

Der Sterbende sollte nie unbedeckt liegen. Reinlichkeit und Sauberkeit, z. B. bei der Kleidung, den Pflegeutensilien und der Umgebung, sollte gewährleistet werden. Er wird vorwiegend rechts gelagert mit dem Gesicht Richtung Mekka.

13.3.5 Verstorbene versorgen

Der Mensch bleibt Mensch auch im Tod. Daher erfolgt die Versorgung eines Verstorbenen mit Respekt und in Würde.

Die Versorgung eines Verstorbenen sollte zu zweit erfolgen. Dabei ist es möglich, Angehörige mit einzubeziehen, wenn diese es wünschen.

Folgende **Maßnahmen** sollten nach Eintritt des Todes und Absprache mit dem Arzt durchgeführt werden:

- den Verstorbenen flach lagern,
- Lagerungsmaterialien entfernen,
- Augen vorsichtig schließen,
- ggf. Zahnprothese einsetzen,
- Zugänge entfernen (außer PEG und Stoma-Beutel),
- evtl. Schmuck entfernen.

Bedenke

Die Entfernung der Schmuckstücke im Detail in der Pflegedokumentation aufführen.

- Teil- oder Ganzwaschung durchführen,
- saugfähige Unterlagen unter Körperöffnungen legen, weil es noch zu Entleerungen kommen kann,
- nach Wunsch ankleiden und Haare kämmen,
- Unterkiefer mit Rolle bzw. Handtuch unterstützen, damit der Mund sich schließt,
- ggf. Nacken abpolstern.

Angehörige werden benachrichtigt und bei Verabschiedung von den Pflegenden begleitet. Ihnen sollte die Möglichkeit gegeben werden, auch einen Moment allein mit dem Verstorbenen im Raum zu sein. Der **letzte Eindruck** vom Verstorbenen ist für die Angehörigen oft sehr einprägend. Das Zimmer sollte ordentlich sein, z.B. Hilfsmittel, Wäsche und Medikamente entfernt werden.

10
Abschiedsraum

11
Bestattungsinstitut

Wird der Verstorbene in einen **„Abschiedsraum“** 10 gelegt, kann zur Identifikation ein Zettel an den Fuß oder das Bein angebracht werden, auf dem Name, Geburts- und Sterbedatum sowie die Todeszeit dokumentiert ist:

- Verstorbenen bis zur Brust mit Laken abdecken,
- Hände über dem Bauch falten oder neben den Körper legen,
- evtl. Blumen in die Hände legen,
- Raum lüften, Fenster öffnen,
- Witterung berücksichtigen, Heizung ausstellen,
- ggf. Schild an Tür, bitte zuerst beim Pflegepersonal melden.

Nach maximal 36 Stunden (je nach Länderbestimmung) muss der Verstorbene vom Bestattungsinstitut 11, das in der Regel von den Angehörigen informiert wird, überführt werden.

13.4 Abschied nehmen

Trauer

normale Reaktion auf den Verlust eines geliebten und nahestehenden Menschen und ein Teil der psychischen Verarbeitung dieses Verlustes.

Die Trauer der Angehörigen beginnt oft schon zu dem Zeitpunkt, an dem sie sich von den Sterbenden verabschieden. Pflegende sind vor Ort die Ersten, die mit den Gefühlen der Angehörigen, aber auch mit der eigenen Trauer um den Verlust eines Bewohners konfrontiert werden.

Ratschläge, z. B.: „Das wird schon wieder“ oder „Die Zeit heilt alle Wunden“, Lebensweisheiten und Patentlösungen schaden eher, als dass sie den Trauernden Trost spenden. Die Trauernden fühlen sich dabei nicht ernstgenommen. **Zuhören**, einfach nur anwesend sein, kleine Gesten oder der Hinweis auf positive Erinnerungen mit dem Bewohner reichen oft schon aus 12.

Trauerarbeit

Jeder Mensch trauert anders. Einige zeigen ihre Trauer auch gar nicht. Nach dem Psychologen J. W. Worden gibt es **Aufgaben**, die jeder Trauernde bearbeiten muss:

- Verlust als Realität akzeptieren: Der Trauernde muss zunächst begreifen, dass der Abschied von seinem Angehörigen endgültig ist.
- Trauerschmerz erfahren: Der Trauerschmerz muss durchlebt werden, damit er auf Dauer keine Belastung zurücklässt.
- Anpassung an eine veränderte Umwelt: Es wird darüber nachgedacht, wie das Leben ohne den Verstorbenen weitergeht.
- Ablösung vom Verstorbenen: Es werden neue Beziehungen aufgebaut, ohne die Erinnerung an den Verstorbenen zu verlieren.

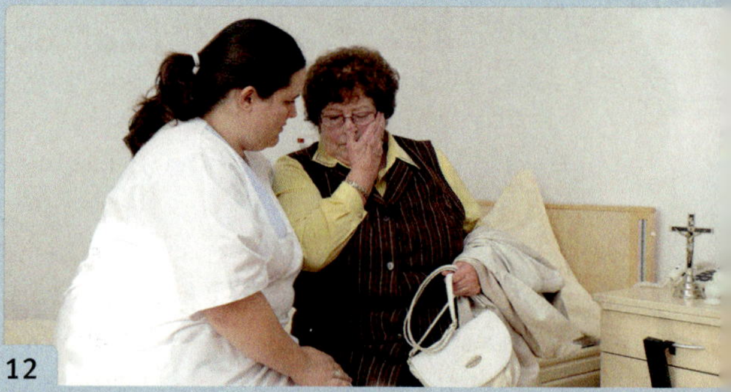

12
Trost für die Angehörigen

13
Gedenktisch für Verstorbene

Trauerrituale in der Einrichtung

Pflegende können meist nur die Trauer bis zum Tod des Bewohners begleiten, da die Angehörigen selten in die Einrichtung zurückkehren. Sie können jedoch in eigenem Interesse für das Wohlergehen der anderen Bewohner die **Erinnerung** an den Verstorbenen aufrechterhalten.

Dazu gibt es folgende **Rituale** 13:

- Gedenkstätte in der Einrichtung aufstellen,
- Kerze anzünden (Vorsicht: offenes Feuer),
- Abschiedsbuch, in dem sich jeder Trauernde eintragen kann, auslegen,
- Blume am leeren Platz im Speisesaal aufstellen,
- in der Heimzeitung an den Verstorbenen erinnern,
- Gedenktag einführen, z. B. einmal im Jahr wird an die Verstorbenen gedacht,
- Besuch bei der Beerdigung anbieten.

13.5 Hospiz und Palliative Care

Der Hospizgedanke und die Palliativpflege gehören untrennbar zusammen. Beide zielen darauf ab, die Behandlung und Pflege von Sterbenden menschenwürdig zu gestalten. Für Angehörige kann der Hinweis auf dieses Angebot eine wertvolle Hilfe sein. Und auch für die Pflegenden bieten sie einen Anstoß, sinnvolle Maßnahmen aus diesen Leitgedanken zu übernehmen.

13.5.1 Hospize

Hospiz

Einrichtung, in der sterbenskranke Menschen versorgt und beim Sterben begleitet werden.

Neben den stationären Hospizen werden auch **ambulante** oder **teilstationäre** Hospizdienste 14 in Deutschland angeboten, die den Sterbenden und ihren Angehörigen zu Hause in vertrauter Umgebung eine würdevolle Begleitung ermöglichen. Hospiz heißt ursprünglich einfach nur **Gastfreundschaft** und war früher eine Herberge für Bedürftige, Fremde oder Kranke. Heute handelt es sich um ein umfassendes Konzept, das in den unterschiedlichsten Formen Anwendung findet.

Wichtige Grundgedanken der **Hospizbewegung** sind:

- Die individuellen Wünsche und Lebensgewohnheiten des Sterbenden haben Vorrang.
- Die enge Zusammenarbeit mit Mitarbeitern verschiedener Fachrichtungen ermöglichen die bestmögliche und kontinuierliche Versorgung.
- Im Vordergrund steht die Linderung von Schmerzen (Schmerztherapie).
- Die Angehörigen werden in die Sterbebegleitung einbezogen und nach dem Versterben des nahestehenden Menschen bei ihrer Trauer begleitet.

14
Eingang Hospiz

13.5.2 Palliative Care

Palliative Care

umfassendes Konzept der Behandlung, Pflege und Fürsorge mit dem Ziel, die Lebensqualität von Sterbenden und ihren Angehörigen zu verbessern.

Die Schwerpunkte von Palliative Care sind nach der Definition der **Weltgesundheitsorganisation (WHO)** z. B.:

- weitgehende Linderung von Schmerzen und anderen Belastungen des Sterbenden,
- Integration von Angehörigen in die Versorgung des Sterbenden,
- Versorgung, die dem Sterbenden hilft, so lange wie möglich aktiv am Leben teilzunehmen,
- Versorgung, die spirituelle und psycho-soziale Bedürfnisse des Sterbenden mit einbezieht.

Die **Palliativpflege** umfasst das pflegerische Fachwissen und die entsprechenden Pflegemaßnahmen, die innerhalb des Palliative-Care-Konzepts erbracht werden. Der Pflegeprozess wird dabei ausschließlich von den Bedürfnissen und der Wahrnehmung des Sterbenden und nicht durch die Notwendigkeiten der Pflege geleitet.

Palliation bedeutet in der Übersetzung **Linderung** oder palliare heißt: mit einem Mantel umhüllen. Linderung steht damit in Abgrenzung zu anderen Pflegezielen wie:

- **Erhalt:** Prophylaxe,
- **Gesundung:** Kuration,
- **Wiederherstellung** 15 der normalen Körperfunktion: Rehabilitation.

Bedenke

In der Palliativpflege gilt der Grundsatz: so viel wie nötig und so wenig wie möglich.

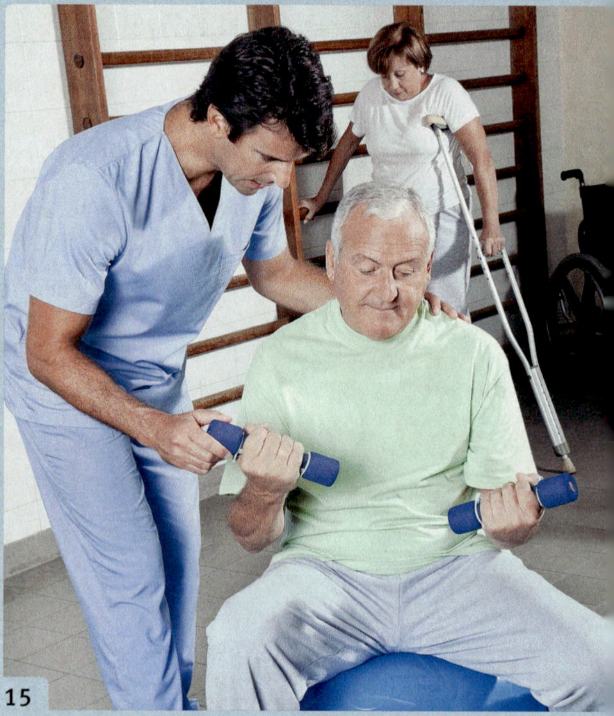

15
Rehabilitation nach einem Schlaganfall

✔ Selbst-Check

Fallbeispiel: Elke Klein arbeitet als Pflegehelferin im Pflegeheim Rosenblick. Herr Kruse, den sie seit Wochen betreut, befindet sich im Sterbeprozess.

Sein Verhalten hat sich so verändert, dass Frau Klein ihn fast nicht wieder erkennt. Er ist sehr gereizt, wirft sogar mit Gegenständen um sich und möchte viel allein sein.

Auch seine Ehefrau und seine Kinder, die ihn häufig besuchen wollen, möchte er nicht empfangen. Darüber sind diese sehr unglücklich und suchen Trost und Rat bei Frau Klein.

Herr Kruse klagt häufiger über Schmerzen und zunehmende körperliche Schwäche. Er lehnt die notwendigen Pflegemaßnahmen immer öfter ab. Auch sein Appetit hält sich in Grenzen. Frau Klein ist ratlos und verunsichert, da sie Herrn Kruse nicht mehr in gewohnter Weise pflegen und betreuen kann.

Woran ist erkennbar, dass Herr Kruse sich im Sterbeprozess befindet?

In welcher Sterbephase befindet sich Herr Kruse und wie verlaufen die anderen Phasen nach Kübler-Ross?

Wie kann Frau Klein die Angehörigen in die Begleitung von Herrn Kruse einbeziehen?

Welche Aufgaben hat sie bei der pflegerischen Versorgung?

Sachwortverzeichnis

Wir danken dem St. Vinzenz Krankenhaus, Köln, den Caritas-Häusern St. Josef, Dormagen-Nievenheim, und St. Barbara, Grevenbroich, sowie dem Bestattungshaus Wegener, Dormagen, für die freundliche Unterstützung bei der Erstellung der Fotos. Unser besonderer Dank gilt den Mitarbeitern und Bewohnern des Seniorenzentrums St. Elisabeth in Rommerskirchen.

Bildquellenverzeichnis

A1PIX – Your Photo Today, Taufkirchen: 118.5 (BSIP), 118.6 (Eric_Bach), 123.17; action press, Hamburg: 236.7; adpic Bildagentur, Bonn: 18.13a (M. Dietrich), 125.23; alimdi.net, Deisenhofen: 136.34 (Oliver Brandt); Allgemeiner Blinden- und Sehbehindertenverein Berlin gegr. 1874 e.V. , Berlin: 67.11–.13 (Andreas Friese); Arteria-Photography, Kassel: 123.16, 125.22; Atelier tigercolor Tom Menzel, Klingberg: 339.1; B. Braun Melsungen AG, Melsungen: 107.13, 203 (beide); Bergmann, G., Dietmannsried: 321.4; bildmaschine.de, Berlin: 80.5 (Robert Kneschke); Camici, Axel , Pogum/Jemgum: 65.9, 70.19, 71.20, 114.1, 164.1, 165 (alle), 167.6, 168.7, 169.8, 170 (alle), 171 (beide), 172.12, 173.13, 174 (alle), 176 (beide), 208.1, 209.2, 211.4, 212.5, 232.1, 233.3, 234 (beide), 237.8, 243 (beide), 290.1, 291.2, 293.5, 295.7; Canon Deutschland GmbH, Krefeld: 18.13b; Caro Fotoagentur GmbH, Berlin: 55.21 (Frank Sorge); Corbis, Düsseldorf: 106.12 (Simon Jarrett), 227.23 (Bob Thomas); coverspot agentur für fotografie, Köln: 289.1 (Bernd Lauter); Deutsche Hospiz Stiftung, Dortmund: 322.5; doc-stock GmbH, Frankfurt: 68.16 (Imagebroker); Druwe & Polastri, Cremlingen/Weddel: 8.2a, 10.5, 21.2; Ecke, Julius, München: 255.6; EDUARD GERLACH GmbH – Chemische Fabrik, Lübbecke: 123.18; epd-bild, Frankfurt am Main: 266.20; Focus Photo- u. Presseagentur GmbH, Hamburg: 15.10 (SPL), 52.16 (Hooton/SPL), 101.7 (SPL/Dr. Gopal Murti), 122.11 (SPL/Steve Gschmeissner), 210.3, 233.2, 253.4 (SPL/Dr. Robert Friedland); FOTODESIGN – HEINZ HEFELE , Darmstadt: 273.27; fotolia.com, New York: 19.1 (Oliver J. Graf), 48.12 (Knipserin), 73.22 (aka111), 73.23 (dotweb.dk), 111.22 (Carmen Steiner), 135.33 (Jeanette Dietl), 157.58 (Xenia-Luise), 181.25 (modul_a), 198.49 (Mammut Vision), 217.10 (sinuswelle), 241.13 (klickit), 260.14 (HLPhoto), 267.21 (Lynx), 283.37 (mentalrai), 303.15a (dudek), 303.15b (Nedjo), 330.15 (Tyler Olson); Getty Images, München: 84.9 (Thomas Del Brase), 117.4 (Najjar); Hanse-Medizintechnik, Ratekau: 198.48b; Hild, Claudia, Angelburg: 214.7; Hogen, Günter, Lautertal: 119.7, 148.48, 157.57; INTERFOTO, München: 326.9b (mova); Jahreszeiten Verlag GmbH, Hamburg: 133.31; Janssen Kahlert Design & Kommunikation, GmbH, Hannover: 213.6; KAGE Mikrofotografie, Lauterstein: 101.6; Keystone Pressedienst, Hamburg: 20.1 (J. Zick); Kleine Holthaus, Thorsten, Düsseldorf: 95.1, 109.15, 222.15, 238.10, 298.10; Kohn, Klaus G., Braunschweig: 56.22, 120.9, 130.28, 178.22, 205.58, 216 (beide), 228.24, 235.6, 248.24, 268.22, 284.38, 319.2; Lyß, Wolfenbüttel: 57.1; Lüddecke, Liselotte, Hannover: 250.1; Lüftner, Werner, Schlier: 231.1; MABIS DMI Healthcare, Waukegan: 198.48a; mauritius images GmbH, Mittenwald: 99.4 (Photo Researchers), 281.35 (Cotton); Minkus IMAGES Fotodesignagentur, Isernhagen: 68.15; OKAPIA KG Michael Grzimek & Co., Frankfurt am Main: 109.16 (Hildebrand), 116.3 (imagebroker.net), 119.8 (Neufried), 123.15 (Klaus Rose), 124.19, 124.20, 124.21 (Christian Grzimek), 240.12 (Institut Pasteur/CNRI), 297.9 (Harald Lange); Peter Wirtz Fotografie, Dormagen: 23.4, 26.7, 27.8, 33.14, 36.17, 37.1, 40.3, 41.4, 42 (beide), 43.7, 44.8, 46.10, 50.14, 53 (beide), 54 (beide), 60.3, 66.10, 69.18, 72 (beide), 75.1, 77.2, 76 (alle), 79.4, 81.6, 82.7, 83.8, 86.11, 87.12, 88 (alle), 91.16, 92.17, 93 (beide), 105 (alle), 108.14, 109.17, 110 (beide), 113.1, 115.2, 121 (beide), 127 (beide), 128.26, 131.29, 132.30, 137.35, 138.36, 139.37, 142.40, 143 (beide), 145.45, 147.47, 150.50, 153.53, 154.54, 155.55, 156.56, 158 (beide), 159.61, 160.62, 161.63, 163.1, 177.21, 179.23, 180.24, 182 (beide), 183.28, 184 (alle), 186.33, 188 (beide), 189.37, 190.38, 191 (alle), 192 (beide), 193 (alle), 200.52, 201.53, 204 (beide), 206 (alle), 215.8, 218.11, 220.13, 223 (beide), 226.22, 249.1, 254.5, 257.8, 258.9, 259.10, 260.11, 260.12, 261.15, 264.18, 265.19, 270.24, 271.25, 274.28, 275.29, 276.30b, 277.31, 278.32, 279.33, 280.34, 285.39, 286.40, 288.42, 294.6, 299.11, 301.13, 302.14, 304.16, 305.17, 307 (beide), 311.23, 312 (alle), 313.27, 316.30, 324.7, 327 (beide), 328 (beide), 329.14; Picture-Alliance GmbH, Frankfurt/Main: 22.3 (ZB/P. Pleul), 30.11 (Themendienst/J.Schiernbeck), 31.12, 32.13 (dpa/Andreas Gebhard), 96.1 (Peter Connolly), 140.38 (Oliver Berg), 175.19, 197.46, 202.54, 260.13 (ZB/J. Büttner), 287.41, 317.1 (ZB), 320.3 (epa PA), 326.9a (Godong); RCN Medizin- und Rehatechnik GmbH, Sargenroth: 149.49a; Rixe, Dieter, Braunschweig: 296.8; Satz und Grafik Partner GmbH, Meitingen bei Augsburg: 58.1d; SCA Hygiene Products GmbH, Mannheim: 246.20 (alle); Schmidtke, Kurt-Dietmar, Melsdorf: 326.9c; Servolight GmbH, Wesel: 126 (beide), 145.44, 149.49b, 151.51, 152 (beide), 185.32, 187 (alle), 197.47, 199 (beide), 219.12, 225 (alle), 242.14, 244 (alle), 245.19, 282.36, 314.28, 315.29; Simper, Manfred , Wennigsen: 109.18, 111.21; Steinhoff, Brigitte, Lohmar: 194.42, 195 (beide), 196.45; Stelle, Brigitte, Mainz-Mombach: 122.12, 122.13; Stelter: 64 (beide); Stiftung Augenklinik Herzog Carl Theodor, München: 67.14 (Prof. K. Riedel); StockFood GmbH, München: 207.1, 230.26 (Brigitte Wegner), 224.17 (Alberto Moretto), 224.19 (Jo Kirchherr); Tegen, Hans, Hambühren: 276.30c; Therapiezentrum Burgau, Burgau: 323.6 (Thorsten Megele); Trautvetter, Gertrud, Edling: 276.30a, 308.20; ullstein bild, Berlin: 24.5 (CARO/Oberhäuser), 34.15 (Becker & Bredel), 69.17 (Piel), 112.23, 122.14 (Imagebroker.net); Valentinelli, Mario, Rostock: 63.6, 141.39; Vanselow, Holger , Stuttgart: 49.13, 94.20 (alle), 100.5 (beide), 102.8, 104.10, 129.27, 144 (beide), 146.46 (beide), 162.64, 221.14, 239.11, 247.23, 251.2, 292.3, 293.4, 300.12, 339 (alle); Visum Foto GmbH, Hamburg: 89.14 (S. Döring); wikipedia.org: 58.1c, 238.9, 246.21, 246.22, 269.23 (Ciell).